国家社科基金项目"当代中原作家群资料整理与研究"成果
河南省哲学社会科学基础研究重大项目"中原作家群资料库建设"成果
本成果出版得到淮河文明研究中心资助

中原作家群研究资料丛刊（第二辑）

吴圣刚　沈文慧　主编

WEI WEI YANJIU
魏巍研究

刘家民　编著

河南大学出版社
HENAN UNIVERSITY PRESS
·郑州·

图书在版编目(CIP)数据

魏巍研究 / 刘家民编著. — 郑州：河南大学出版社，2017.4
ISBN 978-7-5649-2816-2

Ⅰ.①魏… Ⅱ.①刘… Ⅲ.①魏巍-文学研究
Ⅳ.①I206.7

中国版本图书馆 CIP 数据核字(2017)第 086982 号

出 版 人	张云鹏
出版统筹	侯若愚
责任编辑	马　静
责任校对	李韦毅
封面设计	侯一言

出　版	河南大学出版社
地　址	郑州市郑东新区商务外环中华大厦 2401 室
电　话	0371－60993151(人文社科出版分社)
	0371－86059753
网　址	www.hupress.com
印　刷	河南瑞之光印刷股份有限公司
版　次	2017 年 7 月第 1 版
印　次	2017 年 7 月第 1 次印刷
开　本	710mm×1000mm　1/16
印　张	27
字　数	499 千字
定　价	95.00 元

本书如有印装质量问题,请与河南大学出版社营销部联系调换。

编选说明

"中原作家群研究资料丛刊"第二辑的编选是在第一辑的基础上进行的,其体例和编著方式也是相同的。第二辑的编著花费时间将近一年,编著者投入的精力也是较为可观的,因为丛书绝不仅仅是已有研究成果的简单整合。首先,编著者必须通读该作家的所有作品,包括文学作品、演讲报告、论文等,形成对作家作品的感性认识及理性判断,这是编著作家研究资料的基础和前提。其次是收集研究资料,编著者通过期刊、报纸、著作、网络、访谈作家本人及其亲友故交等各种途径获取材料,尽可能做到细针密缕的程度。最耗时、最费力的工作是资料的甄别、遴选和整理,它体现了编著者的眼光和学养,决定了研究资料的学术品质。典型性、历史性、多元性是编著者选文的基本原则,每册研究资料的编著都力求能够展现作家的全部创作活动状况,研究论文选辑则兼顾专家批评和新锐批评,呈现不同时期的文学生态和文化场域。总之,整个编著过程没有捷径可走,编著者花费的多是笨功夫、苦功夫。尽管如此,丛书中的疏漏之处也肯定不少,恳请专家学者不吝指正。

每册研究资料主要分为四个部分,即"自述·访谈·印象记""研究论文选辑""作品年表""研究资料索引"。"研究论文选辑"以时间为线索,以"问题"为中心,先总论、后分论,同一"问题"相对集中,体现逻辑性和层次感,并努力体现作家作品研究的历史进程。对入选的文章,为了出版上的便利,做统一技术处理,删减了摘要、关键词,注释一律改为脚注;出于保存历史氛围的考虑,编著整理中除对一些明显的文字和标点符号的疏误做订正外,其他方面包括注释的不完整、不规范,词语使用的不当等,一律保持原貌。"作品年表"部分按时间顺序排列整理收录,截止时间为 2015 年 12 月。作家的作品只列出作品的首发、首印时间,其再版、转载情况不再列入年表,海外翻译版本尽可能列入年表。期刊、著作均按年、月排序,报纸具体到日期。重要散文、发表的重要演讲等列入作品年表,但作家编辑的书目、研究资料等均不列入。"研究资料索引"包括单篇学术论文索引、学位论文索引、研究专著索引三部分,截止时间同样为 2015 年 12 月,均按刊发或出版的时间先后顺序编排。

需要说明的是,由于各种原因,编委会没能与被选用论文的作者一一取得联系,丛书出版后,将赠送样书,以示歉意和谢意!且本丛书仅用于学术研究而非商业目的,想学界同人亦能理解支持,在此真诚致谢!如需稿费,请与编委会联系。

编委会

2017.3.31

总　序

程光炜　吴圣刚

新时期以来,中国当代文学呈现为多样、多态发展的趋势。在当代文学的版图中,"文学豫军"或"中原作家群"早已成为中国当代文学的重要现象和重要构成。之所以称之为"文学豫军"或"中原作家群",是因为它呈现出群体性,是一个集合的概念。但是,这绝不意味着这个群体中的个体是孱弱的,没有独立呈现的分量。相反,正是一个个有分量的个体组成了一个有广泛影响的作家群体:姚雪垠、魏巍、李准、叶楠、白桦、苏金伞、宗璞、张一弓、南丁、田中禾、张宇、郑彦英、李佩甫、二月河、周同宾、刘震云、阎连科、周大新、刘庆邦、李洱、柳建伟、孙方友、墨白、邵丽、乔叶、计文君等,每位作家都有不凡的创作业绩,每个人都有自己的独特之处,都是文学中的"这一个"。

地处中原的河南,在当代中国政治、经济版图上不是核心地带,但在历史、文化地理图上却是积淀深厚的重镇。这里也在接受全球化的荡涤,也在搭载现代化的快车,但这里与中国当下的经济前沿存在着距离,呈现着现代化的滞后性。因此,河南在时代的节奏中存在着"时间差"。这使得中州大地在现代化的浪潮中还氤氲着农业文明、历史文化的气息,也使得中原儿女在这种相对的"慢节奏"中对历史、现实和文化进行思考,精神和灵魂回归这片土地,并以中原文化的思维方式进行着多种表达。走进历史、走进中原文化是豫籍作家的共同选择。无论是身居河南的作家,还是移居他乡的作家,他们的灵魂仍然栖居在家乡故土,并用他们敏感的触角细腻地联系和感受着中原文化,中原文化是他们精神发生的原点,河南历史和家乡生活是他们创作的源泉。对于这些河南作家来说,似乎只有这片故土和其中的点点滴滴才能够激活创作的灵性。正如阎连科所说:"我家住在一个镇子上,那是一个很大的村庄。那个村庄是我写作取之不尽的生活源泉、情感源泉、想象的源泉。一句话,是我写作的一切的灵感之源。那个镇子奇妙无比,任何现实中的一件事情都可能是荒诞的、合理的。"正是在这种表达中,作家们完成了自己的一个个皇皇巨篇,成就了当代河南文学的气象大观。

"中原作家群"不仅是河南的文学现象,也是全国的文学现象;产生于中原大地的河南文学,早已超越了这一区域空间。姚雪垠、魏巍、李准的作品在中国当代文学史上占有重要分量,二月河的作品红遍全国,阎连科、李洱的作品传播域外,在九届茅盾文学奖四十余位获奖作家中,豫籍作家有八位,都说明豫籍作家的作品是全国性的,也具有世界性的分量。这足以构成河南自己的文学史。关于河南文学和"中原作家群"研究,近十年来,随着作家作品的动态性呈现,更多表现为个案化的文学研究,而当代河南文学的整体性、系统性研究则不够。这一方面与河南的经济实力及其对文化提升、带动能力的不足有关,另一方面也与学界、文学界对河南文学在当下中国文化地理学上的地位认识不足有关,特别是与本土学界的研究、推介的成绩有关。弥补这一不足,是一项浩繁的工作。但起步必须从基础开始。

资料整理无疑是学术研究中最基础性的工作。学术界目前关于河南作家的研究资料,主要是20世纪80年代出版的《李准研究资料》《姚雪垠研究资料》等有限的几种。相关研究主要体现在三个方面:一是关于"文学豫军""中原作家群"正当性和合理性的阐述,这方面的研究成果主要有孙荪的《文学豫军论》等,该文系统性地评述了"文学豫军"的由来、构成及文化特征;二是"中原作家群"形成的历史文化原因以及具体作家作品的研究。刘增杰主编的《精神中原》以论文集的形式综合了学界对于中原作家群整体把握和作家研究的成果;张鸿声主编的《河南文学史·当代卷》则是系统描述当代河南文学发展的第一部史著;梁鸿的《外省笔记:20世纪河南文学》以"外省"的视角考察河南文学,从文化的角度寻觅和审视河南文学;何弘的《超越还是重复——中原文学论稿》试图对"中原作家群"或中原文学做出一个整体性的描述。这些研究对于解说一种文学现象的发生、发展是必要的,但都是初步的,特别是对"中原作家群"形成的历史文化原因和整体性特征的研究,远未形成对"中原作家群"完整的、核心的解说,更没有评估、揭示出"中原作家群"的应有价值。因此,就需要有人真正深入下去,沉入到纷繁的资料中去,耐心、细密地梳理,把那些能够反映和体现作家创作实绩、作品价值和当代河南文学整体面貌的资料整理出来,形成完整、系统的当代河南文学的资料体系,为文学史的生成奠定坚实的基础。

信阳师范学院文学院的一些老师近年来致力于河南文学研究,逐渐形成了自己的方向和领域,引起了学界的关注。作为一所本土的有长期人文积淀的高校,研究河南文学、推动河南文学发展是应有的责任。2013年起,文学院整合文艺学、现当代文学和写作学等学科的十几位教授、博士组成研究团队,集中开展当代河南文学研究,并在此基础上,建立了"当代河南文学发展与中原文化建设"协同创新中心,把当代河南文学研究与中原文化建设纳入统一视野,研究的空间更加广阔。这个团队以博士为主,中青年结合,队伍整齐,潜力很大。他们首先从资料整理开始,扎扎实实开展研究工作。第一批选取"中原作家群"中影响最大、创作力仍然旺盛的十五位作家,经过近一年的努力,整理出《白桦研究》(陶广学讲师)、《张一弓研究》(吕东亮副教授)、《田中禾研究》(徐洪军讲师)、《张宇研究》(杨文臣讲师)、《李佩甫研究》(樊会芹讲师)、《二月河研究》(吴圣刚教授)、《刘震云研究》(禹权恒讲师)、《阎连科研究》(方志红副教授)、《周大新研究》(沈文慧教授)、《刘庆邦研究》(杜昆讲师)、《李洱研究》(王雨海教授)、《墨白研究》(杨文臣讲师)、《邵丽、乔叶、计文君研究》(李群副教授)十三卷,2015年5月,已由河南大学出版社出版。资料选编力求翔实、准确、有代表性,中国现代文学馆将其作为当代文学研究的重要著作,永久性收藏入馆。《人民日报》《光明日报》《中国青年报》《中华读书报》、新华网、搜狐网、新浪网等国内主流媒体相继进行了介绍和报道,在文学界和学术界产生了广泛的影响。

　　第一辑告馨之后,团队立即启动第二辑的编著工作,又经过一年的努力,整理出了《姚雪垠研究》(禹权恒讲师)、《李准研究》(王雨海教授)、《魏巍研究》(刘家民博士)、《叶楠研究》(陶广学博士)、《苏金伞研究》(樊会芹讲师)、《宗璞研究》(徐洪军讲师)、《周同宾研究》(吕东亮副教授)、《柳建伟研究》(王丹副教授)、《孙方友研究》(杨文臣讲师)、《乔典运研究》(王海涛教授)十卷,目标是把"中原作家群"主要作家的资料完整、系统地拓展出来,真正为当代河南文学的深化研究做些基础性的工作。

　　由于编选者的眼界、学识、水平有限,疏漏、不足,甚至差错定然存在,敬请学界批评指正。

目 录

自述·访谈·印象记

- 3　魏　巍　文学和生活的道路
- 7　魏　巍　生活的恩惠
- 11　魏　巍　我怎样写《谁是最可爱的人》
- 13　魏　巍　关于公式化、概念化的创作倾向
- 16　魏　巍　本质论——错误的文艺思想
- 21　魏　巍　我的写作信条
- 29　魏　巍　生活再深些　站得再高些
- 32　魏　巍　解放思想　团结向前
- 40　魏　巍　我是怎样写《东方》的
- 52　魏　巍　燎原的天火
- 59　胡世宗　大时代的"司号员"
- 66　田　怡　生活与文学之路
- 71　丁　宁　诗情豪迈的共产主义老战士
- 79　明　红　春木有荣歇　此节无凋零
- 87　宏　剑　军旅作家魏巍的爱情人生
- 90　钱小惠　红旗更高擎

研究论文选辑

- 99　田　怡　从《黄河行》看少年魏巍
- 106　邹　明　读魏巍的诗集《黎明风景》
- 112　王　炜　《魏巍诗选》读后记
- 117　方　东　悲歌慷慨唱黎明
- 122　蔡子谔　独具个性的崇高诗美
- 125　王维国　论魏巍的夜歌
- 133　江锡铨　把战争当成诗
- 137　丁　玲　读魏巍的朝鲜通讯
- 139　吉　悌　战斗热情最可贵
- 150　华旭文　论魏巍报告文学的思想与艺术
- 160　曾华鹏、潘旭澜　报告文学与时代精神
- 168　佘树森　魏巍的《谁是最可爱的人》

171	徐金山	论魏巍军事报告文学的艺术特色
180	王 尧	《魏巍散文选集》序言
190	李建军	重读《谁是最可爱的人》
195	张立云	一篇鼓舞我们勇敢前进的小说
200	张立云	红旗初飘的时候
204	张立云	《江水不尽流》
207	丁 玲	我读《东方》
210	钟 汉	心潮起伏话《东方》
218	朱 磐、思 忖	浅谈《东方》的艺术成就
223	刘锡诚	郭祥性格琐谈
226	胡德培	有缺点,但又十分可爱的英雄人物
231	张 炯	彩笔豪情谱英雄
236	杨世昌	评《东方》中郭祥的嘎子性格
242	田 怡	读魏巍新作《地球的红飘带》
248	黄国柱	革命战争历史题材的史诗性追求
256	李善修	高大丰满,亲切感人
262	马鎏伯	魏巍的新作《火凤凰》
275	赵 朕、芮 华	沧海横流,方显英雄本色
281	田 怡	评魏巍的《石油战线巡礼》
288	田 怡、方 正	评魏巍《话说毛泽东》
291	曾镇南	评魏巍的政论、杂文作品
301	刘志洪	老革命者的不凡之作
306	马鎏伯	不老的宝刀,难得的遗珠
317	蔡子谔	独具个性的崇高诗美
326	田 怡	魏巍创作发展的五个阶段
335	马鎏伯	真正的人类灵魂工程师(上)
343	马鎏伯	真正的人类灵魂工程师(下)
355	田 怡	谈魏巍的文艺观
363	杨 柄	魏巍的文艺和美学思想
380	张器友	魏巍的文学精神

作品年表

391　魏巍作品年表

研究资料索引

413　魏巍研究资料索引

自述 · 访谈 · 印象记

文学和生活的路
——我的自传

魏 巍

我是河南郑州人。一九二〇年旧历正月十六日生于一个城市农民家庭。在极其困难的条件下,读了贫民小学、高小,并勉强上了简易乡村师范。当时民族危机严重,农村破产,城市凋敝,个人又面临失业威胁,"双十二事变"后,从进步的书报中接受了革命思想。

一九三七年抗战爆发,从友人处得知延安抗大招生。数月后,即毅然离开家乡,秘密出走。到达西安,因无人向八路军办事处引见,国民党又在西安与延安间拦劫抓捕赴延青年,遂折返潼关,渡过黄河,至山西前线参加了八路军。我先是在一一五师军政干部学校,后并入总司令部随营学校。当时太原已经沦陷,总司令部驻在洪洞县白石村。我在这里第一次看到我们的朱总司令。

一九三八年年初,日寇继续南犯。随营学校奉命并入抗大,我也随队经长途行军到达延安。自三月到年底,我先后在政治队和军事队学习,并于本年四月加入了中国共产党。在宝塔山下、延水之滨,我度过了一生中的黄金时代,看到了毛主席、周副主席等许多老一辈的无产阶级革命家,并受到他们亲切地教育。延安的生活,决定了我的一生。

抗大毕业后,我被派往晋察冀抗日根据地,在老一团的一营担任教育干事。这个当年在安顺场抢渡大渡河的英雄团队,多数连排干部和一些班长都还是老红军,我对他们非常敬慕。从此我就同他们生活在一起,参加了大龙华歼灭战、雁宿崖歼灭战和黄土岭围攻战等有名战斗。年底被调到一分区政治部任通讯干事,负责编辑部队小报,直到一九四四年。在此期间,我参加了"百团大战"和历次的反扫荡战役,随部队活动于易县、满城、徐水、涞水、涞源等狼牙山周围地区。在血与火的斗争中,伟大的人民群众不仅教育了我,也养育了我,我对此将永远感念不忘。

这一时期,是我政治情绪极为饱满的时期,也是我写作较多的时期。从少年起我就喜欢文学并练习写作,但从这时起才真正找到了创作的源泉。在我面前展开的丰富多彩的斗争生活,以及晋察冀的群山和溪流,都使我经常沉入到诗思之中。当时立志为革命歌唱,曾以红杨树为笔名写了不少街头诗、抒情诗和进步长诗。其中短诗有《蝈蝈,你喊起他们吧!》《好夫妻歌》等,长诗有《黎明风景》等。通讯也写了不少,其中影响较大的有《雁宿崖战斗小景》(1939年)。这些诗和通讯发表在当时的《诗建设》《诗战线》和《晋察冀日报》《子弟兵》等报刊上。《黎明风景》并获晋察冀边区文联举办的鲁迅文艺奖。当时的条件虽然很艰苦,很困难,但晋察冀的文坛却很活跃,一片生机勃勃,这是同晋察冀的领导人对文化工作的重视分不开的。

一九四四年秋,重新恢复冀中军区,我被调到冀中军区政治部任部员。这使我有机会亲近坚持平原游击战的英雄人民。本年度我随平原上英雄模范人物参加边区第二届群英会。会上我写了《燕嘎子》等报告文学作品,发表在当时的《子弟兵》报和《晋察冀日报》。一九四五年夏,在扩大解放区的军事行动中,我连续参加了"子牙河东战役"和"大清河北战役"。写了《平原雷火》《攻克独流镇》等报告文学作品。日寇投降,我被任命为七分区宣传科长。不久改编为野战军西征绥远。在归绥(今呼和浩特)城下写了《寄张家口》《塞北挽歌》《三合村》等诗作。

解放战争时期,我任晋察冀野战军第三纵队教育科长,随军野战。在西至大同,东抵青沧,南起正太,北至察北冀东的地区内,施行大踏步进退的机动作战,参加了历次的重要战役和最后解放华北的平津战役。在这期间,我写了《娘子关前》《在突破口》等报告文学作品及《好兄弟歌》《秋千歌辞》《英雄的防线》《两年》等诗篇。平津解放后,我被派到一个骑兵团任政治委员,进军陕西、宁夏,参加了解放大西北的斗争。

一九五〇年五月,我被调到总政治部宣传部,为战士们编写语文教材。志愿军赴朝参战后一个月,我被派往朝鲜,到俘虏营调查了解美军政治情况。任务完成后,为前方的战斗所吸引,随之进入汉城并抵汉江南岸。在志愿军指战员爱国主义、国际主义的伟大精神感召下,写了《谁是最可爱的人》《战士和祖国》《年轻人,让你的青春更美丽吧!》等朝鲜通讯。作品中热爱战士的情感,是我在部队生活中长期积累的结果。

一九五一年,《解放军文艺》创刊,我任副主编。本年冬参加中国作家代表团到苏联访问,写了《访苏诗草》。一九五二年四月,再次奔赴朝鲜战场,同战士一起生活在前线阵地,并广泛地接触了各方面的生活,访问了朝鲜人民和战时的平壤城。次年初返国。在此期间,写了《前进吧,祖国!》《挤垮它》等报告文学作品,并为未来的长篇小说做了准备。

从一九五三年起,我开始搞专职创作。一方面进入长篇小说《东方》的构思,一方面深入工厂、农村,继续为这部小说做准备。本年十月,我到长辛店二七工厂,以车间副支部书记的身份深入生活。这是我第一次接触近代的工人阶级,并认识到它的伟大。党的初期生活和震天动地的二七斗争,使我从感性上增强了对这个伟大阶级的牢固信念。于是,我与钱小惠同志合写了反映这一壮丽斗争的电影小说《红色的风暴》。

一九五四年,《中国青年》杂志举办《什么是幸福?》的讨论。在他们的约请下,我写了文艺性论文:《幸福的花为勇士而开》。开始我并不认为我是这类文章的合适的作者,后来从实际需要考虑,也就成了我写作活动的一部分。在此后数年《中国青年》关于人生观问题的讨论中,我又继续写了《春天漫笔》《夏日三题》《弃燕雀之小志,慕鸿鹄而高翔!》以及《祝福走向生活的人们》《路标》等散文。这些文章发表后,曾得到许多青年的热情来信。

一九五四年和一九五五年农村合作化高潮期间,我重新到冀中农村深入生活,为《东方》继续做准备。一九五八年,志愿军从朝鲜撤军。我第三年到朝鲜,经历了这一历时性的动人场面,写了散文《依依惜别的深情》。一九五九年初,《东方》终于在邢台动笔。至本年夏写了十万字。此后即为其他工作所打断。

一九五九年冬,奉命参加华北解放战争史的编写工作,直到一九六〇年末。这期间访问了希腊,写了《橄榄树》的组诗。一九六一年,受邓中夏夫人之托,与钱小惠同至南方各地访问,准备合写《邓中夏传》。在南游中拜谒了革命圣地井冈山,写了长诗《井冈山漫游》,意图鼓舞人们度过面临的困难局面。次年参加了音乐舞蹈史诗《东方红》解说词的写作。

一九六五年夏,遵周总理之命,与巴金、杜宣、菡子等同志先后结伴访问了正在遭受轰炸的越南北方。回国后写了《人民战争花最红》的一组报告文学作品。这些作品还没有写完,一九六六年四月,那个抛出"文艺黑线专政"论的全军创作会议已经开始。就在这次会上,由于江青追随者的策划,我遭到了突然袭击。会后,我即被作为"黑线人物"、"三反分子"、"资产阶级反动权威"进行批斗了。已经写了四十余万字的《东方》原稿也被没收。

此后,我的文学创作工作几乎中断了八年。为了不使《东方》的创作半途而废,我想勉力完成它,然后束之高阁。于是在一九七四年重新拾起笔来,在极其困难的情况下,继续写作后半部分。终于至次年十月完成初稿。一九七六年的那些日子,我同全国人民一样,是在忧心如焚中度过的。是年清明,我投身到首都群众的革命洪流之中,在天安门广场的纪念碑下贴出了自己悼念周总理的诗词。

粉碎"四人帮"后,我写了散文《在欢乐的鼓声中前进》和长诗《新的长征》,满怀信心地歌颂了党和人民取得的历时性的胜利。

新中国成立以来,我所担负的行政职务是《解放军文艺》副主编、总政治部创作室副主任、总政治部文艺处副处长、北京军区宣传部副部长和文化部长。

我所担负的社会职务有：第一、二、三届全国人大代表、共青团中央委员、全国民主青联副主席、全国文联委员、中国作家协会理事、《人民文学》编委等。

已经出版的作品单行本有：散文集《谁是最可爱的人》《幸福的花为勇士而开》《春天漫笔》；诗集《两年》《黎明风景》《不断集》；短篇小说《老烟筒》；长篇小说《东方》。此外，还与宋之的、丁毅合写了歌剧《打击侵略者》，与白艾合写了中篇小说《长空怒风》，与钱小惠合写了《红色的风暴》，并为晋察冀的诗人编选了合集《晋察冀诗抄》。即将出版的还有散文集《壮行集》。

回顾自己几十年走过的道路，我的体会可以归结为两点，这就是一个无产阶级的文艺工作者，必须和革命斗争结合，和人民群众结合，这也就是毛主席指出的为工农兵服务的道路。我觉得，自己的工作做得还很不够，无论思想水平和艺术水平，都还需要努力提高，但是有一点在我是非常明确的，这就是不管出现什么艰难和曲折，我对党和人民是永远具有坚定信心的。过去如此，今后也如此。我愿在党的领导下，永远同人民一起前进，为我们神圣的理想——共产主义而斗争！

一九七九年八月二十五日

生活的恩惠
——写作与采访生活漫记

魏 巍

上海的《新闻记者》非常热情地约我给记者同志写一点什么。我想,与其发几句空论,倒不如讲讲我自己有关写作与采访生活的某些经历,也许从某一点上会有些借鉴作用。

应该说,我做过不少属于记者的工作,但又没有做过正式记者,只不过是个业余记者罢了。

一九三八年,也就是我十八岁的那年,我正在延安抗日军政大学学习。那时候,由于我喜欢文学,就经常给墙报上写稿子。同时,我还是老一辈诗人柯仲平同志那个"战歌社"的一员,这样就同几个同学一起办了个《战歌》墙报。也许正是因为这些活动的关系,受到了学校的注意,所以在毕业时,就由总政分配我做了"八路军总政治部战地通讯记者团"的记者。这个记者团分了四个组,八路军的一一五师、一二〇师、一二九师和晋察冀军区各派去了一个。我是被派往晋察冀去的。我们那个组的组长叫雷烨,这是一位很优秀的同志。他比我们大几岁,也比我们成熟得多。他到冀东地区不久,就先后担任了宣传科长和组织科长,写了不少反映冀东斗争的文章,一九四〇年被选为晋察冀边区的参议员。可惜不久在反"扫荡"中光荣牺牲了。他牺牲得很壮烈,是在被包围中,将自己的相机砸碎,胶片烧掉,然后拔枪自尽的。我记得他牺牲后,邓拓同志写了一篇很沉痛的文章来悼念他。我们这个组除了雷烨,还有林朗、程追、沈蔚、范瑾、徐逸人等同志。沈蔚同志后来当了《冀中导报》的负责人,也牺牲在他为之战斗的这块土地上了。

我虽然担任了记者团的记者,但事实上并没有做记者的工作。因为我到晋察冀军区之后,就被留在军区政治宣传部的编辑科当了干事,参加《抗敌副刊》的编辑工作。这张只有两版的石印报纸,说是"副刊",其实是军区的独立报纸,因为边区的《抗敌报》创刊在先,这个报也就以《副刊》名之,不久这个报就改为《抗敌三日刊》,以后又改为《子弟兵》了。

我在这里当编辑并不长,也不过就是两三个月的时间。以后要往下面派干部,有一位同志不愿意去,我就主动提出请求,从此就分到了一个老红军团——

也就是在安顺场首先冲过大渡河的那个团队。我在这个团队的第一营当了一名教育干事。严格说,我的战斗部队生活应从这时算起。我曾多次回忆道这一点,认为我那时到下面去工作,决心是下得对的。我并不后悔。尽管在下面战斗频繁,行动多,危险多,也更苦一些,而做记者,有马骑,接触面广,首长待若上宾,似乎也更风光一些,但我还是觉得在下面可以得到当记者得不到的东西。无论是从打生活基础来说,还是从培养对群众的感情来说,从多方面的锻炼来说,都比浮在上面飘来飘去好多了。而那时假若我一开始就当记者,我看不一定就很好。尤其是从搞文学这个角度来看。

那时,我的主要兴趣是写诗,下的功夫也大,通讯、报告文学用的功夫就小些。但是,不管是诗或报告文学,都多半是从我直接接触的生活中产生的。也就是说,不是靠采访得来。例如,一九三九年年末我那篇在当时曾受到好评的《雁宿崖战斗小景》,实际上就是我当时的日记略加修改而成的。因为写的事都是自己亲身经历的事,亲眼看到和听到的事,也就用不着进行多少采访了。我的《黄土岭战斗日记》也是这样。基本依靠自己的经历、观察和体验,采访只作为必要的补充,这就是我一个时期内的活动方式。

以后我离开战斗部队,调到分区去编小报,再下去就多半依靠采访了。我在"百团大战"时的活动就是这样。不过这个时期我写的通讯不算多。我的采访活动比较集中的是在一九四三年的反"扫荡"中。这次日本军队在晋察冀的北岳地区连续"扫荡"了三个月。开始我被分配到易县水泉村附近的电话站去做指导员,主要是在敌人"扫荡"中保持电话畅通,使领导机关及时掌握敌情。敌人来时仅作小范围的转移,敌人过去就要立即回到原来的地方。后来因为敌人在整个狼牙山周围地区的烧杀极其严重,上级就命令我离开电话站,在上述地区做些采访,了解群众的受害情况,以便反"扫荡"结束时作些报道。这样我就循着敌人的踪迹,活动在受害最重的地区,一个人奔波在烟火未熄的村庄与血迹斑斑的田野之中。直到今天,我还记得过后留下的惨状和访问过的一些人物。那些大火后的废墟,那些裸露在田野被太阳晒得像烧鸡一样的肢体。有一个妇女被敌人捉住,敌人逼她脱光衣服,随着队伍跳舞,还用烟蒂烧她。有一个从死尸堆里逃出的农民,身上还耷拉着一块被刺刀挑起的肉跑了几十里路。这时的所谓采访,不过是对群众的慰问和鼓励,听群众悲愤地哭诉而已。我的那首诗《好夫妻歌》,就写在这个反"扫荡"中。我还记得,完县(今顺平县)有一个龙堂村,村里有一个清澈丰盈的水潭。敌人来时,有些老弱妇孺未曾走脱,约有二十余人,挤在一所农舍里,几乎全部被枪杀和刺死了,屋里的那盘炕,成了一盘血炕。我听说此事,专门到这里看了那所房子,找到几个幸存者请他们详细倾谈了被惨杀的经过以及一切细节。由于幸存者描述得十分生动真切,我几乎未作什么加工,就运用对话方式写出来了。可惜这篇作品没有发表,不知怎的遗失了,不然它还可以证实一点帝国主义者的"文明"。

这次反"扫荡"战后,我写了不少东西。《王老勤的上坡路与下坡路》仅是其中的一篇,其他多未留存下来。这次活动,虽然主要是采访,但这种采访很自然,坐下与群众谈就是了,可以说毫不困难。

一九四四年秋天,我被调到冀中军区宣传部工作。从一九四五年一直到炎热的八月,是冀中地区全面恢复大发展的时期。从敌人重压下重新站起来的冀中军民,攻城镇,拿炮楼,真是闹得热火朝天。先是搞了一个子牙河东的战役,接着又搞了一个大清河北的战役,刚刚集中起来的游击队,头上还扎着白毛巾,身上穿着紫花布的便衣,数不尽的民兵抬着土炮,扛着担架,带着云梯,随着部队,兵民不分地向敌人的据点展开进攻。记得我当时写过一首歌词,头两句就是"手榴弹机枪掷弹筒,地雷抬杆朝前涌",写的就是这种景象。这里说的"抬杆"就是土炮,足有七八尺长,要两个人才抬得起。在这两次战役中,我被派往参战部队行动,整日与部队指战员、民兵们混迹在一起。我这时的活动方式,仍是基本的体验辅之以采访。因为整个的活动,我基本上都参加了,如何挖掘地道,我就坐在旁边,每一步进展,人物的活动,都看得清清楚楚,这些都用不着多问了。有一次攻炮楼,我就在炮楼下的外壕里,炸药即将埋好,夜里还下了一点小雨,炮楼中敌人的哀叹声都听得见,对于即将"坐飞机"升天的敌人来说,真可谓凄风苦雨矣!这里所说的"辅之以采访",还不是战后,主要是战前的吃饭休息或者就在战壕中。我记得在进攻河间沙河桥敌据点时,在战壕中我认识一个战士,这个战士体格魁梧,性格单纯,就是沙河桥附近的人,很令人喜爱。由于他在战前练兵中,全团考了个第一,就被大家戏称为"投弹元帅"。我同他的谈话,就是在战壕中进行的。冲锋开始后,他很英勇,可是没有冲出多远,就身中数弹扑在地上。等我上去时,一看倒在地上的是他,白衬衣都染红了,已经牺牲了,就止不住流下泪来。最后我们在这个炮楼下堆了很多捆秫秸,怒而焚之,烧得这些日本侵略者鬼哭狼嚎,一层一层地最后退到炮楼顶上,然后纷纷跳下来,摔成肉饼子了。战后我写了一篇长篇报告文学《平原雷火》,其中就有一节写的是《"投弹元帅"保卫家乡》。这一节曾发表在当时冀中军区的石印报纸《前线报》上。那篇《平原雷火》因为日本投降时报社有行动,以后就找不到了。

解放战争前期,我在一个野战纵队里任教育科长。除完成本职工作外,战斗中仍常常被派往部队随队行动,搞业余写作。我的活动方式仍不外上面所说的那些。这里不需多赘。

抗美援朝战争开始后,我主要是同一些同志去完成一项任务:了解美军的政治情况。此项任务完成后,大家都很乐意到部队中去看看。可以说,我这次的活动是很轻松的，因为我没有任何任务的压力，写不写东西，写什么，也没有任何限制。所以我只凭自己去观察，去感受，去选择。我要访问什么人，了解什么事，也都由自己来作出判断。我后来写的那些东西，大多数的题目都是当时就记下来了。一九五二年春我第二次入朝，一些记者同志要我介绍经验，我当时曾经讲过这么一条，即既要重视新闻单位发下的报道重点，但又不要受它的束缚。因为生活本身是异常丰富的和生动活泼的，那就像海水，任何好的预想都很难将它包揽无遗。这些预想只能是提示而不能代替记者主动性的发挥。如果只记着要点上的几个条条，对生动丰富的生活本身不去亲近，不去详加研究，要点之外的东西，一概不予重视，这样就把自己的耳目大大地限制住了，其结果不但难以得到丰富的收获，甚至收起的渔网会使你失望。

我上面拉拉杂杂说了这么多，早已越出预定要说的范围。概括言之，我是想说明下面几点：

一、我过去基本的活动方式，是以体验为主而辅之以采访，我认为这样对生活的体会和了解可能会比一般采访要深入些，也便于解决与群众的结合问题。不过这只是一个业余记者的经验，要专业记者也这样做可能有困难。但是，为了加强对年轻记者的培养锻炼，不妨多给予一些时间，甚至一面做工作一面当记者，从长远看还是有好处的。

二、在采访中，不要以主观去代替客观，也不要为预定的设想所束缚，而要广泛地热诚地去接近现实，以清醒的理智去分析现实，尽可能使每篇东西都有唯物论的根基。

三、开始写作时，不要拘泥于某一种形式，要提高自己的文学素养，做多方面的写作实践。在写作中要特别注意学习语言，不要满足于一般的新闻语言。

我上面已经申明，这只是作为一个业余记者的狭隘经验。既是个人经验，当然只能是相对的。即便对大家无用，作为一笔文债是偿还了。

一九八三年五月四日夜

我怎样写《谁是最可爱的人》

魏 巍

我能写出《谁是最可爱的人》,最基本的原因,是我们的战士的英雄气魄、英雄事迹,是这样的伟大,这样的感人;而这一切,把我完全感动了。

"谁是最可爱的人"这个主题,是我很久以来就在脑子里翻腾着的一个主题。也就是说,是我内心情感的长期积累。我在部队里时间比较长,对战士有这样一种感情,觉得我们的战士是最可爱的人。每当我和他们坐在一起,不知道为什么,我就觉得满心眼儿地高兴。

这次我到朝鲜去,在志愿军里,这种感情更加深了一层。我更加觉得战士们的可爱。我看到他们在朝鲜战争中,虽然面临的任务是这样艰巨,作战环境是这样艰苦,但战士们的英勇,比起我过去在抗日战争和解放战争中所看到的,还有着更高的发展。尤其这种英勇的普遍性,更是空前的。譬如,我在某步兵团曾了解到一个令人惊讶的数目字,这个团,至第三次战役结束止,伤员随队作战的比送到部队修养的数目字还要大。这恐怕在世界战争的历史上也是一种奇迹!这些事实督促着我,使我有一种更加强烈的愿望来表现"谁是最可爱的人"这一主题。

现在,回过头看,使我更明确了这一点:在现实生活中的深入感受,对写作的人是多么重要!你感受得深了,写出来,也就必然有那么一股子劲,人家读了,也就感受得深;你感受得浅,人家从你那儿读到的,也就浅;你根本没有感受呢,那就用不着说了。这儿,我还要强调一句,就是深入的感受,跟深入群众火热的斗争生活是联系在一起的,跟不断改造自己的世界观是联系在一起的。就拿在战士中的采访来说吧,你跟他们交上知心朋友,你对他们了解得深,他们的气质、思想、感情,就会感染你,使你也沉入到他们的情绪中。也就是说,才能使你感受得更深些。

怎样来表现这一主题呢?我希图追求最本质的东西。在朝鲜,我脑子里经常想着一个问题:我们的战士,为什么那样英勇呢?就硬是不怕死呵!那种高度的英雄气概是从什么地方来的呢?为了找答案,我找人谈了许多话,开了好多座谈会。我细细跟他们谈,让他们把心里的话谈出来。跟我谈的,有指挥员、战斗英雄、一般的战士、干部、新参军的学生和过去曾经是落后的人。我了解到,他们由于锻炼与认识的不同,虽然有些差异,但是都有着共同的一点,即对于伟大祖国的爱,对朝鲜人民深厚的同情,和在这个思想基础上产生的革命英雄主义。于是,我了解了在党的教育下这种伟大深厚的爱国主义与国际共产主义的思想感情,就是我们战士英勇无畏的最基本的动力。我想,这不是最本质的东西吗?这就是最本质的东西。我肯定了它。我一定要反映它。我毫不怀疑。一切其他枝节性的、片面性的、偶然性的东西,都不能改变我对这个问题的认识。

  问题的本质找到了,那么,应该怎样反映这个最本质的东西呢?在朝鲜时,我曾写了一篇《自豪吧,祖国》的通讯,里边写了二十多个我认为最生动的例子。带回来给同志们看了看,感到不好,就没有拿出去发表。因为例子堆得太多了,好像记账,哪一个也说得不清楚、不充分。以后写《谁是最可爱的人》,就只选择了几个例子,在写完后又删掉了两个。事实告诉我:用最能代表一般性的典型例子,来说明本质的东西,给人的印象是清楚明白的,也会是突出的。

  写战士怎样才能写得生动?我觉得不仅应该写战士的英雄行为,还要写出英雄的思想感情。譬如写一个激烈的战斗场面和战士的英雄行为,如果仅仅写敌人的炮火多么厉害,敌人如何凶猛地往上冲,经过我们战士的一阵手榴弹,把敌人打下去了,接着敌人又第二次冲锋,第三次冲锋等等,我们的战士又是第二次、第三次地用手榴弹把他们打下去了等等,很可能使读者感到我们的战士不是一个活的人,而煞像一个投手榴弹的机器。这就是只写了战士的一层皮,没有写出英雄的灵魂。把活的人写死了,把英雄的人写成了纸人纸马。再出奇惊人的事迹,也觉得不太感动人。可是,如果我们写出了战士的思想感情,那给人的感觉就会大大不同。他们会感觉到:原来做出这样英勇行为的人,是跟自己一样有血有肉的人。即使例子不太突出,仍然会感人的。比如,负伤不下火线的事情,这在革命队伍中,几乎是最平常的了,但如果能把一个伤员负伤却不下火线时的思想感情写出来,是会感动人的。何况我们的战士的思想感情是如此的崇高而美丽,它本身具有多么感人的力量。

  这篇东西的经验,又告诉我:一篇东西的目的性,要简单明确,能把一个意思说透,的确不是一件很容易的事。可是,动起笔来,又总爱面面俱到,想告诉人家这个,又想告诉人家那个。结果呢,问题提得不尖锐、不明确,更别说深入地解决问题。因为哪个意思也没有说透,怎么能给人以深刻的印象呢?我写这篇东西之初,原也想说好几个意思,最后没有做。

  至于为什么以通讯的形式出现,这就牵连到过去自己的一个老毛病。我原是个喜爱写诗的,虽然在抗战期间写过些通讯,但对通讯,总不是那么看重。这次回来,又想写别的,但又老想:这样伟大的斗争和伟大的战士必须要很快写出来呵,如果慢慢在那儿钻长的、刻细的,最后又弄不成,怎么对得起战士们呢?这样,就着笔写了这篇通讯。这篇东西的写作经过及一点点的体会,就是这样。

一九五一年五月

关于公式化、概念化的创作倾向
——在全国作协第二次理事会上的发言

魏 巍

周扬同志在他的报告里提出反对公式主义和自然主义的创作倾向,我以为是非常正确的。这里,我想就公式化、概念化的创作倾向说几句。我认为,这种错误的创作倾向,在过去几年中,是相当严重地伤害了我们的文学。我们如果不进一步地反对这种倾向,我们的文学事业就不能在革命现实主义的道路上向前大大地跨进一步。当然,我不是要求我们的作家协会,要起草一个在某年某月消灭公式化、概念化作品的工作规划,这样提是太幼稚了,因为这是一个艰巨的斗争过程。但是我要求我们的作家协会要更加重视这个问题,这是对我们的革命文学发展有关键意义的一个问题。过去我们是不是反对了这种倾向了呢?是反对了的,但是反对得还不够坚决。有些地方,有些时候,我们往往存在着似乎是二元论的说法。即是说,一方面承认它不好,一方面又连忙安慰它,说它主题正确啰,题材有教育意义啰等等。说来,也奇怪得很,这类作品的主题,又往往一般都是正确的。这样,就使得公式化、概念化的错误倾向,没有能够受到应有的尖锐的批评。在我们的电影方面,近年来的确有着无可置疑的成就,但是在不到两年的时间里,却接连出现了三部看来是差不多的影片,《中国青年报》曾为此发表了画着三个头合并在一个身子上的一幅漫画。我觉得在有关报告里,应该有更加严格的自我批评。

我们究竟应该怎样来认识公式化、概念化这种错误的创作倾向呢?它的性质如何?它又同现实主义是怎样的一种关系呢?在周扬同志的报告里,当他提到这种错误的创作倾向的时候,是把它当作脱离和违背革命现实主义的倾向来反对的。可见这种错误的创作倾向并不是现实主义文学的一个派别和支流,而是违背现实主义的逆流。因为这种错误的创作倾向就其思想方法的实质来说,乃是一种主观主义与教条主义的东西。是不是可以这样说,公式化、概念化正是主观主义与教条主义在文学艺术上的特殊表现形态。如果这样说大体上是正确的话,我们就应该承认,这种错误的创作倾向和现实主义的方法在根本性质上是如何的不容模糊和不能相容。公式化、概念化并不是现实主义的幼稚阶段,也不是现实主义的近邻,甚至于也不是现实主义的远方儿孙!

造成公式化、概念化的原因是什么呢？当然，不熟悉生活，缺乏艺术经验，都不能不是重要原因。但是，问题是并不能仅仅由这样两个原因来解释的。有些作家在这个问题上大骂批评家，好像公式化、概念化是由批评家一手造成的，这也是不公平的。假若这样，那么，我们只要打倒批评家，公式化、概念化的倾向就自然而然地消失了。我想谁也不会得出这样的结论。我想，除此而外，应该说还有作者思想上的重要原因。比方说，有人是带着"框框"进入生活的，尽管他在那儿"熟悉"，但生动丰富的生活面貌很难越过他的"框框"的森严的国界。再比方，拿公式化、概念化作品中出现的那些缺乏个性的四平八稳的人物来说吧，难道作者在自己的周围所见到的尽是这样的人物么？事实不会是这样的，但是为什么作者硬要那样写呢？再比方说，我们在某些作品里看到的结婚之夜谈生产一类的情节吧，究竟作者在生活里亲眼见过或听说过多少这样的情节呢？又为什么硬要那样写呢？从这里我们可以知道，造成公式化、概念化的原因，不仅仅是生活问题、经验问题，还有一个带有根本性的问题，这就是作者对于现实生活的根本态度问题。也就是说作者是真正忠实于现实生活呢，或者现实生活只不过是作者手中可以任意左右的玩物。对于一个现实主义的作家，尤其是革命现实主义的作家来说，他首先就要给自己一条鲜明的不可动摇的法律。这就是无限忠实于生活的真实，尽毕生之力鞠躬尽瘁地获取生活的真实，就像我们忠实于党，忠实于人民，忠实于自己的国家一样。在我们的手里，现实生活是庄严的、严峻的工作对象，而决不能是也可以这样、也可以那样地随意轻侮的东西。作家的党性绝不是由肤浅的、廉价的口号来体现的，深刻体现党性的是作品的高度的、历史的真实。要走现实主义的道路，尤其要走革命现实主义道路的人，必须具有这种坚定的、严肃的信念。

在会议上，许多同志指责我们的写作中有不敢正视矛盾和冲突、隐蔽缺点和困难以及粉饰现实的现象。这种现象是应该受到指责的。严重一些地说，我认为这种现象是缺少革命热情甚至是对人民缺少信心的一种表现。我们的党是久经考验的党，我们的人民是闯过狂风大浪，闯过无数在当时看起来是无法克服的困难的人民。但毕竟我们是胜利了，而且在继续前进。我们有什么是需要隐蔽的呢？需要粉饰的呢？不敢正视的呢？只有代表没落、反动势力的分子，才需要来歪曲现实。至于我们，不管我们有多少缺点和困难，真理是永远在我们这边的，苦难和缺点是一定会克服的，我们没有什么畏惧，我们既敢作大胆、热情的歌颂，也敢作有利于人民的大胆的热情的批评！如果说其他阶级的作家，在他们追求生活真实的时候和他们自己的理想存在着或大或小的矛盾的话，那么，对我们无产阶级的作家来说，我们忠实于生活的真实和忠实于自己的理想完全是一致的，是没有丝毫矛盾的。只有我们忠实于自己的社会主义和共产主义的理想,才能最大限度地忠实于生活的真实。话也可以反过来说,只有我们无限地忠实于生活的真实,才能确切地履行作为一个无产阶级文学战士的职责。让我们像忠实于党的事业一样忠实于生活的真实,用革命现实主义文学的巨大的威力,无限的生命力,为我们的伟大祖国服务。

一九五六年二月

本质论——错误的文艺思想
——在整风学习小组上的发言

魏 巍

今年二月号的《解放军文艺》上，发表了某某某同志的一篇文章，这篇文章的题目是《谈谈几种有关公式化、概念化问题的有害论点》，我们不妨先从这篇文章谈起。

近几年来，我们的文学是有成绩的，但是那种面目可憎的公式化、概念化的作品，也确曾泛滥了一时。这种情况，引起了人们的忧虑和不满，大大地损害了我们无产阶级革命文学的声誉。那些来自敌对方面的文艺思想，也借此向我们大肆攻击。在这种情况下，如果我们的文艺批评家，能够抓住这种不健康的文学现象，仔细看看，作一番认真细致的研究，真正从文艺领导上、文艺批评上、文艺创作上和作家深入生活等方面找出原因来，这对我们的文学事业，会有很大好处。可是这篇文章，却不是这么客观，他只是在那儿单纯地责备作家，责备他们头脑里有教条主义、生活不深入等等。通篇文章虽然很长，但总的意思却是告诫作家："……文艺创作中的公式化、概念化倾向的原因，主要是来自主观方面，而不是客观方面，因此，解决的办法，也主要应从作家本身去寻找；虽然，也不能否认客观上的原因。"当然，作家要从本身去找原因，这话也是对的。把过错一股脑地推给领导，推给文艺批评，不能认为是实事求是的，也不能真正地解决问题。但是，仅仅强调这一方面的原因，而把文艺领导上的原因轻轻带过，这也是不公平的。这篇文章说："克服文艺创作中公式化、概念化倾向的斗争，是反对文艺创作中主观主义、教条主义的斗争。"这话也是不错的，但是这种主观主义、教条主义的思想，是否也反映在我们的文艺指导思想上呢？在文艺理论的这个领域里，我们有没有那种可以把创作导向公式化、概念化的理论呢？这种理论，对创作有没有影响呢？事实上，不仅有影响，而且有相当大的影响，特别是当这种理论，一经和行政方式结合之后，就很怕人；再加上这种理论在群众中的广为传播，就更加造成了对作家的相当沉重的压力。最后把创作赶到公式化、概念化的死胡同里。这种情形，我们的某些文艺领导同志，既然没有身受其痛，所以也就不大感觉得到。因此，我认为，克服创作中公式化、概念化的斗争，必须同时也在文艺理论的战线上展开，只有彻底攻破那种把创作导向公式化、概念化的理论,才能给革命现实主义的文学廓清道路。

一九五〇年冬季,一位同志提出了"反对'落后到转变'的公式主义"的口号,随后又提出了创造解放军的英雄形象的创作方向。这个口号的提出,对于扫除"落后到转变"的创作公式,提醒作家更加注意写部队积极方面的东西,是有积极意义的。但是仔细回想起来,却仍然有许多问题值得再加考虑。第一,这种"落后到转变"的公式主义是有的,但是否如口号提出者所说的那样严重,值得考虑。据我所知,在华北部队方面,早已在解放战争后期就纠正了这种偏向。胡可同志的《战斗里成长》、徐光耀同志的《平原烈火》以及其他作家写英雄人物的作品已经问世。第二,关于在我军出现的"落后到转变"的作品,包括有名和无名的,有许多都对部队起过很好的教育作用。这些作品,究竟应该给以怎样的估价,这一点很少谈到。第三,这类作品产生的原因和性质也需要具体分析一下。事实上,这类作品的最初产生,是受到政治工作"改造落后分子"的思想启发来的,并且往往是为了结合部队具体任务的需要,比如要解决官兵关系的时候,就演一个干部如何犯"军阀残余"的毛病,另一个干部如何爱兵,以后犯"军阀残余"的干部又如何转变等等。某些文艺工作者,某些还未经过很好改造的知识分子,在写作中欣赏战士的落后方面,这种情形也确实是存在的,但不能一股脑地都归罪于作家的"剥削阶级思想"。在"兵演兵"中也出现了很多这些作品,甚至有落后分子亲自现身说法演自己的转变过程的,这又算什么思想呢?

以上我举出这种情形,说明这位同志对"落后到转变"的这种创作现象,并没有很客观地作一番细致的研究,因而也就难免不那么实事求是地提出问题。但是尽管如此,总算他看出了问题。可是部队内外的作家们为什么对他的这种文艺思想又有一种不满呢?是不是有人喜欢这种"落后到转变"的创作公式或者不同意创造新英雄人物的口号呢?不是的。问题是:他是用什么样的文艺思想反对"落后到转变"?是用什么样的文艺思想提倡写新英雄人物?他的观点,是现实主义的观点,还是公式主义的观点?

《把我们的创作认真地组织领导起来》这篇文章里,在论述到这个问题的时候,我们从作者所举的一些例子可以看到,作者并不仅仅是反对所谓"落后到转变"的公式,实际上是不赞成别人写部队的缺点,作者曾经举例说:

"……尤其是写和表演一些管理员、司务长、炊事员、理发员的时候,就最容易犯夸大和歪曲的毛病。一写他们,总是风纪扣不扣,裤腿一只挽起,一只掉下,手里提二斤肉,号房子不管老乡愿不愿意,粉笔一挥就号上了。是不是这就是我们管理员正确的形象呢?完全不是的!我们的管理员在十分艰难的环境中还能够为部队改善生活,这些不就是最本质的东西吗!然而,这些作家看不见,也很少去表现过。显然,这是因为在作家的心目中,这些人身上大概就不会有积极的东西。"

管理员、司务长、炊事员的这些"最本质"的东西,究竟是不是这些作家看不见,也很少去表现过,姑且存疑。我们单说,比如在一部小说里,如果写道他们之中的一个"风纪扣不扣,裤腿一只挽起,一只掉下,手里提二斤肉",为什么就一定是夸大和歪曲的形象呢?如果我们的文学描写应该从生活出发的话,那么,在我们的生活里,管理员的样子真是多得很:在十分困难的环境下为部队改善生活者有之,在十分困难的情况下贪污者有之,风纪扣不扣、手提二斤肉者亦有之,风纪扣不扣但却不能为部队改善生活者有之,军风纪异常整齐兼而贪污者亦有之。为什么只有某一固定的样子,才够"管理员正确形象"的规格呢!

这实际上就是要作家不要碰生活中的任何缺点。如果碰了这个缺点(有些地方简直不是什么缺点,只不过是人物的一点特殊风貌),那就会被认为是出战士的洋相,向他们脸上抹灰。支持这种说法的论据是什么呢?那就是所谓"本质论"(我们姑且这么叫它)。这种论调认为:一个解放军的战士,"他参加人民解放军这件事本身就是积极的,崇高的。经过党的教育,提高到无产阶级思想,这就是人民解放军战士的本质"。这就是所谓好和更好的简明公式。如果违背了这个公式,这就是违背了事物的本质。因此作者就要求作家"在今后的作品里面,生活里面,搜集材料里面,把思想观点和思想方法端正过来,认识我们人民军队的本质,写我们人民军队的本质,演我们人民军队的本质"。这就是这个理论的简单轮廓。

我自己对于这个理论,当时只觉得有些片面和有些简单化,并没有认清楚这是一种什么样的文艺理论。经过了这几年的实践,才渐渐觉察出这种理论的错误。这种理论,在群众中散布以后,特别是经过行政方式以及一些机械绝对的文艺批评散布以后,产生了两方面的有害影响。一方面许多生活经验缺少的读者,也学会了用几个"条条"和几个"框框"去套作品,甚至学会了那种教训人的腔调,动不动就责备作家"这是对劳动人民形象的歪曲和污蔑"。"闹到生活里有这样的事吗?""难道我们的干部是这样子的吗?"就以胡可同志的《战线南移》为例,这本来是近年来为数不多的优秀剧作之一。仅仅因为里面写到一个"老油条"的作战科长,《解放军文艺》编辑部就接到了许多封抗议式的来信,认为在我们伟大的志愿军里并没有这样的人。这当然也叫歪曲人民军队的"本质"。甚至有个别很老的同志,竟也这样去认识问题。我想在他们革命的一生中曾经不止一次地遇到这样的人吧,而且同这些人也谈过话、教育过这些人吧,可是他们竟也认为不典型,这也说明,他所说的典型,也就是那种"本质论"中的"本质"。这种看法,有时甚至发展到神经过敏的程度。这是指对于读者的影响。对于作家呢,那就直接地伤害了创作。作家在这种"本质论"理论的影响下,本来就顾虑重重,再加上一些读者的这种沉重的压力,一些对这种风气抵抗力弱一些的作者,粉饰现实,缓和冲突的情况就发生了。这种作品再经过以同样文艺思想指导的编辑部的传播,就完成了最后的公式化、概念化的过程。

从上面这些情形来看,我们可以知道,这种文艺指导思想并不是什么现实主义的理论,它的实质是把生活的真实简单化、抽象化和理想化的一种文艺指导思想。

我之所以说它把生活的真实简单化、抽象化和理想化,是因为它只承认好的人、好的方面才是生活的本质,而写到落后的人、落后的方面就是歪曲了生活的本质,这就把复杂万端的生活现象作了人工的机械的分割。文艺作品,当然不应该罗列生活现象,而应该反映生活的本质,但是生活的本质不能是简单的图解,而是要通过活生生的、生活本身所具有的丰富性和多样性去体现的。在我们的生活里,先进的人物、先进的事物是和他的对立方面互相纠结着同时存在的,我们不能为了写文艺作品就把他们单独地抽出来给他们特意地造一座公共宿舍。就是对于一个人来说,也往往是这样,一个人的优点和缺点,这一方面和那一方面,也是往往纠结在一起的。甚至同一件事,一方面表现了一个人的优点同时也表现了他的缺点。在生活里,我们常常看到这样的事:有人打仗相当勇猛,但往往失之于鲁莽;有人相当"蔫乎",但却有惊人的沉着;有人思想方法偏"左",但看问题也确有敏锐处;有人比较稳重,又往往失之于保守;有人作风相当果断,雷厉风行,但常常比较粗糙;而有人作风相当细致,往往又优柔寡断。在一个集体里,我们也可以看到这种现象。有些团队战斗作风相当勇猛,但犯纪律方面也颇有名;有些团队,纪律方面很好,但对完成战斗任务,却又比较平常。总之,事物并不像我们所设想的"本质"那样单纯。在表现人物表现生活的时候,并不是那么容易地能用"本质"这把斧头把它们一砍两段的。如果我们用"本质论"这样简单的方法去理解生活,去指导工作,把生活的这一面同另一面对立起来,把一个人的这一面同那一面对立起来,不走到"无冲突论"又走到什么地方去呢?这种文艺思想,不是劝导作家鼓起勇气来去面对严峻的生活的真实,而是要作家从生活真实的面前走开,去另外制作一个镶着花边的、人人勇敢、个个乐观的小世界。这种粉饰生活的"报喜不报忧"的片面理论,哪里还是现实主义呢?我们喊它作"教条主义",难道就冤枉得很吗?当然应该谈到,上面那位同志的文艺思想也是有发展的,在他后来的论文里,观点有一些改变,总的说是一个认识问题,出发点还是好的。

以上,是我对过去的文艺指导思想的一点意见。当然这不是说我自己过去的认识就是很清楚的,这不过是近几年来个人在实践中的一点体会。同时,也要说到，批判这种错误的文艺思想，是为了清楚教条主义对创作的束缚和伤害，并不是要人们轻视写生活中的积极方面，更不是要否定或削弱创造新英雄人物的努力。创造新英雄人物，尤其是创造我们解放军的英雄形象，这仍是我们的伟大的战斗目标。当然，这里所说的英雄人物，和那种不食人间烟火的、处处高人一等的甚至连脸盘儿、身个儿都是最标准的英雄人物大异其趣；我们所创造的要是真正生活在我们周围的那些人物，那些普通人，那些凡人，其中也可以包括那些风纪扣并不是扣得很好的英雄人物。

一九五七年六月十四日

我的写作信条
——在广州军区直属机关文艺讲座上的谈话

魏 巍

我这次出来七个月了。各地业余作者同志们,希望我谈谈创作的体会。东谈一点,西谈一点,凑起来有十条。我自己就是根据它来进行创作实践和生活实践的。因此也可以说是我自己的写作信条。其中有些不是自己实践得来的经验,而是看别人作品、古典作品得到的启示,准备今后这样去做的。经验是从实践中来的,我的实践不多,经验自然也很少。而且个人的经验不可避免有它的片面性。请同志们多多批评指正。

一、做无产阶级文学旗帜下的士兵

谈起写作,无非是三个问题:(1)为什么写作,为谁写作;(2)写什么;(3)怎样写。这第一条是立场问题,第二条是内容问题,第三条是方法问题。当然,二、三条同样都包括立场和世界观问题。不过,我觉得,为什么写作,为谁写作毕竟是一个最根本的问题。一个人写作的出发点是什么,将影响到他的整个艺术活动。这是应该认真考虑的。一个人走上创作道路,有多种情况,其中也往往有下面两种情况。一种情况是:作者本人并不是要写作品,但他经历了很多事情以后,有很多感触,对社会生活形成了一种看法,思想上积压了很多东西,于是,产生了写作的冲动,不写出来就心中不安,这就促使他进行了艺术上的表现。另一种情况是:本人小时候读了些文艺书,对文艺发生了兴趣,自己逐渐想从事这种活动。两种情况中,我觉得第一种情况更符合艺术创作本身的规律。历史上有很多作家都是这样的,包括进步作家和反动作家,他们是心中有话要发泄出来才从事创作的。如曹雪芹,是否他一开始就想从事文学,埋头写多少年呢?他是经历了若干年上层社会生活之后,后来潦倒,回顾往事而写出了《红楼梦》的,现在有许多老干部,深深感到自己亲身参加的革命斗争的伟大,怕这些革命事迹埋没了可惜,想传给下一代,因之不能自已地拿起笔来;不管这支笔多么沉重。一些工农作家也是这样。如高玉宝,他是因为自己过去吃了很多苦,解放了,胜利了,怕人们忘掉了过去而写作的。据说开始时他是为了教育他的父亲而写。这些人不会提出应该写什么,怎样搜集材料一类的问题,因为他写的就是他一生中感受最深的事情。这是符合艺术的规律的。我所说的第二种情况,却是首先对文学发生兴趣,想从事这种活动。这种情况当然也并不是要不得,这也是一种客观存在。但这与前面一种情况不同。常常听见有人问,应选什么题材,搜集什么材料,这本来应当是不成问题的,不知道应当去搜集什么材料,为什么要写作呢?当然这也不是什么坏事,不过他首先要大大充实自己的生活,在火热的生活里好好地滚一滚,等到他对生活有了较深的体会并且形成自己的看法,才能彻底解决这个问题。

为什么要谈上面这些问题呢?因为我体察到处于第二种情况的人,常常容易不自觉地把艺术放在第一位。这里谈谈我自己过去的事,也算自我批评吧!我算哪一种情况呢?应该算作第二种。当我还没有革命觉悟的时候,就喜爱上了文学,认为搞这行不坏。这样有无毛病呢?有的。我十七岁的时候跑到山西参加了八路军,以后又去延安抗大学习。毕业分配工作的时候,正遇鲁艺报考。当时我就转过念头,想到鲁艺去学几天,学些写作经验,提高技巧,装备一下,然后再去前方更好地为人民服务。但是我立刻否定了这个念头,没有提出这个要求。因为我想整个民族正处在生死存亡的关头,个人要求装备一下,学点技巧,是太微不足道了,不该这样打算。现在想起来还感到惭愧。以后我一直是搞业余创作,有时候工作忙,没时间写东西,就又有些苦恼,又暴露了这样一个问题。我思考的结论是:一个战士,当然应该很爱自己的剑,一把明光锃亮的宝剑,确实是令人喜爱的。但是你是因为热爱革命斗争才热爱剑呢?还是因为爱剑而参加革命斗争呢?很明显,一个战士是因为热爱革命斗争才热爱剑,不是因为爱剑才参加革命斗争的。这也就是,我爱艺术,我更爱真理。艺术是手段,不是目的,我们的目的是为了真理而斗争。为了真理,可以粉身碎骨,可以牺牲自己的一切。用笔来写作,只不过是一个人战斗的方式之一。我觉得这样才是正确的。当然也不要把这两者对立起来。要想写出好作品,对我们的事业有所贡献,不仅要觉悟很高,还要有高度的艺术水平。但我所讲的是根本的出发点问题,应该从哪里出。不同的理解,就会培养出不同类型的作家。出发点是为了革命,就会把自己向一个革命战士的目标来培养,造就出来的是革命的战士,而不是只懂得一点艺术技巧的小手艺匠。如果出发点是为了艺术,也可能学会点技巧,找些材料,东拼西凑,也可能搞出一点东西,但成为一个革命战士这种类型的作家是困难的。一句话,我们培养自己的方向应当是无产阶级的作家和战士,是无产阶级文学旗帜下的士兵。

二、爱憎分明,是非分明

作为一个革命的文艺工作者,爱憎分明很重要。我们常常看到伟大作家的作品,感到有一种震撼人心的力量。当然不能不佩服他们在艺术结构上有杰出的东西。但所以产生这种效果,作家强烈的爱憎恐怕是主要原因。

所谓爱憎,是热爱人民,憎恨敌人,是热爱革命,憎恨反动,热爱新生的东西,憎恶腐朽的东西。作家不仅要有一般的爱憎,而且要有更深的爱憎。一位领导同志有次曾经谈起来,说爱要爱个死,恨要恨个透。这是很对的。有了爱憎分明的态度,才能更深地观察生活,才能使作品有震撼人心的力量,不致成为一杯薄酒。

此外,还要是非分明。有人提出在生活中如何搜集材料的问题,我看具有是非分明的观点才能有深刻的感受。否则一切都如流水般过去,不去思考哪些是对的,哪些是不对的,感受就很难深刻。一个模棱两可的人是不可能成为好作家的。是非观念以何为指导?要以马列主义为指导。"是"指马列主义之是,"非"指马列主义之非。

三、深刻地研究生活

在毛主席的文艺思想中,这是一个根本问题。深入生活,一方面是为了改造自己,同时也是为了吸取创作原料。作家发言靠什么,就是靠生活。是通过生活来发言的。记得有次周总理对中央民族歌舞团讲话时,曾说过艺术不要光喊政治口号,喊口号我比你们会喊。这意思就是告诉我们,要通过生活来发言。写东西要力求真实,不真实的东西是没有生命的。艺术的真实要以生活的真实为基础,没有生活的真实,也就谈不到什么艺术的真实,过去有人片面地强调"写真实",主张一个作者只有"写真实",去进行什么自我搏斗,就可以达到马列主义。其实这是取消无产阶级世界观对创作的指导作用,否认马列主义在观察生活中的指导作用。我们反对单纯地强调"写真实",但是却不要误会成我们的东西不要真实。相反,只有以马列主义为探照灯,才能照亮生活,达到更高的真实。比如在农村实行合作化以前,常有吵架、打官司的事情。北方风俗,老头老婆的儿子们长大了,靠谁养呢?一种是"轮头饭",由几个儿子轮班来养;一种是儿子儿媳定时定量供给他们多少粮、柴等。可是,有时候并不能按时照付。老头煮饭没柴,就去儿媳处抱一点,儿媳就去夺,展开了"武装斗争"。有的在分家产时,为了争一棵胳臂粗的小树,打起官司。打得小树长得合抱粗,家产都打光了,还是纠缠不清。这些事使人看了很痛心。为什么会发生这样的事情?如果没有马列主义的阶级分析观点,或者是不能理解,或者就说是人心不古,人性不好,这就掉到唯心论的泥坑中去了。有了马列主义,眼睛就亮了,很清楚:这是私有制度的罪恶!私有制一去掉,那些东西不是逐渐减少了吗?可见只有以马列主义作为观察生活的探照灯,才能达到高度的真实。

对生活必须进行刻苦地研究。有人问,写报告文学作品,在不熟悉生活的情况下,或者创作时间短促的时候,是否可以虚构?写报告文学作品能不能虚构,我后面再谈。就说写一般文学作品,这提法也不对。我认为恰恰相反,材料愈多,愈可以大胆虚构;对客观情况不清楚,想借助虚构来补空子是不行的。我觉得,文艺创作只能有中生无,而不能无中生有。

我第一次去朝鲜采访,开始就注意到志愿军打得很英勇,负伤不下火线的人比国内战争还多。什么原因?领导机关对我说这是发扬了爱国主义、国际主义和革命英雄主义的精神。完全不错。但是我并没有满足这个答案,还是深入地研究它。我同好几十个干部战士谈了话,从许多具体事件中得到了相同的答案。但是这已经不同了。这才是结实的,与自己有血肉联系的,而不是别人告诉你的。

主题思想,应该是文艺工作者自己体验的结果,是自己生活实践的结论,别人可以提示你,帮助你,但是应该通过自己的体会来得到它。一般地说,主题思想的产生,应当是在研究生活之后,而不是在研究生活之前。先有一个主观的框框,再去找材料往里填的办法是很不好的。

四、熟练手中武器

这里所说的熟练手中武器,就是要理解和掌握自己所使用的某一种文艺形式的特性。文学创作有多种形式:小说、戏剧、诗歌、电影等等。每一种里面又有几种不同的样式,小说有长篇、短篇、中篇,诗歌有抒情诗、叙事诗等等。一个人可以掌握一种或几种,一般地说,十八般武器,样样精通,是困难的。初学写作时,不妨多试几种,因为认识自己也要有个过程。要在实践的过程中,看看自己具有哪方面的才能,使用哪一种顺手。我自己写小说不多,现在还怀疑行不行,但要实践一段再罢手。如果已经确定使用某一种武器,那就要理解和掌握这一种武器的特性。可以说,每一种文艺形式都有自己的特性,否则,这一形式就不会存在。所谓特性,就是与其他形式的共性之外的特殊规律,也可以说是他的长处和短处。小说与诗比较,长篇小说辛辛苦苦写了几十万字,一篇短诗只有几十行,甚至可以达到小说所达不到的激动人心的效果。这就是诗歌的特性:它具有高度抒情的威力。反之,一部长篇小说可以把整整一个时代装进去,民族风俗、斗争风貌、语言服饰甚至药方子,都可以从容不迫写进去,而诗歌就不行,也不必要。小说与报告文学比起来,小说很丰富,是否就可以不要报告文学了?也不行。到朝鲜回来的同志马上写小说的很少,大都写报告文学,因为来得快嘛!这正如战争中的各种武器,重炮、机关枪、手榴弹、刺刀等,都不能互相代替。远射程炮可以摧毁敌人后方的工事,打击敌人的第二梯队,但不能拿大炮冲锋;近战时,还是刺刀手榴弹带劲。

这里我不准备同时也没有能力去谈各种艺术形式的特点,我只是提起一点注意:要揣摩,要研究你所掌握的那一种艺术形式的特性,要有意识地发挥其长处而避免其短处。在这方面盲目与自觉是不相同的。比如诗歌的特长本来是抒情的威力,短处是叙事不如小说、散文那样从容。可是当你不去有意识地注意这个特点的时候,你写的叙事诗就很可能采取散文、小说的写法,结果写得既不像小说,又不像诗,反而使人感到用散文、小说的形式去表现倒可能更清楚些。这就是作者没有注意诗的特性的缘故。有意识地对某一种文艺形式进行深入地钻研,取其所长,避其所短,对艺术表现是大有好处的。

这里顺便谈谈文学的问题。有人问:报告文学可否虚构?我觉得报告文学不宜虚构。否则岂不同小说一样了吗?还有什么独特的存在价值?我想,是否可以说报告文学有两重性:一是文学性,一是写实性。这就是说,一方面要写真实的人物事件,与小说有别;另一方面它又是一种文学形式,是通过文学手段(形象、典型)来表现的,因此,它又不同于一般的通讯报道。报告文学的文学手段也带有自己的特点,比如小说的典型性是作者创造的,而报告文学则依靠作者的观察力从生活中吸取具有典型意义的人和典型意义的事。它的加工方法不是依靠虚构,而是从剪裁取舍上下功夫,哪些应当放大、突出,哪些应当删减、略去,它是从这些方面来进行艺术加工的。

五、集中力量打歼灭战

写文章的方法很多。这里我借用毛主席的一句名言,说一点个人的体会。就是说,写东西在明确了主题思想之后,就要集中力量攻取堡垒。

首先,动手之前,主题思想一定要明确。如果主题思想还不明确,就等于作战还没有查明敌人在哪里。一个人写文章,难道有主题思想不明确的事情吗?有,这往往是由于在写作之前,作者对问题研究不透酝酿不够所产生的。如果发现了这种情形,写不下去就不要硬写,要停下笔来,再度进行补充生活,调查研究,做到充分酝酿成熟。一旦真正弄通了,就应该围绕中心,"集中力量打歼灭战"。我们写东西很容易犯的毛病是:在一篇作品里,又想说明这个,又想说明那个,实际上形成分兵作战,结果哪个也没有说透。我写某一篇朝鲜通讯时,最初就是如此,又要写志愿军英勇,又要写祖国伟大,总想面面俱到。这正如在作战中把几处敌人全吃掉是不行的,而是要集中兵力吃它一口,力求全歼。

六、精兵主义

韩信用兵是"多多益善",写文章则是兵贵精不在多。创作中选择典型创造典型,是艺术家最主要的手段。要写出典型的人物,要写出人物的个性,往往并不要堆积很多东西,只要抓住若干具有鲜明特征的重要的情节和细节,人物就可以出来;反之堆积一般化的东西很多,人物也站不起来。此外,我们写东西还常常喜欢全线进攻,缺少重点突破。一些古典作品恰恰相反,那些作者们很能巧妙地突破一点,而取得全胜。譬如果戈理的小说《外套》只是通过一件外套写了这个人物的一生。我们往往写了人物的一辈子,很详细,就是不够突出鲜明,这是值得深思的。我们在生活中,积累材料要多,使用材料要少。积累多,将来就有选择余地,可以用其最精华的部分。因此,积累素材是要不严其多,要多多益善,不怕这些材料暂时用不上。如果积累得少,就没有选择余地了。但是,在使用材料时,就要严格,务求精粹。甚至写成之后,还要下狠心删掉那些次要的部分。

七、当你研究生活的时候,要有最大的老实;当你结构作品的时候,要有最大的"不老实"

为了把自己的作品写得更好一些,我还常常想到一点。用我自己的话说,就是,一个作者,当你研究生活的时候,要有最大的老实;而当你结构作品的时候,却又要有最大的"不老实"。我的意思是说:当你研究人研究生活的时候,没有最大的老实态度,就不可能对复杂的生活了解得又深又透,既然首先没有生活的真实,也就谈不到什么艺术的真实。当你进入艺术加工的时候,却又需要摆脱一人一事的局限,让艺术畅想飞翔起来,才能充分做到艺术作品的生动和鲜明。每当我看到古典作家和当代优秀作家一些作品的时候,常常引起这种启示。以果戈理的《钦差大臣》为例,如果作者对旧俄生活没有那样透彻的了解,他就不可能写得那样深刻;如果作者只拘泥于一人一事,不能大胆想象,也难以产生出那样的艺术妙品。对照我们自己,往往对以上两个方面都做得不够,有时甚至恰恰相反:在研究生活的时候,往往是浅尝辄止,缺乏最大的老实;而当进入艺术加工的时候,却又太"老实"了,拘泥于某些具体琐碎的事件,不敢越出雷池一步。其结果就使得我们的一些作品,显得平淡乏味。此外,还有一种情况:在研究生活的时候不够老实,而在进入艺术加工的时候,却大胆得可惊。结果只能在有限的生活原料上,大量臆造似是而非的离奇情节,或者不得不袭用他人笔下已经出现过的形象。这种情况也是不正常的。在毛泽东同志的文艺思想中,可以看到,他一方面十分强调研究生活的问题,而在另一方面又提出文艺作品可以而且应该比实际生活更高,更强烈,更有集中性,更典型,更理想,可见这两个方面都是很重要的。这两个方面是相反又相成的。可以说,愈是生活底子深厚,艺术想象驰骋的天地也就愈是宽广。一支火箭,如果只能匍匐在地,那就不称其为火箭了;但是,如果想使它腾空而起,遨游太空,却又必须踏踏实实一丝不苟地做好地面上的工作。

八、不怕矛盾

有些人认为写矛盾是个危险地带,不敢写。我们决心搞革命,搞革命文学,就不能害怕矛盾。害怕矛盾就趁早改行。其实改行,也避不开矛盾,因为生活本身就充满了矛盾。毛主席在《矛盾论》中解释得很清楚。我们的中央领导同志说,即使到了共产主义社会,也还会有好人和坏人,也还会有矛盾。一度有人认为戏剧中可以不写矛盾,这是违反马列主义的。无产阶级是不怕矛盾的,因为它是新生的阶级,发展的阶级,真理是在它这一边的。假若害怕矛盾,还干什么革命,搞什么斗争?因此,我们写作不应回避矛盾。矛盾不是能写不能写的问题,而是立场是否站得正确的问题。这是最重要的。写敌我矛盾,是不须多加说明的,就是写人民内部矛盾嘛,也要从革命的利益,从党的利益,从人民的利益出发,而不能从任何其他的出发点出发。因此,怎样写才是对党、对革命有利,怎样写又是对党、对革命不利,我们的头脑要很清醒。尤其是在什么时机讲的问题,是现在讲,还是过一个时候讲,这也要考虑到。因为这世界上还有敌人,还有阶级矛盾。但是,我们不怕矛盾,将要没落的并不是无产阶级,而是腐朽的资产阶级。我们队伍中某一些人的某一些缺点,归根结底,是旧制度造成的,是封建阶级、资产阶级吹到我们身上的灰尘,而我们扫去它,对我们不仅没有损失,而且只会有利于我们的前进。

九、熟悉几十几百个活人

大家都感到现在某一些作品写的人物不突出,不生动,有些概念化、类型化。缺乏活生生的个性。原因何在?还是对人物不熟悉。比如我写的这个连长不突出,那就不妨问问自己:我头脑里究竟有多少个活生生的连长呢?可能有几个,但是不多。而且可能对他们不了解,或者理解得不深刻。当然在写人物时也就不容易突出了。我觉得,一个作者起码要下决心真正去熟悉几十个活人。如果在脑子中装了三十个、二十个活的连长形象,对他们的出身、历史、生活、性格、爱好以及一切细节都很熟悉,加上一定的表现技巧,就可以塑造出活生生的连长形象来。所以,在这方面要扎扎实实下些功夫。要熟悉人,就要和他们在一起。不和他们共事,是不容易了解一个人的。对人物透彻地了解了,可以作为人物传记登记起来,这就是自己的财产。创作时运用技巧,集中概括一下,是可能刻画出一些人物来的。至于要创造出惊天动地的英雄,不朽的典型,那又是同作者的思想水平、艺术水平有关的。但真正熟悉了一些人,即使写不出了不起的典型,总还是可以写出一些活生生的人物来的。

十、写自己感动的东西

这一条理由很明显,自己不感动,要写出来去感动别人是不可能的。不要存在这种侥幸心理。我想"有感而发",这恐怕是文学艺术的一条规律。自己都不感动,如何去感动别人呢?有人讲:"我自己看到什么都不感动,怎么办?"对这种人只好说:那你就算了吧!总之,不要去写自己没有受到感动的东西。

自己凑起来的十条体会就是这些。文艺队伍太小是不行的,只靠少数人是不行的。要靠大家一致努力。希望大家对我的谈话提出批评。希望大家多多写出一些好作品来。

一九六一年十一月二十九日于广州

生活再深些 站得再高些

魏 巍

在中国革命文艺运动的历史上,二十年前,出现了一部影响最深远的理论著作,这就是毛泽东同志的《在延安文艺座谈会上的讲话》。这部著作,运用马克思列宁主义的观点,正确而深刻地解决了文艺方面一系列的根本问题,给中国无产阶级文艺运动奠定了巩固的理论基础。从此以后,中国无产阶级的文艺队伍就拥有自己光辉的战斗纲领。

二十年来,中国革命的文艺运动,已经进入了一个崭新的阶段。只要看一看我们的文艺队伍的壮大和这支队伍精神面貌的变化,只要看一看我们的文艺创作所展示的工农兵生活的新天地,同时看一看我们的文艺活动在革命战争和建设事业中所发挥的作用,就可以证明:毛泽东文艺思想,不仅过去是而且今后仍然是我们无产阶级文艺的永不褪色的红旗。

每当我们回想起自己的文艺生活,总会无限亲切地想起这篇讲话。因为它不仅告诉我们,怎样是革命的文艺,怎样去从事革命的文艺,而且告诉我们怎样做人,怎样做一个革命的人。可以说,这篇讲话,就是党和毛泽东同志哺育文艺战士的乳浆。而我们,正是饮了这乳浆成长的。我们的成长过程,我们的艺术生命,都是同它不可分离地联系在一起的。

二十年来,我们越来越深刻地体会到:只有按照毛泽东文艺思想忠实地去做,脚跟才会站得最稳,根子才会扎得最深,眼光才会看得最远。

二十年后的今天,当我重新温习这篇讲话的时候,不仅感到毛泽东同志的指示丝毫没有过时,而且还深深感到我们自己做得不够,甚至还有执行得不够全面的地方。如果我们执行得再好些,可以肯定,还可以取得更大的成绩。

这里,我想着重谈谈深入生活方面的问题。

大家还记得,毛泽东同志在讲话中,是以何等的热情督促我们,激励我们深入生活。如果把我们自己比作一棵树,毛泽东文艺思想就是要把我们栽到最丰沃的土壤中去,好让我们根扎得深,树长得大,果实结得又多又好。我怀着高兴和敬佩的心情看到,不少同志在这方面下了苦功夫,给我们树立了榜样,因而也就创作出许多好作品。

但是,是否可以说,在这方面我们都已经做得很够了呢?首先我自己就不感到做得不够。当然,毛泽东同志在二十年前指出的那种"不熟,不懂,英雄无用武之地"的状态,对许多文艺工作者来说,是大大改变了;可是,熟得不透,懂得不深,这个"用武之地",也还是不能彻底解决。比方,我们常常谈起写人物的问题,认为这是一个薄弱环节。有些作品,题材很好,内容也正确,就是缺少人物,缺少那种真正是来自生活的,有血有肉的,活生生的,有鲜明个性的典型人物。原因在哪里呢?原因可能很多,但下面两个原因恐怕是存在的:第一,作者头脑中本来有活生生的人物,但是受到一些清规戒律的束缚,因而不能做到从生活出发;第二,就是作者生活基础不够,对于所描写的人物,缺乏具体的感受和深刻的理解。关于第一个问题,作者应该有勇气来打破它,也需要文艺批评工作者们予以帮助;至于第二个问题,却需要作者本人认真对待。我的体会是,每当自己在创造人物发生困难的时候,不妨首先问问自己,比方说,一个连长没有写好,自己头脑里究竟装有多少个活生生的连长形象呢?对他们是否真正熟悉,真正有深刻的理解呢?往往不是知道得不具体,就是知道得不深刻。归根结底,还是研究人、研究生活的工作做得不够。毛泽东同志曾经强调说:"我们的文艺工作者需要做自己的文艺工作,但是这个了解人熟悉人的工作却是第一位的工作。"假若我们按照这项指示认真去做,比方说,我们曾经对八个、十个甚至二十个、三十个连长做过深刻的研究,对他们的一切细枝末节都了如指掌,那就具备了写出活生生的连长形象的基础。至于我写出的这个人物,典型化程度如何,鼓舞人的力量如何,这是同自己的思想艺术水平有关的,但是无论怎样,写出一个活生生的人,而不是一个概念化的人,这一点总是可以做到的。因此,我想一个搞创作的人,既然愿意献身这个工作,那就要在研究人、研究生活上,不辞劳苦,下最大的功夫。毛泽东同志嘱咐我们,要观察、体验、研究、分析一切人,一切阶级,一切群众,一切生活的生活形式和斗争形式。可见要下很大的"本钱"。不深不行,不广也不行。我觉得,我们每个作者起码要熟悉几十几百个活人,熟悉他们的出身、历史、思想、性格以及一切细枝末节。只有这样,才能给自己的创作提供雄厚的基础。再加上我们的思想改造不断取得进展,艺术水平不断提高,也就不难创造出各种各样的英雄人物和各种各样的典型人物,为我们的教育目的服务。

  为了把作品写得更好一些,我还常常想到下面一点。用我自己的话来说,就是:一个作者,当你研究生活的时候,要有最大的老实,而当你结构作品的时候,却又要有最大的"不老实"。我的意思是说:当你研究人、研究生活的时候,没有许多扎扎实实的工作,就不可能对复杂的生活情状有广泛深刻的认识,既然不曾拥有生活的真实,也就谈不到什么艺术的真实;而当你进入艺术加工的时候,却又需要摆脱一人一事的局限,让艺术的畅想飞翔起来,这样才能充分做到艺术作品的生动和鲜明。每当我看到古典作家和当代优秀作家们一些作品的时候,常常引起这种启示。以果戈理的《钦差大臣》为例,如果作者对当年旧俄的生活没有那样透彻的了解,他就不可能写得那样深刻;如果作者只拘泥于一人一事,不敢大胆想象,也就难以产生出那样的艺术妙品。对照我们自己,往往对以上两个方面都做得不够,有时甚至恰恰相反:在研究生活的时候,往往是浅尝辄止,缺乏最大的老实;而在进入艺术加工的时候,却又太"老实"了,往往拘泥于一些具体琐碎的事件,不敢越出雷池一步。其结果就使一些作品,显得平淡乏味。此外,也还有另外一种情况:在研究生活的时候不够老实,而在进入艺术加工的时候,却大胆得可惊。结果只有在有限的生活原料上大量臆造似是而非的离奇情节,或者不得不袭用别人笔下已经出现过的形象。这种情况也是不正常。在毛泽东文艺思想中,可以看到,他一方面十分强调深入生活的问题,而在另一方面又提出文艺作品可以而且应该比实际生活更高,更强烈,更有集中性,更典型,更理想,可见这两个方面都是很重要的。这两个方面是相反而又相成的,可以说,愈是生活基础深厚,艺术想象驰骋的天地也就愈是宽广。一支火箭,如果只能匍匐在地,那就不称其为火箭了;反过来说,如果想使它腾空而起,遨游太空,却又必须扎扎实实一丝不苟地做好地面上的工作。

一句话:让我们的生活再深一些,让我们的思想站得再高一些,用我们更好的实践,使毛泽东文艺思想结出更多更美的果实。这是可以做到的:因为在我们头顶上飘扬的文艺红旗,它那不朽的生命力,已经做出了这种预示。

一九六二年五月

解放思想　团结向前
——在全国作协第三次代表大会上的发言

魏　巍

在这次具有历史意义的文代会上,我们听取了邓小平同志的重要讲话和周扬同志的报告。小平同志的讲话,是向我们全体文艺战士提出的新的历史时期的战斗纲领;周扬同志的报告,对我们的文艺战线几十年来的成败得失做出了实事求是的科学总结。这些都是对我们的巨大鼓舞。

在持续十年的内乱中,祸国殃民的林彪、"四人帮",把我们的文艺队伍打残、打散了,搞乱了,但是无情的历史终于做出了公正的裁判,他们以可耻的失败而告终,党和人民取得了伟大的胜利,在长期革命中有着光荣战绩的中国文艺大军,也重新聚集起来,而且由于经受了严峻的战斗考验而变得更加坚强。

林彪、"四人帮"极"左"路线的大破坏,给我们的国家带来了极其严重的后果。他们不仅破坏了我们的物质生产,给人民的经济生活造成了种种困难,而且也毒害了人们的思想,败坏了我们的社会风气,破坏了人与人之间的关系,毁坏了我们的人。这就是当前我们面对的现实。在这种情况下,我们文艺工作者必须唤起自己高度的责任感,以最大的热忱,帮助我们的党,帮助我们的人民战胜当前的困难。愈是困难的时候,也就愈是需要发挥文艺武器威力的时候。我们应当认真总结三十年来文艺战线正反两方面的经验教训,充分发挥革命文艺的战斗作用,振奋士气,扫除障碍,鼓舞起广大群众的信心和热情,为完成社会主义现代化的历史任务而英勇斗争!

粉碎"四人帮"以来,尤其是具有历史转折意义的三中全会以来,形势活了。活的另一面就是有点乱。主要反映在人们的思想上,从路线、方针、政策到穿戴打扮,都有种种不同的看法。文艺也不例外。我说"活"比"死"强。活就说明事物是各种矛盾在运动,有运动才能发展。死水一潭就谈不到前进。乱当然不好,但是乱可以转化为治。思想上之所以显得有些乱,主要是极"左"路线没有批透,同时也有一些离开四项基本原则的右的支流乘虚而入。解决思想上的乱,就要划清两条线。一条是同两个"凡是"的思想划清界限,一条是同离开和怀疑四项基本原则的思想划清界限。冲破两个"凡是"的束缚,是思想解放的问题;坚持四项基本原则,是思想解放沿着什么轨道前进的问题。这两者是辩证的统一，不能把解放思想同坚持四项基本原则对立起来。

关于文艺战线的思想解放是不是过了头的问题，是同对当前文艺形势的估价分不开的：是好还是糟，是生气勃勃还是一片混乱？事实证明思想解放得还不够，心有余悸的现象还很严重，出现了一批思想解放、内容题材和思想深度上都有所突破的作品，但还远不能满足人民的需要。一些禁区还没有破除，一些框框还在起作用，一些作者仍然心有余悸，不敢也不能放开笔去写，这一切都要求我们必须解放思想。

要解放思想，就必须进一步批判林彪和江青互相勾结抛出的那个《纪要》。那个《纪要》确实是林彪、江青在文艺方面集极"左"思潮之大成的代表作，是束缚革命文艺发展的棍子和镣铐。由于《纪要》在部队中流毒深、影响大，有许多东西至今还在束缚着我们的头脑。不彻底批判《纪要》，我们的文艺思想就不能从沉重的枷锁中解放出来。

三十年来主要的经验教训有三条：（一）从政治上说，混淆了两类矛盾，混淆了思想、学术问题与政治问题的界限。我们的人不是在冲锋陷阵中倒下，而是自相残害了。今天来一个运动倒下一批，明天又倒下一批，倒下的太多了，包括久负盛名的作家、诗人，像丁玲、艾青同志。最后文化大革命一锅端，就全部黑了。培养一个作家多不容易，打倒很容易。坚持思想斗争是必要的，今后也仍然是不可避免的，但是不能和政治问题混淆起来。（二）从艺术上说，最根本的教训是没有更强有力地、始终不渝地坚持革命现实主义的原则。我们的一些作品不真实或者不够真实，"四人帮"则进一步颠倒主观与客观的关系，成为主观主义和反现实主义。（三）在文艺领导上，没有始终坚持艺术民主。党的领导与艺术民主是辩证的统一，也就像党的领导与群众路线的关系一样。经过实践，最好的领导方法就是贯彻双百方针，并善于引导。可惜这一方针过去因为受各种干扰而没有很好贯彻执行。

作为部队的文艺工作者，我这里想着重谈谈与部队创作关系较大的几个问题。即歌颂与暴露的问题，创造英雄人物的问题和题材的问题。在这几个问题上，"四人帮"分子以极"左"的面目出现，长期以来制造了种种混乱，是需要澄清的。

关于歌颂与暴露的问题

近来，文艺界在歌颂与暴露的问题上争论较多，分歧也比较大。就部队创作来说，这个问题也长期没有得到解决，已经影响到我们的创作进一步打开局面。这同"四人帮"过去制造的混乱是有关系的。

歌颂与暴露的问题,应当说早已从理论上解决了。在《延安文艺座谈会上的讲话》中已经讲得很清楚,歌颂与暴露的问题归根结底是作者的立场和态度问题。毛泽东同志说:"只有真正革命的文艺家才能正确地解决歌颂与暴露的问题",就是这个意思。立场和态度的问题解决了,就知道什么应当歌颂,什么应当暴露,就懂得如何去歌颂和如何去暴露;立场和态度的问题没有解决,不但暴露不好,也歌颂不好。暴露不容易,歌颂就那么简单?歌颂有几种,有人用嘴唇,有人则发自肺腑。没有对人民对党的深厚的感情,歌颂也是歌颂不好的;如果立场和态度完全错了,那么不论歌颂还是暴露,只能是帮敌人的忙、拆人民的台。

既然歌颂和暴露的问题在理论上已经解决了,为什么在长期的实践中没有正确解决,反而争吵不休呢?简单地说,就是有一种极"左"的思想把毛泽东同志的指示歪曲了。毛泽东同志曾经十分明确地指出:"一切危害人民群众的黑暗势力必须暴露之,一切人民群众的革命斗争必须歌颂之,这就是革命文艺家的基本任务。"可见这里指出的文艺家的基本任务是两个方面,不是一个方面。当然毛泽东同志也批评了写光明与黑暗并重,一半对一半的思想,提出了以写光明为主。这是很正确的。但是他从来没有提出过只许歌颂,不许暴露。至于人民内部矛盾,当时没有现在这样突出,但毛泽东同志也清楚地指出:"人民大众也是有缺点的,这些缺点应当用人民内部矛盾的批评和自我批评来克服,而进行这种批评和自我批评也是文艺的最重要的任务之一。"(请注意这个"最"字!)可惜这个"最重要的任务之一",却长期被抹杀了。当然,具有这种思想的人,有许多是我们的同志,他们往往是出于好心,唯恐党和人民的利益受到损害。而另有个别同志,后来成为"四人帮"分子和《纪要》的炮制者,却是因篡党夺权的野心膨胀,把自己一贯极"左"的主张系统化,变成打人的棍子。别人稍一涉及人民内部矛盾,即被他们视为"暴露社会主义的阴暗面",斥之为"暴露文学"。这样写人民内部矛盾就成为禁区,也就没有多少人敢问津了。尤其部队的作者在处理部队题材时感到更为困难。后来,"四人帮"加快篡党夺权的步伐,他们的亲信一反常态,干脆颠倒敌我,提出写"戴红领章红帽子的走资派",使这个问题更加混乱。这一系列荒谬的作法,造成了严重的后果,使文艺只能写一些表面的现象,甚至是虚假的现象,不能反映生活的真实,更不能触及生活中的重大问题。这样文艺也就远远地离开了生活,离开了革命斗争,离开了人民群众,从而也就解除了文艺的武装,把文艺拖上了死路。

现在看,那些把揭批林彪、"四人帮",触及社会问题的作品说成是"暴露文学",就是这种思想流毒的表现。我认为,揭露林彪、"四人帮"的作品,在当前和今后一个相当长的时期内还应占有重要位置。这一来是十多年来生活本身的反映,二来是政治上的需要,人民的需要。林彪、"四人帮"给我们的国家带来了那么深重的灾难,给我们的人民造成了那么巨大的创伤,我们的文学家能无动于衷吗?能不去真实地反映、深刻地揭露吗?对这些不闻不问就是丧失了艺术家起码的责任感。而那种让人民忘掉记忆犹新的痛苦,极力粉饰人民亲历的苦难的企图,则是对人民的犯罪。我认为揭批林彪、"四人帮"作品的最深刻的意义,不仅在于肃清极"左"路线的流毒和影响,为"四化"扫清道路,而且还在于总结沉痛的历史经验教训,用以教育人民,防止这种悲剧的重演。某种历史现象并不是注定不会重复的。王明的"左"倾路线,曾使我们的红军损失了百分之九十,使白区的党几乎损失了百分之百,那是何等重大的损失!按理说是不应当重复的,林彪、"四人帮"的极"左"路线,不是在新的情况下又一次使我们的党遭受了重大的损失吗?因此,通过文艺作品很好地总结经验,用来武装我们的党和人民,对于防止历史的反复就是特别重要的。当然在处理这类作品时,不应使人民丧失信心,不应使人民对党,对社会主义制度,对人民失去信心。今后这类作品,还要更加提高思想性,开掘要深,鼓舞人民奋发向上,尽量使其具有更长期的影响。

为了肃清极"左"思潮在歌颂和暴露问题上的流毒,就必须从根本上,从思想路线上分清是非。下面,我们举出三点看法:

(一)从我们的哲学思想看。把歌颂和暴露、表扬和批评机械地对立起来,只许歌颂,不许暴露,只有表扬,没有批评,这是唯心主义、形而上学的思想方法,是违背我们党的思想路线的。对立统一是宇宙的根本规律,这个规律不论在自然界、人类社会还是人们的思想中,都是普遍存在的。作为社会生活的反映的艺术,不可能不反映事物的矛盾,也不应该逃避这种矛盾。正如鲁迅所说:"真的猛士,敢于直面惨淡的人生,敢于正视淋漓的鲜血。"一个革命的战斗的作者,他的责任,不是回避矛盾而是应当站在先进力量的一边,促使矛盾的转化。艺术上的"无冲突论"和人为地制造虚假的矛盾,都是违背马克思主义的。

(二)从我们的社会生活来说。我们的社会主义社会,是当今世界上最进步最新型的社会制度,同时它又是从旧社会脱胎而来的,是带有旧社会痕迹的新社会。因此它既有光明面,也有阴暗面,既有最先进的共产主义因素,也有资本主义和封建主义的遗毒。我们应当全面地认识它的过渡形态,从而加强我们的责任感,清醒地进行歌颂与暴露、表扬与批评,以便逐步扩大我们的光明面,缩小它的阴暗面。毛泽东同志说:"许多人不承认社会主义社会还存在矛盾,因而使得他们在社会矛盾面前缩手缩脚,处于被动地位,不懂得在不断地正确处理和解决矛盾的过程中,将会使社会主义社会内部的统一和团结日益巩固。"我们搞文艺的同志也不是所有的人都懂得这一点,有人甚至故意闭着眼睛粉饰太平,这只能使文艺在社会生活面前无所作为,并麻痹人民的斗志。

(三)从无产阶级文艺的任务看。毛泽东同志明明白白地指出,革命文艺家的基本任务是两个方面,不能歪曲为只是一个方面。又指出,敌我矛盾和人民内部矛盾,这又是两个方面,也不能只写一个方面,回避另一个方面。特别在当前的情况下,人民内部矛盾是大量存在的,阶级斗争在一定范围内还继续存在,而且多是通过人民内部矛盾的形态表现出来,作者要担负起用共产主义精神教育人民的责任,就要以马列主义、毛泽东为指导,正确地描写和解决种种形式的人民内部矛盾。陈老总在广州会议上曾经说:"社会主义国家不写人民内部矛盾,那就没有什么可写的了。主要的就是要写人民内部矛盾。人民内部矛盾构成了冲突,写怎么样解决这个冲突,使这个冲突达到合理解决,这就很有教育意义,也有动员作用。"

总之,在正确处理歌颂和暴露、表扬和批评、敌我矛盾和人民内部矛盾的问题上,我们应当纠正极"左"思潮的种种歪曲,恢复毛泽东思想的本来面目,并且在实践中把它推向前进。因此,除了思想上予以澄清之外,更重要的是投入实践。不去实践,一切都等于零。仅仅停留在口头上,一辈子也不可能前进一步。理论工作需要勇气,艺术工作也一样,没有必要的勇气是不行的。当然,接触到人们内部矛盾的问题,比较复杂,我们不但要敢于处理,还要善于处理。归根结底还是个立场和态度问题。只要根本立场对头,坚持从人民的利益出发,从爱护人民、保护人民的立场出发,善于区分和处理两类不同性质的矛盾,问题是可以在实践中逐步解决的。最近演出的部队题材的话剧《向前!向前!》就在这方面迈出了可喜的一步。

关于塑造英雄人物问题

在文艺创作塑造人物方面,林彪、"四人帮"的极"左"路线同样制造了种种混乱,这也是亟待澄清的问题。

回忆新中国成立之初,一些同志就提出了重视塑造英雄人物的问题。这个问题的提出无疑是有重要意义的。事实上,每个阶级都希望塑造出本阶级的英雄人物,来表达本阶级的意志。新兴的无产阶级,当然更希望塑造出自己的英雄,借助榜样的力量来推动革命事业的前进。特别是我党我军数十年艰苦卓绝的斗争,锤炼了无数的英雄人物,这些英雄人物不同于任何时代任何阶级的典型,他们是受共产主义思想熏陶的一代新人。我们把这些无产阶级的新型人物,捧献在文学艺术的画廊,使其占有显著的地位,是有着特别重大的意义的。但是,这个正确的创作思想,后来却被一些人推到"左"边去了。他们提出英雄人物不能写缺点,要创造高大全的理想人物,谁写了缺点,谁就是歪曲或者损害了英雄形象,就是违背了生活的本质。这样,就把一个本来是正确的命题绝对化了。在这种创作思想的影响下,再加上一些简单化的文艺批评推波助澜,就使英雄人物的塑造逐渐离开了现实的土壤。最后,《纪要》的炮制者则进一步把这种"左"的倾向推向了极端,提出了"根本任务"论,把塑造英雄人物说成是社会主义文艺的"根本任务"。毛泽东同志早就明确指出:"革命的文艺应当根据实际生活创造出各种各样的人物来,帮助群众推动历史的前进。"这就明白地告诉我们,只要是有助于团结人民、教育人民,只要是有助于革命斗争,描写出生活中的各种人物,都是允许的和必要的。把塑造英雄人物和描写其他人物机械地对立起来,并极力贬低塑造其他典型人物的教育意义,则完全是一种形而上学。这样就不能不使创作的路子越来越狭窄。后来,"四人帮"的追随者,依据他们的所谓实践,又提出了"三突出"的创作模式,这样就把创作彻底推入公式主义的泥坑,并且最后暴露出他们唯心主义英雄史观的实质。人们看到,原来他们所说的"英雄人物",并不是同群众有血肉联系的无产阶级的英雄,而是高踞于群众头上的天才和超人!

鉴于这些历史经验,今后,我们要繁荣部队的文艺创作,就要彻底打碎"四人帮"的那一套精神枷锁,同他们唯心主义的思想体系划清界限。毫无疑问,在实现四个现代化的历史任务中,我们仍然要大力提倡表现我们生活中的英雄人物,在总结以往经验的基础上,真正创造出无产阶级的不朽典型;同时我们也赞成描写其他各种人物,只要对我们的部队有教育意义,没有必要作任何限制。塑造英雄人物也好,塑造其他各种人物也好,最重要的是,不要从概念出发,而要从生活出发;不要从千篇一律的公式出发,而要从研究千差万别的个人出发;不要只着眼他们的共性,而且要特别着眼在他们的个性,并善于通过特定的活生生的个性表现出共性,这样才能写出有血有肉的人物来。

关于题材问题

在题材问题上,我们没有忘记那个参与炮制《纪要》后来又成为放火烧荒的人,早在《纪要》出世前十年就提出了所谓"重大题材"的问题。毛泽东同志刚刚提出"双百方针",他就以极左的面目进行对抗,对所谓的"儿女情,家务事"大加斥责。初看起来,这种论调似乎有理,仔细一想,却是地道的形而上学。例如

《红楼梦》，不也是写了"儿女情，家务事"么，但是有着深刻的观察，正是通过这些写出了封建阶级的挽歌。怎么能说它不是重大的题材？鲁迅写的《一件小事》题材并不大，但他却写出了劳动人民须要仰视才能看得见的精神高度，又怎么能说它没有重大的意义？这种似是而非的说教，作为"一家之言"，也只好由他去说，可是后来公然写进《纪要》，并且把"反题材决定"作为黑八论之一，那就杀机毕露，厉害得很。但也因此暴露了他们自己原来就是"题材决定论"者。我们认为，一部作品是否伟大，并不是由于题材来决定的。题材只有相对的意义，并没有绝对的意义。即使一个好题材，也要看掌握在什么人的手中，作者是否认识到它包含的意义并能艺术地表现出来。绝不会因为题材重大写出来意义就很重大。鲁迅在论述题材时，曾说："我以为根本问题是在作者可是一个'革命人'，倘是的，则无论写的是什么事件，用的是什么材料，即都是'革命文学'。从喷泉里出来的是泉水，从血管里出来的都是血。"这才真正是抓住了要害。我看，我们还是多听些鲁迅的话吧。

　　为了解放思想，进一步消除顾虑，我们不妨回顾一下文艺创作的历史情况。抗日战争时期，那时我们都在根据地工作，无论歌颂与暴露也好，题材也好，后来被奉为神明和法律的那些条条框框，当时都是没有的。直到新中国成立之初，也还没有，那时晋冀鲁豫军区演出过《两种作风》，晋察冀军区演出过《李国瑞》《不要杀他》等，从来没有人说是污蔑了我们的军队。无论领导、群众和文艺工作者，脑子里都没有这些框框。这些框框都是新中国成立后一些人造出来的，直到《纪要》发展到了顶峰。现在"四人帮"已经彻底垮台了，就让那些他们最赏心悦目的条条框框，为他们殉葬去吧。对于广大文艺工作者，绳子和枷锁本来是没有的，是被别人捆上去的，现在也到最后抛掉的时候了。

　　同志们！在三中全会精神的指引下，在双百方针的鼓舞下，我们的文艺工作已经开始出现了蓬勃发展的大好形势。我们必须坚决奋勇，继续前进。为了圆满完成党和人民交付给我们的任务，在解放思想、端正思想路线的同时，我们还要大力加强文艺队伍的团结。多年来，由于林彪、"四人帮"颠倒敌我，搞阶级斗争扩大化，大大损害了我们党的团结，群众队伍的团结，也损害了我们革命文艺队伍的团结。今后，我们就应当以更加坚强的团结，来巩固和加强我们的实力。文艺上不同意见的争论是不可避免的，如果掌握得好，是有利于革命文艺事业发展的。只要我们的大目标相同，都是为了社会主义的事业，为了我们祖国四个现代化的建设，并且是反对"四人帮"的，大家就没有理由不团结起来。当然，对那些业务上一窍不通，半通不通，专靠整人吃饭的人，那些棍棒上沾满同志的鲜血，至今毫无悔改之意，甚至直到今天仍然认定我们是文艺黑线，企图有朝一日卷土重来的人,我们不能不保持警惕。同志们,让我们共同团结在党中央的周围,努力实践毛泽东同志、周恩来同志为我们文艺队伍留下的许多珍贵指示,忠诚地沿着为工农兵服务的道路,为开创一个社会主义文艺繁荣的新时期而努力奋斗。

一九七九年十月

我是怎样写《东方》的
——在解放军文艺社军事题材短篇小说读书班的谈话

魏 巍

解放军文艺社办了小说读书班,来了这么多作者,心里很高兴。我们的文学创作队伍的确比较老了,尽管还是很有战斗力的。但是无可讳言的是年纪大了,需要新的力量来补充。同志们要我来谈一谈怎么写《东方》的,这个问题以前没谈过,主要是想先听听大家的议论,然后自己再总结。同志们喜欢听一些具体的东西,不喜欢听太抽象的,因此,我同意谈这个题目。由于来不及细思考,谈不到经验,只供大家随便听听。

这本书是一九五九年在邢台开始动笔的。后来调我去编战史,这工作就中断了。编完战史又接着写。一九六五年我去越南访问之前写了一半多一点,大约四十多万字。此后,一直中断了九年半的时间。到一九七四年才又继续写,写了将近两年的工夫,到了一九七五十月草稿完成。这本书现在说来也不是没有遗憾,原计划是要把彭总作为一个人物来写,但是庐山会议以后就不好办了。所以干脆写群众。再一个问题,就是二次动笔是在一种心境不好的情况下进行的。因为当时是那种空气,心里很苦闷。我原来很想到全国各地走一走,了解一些实际情况。但当时出不去,在家待着,也就没有什么可干的。当时真是有一点"欲渡黄河冰塞川,将登太行雪满山","拔剑四顾心茫然"啊。在这种情况下,总还是要干一些事情,我的老伴也说,还是把这个完成吧。总之,当时的心理就是赶快把这件事情划个句号,然后再束之高阁,并未打算出版。所以写后半部时心情不那么从容,这是我先介绍的一点情况,下面分成若干个小题目谈谈。

一、是伟大的斗争引发了我

我是在一九五〇年调到总政的。在宣传部编了半年教材,夏天,朝鲜战争就爆发了。十月,志愿军出国了。我出国的任务是和一个小组了解美军政治思想状况,准备向新的作战对象开展政治攻势。当时同去的有新华社的同志,还有英共的夏庇若同志,他开玩笑地称自己是"英国人民的志愿军"。我们到了朝鲜,先去俘房营了解情况,任务完成后,大家都愿意到前线去看一看。我们越过汉江,到了汉城。那时朝鲜北方的城镇几乎已被美国的炸弹夷为平地,到处都是火光。尽管我们的部队装备很差,但作战确实非常勇敢,在连续的三次战役中,一直打到三八线,取得了震惊世界的胜利。许多惊天动地的事迹,确实使我十分感动。我的心里总像有一团火在燃烧,回国后就写了那些通讯。随着战争的进一步发展,全国人民抗美援朝的热情也很不一般。当时虽然困难很多,但确实是一个国家新生了,到处都是朝气蓬勃的样子。比如哪一个志愿军代表回国做报告,大家都把他围起来,抬起来,举起来。周围的这些事情都冲击着我。这些使我进一步思考这场战争的意义,越想越不简单。首先就出国作战的决策来说,如果没有一种伟大的高瞻远瞩的胸怀和气概,是不可能做出的。因为当时我们国家一直打了二十二年仗,可以说是满身战伤,疮痍满目。就像我后来写的,郭祥回到家里,他妈妈从陶罐里掏来掏去就掏出一个鸡蛋,没有什么东西。打了那么多年仗,整个国家经济非常困难,新中国成立以后部队都从事各种生产,有的修铁道,有的开荒种地。部队装备是很差的。当时新中国刚刚诞生,立足未稳,国内还有一百多万国民党残匪尚未肃清,三分之二的地区土改还没有进行。在这种情况下,我们出国作战有没有把握,能不能顶住敌人,能不能经得起这场战争的考验,会不会打破我们的坛坛罐罐呢?如果战争万一失利的话,怎么办?国家建设还怎么进行?所以这确实是非常严峻的问题。因此,党中央,特别是毛主席做出这种决策是很不简单的。当时党外一些人士对这个问题不大理解,党内也有人不赞成。大家知道,起初是派林彪去,因为他推脱不去,才派了彭总。但是事后证明,战争不但没有影响到建设,由正义战争激发出来的全国人民的积极性反而进一步推动了这个建设。前方后方似乎形成了两个战场,互相推进。在这同时期内,还进行了镇压反革命运动和土改运动。这三个运动结合得非常好,非常成功。这一个阶段,在我的记忆中是一段很美好的回忆,激动人心的回忆。

抗美援朝战争的重大意义,我觉得是同中国革命的胜利分不开的。没有中国革命在东方的胜利,也就不可能有抗美援朝的胜利。我的书名《东方》也包含着这个意思:这里是今天的东方,不是昨天的东方了,中国人民是站起来了,朝鲜人民也站起来了。他们已经显示了自己的力量。今天,虽然经过了十年动乱和破坏,我觉得没有丧失信心的必要。在我看,这不过是历史的一个暂时的曲折而已。对这些不可以看得很轻,但是也不可以看得过重。对我们的革命事业,绝对不能丧失信心。

总之,写作《东方》,是伟大的斗争引发了我。我在实际生活里面受到感动,又在感动中加深了理性认识,这就是写作这本书的推动力量。所以主题往往不是主观地在屋子里空想出来的,而是从现实斗争中来的,是这个伟大的斗争使我产生了创作冲动。我渐渐感到,光写几篇通讯不够,有许多英雄人物和其他人物没有表现出来,战争的进程也没有表现出来,前后方的联系,战争本身的意义及军事上的、政治上的斗争经验都还没有表现出来。因此很自然地想写这么一个长篇。写这个长篇的目的不外乎两个方面:一是我们的国家要建设起来,变成一个各方面都很强大的国家,当然党的方针路线是根本性的东西,此外,也还要有全国人民而不是少数人的革命积极性。今天仍然如此。志愿军当时在敌我装备相当悬殊的条件下发扬的革命精神是极其可贵的。如果我们能用志愿军式的革命精神去建设,我们的国家就可以经过比较短一些的时间建设起来。当然也不能太短。而没有这种精神是不行的。写作《东方》的第二个意思,就是为反侵略战争作准备。将来一旦再发生战争的话,我们的人民有这种准备和没有这种准备是不一样的。准备无非是两方面:一是物质上的,一是精神上的。你首先精神上解除了武装,就是有比较好的武器也不行。历史上有些战争也不完全是打得筋疲力尽,子弹打光了才失败的。所以我们必须使自己的人民和青年有这个准备。这是关系到我们的人民和社会主义制度能否继续生存和发展的问题。我写这本书的意图就是这样。

二、艺术上也要有所为

我认为,看一个作者的艺术观点,看他的作品就足够了。我在艺术上有一个基本的观点,就是要力求做到党性和真实性的统一。我们讲的党性也就是恩格斯讲的倾向性,意思是一样的。我们无产阶级文学决不掩盖这一点。我们的作品应该是有党性的,这就是无产阶级的世界观。我们追求的,就是这种世界观与真实性的统一。我认为这两个东西是可以统一的。当然不是说其他阶级的作家任何时候都可以做到统一。一个阶级处于上升发展时期,敢于面对现实,代表它的利益的作家,就比较容易做到统一;而一些没落阶级的作家,他所面临的现实与他脑子里的想法、世界观是矛盾的。今天的无产阶级正是处在上升时期,它是进步的、发展的,它的世界观与历史前进的方向是一致的;如果无产阶级作家能用科学的历史唯物主义的观点来观察社会,在文艺创作中就能够达到真实性与党性的统一。这个党性当然不是指一个时期的政策,而是指历史唯物主义与辩证唯物主义这个根本的认识路线所反映的无产阶级的根本利益。我觉得,在现时代做一个无产阶级作家,决不可忽视党性,而应做到真实性和党性的一致。

　　同时，我觉得，思想政治上有良好的愿望，还要有艺术上孜孜不倦的追求。我们对人民事业的忠心，不但要表现在立场坚定上，也要表现在艺术的追求上。因为我们干的就是这个嘛！无产阶级文学，为马克思主义世界观武装的文学，现在正处在兴旺发展时期。虽然伟大的无产阶级文学家已经为我们开辟了前进的道路，但是仍然需要我们不断地实践，不断地总结经验，不断地向无产阶级文学光辉灿烂的高峰推进。而现代资产阶级文学，不仅远远逊色于资产阶级上升时期的作品，而且确实腐朽没落了。为了把无产阶级文学推向新的高峰，除了发展我们的思想政治优势，还要大大提高我们的艺术能力。

　　第一，在《东方》写作之际，我思考过一些问题，也注意别人的经验，中心点是在军事题材文学创作上，应该在哪些方面去作进一步的努力。

　　写军事题材的作品，不能仅仅局限在战场上或狭小的战斗上，而应该放在广阔的时代背景上，才能充分显示出战争的意义。从抗美援朝战争的实际出发，我觉得还要写出国内国外两个"战场"的关系。只有这样，才便于揭示前方的同志为何那么英勇，他出于一种什么力量，他为了保卫什么而勇于献身；同时也证明，没有广大人民的拥护和支持，战争也不可能取得胜利。所以光是写战场、枪炮，光是局限在前方怎么打，就把自己的眼光局限住了，同时也不能显示战争的全貌，不能深刻地揭示胜利的源泉。

　　第二，写军事题材的作品，也像写其他题材的作品一样，不能够见事不见人，不能够只注意人物的共性不注意人物的个性。我们看到一些作品有这个弱点：写了一大篇，战役过程、战斗过程都写了，但人物不突出，给人的印象很模糊，尤其是人物的个性不鲜明。

　　第三，有些作品，往往次要人物倒成功了，也就是说，花的笔墨虽不算多，但却给人以鲜明的印象，而主要人物往往花的力量最大，用的笔墨最多，给人的印象反而不深。主要人物是否成功，决定一个作品的成败，为什么力量用得最大，反而不成功呢？原因之一，就是当时条条框框不少。这样写不好，那样写也不好，还有写出来能不能发表，会不会受批评等等。总之，有许多清规戒律，如果没有勇气，就会无所作为。但是我还是决心冲破这些束缚。我认为一个作者要虚心听取别人的意见，不能故步自封，但是也不应一点主心骨都没有。这些年教训很多，编辑一时叫从这方面改，一时叫从那方面改，稿子改了一箱子，东西还是出不来。我就对有的同志说，出不来没有关系嘛！你为了印出来，叫你这样就这样，叫你那样就那样，有时会改好，有时也会改坏。如果我们把文学创作看成是严肃的革命事业，就要在艺术上有所追求。

三、亲身经历、感性知识是重要的条件,但是也要善于运用群众的经验来丰富自己

　　文学是生活的反映,是生活的艺术的反映。理论也反映生活,但是手段不一样。没有生活就没有艺术,这个观点什么时候都是正确的,不大容易动摇的。这一点在我们这一代多数作家头脑中是根深蒂固的,不大容易动摇的。没有生活怎么搞创作呢?你要说我们思想僵化也可以。直到现在,我还是喜欢那些生活气息很浓厚的作品。哪怕技巧上稍许差些,但是生活气息很浓,我喜欢。当然艺术技巧上高一些更好了。相比之下,一些作品技巧上不错,但里面看不出有多少生活,甚至胡编乱造,这样的东西我不喜欢看,也不愿浪费时间。因为你从中得不到什么好处嘛。所以我们还是希望作品的生活底子很扎实。当然,艺术水平也要尽可能高一些。可惜缺乏生活的作品现在仍屡见不鲜。可能概念换了一下,但是仍旧从主观出发,塞点材料进去。要写一部长篇,它要容纳多少生活呀,要容纳很多的生活,甚至这一个人一辈子的生活,刚看到一点就写一部几十万字的长篇,确实没有多大必要,作为艺术实践也不一定好,浪费很多精力,千万不可以这样。要写一部长篇,可以说要动用全部的生活库存。

　　我真正想写长篇,是一九五二年第二次入朝以后。在近一年时间里,我访问了两个军、志愿军总部、兵站、医院、炮兵、工兵、高炮阵地,还在一个营部和连部的阵地上住了一个月。此外,还访问了朝鲜人民以及战时的平壤城。我所以进行这样大量的活动,因为我们的文学作品是要具体地描绘生活,作家应当是用语言的画家,像画家那样去写生。对生活无知,那是不行的。我感到对作家最可贵的是直接的、第一手的材料,感性的材料。亲身经历最重要。凡有亲身经历的机会,一定要去亲历其境。你访问十个人,能有一个人谈得具体就不错了,因为他不是作家,不可能说得细致入微。有一次,我在阵地上正和别人谈话,吹来一阵小风,很小的小风,旁边一棵小树咔吧一下,脑袋就垂下来了,这是因为被炮弹皮削得就剩下一点了。像这样的情景,靠访问是得不到的。战时的平壤城,我待过半个月。整个城市就剩下一栋半楼房,也已被炸弹洞穿,到处是螺丝、碎钢筋、机器零件,残存的平房都被炸得斜着膀子,还没有倒下来。即使这样,街上还在广播着战斗歌曲,表现出特有的抗敌气氛,给人以深刻的感受。像这些如不亲历其境,单靠访问别人不会告诉你。创作当然可以想象,但有些是不可能想象到的。比如我访问过一个朝鲜妇女,李承晚的自卫队活埋了她的孩子,对她说:"你这个孩子到明年我就叫他发芽了。"像这种语言,作者很难创

造出来。在敌人掌握制空权的情况下,朝鲜战场上的汽车、火车,你走遍全世界也看不到那种样子。我们的汽车周身全是黄尘,挡风玻璃上有防止反光的防护板,两个小灯前还伸出半尺长的东西遮光。整个汽车本身就像一个在泥土里摸爬滚打的战士。你去看材料,战史上会给你写这些东西吗?另外,谈的东西很容易忘掉,看过的、思索过的,才会在思想上打上更深的烙印。

最重要的是亲身经历、感受,但是光靠自己的经验也还不够。因为你只能看到事物的一部分。所以要善于运用别人的经验、群众的经验来丰富自己。这样,既有直接的经验,也有别人的生活经验。我在深入生活中间,也经常和同志们分析研究一些人物,"解剖"一些人物,这样才能把人了解得透一些。像陆希荣这个人物,就是同一些同志研究过的。

四、写作前我还做了哪些准备

我刚才说了,我写这部作品,想把前后方两个"战场"都了解得多一些。在国内这方面我还有许多生活不熟悉。比如我想写点工人生活,但对工人没有更多的了解。我觉得作为一个党员,对于自己为之奋斗的阶级应当有些感性的了解。近代的工人阶级到底是什么样的?以前接触不多,所以我到二七机车车辆厂当了一段时间的车间副支部书记。在这个过程中,我写了一个短篇《老烟筒》;另外还和钱小惠同志合作写了一个电影小说《红色的风暴》。虽是历史题材,实际也是运用体验了的实际生活。另外,我还深入农村进行了一些研究。当时《东方》的故事还没有构成,究竟后方写个什么,还不明确。这个时期,我到了大清河北,就住在战争时期的拥军模范一位大妈家里。随后又在滹沱河两岸走了不少村庄,访问了不少合作社,特别是成立最早的耿长锁合作社。在这当中,我接触了不少农村人物,例如像小契这样可爱的人物。

为了了解抗美援朝发生前后阶级斗争的情况,我在邢台地区借阅了大批卷宗。我坚持只有我信得过的生活我才写。我根本不相信的、怀疑的,心中无数的就不写。看了邢台地区的大量案卷,研究了这个地区的情况,尔后我在作品中写的像地主用美人计,后来又真的生了孩子,这都是实有其事的。

我参加了抗美援朝政治工作的经验总结。抗美援朝这一阶段的政治工作是搞得不错的,可以说是我军政治工作发展相当好的一个阶段。那个时期武器很差,敌我装备很悬殊,政治思想工作却发挥了巨大的威力。赴朝慰问团、志愿军归国代表团,还有党的工作、青年工作、文化宣传、敌我工作等等,都很活跃。像上甘岭那样的战斗,伤亡很大,剩下十二三个单位的人也能组织起来,立即组成坚强的支部。所以我也有意识地把这些政治工作的经验融汇到了这个作品中。

我阅读了抗美援朝史。在军事学院看了他们保存的相当一部分资料。我还仔细阅读了《志愿军一日》等群众性作品。因为一部大的作品的完成,光靠一个人的经验有限,很需要吸取群众提供的大量素材。创造一个人物,需要很多典型的细节,所有的都是你想得起来的吗?不可能。这里就运用了广大指战员的一些东西。所以这部作品的成果也不是一个人的。本来我应该在后记里说明这一点,但由于这本书没有写后记,请允许我在这里向他们致谢。

总之,这个作品从一九五九年动笔写,经历了很长时间。这里有一个基本的指导思想,就是要忠于生活,只有真实地描写了生活,作品才能具有较长的生命力。

五、关于人物的塑造

关于郭祥。写这样一部书,究竟要写个什么样的人物作为主人公呢,这是写作时首先考虑的问题。在长期革命战争中,在我们的部队中,我接触了这样一种人:他们受到长期战争烈火的锻炼,在什么样的条件下也能生活,再强大的敌人压他,他也不示弱。过去常称他们是"突破口的干部"、"革命的好战分子",他们也常常以此为豪。他们平时修整就感到寂寞,本来生病了,一听说打仗就好了。他们身上有一种征服敌人的渴望,也就是他们说的"宁可在敌人头上尿尿,也不许敌人在面前吐痰"。这种性格在我们的各级指挥员中都可以找到。我们常说那个团能战斗,就因为那里有这样一批战斗骨干。如果我们将来还要打仗,那就少不了还要有这种人,没有这种人是不行的。那么这是不是典型环境中的典型性格呀?我认为就是。因为这种人的出现,正是革命战争长期熏陶的结果。在当时的典型环境中,怕死不怕死,敢不敢为革命献身,这就是最高的道德标准。在写这种人的时候,还要有一个性格化的问题。作为艺术典型,应该包括共性与个性两个方面。只有个性没有共性就没有普遍意义,这当然不行。但另一方面,只有共性没有个性,作为艺术典型就是不成功的,也就是过去说的公式化概念化,形成千人一面,千部一腔。当然,处理好这两方面的关系,特别是搞好人物的性格化,并不很容易。正因为不容易,这样典型在文学作品中就比较少。这个问题的解决,还是靠很好地研究生活里边的人物,同时突出性格中主要的东西。

郭祥是有模特的,当然并不是一个。一直到现在我写东西还是觉得有个模特儿比较放心,比较有个抓挠头。如果人物在你头脑中就没有活起来,你写出来一定是概念的。说到郭祥,生活中有一些这样的人物。比如抗日战争中我参加晋察冀英模会,就遇到过一个战斗英雄,很出色,性格诙谐,很逗人喜欢。我们过去睡在老百姓炕上,大家紧挤着,叫"贴白菜帮",谁要一起来就再也没有空躺下去。他出了个"情况",人们一惊起来了,他却躺下睡着了。还有一次,他到据点去打一个伪军。当他走到这个伪军面前,只有几步远,伪军问:"你是什么人?"他说:"自己人。"说着就掏出枪来,想一枪就把他打死。谁知子弹臭了,伪军立刻端着枪喝道:"自己人为什么开枪?"他坦然一笑说:"跟你闹着玩哩!"还有一个战斗英雄,打大同时很英勇。我写过一首诗叫《英雄阵地》,发表在《晋察冀日报》上。张家口一个姑娘看了他的事迹后很感动,写了一封信,还送来一块表。可巧,这时候他正在禁闭室里蹲着哩,因为犯了纪律。我在写《东方》时有过考虑,是写一个正经八百、不苟言笑的人物作为主人公呢,还是写一个活泼一点的?后来选择了后面一个。因为我们这个民族受封建影响太深,许多人比较古板,写这种性格对民族会有好影响。当时文艺思想上有一个争论较大的问题是能不能写英雄人物的缺点。我想,只要我们自己是热爱英雄人物的,总会想尽力写得好一些,不会随便来丑化他。而为了从生活出发,从特定的个性出发,即使写了一些缺点,也不算什么问题,甚至是有必要的。因为我们还是想把人物写得活一些,更像是生活中的人物。生活中的人物,他身上的优缺点总是相统一的。我们一动笔往往就把那一面取消了,只剩下一面。因此,使人感到不真实。这是创造人物中一个很大的问题。我看没有必要非要人物脚穿高底靴,头绕灵光圈,使人丧失真实感。

前面提到,有些作品往往主要人物反而不如次要人物突出。我看主要原因是顾虑过多,老是考虑这是主要英雄人物呀!可别把他写坏了!所以就特别地慎重。慎重并不坏,但是战战兢兢,如临深渊,如履薄冰,心理上压力大,过分拘谨,就会写成四平八稳的人物。就像父母对于自己的孩子过分溺爱,缺点也成了优点,反而不能很好地分析他、了解他了。

关于反面人物陆希荣的塑造。这个人物也是从生活中接触到这类人物后才形成的。我写这个人物的基本构思,用一句话来说,就是写个人主义的毁灭。小说出版之前,我去工厂听阅读小组的意见,一个工人说,陆希荣这个人物还不如让炮弹炸死算了,后来还回了国,又当了小伙计,生活还不错嘛!心里觉得不解气。实际上他从无产阶级分化出去,当了资产阶级的帮闲,这就说明他已经从精神上完蛋了。我认为无产阶级文学的一个重要内容,是歌颂集体主义,批判个人主义。如果这个界限划不清,那就很糟糕。在冲击封建主义方面,资产阶级作家们很英勇。他们用个性解放、个人主义去冲击封建制度和封建意识,这个任务完成得很出色。今天,虽然我们生活中遗留的封建的东西还很多,但是今天反封建残余,也还是要站在无产阶级的立场上去反。现在是社会主义革命时期,赞扬无产阶级集体主义、批判资产阶级个人主义,还是一个很重要的任务。

在我们的生活中间,在革命的历史上,个人主义与集体主义是经常发生冲突的。因为闹个人主义,必然使集体受到损害,并且导致个人的毁灭。比如历史上的张国焘就是一个典型。他参加过五四运动,也搞过早期的工人运动,以后担任四方面军的领导人。长征中,他看到中央红军力量削弱了,就野心勃勃地要分裂党,最后成了可耻的叛徒。这种人,当年在革命队伍里也扮演了一些角色,但个人主义恶性发展,终于离开党完事。在我们的生活里,也有不少因个人主义毁灭的例子。所以我就想写这样一个例子,一个典型。因为这对我们的生活具有教育意义。将来战争来了,这类人物还是会出现的。《东方》既然是为未来战争做准备的,就有必要写这么个人物,同主人公作一个鲜明的对照,也是对正面人物的陪衬。绝不能说一个人一参加革命就十全十美,但不少同志在革命斗争中把个人主义的东西扫除了,至少是减少了。也有些人没有,学了一些马列主义词句,当作装饰品,把自己的个人主义伪装起来,到某种时候就暴露了。在《东方》里,我又用另一个人物刘大顺来跟陆希荣对比。他是个解放战士,对共产党很感激,但因为入朝时他对新的战争不认识,起点不高吧,在战争开始时他就趴下了,郭祥要揍他。但这个人物和陆希荣不一样,他不是掩饰错误的人,他起点不高,但越来越高,渐渐对战争有了认识。这两个人物对郭祥都是陪衬,都是为了深化主题,从世界观、人生观上让人想一些问题。一个人哪怕起点低、觉悟不高,但只要忠诚老实,肯于改造自己,也可以成为一个优秀的战士。反之,虽有才能但不注意改造,也不行。

下面讲讲杨大妈这个人物。这是一个真正的群众中的英雄。这种人物是在血和泪的土地上成长起来的,也是我们这个政权的最可靠的支柱。所以我把这个人物作为群众的代表。她是普普通通的劳动群众,在旧社会一肚子心酸。我在抗战时期曾看到这样的英模人物,正像她说的,"提起旧社会,真他妈的没一条好处"。她和郭祥一样,都是旧制度旧社会的对立物、掘墓人。这种人靠共产党、八路军来了以后才解放出来,她们和党完全一条心,同生死共患难。所以我写她看不到八路军时就感到寂寞了。那跟有些人就不一样,你住他家的房子,他确实不高兴。像杨大妈这类人物,在根据地生活期间,我也认识了几个。如"子弟兵的母亲"戎冠秀、"冀中子弟兵的母亲"李杏阁,还有大清河北被称为"官大妈"的刘大娟。"官"是大家的意思,也就是大众的母亲。这几位根据地的母亲,我都是同他们接触的。不是自己的母亲,想叫她"娘"是很难出口的,但她们其中一位我确实叫了"娘"。把她们写在文学作品中,是我早就有的愿望。我也考虑过这些革命母亲在文学作品中不少人都写了,我写时应有所不同。怎么做到有所不同呢?就要通过性格化,表现个性。有一位大妈性格泼辣直爽,坦白又精明。半夜八路军来了,老大爷就去开门,帮带路啦,张罗些杂事;她则和那些游击大队长商议军情大事,披衣坐在炕上颇像一个指挥员。所以我就着重从这个方面写她的性格。她的这种性格,也是大清河北环境的产物。那地方斗争很残酷,平、津、保三角地带是敌人的必争之地,一直到平津战役,一些干部还在地道里蹲着呢。当时大妈最怕的是那样一些人,头天在她家吃了饭,第二天就叛变领着敌人来抓她。所以在那种情况下,不是她那种性格就很难应付。因为我比较熟悉她,写到她也就顺手些。

书中其他一些人物,有的也有模特儿,比如里面写到一个贫农叫小契,我确实在他家住过。合作化初期,我在一个村子住,按照老根据地的风习,我到每家轮流吃派饭,这是个很好的了解群众的机会。这个小契家的情况就像我描写的,他的那个院子没有墙,就有个门楼。所以我说走遍天下也找不出这样的家。我是很热爱这个人物的。

开始写作最好有个模特儿。像画家似的,最初可以多搞一些人物速写,搞些积累。写长篇不妨先搞人物传记,每个人物都给他立个"档案"。创作以前,不能是对人物没有什么想法就往下写。当然写时会有发展、变化,但不可事前没有准备。

有同志问:傻五十这个人物,着墨不多,印象很深,是怎么写出来的?

这种人写出来并不困难,每个村子都有这种人物。他们多是生长在贫农家庭,父母早年去世,没人教育,又缺个心眼,但是本质上很憨厚可爱。能不能把这种人物写进作品?按照一种观点,就是歪曲了人民解放军的形象。但我想,只要从总的方面说,作品符合人民的利益,就不要让许多条条框框限制住了。这个人物的塑造主要靠典型人物的细节。好细节的珠子如何串在人物性格的线上?一个根本的着眼点就是服从人物的性格。只能适合他,不能适合第二个人,才最好。如果用不上,宁可先库存起来。

有同志问:《东方》的故事是怎样编起来的?郭祥、陆希荣、杨雪之间的爱情描写,当初是否有顾虑,怕不怕人家说是写三角恋爱呢?

最初,怎么把抗美援朝的生活组织起来,确实是个难题。当时我很想从生活中找个现成的故事加以改造,将材料串起来。过去文学作品中有这方面成功的例子。但是,我能找到的只是报上登的一个志愿军未婚妻的故事。线条太单了,负担不了我要表达的内容。后来,只好自己结构了。虽然汲取了一些文学作品的手法,不过人物是新的,它还可以表达我的意思。当初写爱情的确有不少条条框框,就是不写"三角"也容易受到指责。但是因为主题的需要,我还是这样写了。

有的同志问,是先有人物还是先有故事、先有战争过程,尔后让人物在其中活动?作为一个长篇,纯粹表现战争过程会显得很枯燥;如果单是写个人命运的一个故事,和战争进程脱离了,也可能会显得很单薄。当时我很想把二者结合起来,把战争过程和人物命运结合起来。至于是先有人物还是先有故事,当然还是先有人物,故事是人物行动的结果。你先有故事,然后把人物往里装,这是不好的。事实上这两个是交错进行的。按素常的说法是从人物出发。

六、几点希望

我开头就说了,我们办这种读书班很好,我们的队伍老了,希望同志们来做接班人。接班人就有个做什么样的接班人的问题,还是要做无产阶级文学事业的接班人。过去搞阶级斗争扩大化是不对的,但阶级观点、阶级立场这些根本性的东西还是很重要的。我们说做无产阶级文学接班人,就是要沿着鲁迅开辟的道路,继承毛主席《在延安文艺座谈会上的讲话》以来的优良传统,好好总结三十年正反两方面的经验教训,继续前进。

我这里再说说作者的修养。说来说去,还是要深入群众,深入实际,深入工农兵斗争生活;学习马列,改造思想;学习和借鉴古今中外优秀作品。从这几方面不断地加强自己。

深入生活。这个观念在某些同志心中还是不那么坚定。有人说姚雪垠没有在李自成手下当过兵,怎么写出了《李自成》?雪垠同志确实没有在李自成手下当过兵,但他很好地研究了大量历史资料,并在人民群众中积累了丰富的生活经验,如果离开这些恐怕是不成的。写作要有生活。但怎么观察生活,要有一个探照灯。马克思主义就是我们的探照灯。

要继续解放思想,还要重视改造思想。解放思想不能脱离马列主义的轨道,不能违背四项基本原则。离开了这个轨道,只能解放到小资产阶级、资产阶级、封建主义方面去。

继续贯彻"双百"方针。"双百"方针绝不是资产阶级自由化,而是在斗争中发展马克思主义。这个方针的要点,一是主张放,一是放出来争论。过去,这个方针长期没有执行好。不是不让放,就是放出来任其自流。我们应当防止这两种偏向,越来越全面。文艺批评不应该打棍子,但是也不能认为一有批评就是"棍子"。只要摆事实讲道理,健康的批评是应该经常进行的。

现在文艺思想活跃，众说纷纭，我看我们还是要扎扎实实地深入生活，搞出一些结结实实的作品，不要迎合不健康的风气和低级趣味，应多写一些有助于坚定人民信心、提高党的威信的东西。要人民前进就让人民有信心，首先还要我们自己本身就很坚定。

希望同志们写出更多的好作品来。

一九八〇年六月

燎原的天火
——谈30年代中原诗人与诗作

魏 巍

这本《30年代中原诗抄》编起来很不容易。这是由主编周启祥同志花了多年时间,流了大量的汗水,从当年所能找到的报刊上,一篇一篇抄录下来的。如果不是出于他们对新诗遗产的特殊感情,那是不会有这本诗集出现的。所以,这里该首先感谢他。

一些当年的诗友推举我为本书写篇序言。我自幼虽爱诗,当时也发表过一些诗,但毕竟是诗人们的小弟弟。由于许多人不知去向,一些人年老体弱,有的人担负着更重要的工作,这件事就转到我头上了。

我将这部诗稿从头到尾读了一遍。在阅读之前,我的确有一种担心:这些从发黄的纸张上抄下来的东西,至今已经五六十年了,人们会不会看作陈年旧货而不欢迎它们呢?但是在我通读之后,这种担心完全打消了。因为我从这里看到的是那个不寻常年代的特有的色彩和诗人的动人心魄的歌唱。

读起来不仅不感到陈旧,反而觉得比现实某些无病呻吟之作更新鲜得多和动人得多。我认为无论从新诗发展的本身来考虑,或者从帮助我们的青年认识那个年代来说,都有独特的价值。

这本诗集包括的年代,是从1931年到1937年6月抗日战争爆发以前这个时期。在中国历史上,这究竟算一个什么年代呢?我可以说,那时不论民族危机还是社会危机都已经达到了顶点,而且这两种危机互相交织着,使我们的人民蒙受着空前的灾难,把我们的民族推到了毁灭的边缘。从民族危机说,自1931年的"九·一八"事变到后来的华北"自治",日本侵略者已经深入我们的国土,从社会危机说,国民党反动派全力进行的剿共战争,搞得民穷财尽,加上沉重的阶级压迫和剥削,使人民挣扎在死亡线上,常常有成百万人饿死。那个年头儿,市井凋敝农家破产。除了极少数人过着荒淫无耻的生活外,绝大多数人都毫无出路。我们经常看到破产的农民从农村流入城市,不是把他们的女儿送入妓院,就是倒毙街头。这正是鲁迅说的那个可诅咒的时代。面对着这样的现实,诗人们怎么能无动于衷呢?

新诗作为五四新文学运动的开路先锋,在中原这块土地上,也欣欣向荣地

1938 年 3 月—12 月在延安抗大政治队与军事队学习。

那时,延安这座西北高原上的偏僻古城正度着它历史上的黄金时代,因为中国共产党中央在那里高擎着光明与希望的火炬。那些为国家民族的命运惊醒的爱国青年从四面八方奔涌而来。他们在这里取走了燎原的火种,取走了革命的真经,有的成了率领军队驰骋疆场的将领,有的成了组织人民、发动抗日的群众领袖,有的成了革命的文学家艺术家。

魏巍在这里先后认识了柯仲平、田间、邵子南、何其芳等老一辈诗人并与他们建立了真挚的战友情谊。他首先认识的是柯仲平同志,这位 36 岁的革命诗人由于三次被捕入狱,历尽人世风霜,头发已经谢顶,但自到延安后,心中又燃起了青春的火焰。他以狂飙般的热情,拥抱着那个时代,他以豪迈的歌声为民族的解放呐喊助阵。魏巍难忘他头戴鸭舌帽,身披旧棉衣,脚穿草鞋行吟在延水河畔的情景,尤其难忘在一次讨论诗歌大众化问题的会上,他那热情而激昂的讲话:"青年们,锁链要靠斗争来挣脱,自由、幸福、爱情要靠斗争来获得。""我们的诗,不能脱离人民的斗争,不能离开时代,伟大的艺术,必须抓住时代的中心,艺术是被压迫者的战曲!"

柯仲平的长篇叙事诗《边区自卫军》是那样新颖优美,把年轻的魏巍引入了一个从未接触过的崭新的世界。不久,18 岁的魏巍与 36 岁的柯仲平终成了忘年之交。魏巍说:"我觉得我们之间,是一种极自然的融合,就像一条小溪自自然然地流入一条人河似的。……仿佛过去我们早就相识,既然都到了延安,一切都用不着说明。"①

那时担任着延安文协主任的柯仲平组办了"战歌社",魏巍是其中的成员。魏巍还与胡征、朱子奇、周洁夫、冯塞伟等人在抗大四大队成立了"战歌分社"并举办战歌墙报。

1938 年夏天,丁玲领导的西北战地服务团到延安,魏巍又有机会认识了田间、邵子南同志,他去拜访他们,彼此倾心交谈、切磋。田间对诗的主张以及他刚正坚毅的性格给魏巍以很深的影响。

不久,柯仲平同志领导的战歌社和田间、邵子南等同志组成的战地社联合发起了"街头诗运动"。魏巍在这个热烈的充满战斗激情的诗歌运动中受到的启发不仅是诗歌的技艺,更重要的是诗歌的时代性、人民性与战斗性。他在谈到这次诗歌运动的情况和意义时说:"从延安开始的街头诗运动,像一颗巨石投到湖水里,激起层层波澜,此后不久,敌后各抗日根据地的街头诗运动就蓬蓬勃勃开展起来,促进了诗歌真正深入到战斗与群众之中。可见,延安的'八七'街

---

① 魏巍:《那边,延河上空有一颗星》,《魏巍散文选》,人民文学出版社 1991 年版,第 482 页。

头诗运动其意义和影响是深远的。"①正是这种扎根群众,来自群众又为群众服务的革命文艺为魏巍以后的创作道路打下了坚实的基础。

延安的小米哺育了他健壮的身体;延安的革命真理赋予他坚定的无产阶级的世界观;延安的抗日群众文艺运动启发了他的灵感,前辈诗人的诚挚关怀给予他以有力的支持。正如魏巍自己所说:"那时延安的文化界大家互相关心,共同前进,人与人之间的感情纯洁而又真城,但对错误的东西又敢于批判、斗争,共同保持着一种革命的感情。我就是在这样的氛围中获得了诗的素养和敏锐的观察生活的本领的。"

就这样,一颗种子在阳光雨露里,在肥沃的土壤中生根发芽了。1938年12月从延安出发到晋察冀。从此,魏巍和他的诗开始经受战火的淬炼。

原载《语文学刊》1989年第1期

---

① 同上。

诗情豪迈的共产主义老战士

丁 宁

　　新世纪开头,百花盛开最美好的时光,我和江波一同来参加纪念魏巍同志从事文学创作60年、祝贺厚重的《魏巍文集》出版的研讨会,感到心情特别好,同时也很感慨,像魏巍同志那一代老作家,饱经战争磨难,经过和平建设曲折复杂的斗争,耄耋之年仍笔耕不辍,现在不多了。今天,我们坐下来,对魏巍走过的创作道路和取得的丰硕成果,进行研讨,是具有深远意义的。

　　魏巍同志已是须发银白的八十老人了,令人惊异的是,他的心灵,他的气质,还是那么年轻而有风采;他的思维依旧活跃,精力还是那么充沛,一颗火热的心永远保持着青春的热力。年年月月辛勤写作,还常参加一些社会活动,会上即兴发言或简短讲话,透明的思想,锐利的语言,喷薄而出,闪烁着豪迈的诗情。他不仅是诗歌、小说、散文的大家,同时又是文论、政论的大手笔。他的政论文章观点鲜明,文采动人。《话说毛泽东》便是一本捍卫马克思主义、毛泽东思想的文学政论之大作,凌厉的思辨掷地有声。许多短论、杂文,锋利而美妙,使我们叹服不已。他和林默涵同志共同主编的《中流》,尽管遭受到各种困扰,却已走过十年征程,目前,在严肃的出版物、曾经颇有影响的大刊物不景气的情况下,《中流》则拥有愈来愈多的读者,说明它具有坚强的生命力和极大的吸引力,是值得自豪的。

　　每个作家及其作品,都有自己的独特个性,魏巍给人突出的印象:坚如磐石的信仰,独立的思想方式,深刻的忧患意识时时搅动着他的心灵。他确是一位名副其实具有高度党性特质、锋芒犀利的共产主义斗士。人们评论魏巍先是党员而后是作家,这是符合实际的,他像神话中的安泰不离开大地那样,永远贴近党,贴近人民。他的心,他的脉搏,总是和时代、和人民跳动在一起。我很喜欢他早年的一首小诗:

　　诗呵,游击去吧,永远不要叛变;诗呵,时时刻刻想着怎样去报答人民……红杨树呵(注:作者当时的笔名),报答人民,记清楚,人民不仅养育了你的诗,人民在饥饿里也养育了你……

　　延安是革命圣地,许多老延安人梦寐思念。魏巍说,延安生活决定了他的一生。青春年华,一腔热血,奔赴延安,在那里聆听过毛泽东、周恩来、朱德等许多老一辈革命家的讲话、报告,接受了马克思主义系统教育,在那里宣誓入了党,确立了共产主义世界观。大约一九九二年的春天,我们与魏巍、朱子奇等几位老同志一起访延安,魏巍对他的革命摇篮那份深情,实在使人感动。大家坐着一辆大轿车,当接近延安时,几位老人忽地变得年轻了,一齐放开喉咙,大声歌唱,唱《延安颂》,唱"信天游",陕北的河流大川,高高的山坡一片一片盛开的野菊花,都为革命的儿女归来而欢笑。我特别注意邻座的魏巍,满面红光,洋溢着诗人的无限激情。在延安城,登临宝塔山、清凉山,参观各处革命遗迹,每走一地,他都恋恋不舍,细心地看看这,说说那,仿佛从逝去的时空,又追回那诗意般灿烂的青春年华,寻觅着自己留下的斑斑脚印。

如今,在老共产党员中,有的信念、意志衰竭了,精力困乏了;有的功成名就,只想清清闲闲度过晚年,两耳不闻窗外事了。我看到一位有学识的老人书录的条幅,一联是"晚来意气萧条甚,静对寒山读楚辞";另一联是"选得幽居惬野情,终年无送也无迎。有时直上孤峰顶,望月披云笑一声",代表了某些老人的心境。魏巍则属于另一种类型,"老骥伏枥,壮心不已",愈到晚年,愈能听到他振翅搏击的响声。敏锐的目光常常超越文学的领域,永不疲倦地探索着,思考着与社会主义命运与人民命运攸关的问题,然后把所想所感付诸笔墨,这是多么可贵的品格。

作家的品格,自然也决定着作品的品格。魏巍的作品,无论是诗歌、小说和散文,主题、思想都高扬爱国主义精神、共产主义理想,既是现实主义,又奔放着浪漫主义。《东方》《地球的红飘带》早已脍炙人口,《东方》获第一届茅盾文学奖,《地球的红飘带》获团中央"人生路标"奖。《火凤凰》写抗日战争和解放战争,长50万言,书出在前两部长篇之后,已得读者和评论家们的很高评价。八年抗战,已过去半个多世纪,有的人淡忘了,当今的青少年对那段历史更是陌生。我们的文学,特别是反映那场战争的长篇小说,只是凤毛麟角。老作家动笔之时,已年逾七旬,一种责任感、使命感促使他心情紧迫,在小说《自序》中说:"我必须作为幸存者将这一页惊天动地的历史记述下来,把党和人民的伟大功绩记述下来。"

凡经历过那场生与死的严酷考验的人,读了这部小说,都会引起强烈的震撼和共鸣。日寇和国民党反动派对人民和革命者惨不忍睹的屠杀劫掠,使人如置身在血与火的恐怖之中。优秀的青年共产党员、诗人晨曦,被日寇惨无人性地割下头颅;美丽多才、对爱情对事业充满憧憬的高红,竟惨死在堕落成叛徒的亲哥哥之手。惊心动魄的情节,使我掩卷而泣,引出我记忆中一幕幕悲剧:一九四二年严冬,正是抗日战争最艰苦的阶段,日本法西斯正是书中提到的那个沾满中国人民鲜血的华北派遣军司令官冈村宁次,亲自指挥,对我们的家乡——

胶东半岛,实行灭绝人性的拉网扫荡,我和江波所在的胶东公学,数十名教职学员惨死在敌人的屠刀之下,有个职员被吊在树上活活烧死;我亲眼看见一个倒在自己家灶旁的有孕农妇,被强奸后剖腹,血流满地,那惨状,每忆起便心惊肉跳;江波唯一的正读初中的弟弟和八叔,一起被杀死在离家不远的马石山上,这就是人所共知的"马石山惨案",数百军民,血染落雪的山谷。我们胶东孩子剧团,有个年仅十五六的小画家王广汉,被日本鬼子捉住,拴在马尾活活拖死(诗人陈志昂曾写在他的回忆文章里);孩子剧团的创始人——"胶东青联"主任,多才多艺的林江同志(他也曾在延安抗大学习过),不幸落入敌人重围,壮烈牺牲。至于解放战争,国民党反动派对解放区屠杀之残忍,也不亚于日寇。还乡团对分得土地的农民恨之入骨,进行血腥的阶级报复,我亲眼见过国民党洗劫后的一个村庄,河岸的沙土被砍下头的农民的鲜血,染得一片通红。《火凤凰》的老作家,怀着满心的爱与恨,真实地托出那个人类历史上最残酷、最悲壮的一页,以他亲身的丰富经历,现实主义的艺术表现,绘出一幅幅正义与邪恶、忠贞与背叛相交织的滚滚风云。书中的主要人物,几个不同类型的知识分子,我都似曾相识,周天虹、晨曦、高红,都能在我的记忆中找到他(她)们的影子,上面我提到的林江烈士,(我曾为他写过一篇文章《英灵山上》)就像是书中塑造的人物周天虹和晨曦的模特儿。这些人物,无论正面与反面,都具有鲜明的个性和典型性。尤为值得称道的是,小说的作者用无尽的血泪描写战争严酷的同时,又以抒情与记实相结合,以诗人澎湃的激情,着意展现革命阵营中一个新的天地,丰富多彩如诗如画的生活,战士们浓浓的友情纯洁的爱情以及充满壮美理想的乐观主义——正是那个时代革命青年的特征。

延安抗大的除夕之夜,革命大家庭的那种无比欢乐,是作家永远不能忘怀的真实回忆。刚刚天黑,大礼堂"两盏绿光莹莹的大汽灯就挂起来了,连礼堂的通路都坐满了人,挤了个风雨不透。还请到两位延安的名人,一位是诗人柯仲平,一位是作曲家郑律成……当晚会主持者陈尔东宣布柯仲平朗诵作为开篇节目时,全场欢声雷动。只见他甩去棉衣,摘掉帽子,从容地走上台上。此时的柯仲平只不过三十多岁,却因辗转漂流的生活已经谢顶,光秃得像列宁,还留着一撮列宁式的胡子。他朗诵的是一首还未发表的新作《边区自卫军》……柯仲平是位热情澎湃的诗人,他开始朗诵时还算平静,随着感情的激荡,声音不由自主地高昂起来,一只手高高地指向前方。他用新鲜的民歌语言和边区新鲜的故事,把人引向一个新的世界……"。郑律成的歌"简直唱遍了延安和陕甘宁边区",冬天他戴着一顶皮帽子,脖子挂着一架手风琴,走到哪里就拉到哪里、唱到哪里。这晚,当主持人刚刚宣布,他就从台下拉着琴走上去了。他演奏的是一首苏联歌曲《快乐的人们》,他一边拉一边唱道:

快乐的人们在快乐地歌唱,
快乐的人们神采飞扬。
谁要能跟着他一路前进,
那他便永远不会灭亡!
……

"随后便是同学们的节目了。……河南梆子、山东琴书、山西梆子、河北老调、湖南花鼓、贵州小调、江西山歌、东北秧歌,不一而足……一个留着娃娃头的女孩,一只手里提着一把钢锯,一只手里握着一个弓子,微笑着走上来……两只眼睛乌黑有神,圆圆的简直有点像猫眼似的。她的齐耳短发,略略地短一点,似乎有意地掩饰她那女性的妩媚。"她演奏的《义勇军进行曲》,"这么一条简单的软软的钢锯,一霎时竟能发出那么复杂而激越的音响。演到最后'冒着敌人的炮火前进,前进,进'时,她几次把垂到眉头的一绺黑发猛地甩上去,甩上去,在感情发展到最高峰时,她把弓子一收,戛然而止。顿时掌声雷动,简直停息不下来了……""再来一个!""再来一个!"姑娘又演奏了《马赛曲》,又演奏了《国际歌》……随着姑娘的琴声,大家都不自觉地哼起来,整个会场都沉入到一种深沉又激昂、悲壮又雄浑的情感中了。这个演奏者就是高红。

光荣的晋察冀边区是用鲜血保卫和创造的,是作者付出美丽的青春坚韧战斗过的地方,他用充满爱的细腻的笔触,描写杏花营的青年农民报名参军的情景,是那样热闹、幸福:"锣鼓喧天,鞭炮齐鸣,参军的新战士头上箍了崭新的羊肚子毛巾,胸前戴着大红花,肩膀上或者腰里带着一双新鞋,一个一个笑得像秋天的石榴咧着嘴。……"在这里工作的高红与她抗大的老同学、经常在报上发表诗文的晨曦不期而遇。在高红的催逼下,晨曦只好从口袋里掏出一个皱皱巴巴的本子递过来……高红立刻翻开。……翻出最新的一页,一看题目是《献诗——为伊甸园而歌》,就轻轻把头一摆,把一绺头发甩在一边,然后靠在柳树上念起来(这里只摘一小段):

我的晋察冀啊,
你是在战火里
新生的土地,
你是我们新的农村。
每一条山谷里,
都闪烁着
毛泽东的光辉。
低矮的草屋,
就是我们的殿堂,

人民——上帝！

人民就是上帝！
而我的歌呀，
它将是伊甸园门前守卫着的枪支。

那时，我们的解放区在革命者心目中，就是美丽的伊甸园，如何保卫她，高红和晨曦很自然地谈到死，谈到牺牲。高红说道："这是一个投入战斗的战士不可能不想到的问题。我们的鲜血和生命都会化作芬芳的花朵，开在通向乐园的路上……但我们还要做很多很多工作，好好地保卫我们的伊甸园吧！"

这就是那一代青年的生死观。当晨曦壮烈牺牲后，周天虹从烈士的衣包里翻出晨曦的一首诗《为祖国而歌》，其中的一段：

祖国啊，
在敌人的屠刀下，
我不会滴一滴眼泪，
我高笑，
因为啊，
我——
你的大手大脚的儿子，
你的守卫者，
他的生命，
给你留下了一首
无比崇高的"赞美词"。

书中写到刚刚传来日本投降的消息，高红兴奋得一头扑在爱人周天虹的怀里竟哭泣起来。"镇子上鞭炮齐鸣，歌声如潮，像海浪般地传过来。大清河两岸的村庄都亮起了点点灯火，犹如繁星一般而且从那些远远近近的村庄里，随着轻风传来一阵阵鞭炮声，管子、胡胡和锣鼓声……人们都沉浸在最大的欢乐里……""高红又忽然变得像少女一般活泼地说：'天虹，你听我的心都快要蹦出来了！'""不知何时，原野上出现了一支火把的长龙，向着大清河的大堤延伸过来……不一会，这些火把全汇集到大清河的大堤上来了。远远望去像一条红色的巨龙在黑魆魆的原野上奔腾着……听着人群中一阵一阵的欢呼声、呐喊声，周天虹和高红兴奋极了，两个人不由自主地向前跑去……"

小说最为打动人的，当是细节的真实丰富，真实地再现典型环境中的典型人物。《火凤凰》是具有这种魅力的。使我也仿佛回到五十年前的那一天，那场面，那气氛，激动不已。然而，战争无情，又使我凄然泪下，周天虹和高红这一对幸福的恋人,竟没有等到结婚,高红——一个多么高贵的生命,在新中国的黎明之前,被敌人残忍地夺走了!

《火凤凰》给人留下深长地叹息和无限思考,它所具有的更深一层的意义,是警示人们怎样看待人生,无论是在斗争的惊涛骇浪里,或者是在和平建设、改革变幻的风云中,如何明辨方向、选择自己的路。小说中的人物在生死命运的尖锐斗争中,有的千锤百炼,人格、道德和世界观臻于完善,升入很高的境界;有的个人主义发展到极点,以至出卖灵魂,落得个被历史、人民唾弃的可耻下场。这是为什么? 读者自会从书中得到启迪,找出答案。

《东方》《地球的红飘带》《火凤凰》,一人笔下,形象地展现了二万五千里长征、抗日战争、解放战争、抗美援朝几大著名的战争,组成了宏伟绚丽的历史画卷,堪称世纪的史诗。可敬的老作家,为20世纪的大时代留下了不朽的神圣财富。

这里,我想特别谈谈《谁是最可爱的人》及它所受的攻击而引发的思考。五十年代初期,这篇报告文学刚刚发表,立即风靡全国,报纸、刊物各种版本,大家争相朗读,可谓"洛阳纸贵"。我就是在那时熟识魏巍的大名。一九五二年至一九五三年,我在南京文联创作室工作,曾专门召开座谈会,探讨《谁是最可爱的人》的思想与艺术特色。大家被这篇风格鲜亮,最为动情的歌颂时代、歌颂英雄的佳作深深感动,有的人在发言中激动地流下眼泪。大家都从这篇报告文学熔叙事、写人、抒情为一炉的艺术表现受到启发。之后,我在中国作家协会一些活动中常看到魏巍,一身戎装,一身正气。自忖,正是具有军人的高尚气质才能写出《谁是最可爱的人》。单说这一题名,看似平凡,却非同凡响,它犹如一部雄壮的奏鸣曲中一个最为响亮、一个画龙点睛的音符,这是出于诗人心灵的创造,表达了千万人的心声。《谁是最可爱的人》便当然得到历史的回应,它已成为一个具有时代特征的、永恒意义的名词。这篇报告文学为什么那样震撼人心? 杨柄等几位同志合著的《魏巍评传》中有精辟的见解,"就因为魏巍艺术地再现了《谁是最可爱的人》最本质的东西","最基本的动力——热爱祖国人民、热爱朝鲜人民的伟大深厚的爱国主义与国际主义的思想感情"。《评传》还引述了当年《人民日报》在头版发了这篇作品之后,毛主席批示的"印发全军"。周恩来总理在第二次全国文代会的报告中,高度评价:"我们就是要写工农兵中的英雄人物,写他们中间的理想人物。魏巍同志所写的《谁是最可爱的人》,就是这种类型的歌颂。它感动了千百万读者,鼓舞了前方的战士。我们就是要刻画这些典型人物来推动社会前进。"至今,过去将近半个世纪,周总理的这番话还响在我们耳边,《谁是最可爱的人》一直魅力不衰。前面提到的那年魏巍重返延安,当听到魏巍的名字,立刻拥来大群青少年,紧紧包围着魏巍,热烈地喊着:"最可爱的人!"历史和人民已做出评定,《谁是最可爱的人》是不朽的经典。

但是,令人大惑不解的是,今日竟有人横加诋毁。一本叫作《审视中学语文教育》的书,言论极恶,狂妄地颠倒黑白,把当年美帝国主义对朝鲜人民的侵略屠杀,企图把战火引向我们的国土翻转过来,说成是朝鲜人民军和我人民志愿军对南朝鲜的侵略。由此便攻击《谁是最可爱的人》的作者是出于"对美国军人和南朝鲜军人的仇恨称谓和大量基于意识形态偏狭立场的情绪化语句,营造了把历史真像搅浑,把人的头脑搅糊涂……"。这荒诞之说,可谓五十年来独此一家,真不敢相信是出自中国人之口!按照这种反历史的观点,贬低《谁是最可爱的人》,反对把它选入课本,也就不是偶然的了。舆论界议论纷纷,当今确有那么一股思潮,刮起虚无主义之风,否定革命历史,对一批深得人心、出类拔萃的文学佳作大泼污水,这是一种可怕的精神堕落,是对历史、对人民的蔑视。《审视》的怪论,已有不少文章进行了有力地驳斥,不再重复引用。但必须揭穿他的险恶用心。正是他贼喊捉贼,要把朝鲜战争的历史真相搅浑,妄图改写历史。这是可以容忍的么?必须正告那些心怀叵测的野心家,历史是不容篡改的。那部受到高度评价的电视剧《开国领袖毛泽东》,关于抗美援朝战争的情节,极为真实,毛主席与党中央怎样在极端困难情况下,下定的决心、做出的决策,曾付出何等的代价击败了军事上强我几倍的美帝国主义,《审视》的作者敢不敢回答,那是不是历史的真实?按照《审视》的观点和逻辑,那些反映、歌颂抗美援朝的英雄主义,揭露美帝的侵略屠杀,已深入人心的文艺作品如小说、诗歌、电影、电视,还有许许多多纪实的专著,岂不都要否定!人民会记住,不忘记历史是为了未来。帝国主义的反动本质决定了他们亡我之心不死,一年前,美帝国主义在对科索沃不人道的狂轰滥炸的同时,竟丧心病狂炸了我们的大使馆,我们的外交官,优秀的新闻工作者有的重伤,有的倒在血泊里死于非命。这笔血债何时偿还,至今尚未算清。日本法西斯分子还在公然叫嚣南京大屠杀是"二十世纪最大的谎言",如果我们不告诫人民和我们的子孙不能丧失警惕,不能忘记我们民族的耻辱,永远记住那些为祖国流血牺牲的千万烈士和英雄的战士,我们的祖国和人民再一次遭到侵略屠杀,社会主义像苏联那样突然崩塌,不是没有可能的!心怀恶意者制造种种谬论攻击贬低《谁是最可爱的人》及其他优秀作品,是徒劳的。一部新的《钢铁是怎样炼成的》的电视剧,再一次引起轰动,这说明我们当今的时代,仍在欢呼英雄,仍在欢呼像保尔那样、像《谁是最可爱的人》歌颂的一些大写的人那样具有的高尚情操的民族精神。一切宣扬真善美、为人民所喜爱的作品,是不会因个别小丑吐一口唾沫而失去光彩的。

魏巍同志是战士、作家,人品、文品完美的统一,是我们学习的楷模。他为人真诚、热情,文学界不少中青年作家,得到过他的帮助、栽培。他是我们的老朋友,我已白发苍苍,在他的面前还是小学生。在以往的创作中,也曾得到过这位老作家的亲切教诲。八十年代初,我的一篇题为《愧疚》的散文,魏巍同志看过,特地打电话告诉我,他喜爱这篇文章,后来又著文鼓励,但不是那种只说好听的溢美之词,他还提出具体意见,说文中有个细节游离于主题,若删去,文章当更紧凑精炼。此文后来被多种选本录用,又收入我的选本,就是按照魏巍同志的意见修改过的。每忆及这份真挚之情便感动不已。趁此,我和江波共同祝愿老作家永葆青春,健康长寿。

原载《文艺理论与批评》2000 年第 4 期

春木有荣歇　此节无凋零
——魏巍纪事

明　红

最可爱的人

　　军事文学家魏巍先生的家是一个小院,坐落在北京西山一面山坡上。客厅简朴、敞亮,存部队遗风,墙壁上挂着一张巨幅中国地图,靠近沙发的小桌玻璃板下,是魏老的手笔条幅"黑发不知勤奋早,白头才觉读书迟",书房里挂着周总理和鲁迅的肖像。魏老的夫人叫刘秋华,他们是1946年结婚的,到如今,夫妇携手已幸福走过了56年。魏老有两个女儿,一个儿子,儿女们早已成家立业,平日里,家中就只剩下二老和保姆。

　　魏老满面春风,精神矍铄,鹤发童颜,思维敏捷,步履稳健。喜欢竹子的魏老是河南人,他把翠竹当作刚直端庄、高风劲节的人品之象征。魏老说:"竹子是空心的,古人曾有'春木有荣歇,此节无凋零'的诗句,用竹子永不凋败、越是严冬越顽强来赞喻坚贞不屈的高尚节操。竹子不断拔节长高,竹子虚心、上进。"魏老一席话,令人联想起《谁是最可爱的人》那本曾经唱红过一代青年心灵的书。

　　尽管世事变迁,如今的人观念变了不少,但谁又能否认得了魏老的作品给几代人烙下的深深印记? 有人说这样好的文章,要是现在发表肯定会得大奖,奖金是绝对不会少于五位数的。魏老笑了起来:"那时候不兴这个,这篇文章从来没有得过什么奖。不过毛主席曾给予了高度评价,并指示印发全军学习。最让我难忘的是周总理在第三次文代会上将它写进了工作报告,会上,周总理讲着讲着就问'魏巍同志今天来了没有? 请站起来,我要认识一下这位朋友'。我当时很激动,从座位上站了起来……有这样的'礼遇',还需要什么大奖什么钱?"

　　魏老说应该感谢《人民日报》社社长邓拓同志,是他亲自处理的这篇文章,刊发在1951年4月11日的头版头条。当时《人民日报》这样处理一个长篇通讯是空前的。魏巍赴朝后写的《汉江南岸的日日夜夜》《谁是最可爱的人》《年轻人,让你的青春更美丽吧》发表后,一下子就名震天下。他写《谁是最可爱的人》,初稿写有20个动人事例,后来删去了若干,仅剩三例最能体现抗美援朝战士精神本质的典型,文章收到了预想的效果。中国人民志愿军被全国人民称为"最可爱的人",不可否认是魏巍的功劳。他的朝鲜通讯,先后由解放军文艺社和人民文学出版社结集出版,盲文出版社将它作为该社成立后第一本盲文书出版,特别是教育界将它收入语文教科书。他的作品被印成活页文选发行,他的文章成了街谈巷议的话题。

"解放军文艺丛书"《谁是最可爱的人》初版于1951年10月,1954年重印时增加了《这里是今天的东方》一文,成为第二版。1958年9月重印时又增加了《勇士镇守在东方》和《写在凯歌声里》两文,成为第三版。1963年7月版又增加了《依依惜别的深情》和《我怎样写"谁是最可爱的人"》两文,成为第四版,此后的版本就再未更动。这本书仅解放军文艺社印数累计就多达462000册,一本散文集如此高额的印数,现在的出版商不免吓出冷汗。

"谁是最可爱的人?"魏巍的答案出自他的经历和体验。1937年"七七事变"后,17岁的魏巍抱着一腔爱国之志,到山西前线参加八路军,从此戎马一生,用他的笔塑造出了一个个可歌可泣复可爱的英雄形象。

在传统与现实中寻觅。不知道现行语文教科书中是否还有《谁是最可爱的人》的范文,只知道我们曾经由于它而受到过人生的启蒙;不敢说现在还记得书中的每一个细节,不敢保证今后是否还会再去重读它一遍,但敢说我们的血液中永远沉淀着那一份真诚。每个时代都有不同的真诚,但每个时代都需要真诚的民族精神,《谁是最可爱的人》唱出了那个时代真诚的精神与信念。

革命真勇士

魏巍1920年3月6日生于郑州城内一贫民家庭,其父深寄厚望给他取名"魏鸿杰",意"杰出之鸿儒"。读师范期间父母双亡,魏巍只得利用课余时间为石印所做誊写工,工钱每张8分,鼓劲誊写一天也只能挣到几角钱,如此这般才勉强把简易师范读毕业。

1937年,抗日烽烟已遍地燃起,10月中旬的一天清晨,热血青年魏巍迈开了革命生涯的第一步。他怀揣十几本书和刚创作完成的500行长诗《黄河行》以及简单的衣物,走出家门,直奔车站,偷偷扒上一列向西安驰去的货车。辗转找到八路军办事处后,办事处的同志不要他。魏巍接着又扒货车返潼关,渡黄河,到山西临汾,终于在马牧村找到了八路军一一五师干校,干校录取了他。

魏巍光荣地参军了,新的政治生命开始了。他抛弃了父亲为他取的"魏鸿杰"之名,将笔名魏巍用作正名。1937年冬,一一五师干校奉命并入驻在山西省洪洞县白石村的八路军总部随营学校。1938年初,八路军总部随营学校又奉命并入延安抗大。

1938年五一节,18岁的魏巍在延安光荣地加入了中国共产党。不久延安抗大毕业,魏巍强烈要求去抗日前线工作,被分配到晋察冀老一团一营任教育干事。一到连队,就与战士们一道跟日本鬼子面对面地拼杀,他参加了大龙华歼灭战、雁宿崖歼灭战和黄土岭围攻战等著名战役。不久调一分区政治部任通讯干事,负责编辑抗日报纸,参加了百团大战和历次反"扫荡"战役,辗转活动于河北狼牙山周围地区——满城、沫水、沫源、易县、徐水等,饱经战火的洗礼。1944年秋恢复冀中军区,魏巍调到冀中军区政治部当部员,参加了平原游击队活动和子牙河东、大清河北战役。

1945年8月15日深夜,刚刚打完大兴战役,为搜集英雄事迹忙碌了整整一天的魏巍刚刚躺下,突然传来了日本投降的消息。魏巍高兴得翻身从床上爬起来,飞快地跑去敲开一扇扇房门,将日寇投降的消息告诉战友们。那天晚上,魏巍在狂欢的人群里高兴得流下了热泪。抗战八年中,魏巍是在晋察冀战斗中度过的,期间,他写了不少战地通讯报道和诗歌,具有代表性的是叙事长诗《黎明风景》。

日本投降后,魏巍随晋察冀野战军转战塞北。三年解放战争时期,魏巍先后任晋察冀七分区政治部宣传科长、三纵队教育科长、十九兵团骑兵六师团政委等职。

1950年5月,魏巍奉命调到解放军总政治部工作。不久,中国人民志愿军"雄赳赳,气昂昂,跨过鸭绿江"。几个月后,魏巍接到特别任务,去朝鲜了解美军战俘政治思想情况。他们小组一共三人,另外两人是新华社高级顾问、英国共产党伦敦区书记夏庇若和新华社的处长陈龙,一到朝鲜志愿军总部,就前往碧潼俘房营了解被俘美军情况。魏巍给总政写了一份报告,说美军俘房大多数都表现出不愿参加朝鲜战争。调查任务完成后,大家都想到前沿阵地去看看。在志愿军前沿部队里,魏巍耳闻目睹了许多撼人心魄的故事,决心留下来。

在朝鲜前线奔波的日子里,魏巍被这场伟大的反侵略战争所吸引,被英雄们可歌可泣的行为所感动。在战俘营,他听到了美国大兵的忏悔;在被烧成灰烬的村舍,他听到了朝鲜儿童的哭泣;在刚刚夺回的阵地上,他看到了被炮火燎得稀烂却依然不倒的战旗;在战地医院,他看到了虽伤痕累累却吵闹要重返火线的志愿军战士……一阵阵情感的浪潮涌上心来,对战士的挚爱、对英雄的景仰,常常让他情难自抑。他产生了一种庄严的、神圣的、不可推卸的责任感,认为自己应当立即把志愿军在朝鲜抗击侵略者的情况如实告诉祖国各族人民。魏巍在前线采访历时3个月。

1951年2月,魏巍访朝归国,调《解放军文艺》杂志社任副主编。走上新的工作岗位,魏巍一边忘我工作,一边抓紧时间赶写朝鲜见闻录。1951年4月11日,《人民日报》将《谁是最可爱的人》破例放在社论位置发表。同年10月,魏巍的多篇朝鲜见闻录结集出版,举国上下,前线后方,欢快地谈论新名词中最关丽的一词"最可爱的人",将它作为做好一切工作的动力。

1954年,魏巍当选为第一届全国人大代表,后连续当选第二届、第三届全国人大代表。历任北京军区政治部宣传部副部长、文化部部长和顾问等职。社会职务当选为共青团中央委员、全国民主青联副主席、全国文联委员、中国作家协会理事、中朝友好协会副会长、中国炎黄文化研究会副会长等。

1965年,越南战争升级,魏巍前去采访。当时,美军依仗其先进的装备,尤其是性能良好的飞机,狂轰滥炸,显得很疯狂。荣市,是越南北方通向南方的一座重要城市,也是美军轰炸的重点之一。美军飞机天天轰炸荣市,把发电厂也炸了,城市几乎成了废墟。某国的一个记者,写了一篇名为《死城》的通讯,把越南人民的抗美斗争写得毫无希望。

"到了越南,我看到了许多东西。看到荣市军民英勇抗敌,击落美军飞机89架,充满战斗精神和必胜的信心。我就反其道而行之,写了一篇《战斗的城》,其中比较详细地写了坚守岗位、牺牲时手上还提着警锣的女工黎氏美槐。"魏巍还写了全面反映抗美援越的报告文学《人民战争花最红》等。

"文化大革命"开始了,魏巍被当作"文艺黑线人物"、"周扬的人"等揪出来,受到深刻批判,他那些脍炙人口的作品也一夜之间变成了"大毒草"。魏巍猛然间跌进"政治深渊",心里痛苦至极,从枪林弹雨中跋涉过来、一直对党忠心耿耿的他,实在想不出自己到底做错了什么。后来,多亏时任北京军区代司令员郑维山发脾气才给魏巍解了围:一,魏巍同志的问题是人民内部矛盾;二,作品基本上是好的;三,和周扬是一般关系。须知,当时能得到这样的评语是相当不错的了。特别是他口口声声称"同志",既然是"同志",就说明不是"敌我矛盾",仅属于"人民内部矛盾"而已。

1978年,魏巍出版了全面反映抗美援朝前后方的长篇小说《东方》。1987年后,又出版了全面反映工农红军二万五千里长征的长篇小说《地球的红飘带》。此书被称为"具有宏伟气魄的史诗性作品",如今已6次重印,发行13万册。

1988年,针对和平演变、资产阶级自由化的思潮,魏巍和臧克家、吕骥、刘开渠、朱子奇、吴雪等人联名上书中宣部,申请创办《中流》杂志,党的十三届四中全会后得到批准,1990年正式创刊。

魏巍和林默涵共同主编的《中流》是一本高扬马克思主义旗帜的刊物,得到了革命前辈亲切的鼓励和鞭策,王震、邓力群和马文瑞等亲自撰文。《中流》不仅中流击水,还起到了中流砥柱的作用。期间,魏老还创作了反对和平演变的文学性政论专著《话说毛泽东》。

内助心相印

魏巍的夫人刘秋华系河北省安平县报子营村人,1925年生于一贫苦农家,一家老少都是抗日积极分子,父亲在1942年"大扫荡"中惨遭日本鬼子杀害。1941年,16岁的刘秋华加入了共产党,19岁担任村妇女自卫队指导员。她淳朴勤劳,父亲不在了,弟妹又小,母亲支撑家庭很艰难。她最大,做饭、挑水、洗衣、织布、下田收种,什么都干,是里里外外的能手。宽大的土布衣服裹不住她的"花样年华",无需情人慧眼,也够得上美丽迷人,芳姿绰约。

1944年春节,魏巍和两位战友一起去慰问"冀中子弟兵的母亲"李杏阁大娘。一跨进大门,就见织机上坐着一位年轻姑娘,正神情专注地织着土布。见有客人来,姑娘放下手中的梭子,笑吟吟地从织机上下来,又是安座,又是倒水,然后又把正在外面发动群众做军鞋的李大娘给找了回来。同去的战友告诉魏巍,这位姑娘叫刘秋华,是李大娘的堂孙女,不仅针线活在村上数一数二,还是自卫队指导员。那天后,魏巍心里有了一种异样的感觉,刘秋华那干练俏丽的形象,已深深地烙进了他的脑海里。不久,部队驻地搬家,魏巍意外地被安排住进了刘秋华家里。年轻的心总是敏感的,魏巍、刘秋华渐渐都从对方眼中读到了牵挂。"我们交往虽多,但那毕竟是子弟兵与老百姓的关系。但每次接触,都有一种说不出的亲近感。"

后来,魏巍随部队开赴新的战场。刘秋华带着弟弟参军了,她被分配到《前线》报社做通联工作。之后,魏巍、刘秋华虽见面不多,可在战争硝烟中萌生的情感花朵,却在心中愈开愈艳。

1945年8月16日,日本投降后的第二天,魏巍突然接到命令,让他火速到晋察冀七分区政治部去当宣传科长。第七分区所在地在刘秋华的家乡,恰好刘秋华也要回一趟家,于是,两人相约一起上路。他们边走边谈,走了整整一夜。天亮了,魏巍终于走进了刘秋华的心里。"那是我一生中最快乐最美好的一夜。直到那个夜晚,我们才彼此捅破了这层纸。"

1946年3月19日,26岁的魏巍和21岁的刘秋华在温暖的革命队伍中举行了简朴的战地婚礼,没有鲜花美酒,却有战友们的祝福。从此以后,他们在共产党的领导下,为了一个共同的革命口标,一同参加战斗。婚后的很长一段时间无处为家,两人虽同在一个军区,但相聚的机会却少得可怜。就连刘秋华生大女儿魏欣,魏巍都在解放战争的第一线忙碌着。

新中国成立后,魏巍、刘秋华才在北京部队驻地有了一个相对固定的家。刘秋华作为一位"老革命",完全有条件走上领导岗位,但身为作家的妻子,她又必须为丈夫的事业做出牺牲。已是三个孩子妈妈的她,微笑着从部队转业到地方,心甘情愿地当起了魏巍的贤内助。

十年浩劫中,魏巍也未能幸免,被当作"文艺黑线人物"、"周扬的人"等进行批判。1966年11月下旬的一天晚上,晚饭热了好几次了,还不见魏巍回家,打电话去,人家不接。刘秋华急了,安顿好三个孩子,急忙赶去找魏巍。门卫说:"你家魏巍正在接受审查。"一向为人温和的她,一下子变了个人,风风火火地冲进会场,跟那些正在批判魏巍的人争论。

刘秋华独自支撑着家庭,抚养着三个孩子。她强忍痛苦安慰魏巍:对党和人民,只求问心无愧就行了。贺老总、彭老总都挨批斗,你什么也别怕,天塌下,有地顶着。

后来,有几个"红卫兵"跑到家里,动员刘秋华跟魏巍划清界限。刘秋华对来人轻蔑地说:魏巍1937年就参加革命,为党奋斗了几十年,你们现在却硬说他反党,真是可笑、荒唐。能写出《谁是最可爱的人》的人会是坏人?我们一起生活了这么多年我还不了解他?我们是在战争炮火中走到一起的革命夫妻,枪林弹雨都拆不散,你们几个小毛孩一句话,就想让我跟他离婚?做梦,没门。

一对忠贞不渝的革命伴侣,凭着对共产党的坚强信念,挺过了那段艰难岁月。"四人帮"倒台后,魏巍又萌生了新的创作冲动,好心人劝慰说:你写文章在"文革"中受的委屈还不够吗?现在级别这么高了,还去舞文弄墨做什么?对此,夫人却有不同的看法:"文革"中挨斗的不是你一个,那些挨过斗的知识分子,落实政策后照样在工作;那些受过委屈的农民,擦干眼泪照旧在种地。你是作家,没有理由不写作。于是魏巍又一次迎来了创作生涯的黄金时期,写出了长篇小说《东方》《地球的红飘带》《火凤凰》与一些中、短篇优秀作品。

"我的创作一半功劳归功于夫人。"结婚半个多世纪以来,魏巍一门心思扑在工作和创作上,不知道怎么买米,不知道家里的钱放在什么地方,三个孩子的学习和工作他也极少过问。刘秋华独自承揽了全部的家庭重担,将生活安排得井井有条。他们的大女儿生于1948年,当时魏巍在解放战争的第一线;二女儿生于1950年,魏巍到朝鲜去了;儿子生于1956年,那时魏巍虽在北京,却忙得一天到晚难见人影。忽一日魏巍蓦然回首深感内疚,想主动抱一抱孩子时,才发现儿女们都长大成人了。

尽管如此,魏老依然赢得了孩子们的爱戴。在孩子们眼里,他是个非常民主的好爸爸,都跟这个在外人眼中的大作家成了亲密的朋友。魏老每每有新作问世,孩子们都要振振有词地点评一番,提出意见并和老爷子"商榷",搞得老先生总因为讲民主而后悔半天,因为在家里他怎么也找不到在外而那种风光的感觉。

先生对夫人一直心存感激。很少人知道,魏老曾专门发表过一首献给夫人的诗——《塞外晚歌》:"如果战友允许/我要寄一支歌/给一个淳朴的乡村的女儿……谁叫我在织布机旁将你碰见/谁叫那琐碎的日子在我们身边留恋……"这是军事文学家创作的唯一一首情诗,专为夫人吟歌的一腔衷情。魏老说,在家里,她是"最可爱的人"。儿女们成家立业后,各自都有了自己的小窝,魏老与"最可爱的人"刘秋华相依为伴,默契和谐,品味着悠然的幸福生活。

老来当益壮

1991年2月,71岁的魏老离开了心爱的工作岗位。离休后的魏老年事日高,但却越有创作精神,又马不停蹄地南下北上,收集素材,构思以抗战为内容的另一部长篇。1997年,出版了以解放战争和抗日战争为题材的长篇小说《火凤凰》,加上人们早已熟知的以抗美援朝为题材的《东方》和描写长征的《地球的红飘带》,由此终于完成了他的"革命战争三部曲"。"三部曲"有一个共同的双重目的:继承革命传统,建设社会主义精神文明;常备不懈,准备迎击帝国主义的侵略战争。《东方》获首届茅盾文学奖,《地球的红飘带》被国家教委等五个部委选为"百部爱国主义图书"之一。

2000年5月,汇集魏老主要创作成果10卷本400余万字的《魏巍文集》出版。这是魏老自己编纂的全集:前五卷是革命战争三部曲,可见先生对此的厚爱。魏老以写诗起家,全集里自然有诗歌一卷,计有诗歌223首;《谁是最可爱的人》收在散文卷里,共276篇;党的早期革命也是魏老的创作素材,有《邓中夏传》和以"二七"大罢工为题材的电影小说《红色风暴》;魏老多有杂文献世,《话说毛泽东》杂文集是魏老的得意之作;第十卷是他对文艺创作发表的一些文章,称作《文论》。

2000年5月20日,魏巍创作历程暨《魏巍文集》研讨会在北京召开。邓力群、郑天翔、王忍之、吴冷西、翟泰丰、高占祥等百余位知名人士出席会议。中共中央政治局委员、中国社科院院长李铁映致信对《魏巍文集》的出版表示祝贺，称赞魏巍在 60 年的创作生活中笔耕不辍，将对党和人民的一腔赤诚、对革命事业的坚定信心诉诸笔端，行于字里行间，以此而浇注创作信念，以此而熔裁华彩篇章，众多佳作反映了我党我军的光辉历史，讴歌了人民的奋斗历程，为社会提供了既美且善的精神产品。中共中央政治局委员、中央军委副主席、国防部长迟浩田送来题词："弘真理扬正气可敬可爱，写英雄抒壮志誉满华夏。"臧克家、贺敬之、聂力等人也为研讨会发来贺信和贺词。

尽管离开了工作岗位，但他仍为人民任劳任怨。魏老说，老年人不能一味地提要求、贪享受，而应该在精神和意志上做到"不忘群众，依靠群众，自找工作，继续革命"。这是他孜孜不倦的奋斗准则，如他在《自寿》诗中的自勉："鲁师遗训铭心底，痴牛永俯孺子前；胸中自有青松气，尽瘁不唱夕阳残。"《双拥》杂志纪念创刊 100 期向他索句，魏老挥笔题写"要多多关心爱护复转残废军人"。

谈到当今的一些社会现象，魏老感慨地说有些观念搞乱了，好一阵子，似乎全心全意为人民服务、艰苦奋斗都是旧的，能挣会花、为自我都是新的；集体主义是旧的，个人主义是新的。其实，衡量一个人的价值并不是谁挣的钱多就最光荣，而是谁做的贡献大。魏老对早年在延安的生活十分怀念。年轻、纯洁、简单，长辈与晚辈式的，兄弟与兄弟式的，互相切磋、鼓励，热情的革命同志关系使他感到温馨和欢乐。延安时代的生活，战斗部队的生活，是魏老最大的精神财富和乐园。

魏老的养生经是坚持散步起居有节，每天早晚沿着军营的山间林荫道走上半个小时，既呼吸了大自然清新的空气，也让大脑放松一下。魏老的起居生活很有规律，每天晚上 12 点左右上床，早上 6 点半左右起床，中午睡一觉，下午 3~6 点接待来访者，其他时间不是看看书报，就是写些散文、言论等不太长的文章。

祝愿老当益壮的魏老健康、长寿！

原载《文史春秋》2003 年第 4 期

军旅作家魏巍的爱情人生

宏 剑

他是一位著名的军旅作家,他的长篇通讯《谁是最可爱的人》可谓家喻户晓,脍炙人口,曾经感动和激励着几代人。

硝烟中萌生的爱之花

魏巍原名魏鸿杰,1920年3月6日出生在河南郑州一个贫苦家庭。少年时的他就喜爱文学,中学时代他便在郑州的报纸上主编过《芦笛》周刊和《铁笛》周刊。后来魏巍依靠勤工俭学,又读了几年师范。17岁那年,为了逃过包办婚姻,离家出走。

那时,正值1937年抗战爆发,17岁的魏巍满怀报国壮志,打点行装,怀揣几本书和刚创作的长诗《黄河行》,偷偷爬上一列货车,辗转来到西安八路军办事处,不料没有被收留。他接着又扒货车返潼关,渡黄河,到山西临汾,终于在马牧村找到了八路军一一五师干校,干校录取了他。

此后,魏鸿杰将笔名魏巍用作正名。1938年初,五师干校并入延安抗大。1938年4月,魏巍在延安入党。从延安抗大毕业后,他被分配到一分区政治部任通讯干事。

1944年春节期间,魏巍和战友一同访问"冀中子弟兵的母亲"李杏阁大娘。跨进大门,织布机旁坐着一位年轻姑娘,正神情专注地织土布。见有客人来,姑娘放下手中的梭子,笑着起身,让座倒水,然后跑到外面,将正发动群众做军鞋的李大娘找了回来。魏巍后来知道,姑娘叫刘秋华,是李杏阁的堂孙女。望着姑娘俏丽淳朴的面庞、麻利干练的身影,魏巍心里升起一种异样的感觉。

不久,部队驻地转移,魏巍恰巧被安排住进了刘秋华家里,两人都有一种说不清的亲近感,但谁都没有挑明,毕竟是子弟兵与老百姓的关系。魏巍整天跟随部队搞战地报道,刘秋华则忙着站岗放哨做军鞋,都很忙,接触的机会不多。

后来,魏巍随部队开赴新的战场。刘秋华也带着弟弟参军,她被分配到《前线》报社做收发工作。之后,魏巍、刘秋华虽见面不是很多,可在战争硝烟中萌生的爱情之花,已经愈开愈艳了。

　　1945年8月15日,日本无条件投降。此时的魏巍接到命令,火速到冀东军区第七分区任宣传科科长。刘秋华的家乡就在第七分区的驻地,恰好刘秋华也要回一次家,于是,两人结伴同行。月色如水的秋夜下,他们边走边谈,走了整整一宿。"那是我一生中最快乐、最美好的一夜。直到那个夜晚,我们才彼此捅破了这层纸。"魏巍后来说。

　　1946年3月19日,在平绥线上一个叫下花园的小车站,魏巍与刘秋华举行了简朴的战地婚礼。没有鲜花美酒,仅有战友们的祝福。那时魏巍26岁,刘秋华21岁。从此,他们走上了相伴一生、生死与共的道路……

为"最可爱的人"而感动

　　婚后,同那个时代的许多革命伴侣一样,夫妻俩无处为家。虽然都在一个军区,但总是聚少离多。1947年春节后,刘秋华生下了大女儿魏欣。而此时的魏巍正随部队攻打石家庄,别说回家,就连个电话都打不通。直到3个月后,石家庄战役彻底结束,魏巍才在部队休整期间抽空儿赶回家看了女儿一眼。

　　魏巍的心在战场上,一篇篇诗作在战火中飘飞,鼓舞着战士们奋勇拼杀。刘秋华不但要行军打仗,还要带孩子,也是居无定所。只有打完了一次仗,夫妇两人才能小聚一次。

　　1949年夏,组织上安排魏巍担任起义的国民党将领傅作义部骑兵团的政委。由于刘秋华身怀六甲,魏巍把她留在陕西咸阳,自己投入到了改造旧军队的工作中。身在咸阳的刘秋华生下二女儿魏平,身边没人照顾,硬是喝了一个月的稀粥……

　　三年解放战争,刘秋华随军转战。新中国成立后,夫妇俩先后进入北京,并在部队驻地有了一个相对固定的家。作为一个老革命,刘秋华完全有条件走上领导岗位,但身为魏巍的妻子,她还是为丈夫的事业做出了牺牲——从部队转业到了地方,心甘情愿地当起了贤内助。对于妻子所做的一切,魏巍感激不尽。

　　1950年5月,魏巍调到解放军总政治部工作。当年12月,魏巍奉命赴朝鲜调查美军战俘营的情况。调查结束后,他要求留下来进行3个月的战地采访。魏巍来到志愿军前线部队,耳闻目睹了许多撼人心魄的英雄故事。正是这次深入地采访,使他进一步了解到志愿军战士的崇高与伟大,也正是这次深入地采访,使他回国后写出了那篇不朽之作——《谁是最可爱的人》。1951年4月11日,《人民日报》头版头条发表了《谁是最可爱的人》。当刘秋华一字不落地从头到尾读完这篇文章时,已是泪流满面。在被"最可爱的人"感动的同时,也为丈夫感动和骄傲……

刘秋华说:"那时候我就想,志愿军是最可爱的人,老魏也是最可爱的人哪!他离家在外,我拖儿带女,再苦再累,再牵肠挂肚,就冲这篇文章,我也心甘情愿了。"

妻子是"最可爱的人"

面对同甘共苦、相濡以沫的结发妻,魏巍无比感激。多年来,魏巍不知道菜市场在哪儿,不知道家里的钱放在哪儿,甚至不知道孩子上几年级。这些家庭生活中的琐事,都由妻子操劳着,魏巍整天一门心思地扑在了工作和创作上。

魏巍曾发表过一首诗——《塞外晚歌》,这首诗是专门写给妻子的,诗里洋溢着一腔柔情:"如果战友允许/我要寄一支歌/给一个淳朴的乡村的女儿……谁叫我在织布机旁将你碰见/谁叫那琐碎的日子在我们身边留恋……"魏巍充满深情地说,当年志愿军战士是"最可爱的人",现在,妻子就是家中"最可爱的人"。

原载《人民文摘》2009 年第 10 期

红旗更高擎
——深切怀念魏巍同志

钱小惠

敬爱的魏巍同志逝世不觉三周年了。

三年来,我时时想念他,多次在梦中见到他,他还是那样热情、正直、善良。往事像梦幻般一幕幕出现在眼前,使我刻骨铭心、永志不忘。

我是 1952 年初第一次见到他的,当时在华北文联工作,一天去一个小礼堂听魏巍同志做报告,只见台上站着一个身材魁梧的军人,面色红润,声音洪亮,感到非常亲切。他谈到 1951 年 12 月随冯雪峰同志率领的中国青年作家代表团访问苏联,在莫斯科与荒煤、胡可同志去访问《恐惧与无畏》的作者、著名作家别克,当谈到别克六次采访,费了九牛二虎之力写成的几十万字手稿在火车上丢失时,全场都不禁善意地笑了。最后,作者又顽强地去了第七次,终于将书写了出来。

1953 年 3 月,我去长辛店机车车辆修理工厂体验生活。12 月底,听说魏巍同志 10 月 25 日也来厂了,在机车车间兼任党支部副书记,就请党委秘书边竹轩同志领去介绍认识。在昏暗的办公室里我们高兴地见了面。他为人十分热情,谈到为了写抗美援朝的小说,其中牵涉到工人,便到厂里来体验生活。先去看了首钢,来此后,经副厂长黄英夫热心挽留,决定在此生活一段时期。

他脱下军装,换上蓝制服,和工人一样在食堂里排队买饭、聊天。

我们都住在工厂招待所里,有时也一起去厂门口小摊上吃早点,去饭馆吃饭。

12 月,他在《人民日报》上发表了《走在时间的前面》,歌颂了东北工人王崇伦同志提前完成 1956 年生产任务的先进事迹。

1954 年 1 月 7 日,他在日记中写道:"晨,小惠来,送其兄一本遗作与我,他的哥哥是二十二岁时牺牲的。""晚上,看小惠整的'二七'材料,感情冲动,想与之合作,马上往他屋里跑了两次,后来他回来。我与他讲了,他也赞成,又聊到十一时始散。我们准备,一月份准备,二月份动笔,三月份完成。是否有些主观啊?"

接着,我们又访问了不少老工人。

一次，他提议与老伴刘秋华和我及老伴宫作英去新竣工的官厅水库参观。下火车后，换乘卡车，人很多，不少是学生，有的站着，有的蹲着，车厢里很拥挤。我想为大家介绍他，以便给予照顾，他坚决不让，就这样吵吵嚷嚷颠簸了一路。

从平凡的小事上，我看出了他的不平凡。

这期间，他写了一个短篇《老烟筒》，刻画了一个半工半农的老工人。发表后，引起了争议。后来，李富春同志肯定了这篇小说，认为写出了第一代工人的特点。

那时，厂里工人叫"老王"、"老李"，往往亲切地称"王头"、"李头"。一次，一个工人叫他"魏头"，他高兴极了，认为人们已把他当成了知心朋友。

1954年4月，他结束了厂里的生活。他为工人阶级的忘我牺牲精神所深深地感动，表示要以此为生活的一个根据地。此后并曾多次来过这里。

他利用暑假，还让两个女儿来厂里与工人住在一起，劳动锻炼。

为写抗美援朝小说，他又下乡参观了耿长锁等五个合作社，提出我写作中需注意的事项，并希望一起去大连度假。

夏天，我们两家带了孩子去大连。后来，他和我又去参观了鞍钢，为近代化的大企业而惊叹。

1955年2月21日，魏巍同志来厂，共同修改描写"二七"罢工的小说。我在23日给家人的信中写道：

战斗的、有决定意义的日子开始了！

魏巍同志前天晚上来到这里，我兴奋得搞了一夜剧本，到早上四时半才睡（六时半又起）。昨天开始，我们便展开了最后的、有决定性的修改剧本的紧张工作，战斗的炮声正式开始打响了！

我睡得很少，精神却无比的振作，这就是一个战士的生活，思想在燃烧，热情在沸腾，在烽火弥天的前线上，在艰难、困苦的火热的斗争里，我们吹起冲锋号，拿起笔杆，运用智慧，向敌人展开了猛烈的进攻……

这就是我们目前的生活，我们将来永远不会忘记的、值得回忆的有历史意义的生活。

魏巍同志看了感到很高兴。

不久，我们一起去看望了吴运铎同志。

1956年，我们完成了电影小说《红色的风暴》。

7月17日，他来信说："我愉快地通知您，我们的《风暴》已经在前天晚上拿给周扬同志了。周扬问了一些我们创作的情形，他认为这个题材很重要，而且答应在开会期间抽时间看完，看来他的样子是很高兴的。他还说要打印一下，让各方面的人（例如搞党史的人）看看，把它搞得好些。"

后来又来信说:"在一个十分钟的会议间隙里,周扬同志同我谈了对《风暴》的印象。他认为作品是好的,有热情,表现了工人阶级的勇敢、团结、友爱和他们的革命气概。读者对二凤一家的遭遇会很同情。他说时代背景还写得不够(如吴佩孚利用革命力量)。曹锟一般化,可不要。中夏和大钊发生关系,仅表现了党的关系,没有必要。他说,中夏开始讲话太幼稚了些。中夏可再换一个名字,免得一些不必要的麻烦。他还说,武汉的一些情况是否可写一些。因时间短,谈得很潦草。""我听赖若愚同志讲,周已向他推荐了这作品,并要请他看一看。""这作品在会议结束前,周已转给陈荒煤了。荒煤处尚无消息来。我今日已写了信催。你有空也可直接写信催,免得他们拖,因现在大伙都忙。"

8月30日来信说:"陈荒煤的信来了,转给你看。"

陈荒煤同志信说:"你们的剧本,周扬同志交来后,为了争取时间,即先交创作所打印。最近因忙于肃反,未能将剧本印出来,我已催过。一打印完毕,我就先看,并发中宣部、总政文化部、总工会一些负责同志提意见。我保证一拿到剧本就看,并且早和你们面谈。""打印好,即寄你们数份,你们先送杂志发表是可以的。""谢谢你们对电影事业的关怀与支持!"

10月28日来信说:"来信收到,关于《风暴》,我今日再度催促荒煤同志,以便争取首先能听到若愚同志和中宣部研究党史同志的意见。"《解放军文艺》大约十二月号起就要发表(十一月十二日即发稿),盼你能于最近将校对好文稿寄来,因这里的一份,宋之的同志带到外地去了。"

12月3日,他来家中未遇,留条:"不用说,我知道您,您在为我们共同的儿子不知疲倦地忙碌着,而且一定是颇有进展的。——这还用说吗?老弟,你是多么忠心耿耿的同志呀。你的赤诚,将使他发出夺目的光彩!"

这一年,《红色的风暴》由工人出版社出版,受到全国总工会领导的好评。

有一件很有意思的事,书中"北方吹来十月的风"歌词,是魏巍同志创作的,后竟被人误作当年革命民谣引用,可见艺术水平足以"以假乱真"。

在采访中,由于李立三同志介绍,认识了邓中夏烈士的夫人夏明同志。此后,她给中宣部写报告,将我们暂时调出来,帮她写《邓中夏传》。

1961年5月4日,我们随夏明同志去武汉、南京、上海、广州等地,先后访问了郭沫若、茅盾、李立三、陶铸、史良、陈望道、李达等一百多人。

秋天,我们游览了桂林。1984年10月19日魏巍同志在日记中回忆道:"……总觉不如一九六一年初游时那种梦幻般的美。我与秋华、小惠同乘一只木船,在江上还住了一夜,江上渔火仍然长留在我的记忆之中,这是一种不可企及不可再来的美了。这种美只能保存在我的灵魂里。"

后来,我们又到了湛江,他给当地题了字:"都说南国风光好,我唱沙洲变绿洲,只因此地英雄多,碧流夜夜叩雷州。"

年底,我们回到了北京。

次年夏天,魏巍同志和我去青岛部队招待所开始创作,他同时着手抗美援朝的小说《东方》。在此,认识了来此度假的他的老首长杨成武同志以及海军政委李耀文同志。魏巍同志以夸耀的口吻说,李耀文同志是最年轻的少将。后来,戏剧家胡可同志也带了两个女儿来避暑。

在微风习习的海边散步时,他曾谈到一部作品要能做到感动人是不容易的,胡耀邦同志批评一些文学创作不能感动人的致命症结时,有一句深刻的话,说应"爱就爱个死,恨就恨个透"!真是一针见血地指出了弊病。

一天,与魏巍同志从招待所出来,路边一个孩子伸着手冲着他大喊"嗨!……红脸汉子"。我们不觉哑然失笑。他的确是个热心肠的汉子,连小孩都一眼就看出来了。

后来,客人们陆续走了,我们又搬到海边一个小别墅去住,直到12月初才回来。

《邓中夏传》初稿完成后,因文化大革命,暂时搁置。后经夏明同志给邓小平同志写信,1981年始由人民出版社出版。

1963年初夏,父亲阿英请郭沫若同志给他题了诗:"纵有寒流天外来,不教冰雪结奇胎。东风吹遍人间后,紫万红千次第开。一九六三年初夏书东风吟一首为魏巍同志——郭沫若。"

他很喜欢这诗的内容,认为很与现实结合。

十年动乱中,我受到了冲击。1968年底,8341部队进厂后,我进了学习班,得到解放。听说他也受到冲击,新中国成立后,现在太原钢厂支左,便含着热泪去了信。不久,收到他热情的来信:

当我一看到你的字迹,心头就热乎乎的,再也抑制不住自己的感情。——让我高举双手,热烈地迎接你的解放!

千万千万不可有委屈的情绪,千万千万不可有些许的感伤。

愿你为无产阶级事业做出更多更大的贡献!这是我衷心的期望。

话很多,很多,一时难以说完。再次返京时,我一定先去看你,好好地倾吐一番。

紧紧握手!

代问作英、小胖子、荣蓉好。

魏巍
1969年5月11日礼拜天下午

附诗:
>榴花经雷雨,
>彩色更鲜明;
>我今经雷雨,
>心比榴花红。
>岂止无怨意,
>益感风雨情,
>他日战火里,
>红旗更高擎。

看了这封信和诗,我心里久久地不平静,受到极大地鼓舞和慰藉。

1986年3月,他在《文汇报》上发表了诗《我是一个工人》,表达了作为工人阶级一员的豪情。

1987年2月7日,工厂举行彭真同志题字、王震同志参加奠基的"二七"纪念馆落成典礼,他高兴地来参加了,并与市领导、厂领导及"二七"老工人合影留念。

不久,我们将先父阿英的一万两千余册藏书捐献给家乡,芜湖市图书馆建立了"阿英藏书陈列室",他写了墨宝"文星溢彩"。

多年来,我一般每年正月初四去八大处北京军区宿舍向他拜年,因客少,便于交谈。时常遇到一些人也来看望。他经常接到读者来信,有什么困难,他总是热心、慷慨地从思想上、经济上给予帮助。

1990年是他七十寿辰,为表达衷心的谢意,我将先父的遗物"千秋万岁"瓦当送他祝贺。

酷夏,他受邀和厂里一些原领导人去南戴河工厂疗养所休假,他关心地召开了工人座谈会,在9月7日《人民日报》上发表了《南戴河纪事》,对工人也能到海边疗养,十分赞扬。

1994年初,我去看他,他看了我写的《铁面人》《好老头》《刺儿刘》等,认为现在很少人写工人写得这么真实,是从生活中来,不是想的,写出了人物性格。勉励我今后要加强文学性,更形象化、典型化,有的情节可放大、突出,有的可删减、略去。并说研究生活的时候,要有最大的老实;结构作品的时候,要有最大的"不老实"。将来可以从真人真事中跳出来,写大部头作品,反映出这个时代。这也是我创作的三部曲。

这些年,他沥尽心血先后创作了《东方》《地球的红飘带》《火凤凰》三部具有时代意义的长篇小说。《东方》获得第一届茅盾文学奖。他说他几乎没有假日。为写长征,他不辞辛苦,走遍了当年红军经过的路途,不幸扭伤了腿。

他还带领一个小组,帮助聂帅完成了《聂荣臻回忆录》。

1995年秋天,我们去中宣部多功能厅,参加中国作协向参加抗日战争老作家敬赠纪念牌仪式,80余名老作家获得了纪念牌。

1997年2月4日,我们去厂参加建厂百年的聚会,拿到《百年沧桑》影集,看了厂史电视片,他谈到广东教育出版社将出版《魏巍文集》。

这是他最后一次来厂。

7月中旬,他因心血管阻塞,几乎不能行动,住进了301医院。这时,他患糖尿病已21年。不久,我去看了他,谈了些近况。原海军政委李耀文同志也来谈了会儿。

2000年,北京石油地质学校55届全体学员送给他贺联:

敬贺良师魏老八秩华诞

战士可爱传天下

三部壮曲鼎日月

5月,我参加中国作协举办的"魏巍同志创作历程及《魏巍文集》研讨会",每人获赠一套文集。到会同志对魏巍同志几十年来深入生活,勤奋创作,给予了高度评价。

6月29日,他从遥远的郊外,特地赶来人民大会堂,参加了隆重的阿英同志诞辰百年纪念会。

10月23日,《人民日报》登载了他写的《辉煌的纪念碑——抗美援朝五十周年感怀》,深情地回忆、赞扬了那战斗的岁月牢不可破的中朝友谊。

晚年,他除了写怀念毛泽东、邓颖超、王震、丁玲等的文章外,还写了《话说毛泽东》《这条线划得好》等不少观点鲜明、笔锋犀利的政论性文章,是一位真正的、无所畏惧的无产阶级战士。

2007年2月下旬,听说他住了院,我去301医院看望,得知他三次心跳过缓,将要安装起搏器。由于战争年代配眼镜不易,不管拿到什么眼镜就戴,形成高度近视,后又患白内障,现在看电视都困难。

2008年6月2日,接到他老战友罗择同志的电话,说他患了肝癌,真似晴天一声霹雳。

接着,我们一起去看望,得知他身患腹水,四天抽一次,原是茶色,现带血。交谈中,他念念不忘、操心的仍是忧国忧民的大事。

他送了新出的充满革命战斗激情的《新语丝》《四行日记》。

7月27日,天气闷热,没有一丝风,我和老伴怀着不安的心情前往探视,走进病房,见他躺在床上,脸色白里泛红,有些黑斑,正和罗择、郑伯农、徐非先同志关切地谈论风云变幻的国际国内大事。国家的命运,人民的命运,让他操了多少心。

他的听力不太好,在一旁的大女儿魏欣,时常大声重复说一遍。

病房宽敞、明亮,但空气是沉闷、凝重的。

秋华同志和小女儿魏平、儿子魏猛也陆续来了。

谈到病情,他忿忿地说:"这一回可能永远出不了院了。"

他是捍卫祖国的战士,绝不能倒下!祖国需要他,人民需要他,时代需要他,绝不能倒下啊!

没想到这竟是我们最后的一次见面。

8月24日,北京奥运会闭幕的这天,党的忠诚儿子、杰出的无产阶级战士魏巍同志停止了呼吸,享年88岁。

雷电轰鸣、大海翻腾、山川哭泣……

遗体告别那天,来八宝山送行的群众有数千人,许多人与他素不相识,都自发地从四面八方赶来。大家怀着沉痛的心情,送他上路远行。

热爱人民的人,人民是永远不会忘记他的……

原载《新文学史料》2011年第3期

研究论文选辑

从《黄河行》看少年魏巍

田 怡

著名的军事文学作家魏巍自1937年参加革命至今已有半个世纪了。这位经历过抗日战争、解放战争、抗美援朝战争的文艺战士在硝烟烽火中成长。阅读研究他的一系列作品,可以清楚地看到他在革命征程上前进的脚步。

长诗《黄河行》是他十七岁时的作品,也是现在我们能见到的魏巍最早的诗作。这首诗曾遗失多年,1984年才由周启祥同志在北京图书馆觅得,原为五百余行,写于抗战爆发后魏巍投奔革命前夕的1937年10月。据作者回忆,这首长诗,他参军以后在墙报上发表过,后经他少年时代的诗友周启祥同志的手发表于1939年7月18日至7月24日的西安《国风日报》。1984年觅得时缺了一张7月23日的报纸,所以少了75行,作者收入诗选时又删去若干行,故现有三百余行。

认识一个作家主要是研究他的作品。诗,往往是作者思想感情的直接喷泻口,读者可以从中窥其心思、观其行迹。《黄河行》的发现,对于我们研究少年魏巍如何走向革命、走向文艺是很有价值的。

原诗发表时附有作者写于1938年12月5日的一则附言:"这是我在故乡郑州黄河之滨一个小镇上,用三个夜晚写成的。……当我伫立在黄河之滨,面对那浩荡的黄河,远望黄河北岸,使我激动得流下热泪,我的悲哀、愤怒、仇恨的感情,几乎使我的头颅爆炸了。如果上面的不算一首诗,那时的情景,可以说是一首真的诗了。……"简短的附言概括了当时国家的形势及作者的心情。国难当头,民族危亡,一个热血少年忧国忧民的悲愤之情不可遏制,面对象征祖国母亲的大河,痛抒胸怀并决定采取行动:投笔从戎,奔赴抗战前线。

1985年,作者重返故乡,回首往事时所写的《黄河吟》中有这样的诗句:

忆昔少年,泪洒黄河水,
举首向北望,河山胡尘里。

面对滔滔浪,泣下五百行,
秋风拂晓月,束装离故乡。

步迹遍北国，硝烟送华年，
　　但愿夜早尽，鸡鸣赤霞天。

　　岂不念家乡，蓬蒿满中原，
　　如闻黄河声，呜咽且呼唤。
　　……

以上诗句可以说是《黄河行》的很好的注脚。诗中所云"泣下五百行"便指的是《黄河行》这首长诗。这首诗共有四个部分，感情由悲愤焦灼到昂扬激越，他把黄河比作苍龙，比作母亲。忧郁的苍龙愤怒了，伟大的母亲不甘再忍受凌辱，黄河儿女决心扬帆出征……长诗表现了作者强烈的悲愤之情，具有磅礴的气势和撼人心魄的艺术魅力。可见这位十七岁少年的爱国热忱与文学才气。这首诗是他献给祖国母亲的誓言，也是他投奔革命的决心书。

如闻黄河声　呜咽且呼唤

　　魏巍生于1920年，他的少年时代正值民族危亡，国家多难之秋。日本帝国主义的蚕食侵略，国民党反动派的屈膝退让，使祖国的大片土地不战而沦入敌手。1931年"九·一八"事变，日本占领了东北三省，蒋介石不顾国家民族的安危，不顾中国共产党多次提出的停止内战一致抗日的主张，不顾全国爱国人民的抗日要求，为消灭共产党，顽固地坚持"攘外必先安内"的卖国政策。东北沦陷后，又相继在1933年和1935年与日本签订了丧权辱国的塘沽协定与何梅协定。协定的实质是承认日本占领东三省，承认热河、绥东、察北、冀东为日军自由出入地。这样一来为日本帝国主义进一步控制华北，延伸其侵略魔爪创造了条件。

　　中华民族处于生死存亡的严重关头，民族矛盾与阶级矛盾都十分尖锐。山河破碎，民生涂炭，正如魏巍在自传中谈到当时的情况时所说："农村破产，城市凋敝，个人又面临失业的威胁。"出身于城市贫民的魏巍在极其困难的条件下读了平民小学、高小、勉强上了简易乡村师范。他从小爱文学，鲁迅、茅盾以及其他革命作家的作品读了不少，他尤其爱诗，五四以来的各个流派的诗，他都读。进步的文艺作品也受到了影响和熏陶，如臧克家的《烙印》和《罪恶的黑手》，田间的《中国牧歌》等。他在"双十二"事变后，进而"从进步的书报中接受了革命思想。1937年抗战爆发，从友人处得知延安抗大招生。数月后，即毅然离开家乡,秘密出走"①投奔革命。《黄河行》即写于他离家出走前数日。

黄河,中华民族的摇篮,中华民族的屏障,她以其雄壮的气魄出现在亚洲平原上,一泻千里,势不可挡,从昆仑山下奔向黄河之边。她象征着中华民族的伟大精神。古往今来多少文人骚客为她赞颂歌唱。1939年诞生在延安的《黄河大合唱》(光未然词、冼星海曲)就是以黄河为题的著名的抗敌救亡歌曲、时代的乐章。面对着敌人的猖狂,祖国的遭难,反动统治者的退让,眼看黄河正负着盈盈的炮火,眼看敌人的皮帆就要从她身上划过,魏巍,这个生在黄河之滨、吮饮着黄河乳汁成长的少年忧心如焚:

在这凛冽的霜天,
我独踞在这长堤上。
怅望那北地的烟云,
黄河,我的母亲,
我看见,
从你的身上,
奔出一扑扑火流,
烧得我
热泪潸潸
内心如焚
……
我不忍看呵不忍看,
黄河北岸,
一步步地退让呵,
在人类历史上
留下最大的污斑,
看我们祖先的创业图,
已被烧卷了半边。

黄河浪涛滚滚,奔腾咆哮,如悲痛地哭诉,如愤怒地呐喊,又如母亲对儿女的召唤,声声沉重地叩击着作者的心扉。作者悲哀与愤怒的感情和黄河的滔滔波浪一样激荡不息,情与景的合拍交融使诗人的感情进一步升华,他分明听到母亲黄河的召唤:

黄河呵,

---

① 徐州师范学院《中国现代作家传略》编辑组:《魏巍》,《中国现代作家传略》(上),四川人民出版社1981年版,第688页。

你是在呐喊,
全世界
人民的队伍,
在今夜
到你的身边来会合?
黄河呵
你是替
中国的人民
诉说饥饿
要他们
走向世界的行列,
……
是想叫醒
中国的弟兄
去开拓东方的黎明?
……

已经初步接受了革命思想的少年魏巍,意识到中国的被侵略是由于长期以来当权者的腐败而造成的贫穷落后,只有奋起抗争才能求得解放与自由。他决心响应黄河母亲的召唤,要做时代的主人,不惜流血牺牲,迎着暴风雨去战斗。他认为"这正是每个时代的主人/那伟大的创造者,/流血的季候。/全世界/那美丽的史诗/我们在完成着/最伟大的一首/"。他抗敌救亡态度是明确的。

国难当头,民族危亡,每个人都面临着生活道路的抉择。不同的人自然有不同的态度。有人卖身投靠,甘当奴才,为虎作伥;有的人忍气吞声,逆来顺受,不甘做奴隶却又没有勇气去抗争;有的人在国民党高压政策的统治下,虽抗日有志却报国无门;有的人则不惜历尽艰辛去寻找斗争的道路。这一切,我们不是可以从老舍先生的《四世同堂》中看得很清楚吗?

魏巍选择的是奋起抗敌的道路。在国家存亡之际,是中国共产党力挽狂澜,高擎着革命火炬和抗日大旗,使不愿做奴隶的人民看到了光明与希望。那些中华民族的优秀子孙,冲破各种阻挠,纷纷投奔共产党,站到正义之师的行列之中,魏巍便是其中的一个。这种以斗争求解放的思想在《黄河行》中表现得是很清楚的。写完这首诗数日,作者便毅然离家出走,迈出了决定他一生的关键的一步。

但愿夜早尽　束装离故乡

魏巍投奔革命走向抗日前线是几经周折,历尽艰辛的。当时,河南是国统区,爱国、抗日是有罪的。他只得从家乡秘密出走,"到达西安,因无人向八路军办事处引见,国民党又在西安与延安之间拦劫抓捕赴延青年,遂折返潼关,渡过黄河"①,辗转到了山西前线,才找到了八路军,加入了一一五师的军政干部学校,后来又到延安抗大学习。一个17岁的少年何以能有这般的志向与决心呢?我们可以从他的《黄河行》中找到答案。

没有爱就没有恨,没有情就没有诗。《黄河行》所倾吐的是作者对祖国母亲的赤子情怀,对于侵略者的深切仇恨。从前半部的沉痛悲愤到后半部的激烈昂扬,不仅表达了作者对于国家民族命运的关怀与忧虑,同时表现了他报效祖国的志向和夺取胜利的信心。这种信心来自一个中国人的崇高的民族自尊心,来自对于祖国命运的深切关怀,来自他所接受的革命思想。这种不可侮的中国人民的坚强性格和豪迈感情,在诗中借对黄河雄伟气势的歌颂表达得淋漓尽致:

黄河哟,我的母亲,
我歌颂你无比伟大,
浩浩荡荡,
一直从天上奔下。
毅然地,
不留恋,不回顾,
兴冲冲
奔会那东海的赤霞!
……
你是中华民族的魂魄,
你是中国人民力的象征,
没有谁能够阻止你
挺着赤红的热烈的心胸,
走向人类的黎明!
……

---

① 徐州师范学院《中国现代作家传略》编辑组:《魏巍》,《中国现代作家传略》(上),四川人民出版社1981年版,第668—689页。

呵,你的脚步是何等雄健,
你从容穿越过万里云山。
纵然是吕梁的铁臂
紧紧钳住你豪放的性格,
到底也挡不住
你突破龙门险关!
……

作者怀着无比自豪的感情,热烈地赞颂了黄河穿越万里云山一泻千里不可阻挡之势,以之象征我中华民族,虽命运多艰然而她是绝不可战胜的,就像那势不可挡的黄河终归要奔腾入海一样。伟大的黄河哺育了我们伟大的民族,哺育了她的世代子孙,作者从歌颂黄河转而直抒情怀,他决心渡过黄河去,捣毁监牢,烧毁屠场,解救一切受难的弟兄。他对这场正义的战争满怀信心,他看到侵略者失道寡助,就连日本的劳苦大众也会站到我们这一边的。

去吧黄河哟/让我们的风帆/连天飞扬。/那边迎接我们的,/还有日本/劳苦大众的手掌,/我们要向强盗的壁垒/共同夺得/人民的太阳!

从《黄河行》这几百行热泪的倾吐中,我们看到在投奔革命前,作者经历了怎样悲愤与痛苦的折磨,看到一位17岁的少年由忧国忧民到投笔从戎报效祖国的思想感情的历程。正如他自己所说:"我的悲哀、愤怒、仇恨的感情,几乎使我的头颅爆炸了。"[①]"民族的、人民的命运惊醒了我,使我在我们小司号员那样的年龄,走向了人民,走向了生活,走向了党,走向了诗。"[②]

是的,民族的灾难唤起了一代青年,抗日的烽火冶炼了一大批战士。在文艺界我们所熟知的老一辈作家如孙犁、柳青、郭小川、闻捷、贺敬之等都是在抗日时期先后参加革命到过延安而大都经历了一段军旅生活的,魏巍所走过的道路是具有代表性的。

少年魏巍投笔从戎义无反顾是由于民族的灾难,时代的召唤,同时也与他从小广泛阅读五四以来的革命文学作品分不开。茅盾逝世时,魏巍在悼念的文章中说:"这是自鲁迅、郭沫若去世以来,我国文学的最大损失!也是中国人民的重大损失!我们这些人,是从少年时起就读他们的作品的。当然还有其他革命作家的作品。当时尽管领会很浅,但是他们作品中的革命精神同艺术魅力一起,却在不知不觉中渗入我们心中。一条线就这样延续下去,既是文学的线,

---

[①] 魏巍:《黄河行》,《魏巍诗选》,解放军文艺出版社1985年版,第19页。
[②] 魏巍:《黎明风景·后记》,人民文学出版社1955年版,第217页。

也是革命的线,虽说是无形的,但却是坚韧的。"①正是这条无形的文学的线、革命的线指引着他,使他能够在民族存亡之际,应着时代的召唤,毅然站到正义战争的旗帜下来。并使他成为一名人民的文艺战士。

"时代引领着这个热血青年走向人民,走向党,走向战争,走向燃烧的土地。艰难苦战的生活喂养了他的诗的婴儿。行军、作战、饥饿、疲劳,并不能减弱他的诗兴,反而磨利了诗的触角……"②五十年来一直随军行动,征鞍未解,在文艺路线上越战越勇而成为我国成绩卓著的军事文学作家。

《黄河行》发出了挽救民族危亡的正义的呐喊,抒的是少年魏巍的爱国抗敌之情,同时喊出了爱国志士的共同心愿,这就是时代的声音,时代的精神,现在有的写诗的人不屑于作时代精神的号角,也不屑于表现自我感情世界以外的丰功伟绩。据说,这是新的美学原则的崛起,我想无论什么新的美学原则,只要是社会主义的文学,人民的诗人,就不应当鄙弃人民的丰功伟绩而应当大力颂扬之。魏巍的诗学观点是十分明确的,他认为"我们的诗应该对时代负有责任,应当引导群众前进,应当鼓起他们的勇气,增强他们的胜利信心"。"我们的诗人应该把读者的眼光引向广阔的天地,而不要引向个人的小圈子。"③

从《黄河行》中我们看到少年魏巍的爱国热忱与文学才气,这是可贵的基础,但是,钢铁是在熔炉里炼成的。时代培育了诗人,革命战争的烽火淬炼了他的诗情。他从少年时代起就喜欢文学并练习写作,但从他参加八路军,走向革命,走向人民,才真正找到了无尽的创作源泉。正因为他和他的创作深深地根植于人民斗争的生活土壤之中,所以他的作品才具有那样的真情实感与思想深度,才那样的激动人心,催人奋进,他不愧为时代的号手!

这位著名的老作家已经历了五十年军旅与创作生涯,回溯他从黄河之滨向延安迈出的一步,正是决定他一生的关键一步。

原载《语文学刊》1987年第2期

---

① 魏巍:《敬悼茅公》,《魏巍文论集》,河南人民文学出版社1984年版,第163页。
② 韩瑞亭:《在战争烈焰里淬炼诗情》,《艺廊探胜》,花城出版社1990年版,第138页。
③ 魏巍:《诗与时代》,《魏巍文论集》,河南人民文学出版社1984年版,第194页。

读魏巍的诗集《黎明风景》

邹 明

《黎明风景》是魏巍同志在近年四月出版的诗集,收集了作者十多年来在诗歌创作活动上的主要诗篇。这些诗篇除了第四辑是作者在一九五一年访苏期间写的外,其余都是魏巍同志参加抗日战争年代的诗作,大部分都写于严峻的战火纷飞的日子里。因为这些诗篇,就洋溢着奋发的战斗气息,洋溢着战士的激情、人民的反侵略的呼声。

这本诗集共分四个部分,选辑了二十六首诗。这些诗都是值得我们注意的,特别是诗集前三部分的二十首诗,诗人真挚地从各方面颂扬了抗日根据地人民的坚贞不屈的气节,颂扬了钢铁战士的坚忍不拔的英雄行为,颂扬了人民力量的雄大,党的领导的坚强。

生活丰满、感情深厚,我们认为是本诗集的主要特色。诗人描绘战争,描绘人民,描绘战士的爱国情绪,描绘晋察冀山地的风光,都是通过了自己的亲切感受,通过了自己深刻的情感,同时也通过了自己的真挚的语言和声音。我们读过这些诗,很少发现作者有过造作的描写。这是诗人在战争的考验和英雄事迹的感召下写成的出色的诗篇。

诗集的第一辑,共选入十首短诗。这些短诗都是表现抗日游击队生活的片段。有的只是十几行,但由于诗人亲身参加过游击战争,而且对战争的生活有着亲切深刻的体会,因此,诗人所选择的题材和体现在诗里的形象和思想,以及对自然景物的具体描写,特别是对英雄人物的出色表现,都给人留下了深刻难忘的印象。

我觉得像《高粱长起来吧》《游击队部的夜》《月夜短曲》《蝈蝈,你喊起他们吧》《黄槐花飘落的时候》《午夜图》都是第一辑里比较出色的短诗。诗人在这些短诗里虽然有的只写一件小事,有的只记一个人,但都富有特征地表现了游击战争的声势和特点,表现了战斗的人民和英雄的战士的光辉人格和他们的崇高思想。

通过《高粱长起来吧》这首富有抒情风味的诗,诗人主要是表现游击队生活的乐观情绪,表现战士的战斗热情和豪爽的英雄性格。这样的崇高的概念,并不是在这首诗里生硬地表现出来,而是通过诗人自己的感情,通过"夏天来了"

的自然景物,通过游击战争的特色显示出来的。

《游击队部的夜》和《蝈蝈,你喊起他们吧》是两首相当优美的短诗。当然,只是文字优美还不能构成好诗的条件,魏巍同志的诗的优美是以深刻的思想和丰满的生活为基础的,这就是值得我们注意的地方。

《游击队部的夜》,诗人只写了十几行,但是诗的意境是多么动人和深刻呵!

游击队前方的夜
多么的静呵
只有窗外蛙声如潮
小鬼们讨论着政治课
那么热闹
队长在写战斗报告

突然,炮声在近处响了……

但像没有这事
小鬼们依然讨论着政治课
队长在写战斗报告

作客的虽然心里慌
但不好说
只听着窗外的蛙声如潮……

诗集的第二辑《黎明风景》是一首长诗,无论从内容到形式都可以说是一首场面壮阔、规模雄伟、声势浩大的长诗。产生这首诗的年代是1942年,那是晋察冀人民灾难深重的一年。魏巍同志亲身参加、感受了这样的斗争,因此诗人的歌声就特别嘹亮,特别打动人心。

这同时也是一首热情豪迈、富有浓厚的抒情风格的长诗。全诗是由四个章节构成的,诗人在每一章节里都通过自己真挚的燃烧的情感,通过亲切的语言和声音,写下了当时壮士的斗志,人民的仇恨,胜利的光芒。

长诗的第一章《夜》,诗人的笔触主要是倾诉晋察冀战争的夜晚景色的悲壮,敌人的残酷,战斗的晋察冀人民的仇恨和决心。长诗的第二章《帐内》,是描写一支连队的艰苦生活和他们的乐观情绪,描写战士的顽强意志,革命的忠贞。长诗的第三章《哨上》写的是站在警戒线上的英雄的激情,灾难深重的人民的复仇的声音。长诗第四章《黎明》,是描画激烈的战斗的场景,歌颂了胜利的光耀夺目的黎明。

诗人所用的语言，完全是成熟的语言，人民的纯朴的语言，精炼同时也丰富的语言，因此每一句诗都有每一句诗的含量，每一个章节都有每一个章节的情怀。就是所描述的一草一木，因为渗入了自己的深刻感情，也是切实感人的。

诗人在这首长诗里，创造了许多动人的真实的英雄形象。诗人描写他们是有许多特色的。《夜》里的连长，《黎明》里的侦查员老韩以及《帐内》的二班长、三班长、四班长和活跳的小鬼牛二虎，都是生龙活虎、精明强悍、有血有肉的形象。诗人表现这些形象，简单又明了、具体而又深刻。特别值得注意的是，诗人没有把他的人物写成离奇的英雄，没有把他的人物写成高不可攀的"神"。诗人笔下的人物都是平凡的人物，但他们都具有不平凡的品质。

《帐内》的三班长，经过作者具体而精心的雕塑，经过诗人的亲切的叙述，是具有感人的力量的：

我的同志，
也有的睡得那么平静；

你看，三班长，
平常不讲话，
也不见他的梦海起着浪花。

沉默的中年人哟，
你虽不讲话，
我知道你的心胸是美丽的。

你不说话，
是你只记得别人的痛苦，
爱自己的同志爱在心里。

你的手，
给同志做过许多事呵，
此刻，弯着放在胸脯上；

你的宽脸呵，
贴着同志的肩膀，
真是越看越善良。

同志病了，
你把留作党费的钱，
悄悄儿拿去买了挂面，
又向房东赔笑：
"我那热心肠的大娘，
请给我一块热性的姜！"

炕头上热气腾腾，
一碗，一碗
你给战士盛上，

汗珠郎当呵汗珠郎当，
挂面那样长，
里面还有着热性的姜……
……

这是多么亲切和真实的描写，是多么感人的形象呵！

在这一节里，诗人对三班长和其他的人物，并没有给予更多的描写，但因为能抓到战士的富有典型意义的性格特征和动人的生活细节，就给人留下了难忘的印象。

同样的，在这首长诗里，诗人也给我们描画了苦难深重的人民的生活图景和他们的不幸遭遇。例如在《哨上》写到的被迫害的老人和被屈辱的年轻妇女，他们的正义控诉和他们的复仇的决心，就是具有动人肺腑的艺术感染力量的。

诗集的第三辑主要是反映解放战争年代的作品，是经过诗人精选出来的优秀的诗篇。第一篇《寄张家口》和最后一篇《两年》（副题：再寄张家口及其兄弟的城），在反映战争的变化上，是具有全面深刻的意义的。

《寄张家口》和《两年》在形式和内容上，都蕴含有深厚的抒情的特点。在《寄张家口》和《两年》这两首长诗里，充满豪壮的乐观主义的英雄感情。在《两年》里，解放战争的艰苦和残酷、人民的灾难和痛苦以及对和平生活的愿望，都通过乐观主义的情绪表现出来：

人们呵，
肩背上，一天里
背着四季；

人们呵

伤口上，成年价
带着阴晴。

也许在今天里，
找不见
一滴水；

也许在明天里，
遍地蛙声。

有时节，
一天走，
一百五六；

有时节，
一整宿，
十里挂零。

有时节，
急行军
像清风吹送；

有时节，
迷了路
等待天明。

还有那
雨夜里，
漆黑无缝；

千万人
都只凭
一根长绳；

风和沙,
雨和冰,
排成大阵;

铁行列,
也只得
慢慢爬行。

(摘自《两年》)

这是多么动人和精练的语言呵!当你读到这里的时候,战争年代的艰难困苦行军的场景,像又重新显现在你的面前,你好像忘记了在读诗,而是直接投身在战争的行列了。

在第三辑里其他的几首诗,如《塞北晚歌》《三合村》《开上前线》《好兄弟歌》《黄牛还家》,在表现人民解放战争的真实生活上,也都是相当出色的诗篇。

抗日战争和解放战争在我们革命的历史上是具有重大意义的。它们已经成为我们革命历史上光辉的一页,战争的残酷和规模的浩大以及我们伟大的人民在这一战争里所经历的苦难生活和豪壮的英雄事迹,永远是我们文学创作上富有深刻意义的题材。

魏巍同志的诗集《黎明风景》,我觉得在描写战争生活的特点和规模上,所达到的艺术成就上,都是值得我们注意,值得我们学习的。

原载《天津日报》1955 年 11 月 3 日

《魏巍诗选》读后记

王 炜

魏巍同志把新出版的《魏巍诗选》（以下简称《诗选》）送给我，欣然翻阅，爱不释手。

在抗日战争时期，我就很喜欢读他的诗，有些段落，如《黎明风景》开头的小引，我喜其意境清新，始终都会背诵：

有一种鸟，

我不知道她的名字；

当我听到她的鸣声，

大地就降落了黎明。

苦战的人们呵，

你来听听，

她此刻正放出快活的鸣声。

今天得窥全貌，深觉其心红情深，风清骨峻，抒人民之情，唱战士心声，意境真切，朴素简洁，"物以情迁，辞以情发"。非魏巍其人，无以作如此之诗；非如此之诗，亦无以状魏巍其人。诗境歌情，梦回魂绕，遂散记读后感，以作学习。

《诗选》篇篇充满革命的激情，这是它最大的特色。

自一九三九年冬，至一九四〇年春，在"北岳狼牙耸，边疆血火红"（邓拓）的易水河畔，我和魏巍同志共同战斗过将近两年。魏巍对这里的一山一水，一草一木，无不含有极其深厚的爱。对这里战斗着的军民，无不高唱其火热的心声。一年夏天，在南北娄山的柿树林召开的一个群众大会上，望着队列整齐的老头队、模范队（即壮年队）、男女青年抗日先锋队、儿童团、妇救会，人群似海，歌声如潮，刀光耀日，枪缨似火，我感到极其兴奋。当此时也，魏巍发而为诗："高粱长起来吧，高粱长起来吧，我们要去铁路东那大平原上逛一逛呀！"真是"青纱帐里，游击战儿逞英豪"，唱出战士们气冲牛斗、势压敌焰、渴望出击的战斗豪情。

诗人还以高度的欢悦之情，歌唱那些被长长的岁月默默地抛向寂冷的荒山里的牧童、农民，当他们参加了人民的子弟兵八路军以后，高兴得成为"开花的灵魂"！

对当时战地的一些艰难困苦，诗人全都以对民族的爱，化而为美丽的诗，即使在黑夜的羊圈里，在寒冷的石缝里害着病，诗人对这种艰苦的反"扫荡"生活，不但无畏无惧,而且保持乐观,"我又微笑了……","当我突出了重围,重又拿起了诗笔"。在当时有名的大龙华战斗中,诗人看到黄槐花飘落在壮烈牺牲的勇士身上,他并不陷于悲哀,而是由此想到烈士的精神和力量的永生:"风吹着,像种子默默地归还大地。"

抗战初期,在一九三八年秋季和一九三九年冬季,虽然日寇对晋察冀接连地进行了烧杀抢夺的残酷"扫荡",但广大军民斗志昂扬,诗人也准确地反映了当时军民的激情。例如,他于一九三九年八月写的《月夜短曲》,就可以代表这一时期的诗作。月明、山谷、枪声,水潭里浮漾的星斗,草丛里虫子吹起的琴声,儿童团快要飞上明月的歌声,草地上闪烁着的萤火,诗人都寄以多么深情的爱,又赋予多么优美的诗情画意呵!

当我读到河岸的柳枝下,飘起了洗衣姑娘们的歌声时,我不禁联想起李白的《子夜吴歌》中的"长安一片月,万户捣衣声。秋风吹不尽,总是玉关情"来。但是,时代毕竟是不同了,不是"何日平胡虏,良人罢远征"。诗人在这里唱的是:

到明天,

你会更快乐地去战争……

我好像又回到当时诗人写诗的南易水河畔的林泉村,我好像又走过晋察冀许许多多可爱的山庄,听着姑娘们在月下河边,一边捣衣,一边唱着英雄的歌。而明天,人们为保卫家乡,保卫祖国,更猛烈地去打击日本侵略者!

但是,战争毕竟是残酷的。敌后的抗日游击战争毕竟是更为残酷的。随着抗日战争的持久发展,敌后游击战争的艰苦性也越来越表现出来了。很多军民过着吃糠咽菜、缺油少盐的生活,阜平、完县(今顺平县)等地的老乡临时出公差,只是用手绢包一包红枣当干粮。在一九四二年,整个敌后抗日根据地,在日寇和国民党的夹击下,几乎缩小了一半,处于"黎明前的黑暗"的严重形势之下。而一军分区又直接包围着敌寇军事重镇保定,钳击着当时敌寇的南北大动脉平汉铁路,直接威胁着华北敌寇的大本营北平,这就不能不引起敌寇对她进行百倍疯狂的反扑。一九四一年三月我调到《晋察冀日报》社之后,魏巍同志还在那里工作的一军分区,在敌寇蚕食封锁之下,环境就变得格外残酷了。过去一专区党政军民领导机关驻地已被敌寇按上据点。在同年的一次反"扫荡"里,狼牙山五壮士谱写了举世闻名的可歌可泣的壮烈篇章。在这一时期,与当地军民一起战斗,同生死、共患难的魏巍同志,其诗情歌意,显然和《月夜短曲》中所表现的情景就大不一样了。

这一时期作者的短诗,可以一九四三年所写的《好夫妻歌》为代表作,悲痛地歌颂了以这对好夫妻为代表的劳动人民的勤劳善良,愤怒地控诉了日寇的残暴屠杀,充分抒发了诗人对人民的热爱和对敌人的仇恨。现将诗的第一节摘录如下:

乱尸里,我发现了你,
狼山上,你们一对好夫妻。

朋友呵,你死了怎么还睁着眼,
大嫂呵,怎么掉了一半头发在污泥里!

大嫂呵,你的衣裳怎么撕得这样烂,
朋友呵,你手里怎么还握着荆条子!

呵,你们纯洁的血液流一起,
狼山里,倒下一对好夫妻!

接着诗人回忆四年来与这对好夫妻的交往,抒写了他们之间极其淳朴的深情厚谊,写出了一对农村青年夫妇纯挚美好的心灵。可是,他们竟惨死于敌寇屠刀之下。诗人感情奔涌,如山洪暴发,滔滔河倾,极悲愤之情,发凄厉之声:"枪在我手里直发烧,热泪滚到我心里!要不用敌人的头来祭你,我情愿死在狼山里。"不处于"如此年时如此地"(邓拓)的人们,是很难想象当时艰苦卓绝的斗争情形的,而诗人在这一时期所作的许多短歌,把它表现出来了,从而有力地激励人们的斗志,鼓舞人们必胜的信心。以广阔的画面,朴素的语言,深沉的情感,更有力地反映晋察冀军民如何咬紧牙关度过困难的,是写于一九四二年的那部长诗《黎明风景》。正像诗中所写的那样:

呵,走呵,走呵,
你不了解革命,不了解战争,
你就听听战士此刻的步伐声……

的确,你如果不了解当年的敌后抗日战争,你最好认真地读一读这部长诗,听听八路军的战士们,是迈着怎样的脚步声,走向银色的黎明。他们又是怎样"正用燃烧的生命,捎来了黎明的信息"。

这部长诗,以壮丽多姿的黎明风景,以气贯长虹之势,热情地歌颂了革命军队永垂千秋的历史业绩。现在抗日战争胜利已经四十年了,即使今天读来,你也会好像仰望着我们神秘而美丽的古长城,在"风沙里,你看它手扶着北斗,怀着宽大的未来,正在沉思",激动地感觉到"多少年代的风雨呵,既不能摧毁它,它就要永站立下去"。而诗人这一带有坚定胜利信心的高声预言,今天已为铁的历史事实所证明了。

它不会忘记,
古老光荣的历史呵,
它光彩的未来,
谁能匹敌!

是的，亲爱的朋友，我们谁能不以在崇山峻岭，大漠草原，蜿蜒万里的雄伟长城而自豪！谁能不以我们伟大的中华民族的古老的光荣历史而自豪！谁能不以它光彩无匹的未来而自豪！诗人正是在这部史诗中，在"黎明前的黑暗"里，唱出了如同彗星掠空一般的时代的绝响！

"诗言志，歌咏言"。"言以足志，文以足言"。《诗选》正如诗人自己所说的那样："在这本集子里收的东西，很难说篇篇都能使人满意，但有一点是可以说的，即这里的每篇东西，都是作者的真情实感，不是硬写出来的，而是情动乎中才形诸笔墨。不管自己的水平如何，作者是以自己的心去感受那个时代的，是以自己的全副诚挚和热爱献给那个时代的。"

"言为心声"。正是因为诗人对我们伟大的抗日战争，对我们伟大的中华民族，对我们伟大的人民和伟大的人民解放军，对我们伟大的党，对我们伟大的革命事业，有着无比的真挚的爱，发而为诗，语言就非常朴素清新，形式就非常简洁明朗，无描眉画眼之章，无吟风弄月之词，无矫揉造作之语，无华丽辞藻之饰。有些街头诗，三言五语，光芒闪射，匕首似的锋利。有些抒情诗，神韵飘逸，意境深邃。有些抒情诗，浓墨泼染，酣畅淋漓。有些诗似散实凝，以舒缓之笔，表达其深沉之情。有些诗却以民歌的形式，吐诉其淳朴之爱。有些诗则像电光雷火，闪射着哲理的光芒。真是"删繁就简三秋树，领异标新二月花"，高度表现了诗人运用语言、剪裁形式的功力，因而吟发为诗，遂成高格。

魏巍同志，中共党员，原名魏鸿杰，笔名红杨树，郑州人。少孤家贫，曾依堂兄为生，日抄三张石印药纸，挣两角四分钱以补日用。自幼喜欢文学，早年即广泛涉猎"五四"以来的新文学作品和当时一些进步刊物，深受熏陶。他十二岁开始文学习作。中小学时期，即经常在郑州一些报纸上发表创作。但他从来不写不知所云的花前月下的隐晦朦胧的诗歌，也从来不在自我的小圈子里低回吟唱，而是以极大的政治热情，关怀着当时风雨飘摇的祖国的命运。正是因为这样，在抗日战争即将全面爆发之时，刚满十七岁的魏巍从郑州的一所"简师"毕业，连一个月八元钱工资的教师工作都找不到。他带着当时"简师"国文教员共产党员黄正甫先生的一封介绍信，秘密出走，投奔革命去了。

行前，他曾面对滔滔黄河，北国胡尘，写下了五百行的长诗，这就是后来经过修改收在《诗选》中的第一首诗《黄河》。正如诗人晚年在《黄河吟》中所自述的那样：

忆昔少年时，
泪洒黄河水，
举首向北望，
河山胡尘里。

面对滔滔浪，

泣下五百行,
秋风拂晓月,
束装离故乡。

也正是因为这样,《黄河》这首长诗,以其深沉的感情、有力的召唤,呼唤着中华民族的觉醒,预言着祖国光明的未来。这也说明,少年时期的魏巍就是以民族、以祖国为自己的诗魂的。当时的魏巍是如何"郁郁之忧思兮,独永叹乎增伤"啊!

一九三七年七月,伟大的抗日战争爆发后,魏巍就西走西安七贤庄,北渡黄河风陵渡,在山西前线赵城参加了八路军。一九三九年一月抵晋察冀,长期在狼牙山地区杨成武同志的部队中工作。以后又转战四方,一直过着"上马击狂胡,下马草军书"的戎马生活,真是"步迹遍北国,硝烟送年华"。以后在抗美援朝战争中,他又两次入朝,在枪林弹雨之中呕心沥血,写下了举国传诵的《谁是最可爱的人》等名篇。

正如诗人自述的那样:"正是那样的年代,民族的、人民的命运惊醒了我,使我在我们小司号员那样的年龄,走向了人民,走向了生活,走向了党,走向了诗。"

又正如诗人所说的那样:"哪里有党,哪里就有文化和诗。不管斗争是如何的残酷,不管道路是如何的艰难。"

的确如此!魏巍说:"在一九四一年残酷的反'扫荡'中,我几乎每一两日写诗一篇,在夜行军中思索,在拂晓宿营中记下。饥饿和疲劳也似乎无干。""甚至一踏进某一个村庄,就察看那村子的墙壁",看哪里好写街头诗。有时"在土墙上写到太阳落山又写到月亮升起的时光"。

这正如诗人所咏唱的:
诗呵,游击去吧,
永远不要叛变;

游击去吧,诗呵,
时时刻刻想着,
怎样去报答人民。

陆放翁有言:"汝若欲学诗,功夫在诗外。"从魏巍其人到魏巍其诗,确切地证明了一条颠扑不破的真理:要想作真正的诗,首先要做真正的人。

原载《天津师大学报》1986 年第 3 期

悲歌慷慨唱黎明
——评魏巍的早期长诗《黎明风景》

方 东

提起魏巍,人们总会不约而同地想到《谁是最可爱的人》《依依惜别的深情》等散文名篇,会自然而然地谈到境界独造的长篇小说《东方》《地球的红飘带》。是的,从50年代初期开始,魏巍以他的思想深度、求索的勇气和不朽的艺术魅力,一次又一次使广大读者倾倒、折服,在中华大地上产生强大的共鸣。在惊叹作家在散文、小说诸领域的卓越成就之余,赏读他作于40年代的长诗《黎明风景》,我们会更明确地认识魏巍在文学道路上开拓、攀缘、求索的步子是那样的勤奋、稳健;也会更深刻地理解他的作品,无论散文、小说还是思想杂谈,为什么总是那么敏锐、深沉、洋溢着火一般的激情,表现出诗一样的优美。

魏巍走上文学之路是从新诗起步的。17岁参加革命时创作出了洋洋500余行的《黄河行》,即已初露才华。诞生于抗日战争最艰苦年月的长诗《黎明风景》虽出自22岁的年轻诗人之手,但已显现出其意沉雄高昂,其情浓重真切,其构制宏大而严整,其艺术手法多样而自如的特点。《黎明风景》标志着魏巍的诗歌走向成熟,也代表着魏巍诗歌艺术的新的成就。今天读来,我们仍深感其动人的艺术魅力。

一、"它是我在那艰苦年代的真实的生命之子"

夜色浓重。大漠吹来凄厉的北风,卷着风沙,夹着狼嗥。蜿蜒曲折的塞上长城坚定地屹立于陡峭的山崖。一点篝火,忽而收缩,忽而又顽强地展开在阴冷的夜风之中……这时,一只勇敢的黎明鸟一次又一次地发出欢快的鸣叫,伴着她美妙的歌声,蒙蒙的亮色开始从天边出现了。貌似强大的暗夜还在挣扎,大地还是黑沉沉的一片,凄清阴冷,但是,太阳毕竟快要升起了……

这就是魏巍在长诗《黎明风景》中为我们描绘出的抗战最艰苦年月的壮丽图景。本诗诞生于1942年的晋察冀边区。当时,日本袭占了英美在亚洲、太平洋的诸多基地,同时对中国共产党领导的敌后抗日根据地进行了空前残酷的

"清剿"和"扫荡"。抗日根据地的总人口由一亿人减少到五千万人以下，八路军、新四军由 50 万人减为约 40 万人。物资奇缺，加上严重的旱灾，坚持敌后抗战的军民不得不在忍饥挨饿中浴血苦战。在这最黑暗的时刻，党和毛泽东同志高瞻远瞩地指出，这不过是"黎明前的黑暗"，并向全国的抗日军民发出号召，"咬紧牙关，度过困难"。一个残酷、艰难的时期开始了。

在晋察冀根据地，年轻的魏巍和他的诗一起经受了血与火的考验。这块根据地直接威胁着北平、天津、保定、张家口等敌人的战略要地，因而斗争更为激烈艰苦，敌我双方展开了旷日持久、激烈异常的拉锯战。但无论斗争怎样严酷，诗人的战斗没有停息，诗人的歌声没有喑哑。相反，他的意志更加坚强了，他的诗作日益成熟了。复仇的火焰在心中燃烧，诗的激情在胸中涌荡。魏巍后来说，"那真是我最快乐的时期"，他写下了大量的诗篇，"夜行军中思索，在拂晓宿营中记下"。就像"整日生活在诗里，生活在快乐里"。虽然，每一首诗都可能是最后的诗章，但他总是不停地写，用他的诗歌来激发对敌人的仇恨，来鼓舞斗志、战胜黑暗。像那只黎明鸟一样，诗人决心宁可折断翅膀，"也要把吹散的羽毛，献给太阳……"。

长诗《黎明风景》记录了诗人追求光明，与人民、与人民军队同甘共苦的经历。所以魏巍在长诗后记中说道："它是我在那艰苦年代的真实的生命之子。"

长诗是一曲悲壮的战歌。它在非常广阔的背景下描绘出边区军民如何在极端严酷的环境中，跟着党团结一致、坚持抗战、迎接光明的壮烈情景。在这最艰苦的日子，战士们时刻警惕地守卫着边区，同时与早春的风寒与饥饿奋力抗争。战斗中，战友倒下了，但更多的人以十倍的勇气冲向敌人。边区的人民也在战火和荒年里苦撑，支持着抗战，他们中虽有人迫于生计而逃荒走向敌占区，但他们又带着更深的仇恨回到根据地，以更大的决心参加到抗敌的斗争中。作品没有回避战争的残酷，客观地展现了我们所面临的严峻形势，也没有粉饰战士的不足与失误，真实地表现了他们在战斗中的成长。

长诗是一曲黎明的颂歌，它揭示了抗战的性质，预示了胜利的前景。诗歌的基调是凝重而奋发的，是深沉而豪迈的。诗中有一只追随部队、呼唤黎明的鸟，诗人把这只黎明鸟作为抒情的媒介贯穿全诗。如果说高尔基笔下的海燕是英勇的革命战士的化身，那么魏巍笔下的黎明鸟则是集战士与宣传员于一身的象征体。它不屈不挠地奔向太阳，时时向苦战的人们报告黎明的消息。

诗歌发表后曾获边区鲁迅文学奖，邵子南、孙犁等都对这首诗作过很高的评价。

二、悲壮曲折中显出的匠心

《黎明风景》在构思布局上很有特色。

（一）深情寄于叙事中。它打破一般叙事诗的惯例，不以完整的故事情节为全诗的重心，而较多地加入了抒情成分，将叙事与抒情紧密地结合起来，从而使整个作品感情浓重深长，颇具感染力。诗题即具有极浓的诗意，透露着在光明与黑暗交替之时祖国的土地上那种沉寂、幽深的景象，预示着灿烂朝霞必将染红山川。诗的开篇先出现富于象征意义的黎明鸟，为全诗定下了抒情的基调，并着上神奇的色彩。之后，诗人选取了战争年代中最具典型意义的四处场景来展开诗歌内容，即查哨路上、宿营篷帐、哨位上和黎明激战，以连长和指导员查哨为线索，串结这几处场景，带出一系列的人物和他们的故事。笔墨并不集中于某一人、某一事，显现出一种明显的散文式的布局。

这一布局保证了作品的大容量、广涵盖，使得诗歌能较全面地反映出抗日战争关键时期的形势及边区极端艰苦的环境，能以鸟瞰式扫描守卫着边区的人民军队，表现出八路军指战员的政治素质、思想境界、旺盛的斗志和成长的过程。这一布局也便于诗人随时随地生发联想、直抒情感。魏巍采取叙事、写景、抒情自然结合、相互渗透及适时直抒胸臆的手法，使若隐若现的故事情节、苍凉壮丽的战地风景、鲜活的人物、浓烈的感情浑然一体。所以，一千五百多行的长诗能紧紧抓住读者，越到后面越是感人。

魏巍在《黎明风景·后记》中曾对这一特点做过说明："为了追求真实的描写，追求感情表现得自然，我当时甚至有一种排斥故事性的偏见。因此，在这篇长诗里，我故意只以隐约的故事来贯连它。"

（二）人物群像大写意。作品没有突出刻画某一个中心人物，而是以大写意的方式简笔勾勒出一组八路军指战员的英雄群像，重在揭示他们平凡而伟大的内心世界，表现他们在艰苦的环境里为迎接黎明而战的英勇行为。

这支队伍的成员来自五湖四海——连长是参加过长征的老革命，指导员是出身贫苦的知识分子，涞源战士牛二虎是扔开了地主的放羊鞭而参加革命的，还有二班长、三班长、侦察员老韩……这些昔日饱受苦难的长工、贫农、木匠、放羊人、穷苦的知识分子，如今带着国仇家恨、怀着黎明的希望聚集在了八路军的战旗下。他们在战斗中学习、提高，在克服自身缺点的过程中成长起来，他们前仆后继、不屈不挠，经受住了来自各方面的考验。尽管他们有过忧虑惆怅、错误闪失，尽管他们随时可能战死疆场，但他们却没有低下勇士的头颅！在魏巍的笔下,他们不是高不可攀的离奇英雄,但在平凡的经历中却显现出了不平凡的优秀品质。

(三)严谨细密的组织结构。长诗的结构是严谨的。开篇以黎明鸟为先导,引入对"走向黎明的队伍"的描述,结尾处,我们战胜了敌人,迎来了光明,那只黎明鸟又站在了那棵杏花树上,发出高亢的欢歌。首尾遥相呼应,圆合严整。叙事写人都尽可能地前有伏后有应,使全诗浑然一体。

在不同场景的衔接上,诗人很注意恰当地穿插引导,使之自然转换。如从黎明鸟的欢歌,到表现篷帐中的战士,诗人以这样两段来过渡:

黎明鸟不回答,

只向着一带石崖飞去,

哦,石崖边,

原来有走向黎明的队伍,

驻扎在这里。

所以,《黎明风景》虽然是洋洋长诗,但写得波澜起伏、有声有色,而且眉目清晰、条理分明,读后并不感到头绪纷乱。

三、斑斓五彩勾画黎明风景

《黎明风景》是一幅多姿多彩的晋察冀革命斗争生活的长卷,其表现手法和艺术技巧丰富多样。主要表现在以下几方面:

象征手法。本诗较多地运用了象征手法,最突出的就是刻画出无畏的黎明鸟的形象,并用以统领全篇。在大地还是黑沉沉的一片之时,这黎明鸟便首先发出欢快的鸣叫,预告了旭日即将东升,光明就要来临,给大地带来黎明的希望。这里,黎明鸟象征着一种不屈不挠、追求光明的革命精神。诗人把这种精神幻化为一只坚定、勇敢的黎明鸟,形象生动、感人至深。象征手法的成功使用使得作品实境与虚境和谐一体,虚实相生,意蕴深长悠远、引人入胜。

侧笔。为使诗歌内容更加丰满充实,行文曲折有致、变化多端,诗中多处用到了侧笔。在严重的饥荒中,二班长的妻子为了养活年幼的孩子,不听丈夫的劝告逃荒到了敌占区,二班长为此而情绪低落。在敌占区,她受尽屈辱,这一切均没有作正面的描述,而是通过人物的梦境、对话追述出来的,由前后几处连缀起来才形成完整的情节。八路军指战员学军事、学文化,自力更生、坚持斗争的情景主要是通过战士的梦呓及帐中的景物等曲折地反映出来。最后一部分描写战斗,也没有完全把镜头直接对准最激烈的前沿阵地,而是以二班长、三班长及老人、二班长妻子等人物的行为、语言、心理活动为主,来表现边区军民如何带着国恨家仇,胸怀着黎明的希望投身战斗的。侧笔手法的多处使用,是与全诗的结构方式和抒情特色相一致的。

铺陈、渲染与对比。在全诗的几个重点处,诗人浓墨重彩地大段铺陈、渲染,使得形象鲜明生动,情感厚重强烈,给读者以极深的印象。如大战将临,诗人尽情地泼墨挥洒,描绘出黎明时分的情景,激战过去,太阳升起,诗人以兴奋的心情铺叙战士们小憩的情景和宽阔的蓝天下晋察冀披着金色阳光的小路、山谷;诗中还以简洁的手法,刻画了哼起得意的小曲的三班长、踏着"太阳旗"靠着枪喘息的老头、正在试新枪的四班长、庄严的红旗覆盖着的二班长,等等。胜利的喜悦、对死者的缅怀、对光明的赞颂,在大段铺叙中渲染得淋漓尽致。

为了突出黎明鸟的动人形象,诗中除了正面的描述,还写到了白鹤、紫燕等六种鸟。诗人用这几种鸟勾画出了社会上几类人的脸谱,指斥了他们卑怯的行为,同时,与黎明鸟形成了鲜明的对照。在强烈的反差中,衬托出了黎明鸟勇敢、坚定、无私、朴实的品格和向往光明、献身正义事业的精神。

魏巍的语言是热情奔放、生动活泼的,长诗又综合运用了多种修辞手法,因而使得诗歌形象鲜明、色彩斑斓,很具艺术感染力。

多种艺术手法的自然运用及精心构思,使长诗具有丰富的包容性。诗人对严酷斗争深有感触的亲身经历与高瞻远瞩的思想情怀,构成了长诗悲壮的格调。《黎明风景》是严酷斗争的历史记载。

这首长诗已表现出年轻作者大手笔的气度,是我国现当代文学史上的佳作。今天,它仍代表着魏巍诗歌创作的成就。

《黎明风景》不管是作为中华民族奋起抗敌、寻求解放的历史见证,还是作为思想性与艺术性自然结合的佳作,今天,我们重新读它都是很有意义的。

原载《文艺理论与批评》1994年第2期

独具个性的崇高诗美
——读《魏巍诗选》《红叶集》

蔡子谔

　　诗美的崇高审美形态,是魏巍诗作的重要而突出的美学个性特征;其诗美的崇高审美形态化,为我们提供了可资借镜的艺术方法论的丰富内蕴。这是我们读了《魏巍诗选》《红叶集》后一个最突出的感受。

　　魏巍在论及他的诗作时指出:"当时在晋察冀,在诗创作上形成了一条有战斗力的生气勃勃的战线。诗人个个情绪奋发、士气高昂、创作旺盛。"出于诗人兼战士的这种高昂斗志,风发意气,远大襟怀和高尚操守,故渗透于魏巍诗作中的艺术个性和审美理想,在其意象化和审美化的过程中,往往表现出对于崇高审美范畴或曰崇高审美形态的强烈倾向和执着追求。这种审美意象,即在中国古典美学中被称之为"壮美"、"大美"和"阳刚之美"的崇高审美形态,在魏巍诗作中的表现是丰富多彩、翻新出奇的。举其荦荦大端者,则有:其一,意象叠加式。即将"索物托性"的意象,进行多重叠加,使意象本原的蕴涵更加丰厚、宏大,显现出震撼心魄的壮美来。如被诗人视为"我的兄弟"的战士,在"战斗降临"时,"你突然变成一只鸷鹰飞向敌人,/像我扔在空中的手榴弹一样勇敢"。鸷鹰以状飞扑敌人之迅猛疾厉,手榴弹则喻浴血奋战、视死如归乃至粉身碎骨在所不辞的壮烈情怀和崇高精神。此种叠加意象,在《黄河行》诸篇中的运用,更为突出精彩。其二,意象"歧义"式。即选择具有各种歧异之义的意象,使读者在审美感悟和艺术欣赏的想象和联想中,廓大和加深意象的崇高美蕴涵。如"他那滚过大雷雨的胸膛,/总是这样半袒露着"。既可被视为是对他"这一个"战士的长期转战南北、栉风沐雨的风神体貌的描摹写照;亦可目为是对他饱经时代风雷的革命履历的由衷赞誉;还可被体察为因"被重兵围困",他的灵魂世界已经历了风雷激荡的急遽斗争和严峻考验,此时已坦然对敌、视死如归了;还可理解为面对铁壁合围的日寇,胸中滚荡着雷霆电闪一般的震怒,等等。"歧义"或曰多重"歧异之义"造成了一种"朦胧模糊"的特殊诗美。车尔尼雪夫斯基曾指出:"朦胧模糊也能加强……巨大东西所产生的崇高的印象。"魏巍诗美意象的崇高审美化,显然是潜通冥会于此的。这里需指出的是,即使是在他指摘诗歌创作的时弊,"朦胧"得如同"蒙上的是黑布,让人猜,那就不行了"时,也未在一种倾向掩盖另一种倾向中否定"朦胧"诗美。"朦胧如果只意味着含蓄,像舞台上蒙上一层纱幕,还能看清,还可以。"而"朦胧"之中见崇高,自是别一诗旨,别一意趣。这正是魏巍诗美所追寻的审美个性。其三,意象遮盖式。出于同一机杼,但所取法者为时断时续、有露有藏、忽现忽隐的遮盖之法,使意象乃至意境于"朦胧模糊"之中见其魁伟,得其雄浑,显其厚重。谓"神龙见首不见尾"是也。此于中国诗学中之"隔",似不无关涉。魏巍谈他的代表诗作之一《黎明风景》时指出:"这篇长诗……我当时甚至有一种排斥故事性的偏见。""我故意只以隐约的故事性来贯连它"。诗美意象乃至意境的"直浅露"失之于"小","曲深藏"则得之于"大"。庄周所言之"大美",即崇高美也。其四,意象"包孕"式。得意象包孕"能在我们内心唤起(或者自行显现)'无限'的观念的东西"(车尔尼雪夫斯基《艺术与现实的审美关系》)来赋予崇高审美内涵。"红火边坐一个巨人,/……山草呼啸中,/坐着的是我们的民族"。(《午夜图》)让战士的个体生命在身陷重围的万分危急之际,显示了慷慨赴死、泰然自若的民族浩然正气于"无限"!读之使人愀然动容,肃然起敬。其五,意象的"举重若轻"式。在魏巍新中国成立后及至新时期的政治抒情诗中,将朴实之真理寓于平实的话语之中,"极为朴素地说出一个真理,正因为这样,真理显得更朴素,几句平常话更具有力量,并富有诗意,'语不惊人',却有动人力量"。(刘岚山《抄诗杂记》)如"请把一个朴素的真理,/转告你们的大夫:/总有一天,/囚徒会变成自由人,/那些自由人也会变成囚徒!"(《礼物》)崇高诗美表现中的"举鼎绝膑"显出艺术力量或曰功力的穷窘,只有"举重若轻"才见大手笔,出大境界,若鹏徙南冥,水击千里,背负青天,翻动扶摇。以"大手笔"书"大境界",自是一种落落大方的崇高诗美。

  诗美意象、意境的哲理化,是魏巍崇高诗美的个性特征的另一重要侧面。如果说,魏巍诗美的崇高审美范畴或曰崇高审美形态化偏重于历史瞬间的寥廓空间感的话,那么,其诗美意象、意境的充满深邃睿智的哲理化,则偏重于历史纵深的邈远时间感,是崇高审美范畴或曰审美形态的诗美别一表现形式。这种崇高审美范畴或曰审美形态往往由艺术创造的审美对象挪移到审美主体身上,以一种无产阶级先锋战士的锐敏而犀利的批判,显示其沉雄、凝重的思想力量和光风雾月的高洁襟抱。在"一切都在竞争,竞争,竞争,/一切都在奔驰,奔驰,奔驰"(《街头》)的"同一"中,诗人察觉到了天壤之别的"差异":"一些人为了更多的叮当作响的利润,/另一些人为了一块面包再加一块乞斯(即奶酪)。"(同上)在"教堂修得多么巍峨庄严,/就像高踞天宫俯瞰人间"(《教堂越大人越小》)中人的力量异化或曰物化为"神"时,宗教正是将"那些还没有获得自己或是再度丧失了自己的人的自我意识和自我感觉"(马克思《黑格尔法哲学批判·导言》),变得"简直比一个蚂蚁还要可怜"了(《教堂越大人越小》)。诗人还以深邃的洞察力,揭示了当代资本主义制度下的精神生产的异化之中,人自身同样被"异化"了,"在最新式的大楼上,/书架搭起的墙,/隔成了小方格,/宛如一个个蜂房。／一个庞大的知识分子集团，／就像稠密的工蜂"，而"人——那些像工蜂一样的人，一个个老了，瘦了，／像被榨干了的虾皮"。（《一座城》）就连高压线和落在上面的一群小麻雀组成的"五线谱"，在起"风"了，当"高压线随着风／一摇，一摇"的时候，诗人也发出了切中肯綮，振聋发聩的弦外之音："小麻雀，你今天要唱什么曲调？／是不是听见，／大千世界的流行曲，／也想赶赶时髦！"（《五线谱》）总之，魏巍以一个战士的高度警觉注视着这个大千世界的一切，以一个哲人的深邃思考审视着这风云变幻的一切，以一个诗人的锐敏直觉感悟着这美丑善恶的一切，信仰不变，激情不减，歌吟不息！

魏巍的一些政治讽刺诗如《阿部中将的死》《只能抱婆娘的村长》和《对话》等诗中的幽默特别是滑稽形态的诗美，往往是作为崇高审美形态的陪衬或烘托，以否定性的喜剧形式出现的。马克思指出："历史不断前进，经过许多阶段才把陈旧的生活形式送进坟墓。世界历史形式的最后一个阶段就是喜剧……历史为什么是这样的呢？这是为了人类能够愉快地和自己的过去诀别。"（《马克思恩格斯全集》第1卷第457页）而这种喜剧的表现形态或现象形式则是"将那无价值的东西撕破给人看"。这撕破无价值的东西或曰虚假面目的手的背后，便是不可遏制的历史发展潮流和正义的人民——这，正是崇高审美形态的巍峨化身。魏巍的政治讽刺诗如《对话——美军侵略黎巴嫩，其借口是："保护侨民"》，正是以否定性的喜剧形式来呈现历史潮流和正义人民的崇高诗美的："艾森豪威尔：／呵哈，原来是老朋友！／我能否问你们侨居在哪里？／生活可还优裕安稳？／是否有共产主义的侵略，／威胁你们的生存？／美国'侨民'：／说起这儿的生活，既优裕，又安稳，／……只是这里的国境严森森，再不许我们回去见亲人！"当艾氏佯装惊讶地问"咦！这是什么国家，这样骇人听闻"之后，虚假和欺骗便撕破了它们"无价值"的面目，露出了"二花脸"的滑稽面孔："说起这个国家，／一派阴森森，／总统是大名鼎鼎的阎君。不过他也说，是'自由世界'的一部分。"魏巍这种政治讽刺诗以幽默、讽刺乃至滑稽形态的诗美来衬托和显现崇高形态的诗美，无疑大大丰富了它崇高诗美的形式和内涵，也表现了魏巍创作个性中的幽默和讽刺才能。

作为战士和诗人的魏巍，充满战斗勇气的诗情永远澎湃激荡，积淀哲人睿智的诗思永远喷涌流泻，是显现他崇高审美形态的诗美并使之永远壮美瑰丽的不竭源泉和无穷动力，也是他诗美个性特征得以独具艺术魅力并永葆其美妙青春的所在。

魏巍独具个性的崇高诗美，是他作为战士和诗人的本色体现，是党的社会主义文学艺术的时代主旋律的高昂乐章。我们时代需要他，人民需要他！让他永远壮怀激烈，慷慨高歌吧！

原载《文艺理论与批评》1997年第3期

论魏巍的夜歌

王维国

伴随着晋察冀抗日根据地的建立和发展,延安及全国各地的爱国青年陆续奔赴这块被称作"敌后之敌后"的战斗土地上。其中,已经成名和尚未成名的诗人们同晋察冀边区本地的文艺工作者一道,受着敌后抗战热潮的冲击,掀起了轰轰烈烈的晋察冀诗歌运动,形成了为后人所称道的"晋察冀诗派"或"晋察冀诗人群"。在这个诗人群体中,以田间、邵子南为首的战地社和以丹辉、魏巍为骨干的铁流社无疑是它的两大支柱,魏巍则以长诗《黎明风景》和众多感情浓郁、风格独特的抒情诗和叙事诗,确立了其在晋察冀诗坛上的显著地位。如果说晋察冀诗派作为一个前线诗派有着它本身所独有的风格内涵;那么,由于环境险恶、战斗频繁而推动边区诗坛吟咏抗日军民夜间战斗生活的诗章的高产多产,则是晋察冀诗派的一个重要艺术特征。在这方面,魏巍的夜歌具有突出的代表性。

一

1939年1月,魏巍在延安抗大毕业后,随八路军总部前线读者团第一组来到晋察冀边区,先在军区政治部工作,后调至老一团一营任教育干事,从1939年年底到1944年一直在一分区政治部任通讯干事。晋察冀边区是一块烽烟四起、血火交织的战斗的土地,正如魏巍后来在《晋察冀诗抄·序》中所说:"这是由一支背着斗笠、穿着草鞋的队伍从日寇手中重新夺回的土地……在整个敌人后方,敌人占据着小城镇,我们占据着广大乡村;敌人围困着我们,我们也围困着敌人;敌我双方展开了一场异常激烈复杂、历史上不曾有过的犬牙交错的战争。"晋察冀边区的斗争形势如此严酷,而魏巍所在的一分区又是"扫荡"与反"扫荡"、清剿与反清剿异常惨烈的狼牙山周围地区。魏巍随部队活跃在易县、满城、徐水、沫水、沫源等县份之间,参加了大龙华歼灭战、雁宿崖歼灭战、黄土岭围攻战、"百团大战"和1941年残酷的秋季反"扫荡"战斗。魏巍在晋察冀的这些战斗经历,使他对边区的斗争生活有了深切的体验。晋察冀抗日根据地像一把锐利的尖刀扎在敌寇的远后方,成为日本侵略者的眼中钉、肉中刺,严重威胁着敌人后方的大小城镇的安全。对此,敌寇千方百计地要扑灭敌后抗日根据地的战斗烈火,屡派重兵对边区军民进行疯狂的清剿、"扫荡"。在敌后,由于敌人具有优势的兵力,白天往往成为敌寇的天下,他们可以在光天化日之下逞凶肆虐、烧杀抢掠、为所欲为;而夜幕降临之后,广大的边区则成为八路军、游击队活动的场所。尽管夜间也偶有敌人进犯抗日根据地,但在大部分情况下,根据地军民则借助黑夜这张巨大的天然保护网,走村串户发动抗日工作,行军转移突破敌人的封锁线,布下伏兵袭击敌人,以及开展支前、村选、冬学、召开群众大会等活动。魏巍亲身经历了晋察冀边区紧张热烈、充满战斗气氛的夜生活,从而成就了他一篇篇抒发对这种夜生活独特感受的黑夜之歌。

在魏巍晋察冀时期的诗歌作品中,夜歌占了极大的比重,许多诗篇从题目上即让读者一目了然。如《月夜短曲》《游击队部的夜》《夜的工作者》《午夜图》《深夜,我渡过溪水去敲门》和《黎明风景》第一章《夜》。魏巍之所以创作出如此众多的黑夜之歌,除了具有真切的生活感受外,还得益于一个个战斗的不眠之夜。魏巍在《黎明风景·后记》中曾对此做了明确地说明:"在那斗争激烈的日子里,随着和人民感情的加深,渐渐地晋察冀的群山和溪流,晋察冀的战士和人民,就渗入我的诗的世界,或者说,我渐渐地生活在这种诗的感觉中。我的诗的触角似乎渐渐敏锐起来,我的语言也似乎自由了一些,那些不好惹的文字,也似乎变得驯服了。灵感也由生客变为不知什么时候就要叩门的情人了。那真是我最快乐的时期。我写了许多。在1941年残酷的反'扫荡'中,我几乎每两日写诗一篇,在夜行军中思索,在拂晓宿营中记下。饥饿和疲劳也似乎无干。"在夜间酝酿、构思和创作诗篇是魏巍在晋察冀边区经常采用的一种写作方式,他的不少诗篇的篇末小注证明了这一点。如《寄回山地》(二):"1943年11月10日,月夜行军构思,晨记。"《羊铃》:"1942年4月27日,日夕时写于牧兰沟北。"《最高的塔》:"1941年除夕灯下。"《月夜短曲》:"1939年8月,于易县村泉村月下。"魏巍还在诗篇《春天,苦战的阵地》中,具体描述了他在夜间写诗的情景:"春天,连被诗句袭击得难以安眠的诗人/吹了号音/也只得吹灭菜油灯小小的火苗/睡在炕上组织他们的诗⋯⋯"魏巍在晋察冀边区一个个情绪饱满的战斗之夜里,一再被眼前撼人心魄的战斗景象所触动,并迅速燃烧起强烈的创作欲望。他将自己在晋察冀夜晚的所见所闻,所触所感,随时融入自己的诗歌构思中,在夜间便开始构思和起草自己的诗作,于是,一篇篇抒写晋察冀边区战地夜景的诗作流泻出魏巍的笔端,构成了魏巍诗作中一道亮丽的风景线。

二

魏巍是一位部队诗人，他在晋察冀边区多是跟随部队活跃在根据地和游击区，而处于敌后的八路军为了同敌寇周旋，夜间的行军转移、野外宿营是司空见惯的科目，这一重要的生活现象自然成为魏巍夜歌所抒写的对象。《过白石山》写部队深夜翻越白石山的艰险，陡峭的山路使战马停蹄，尖利的山石让干部淌血，湿滑的山石将战士跌下深谷。面对高耸的山峰，"云边的月都想逃遁／那一片小天上的十几粒星星都在战抖"，但是，饥饿疲劳的队伍向大山"卷起了这一世纪最坚韧的力"，战士们不畏险阻，趁着月色奋力攀登，军衣湿透了，汗雨洒在山路上，他们以"铁的环扣着铁的环"，终于在黎明时分登上了险峻的顶峰。《越过堡垒线》则是对夜行军的一种虚写。诗篇没有一字写到部队如何穿越敌人的封锁线，却通过描写穿越封锁线所见闻的几个典型景物，通过星星、堡垒、犬吠，通过更夫敲打的梆子声，仅用七行诗句便写出了部队深夜突破敌人堡垒区的惊险和紧张，写出了敌占区人民盼望解放的急切心情。诗篇以"星星、堡垒、犬吠"这样短小的句式，简洁地勾画出敌人堡垒线封锁的严密，而诗人将这样的句式在诗中重复四遍，反复渲染，更加突出地表现了八路军夜闯敌人堡垒区扣人心弦的战斗气氛。《荒谷》写的是部队在野外的露天宿营。在一个荒凉冷僻的狭长深谷，部队于秋季反扫荡中在此落脚，旁边虽有一间用石头和谷草搭成的小屋，八路军战士却不打扰山人，就地露宿在草屋的墙外。诗人很善于以景抒情，对于露营的艰难只以环境的荒凉来作侧写。在听得见鸟声却看不见飞鸟的狭窄深谷，"近处有颗栗子树／孤独地沉默着／不知站在这里多少年"，而远处"只有风快吹落的十三粒星星"。八路军战士在这荒冷的地域里却"睁着小拳头般的眼睛／向烟火烧红的四周警戒"，随时准备应付突发的事件。《在石缝里，我笑着……》写的也是野营，却是一个单独露宿在外的战士完全个人化的生命体验。在敌人的包围网里，生病的"我"所遇到的敌人不是凶残的日寇，而是悬崖峭壁的阻挡和午夜极度的寒冷。躺在石缝里病喘吁吁的人在湿透的衣被下战栗，大风也好似故意地多次扫走病人用来遮身的秋草。但是，强烈的求生欲望支持着他，并给了病人以顽强、自信、乐观和智慧。他除掉身边的荆棘，一次又一次拔来新的秋草抵御风寒，并搬来一块巨石作为武器。这首诗写的完全是魏巍个人的亲身经历，这可以以《火凤凰》第45节"在生与死的边缘"得到验证，因此真切而生动，主人公的几次心理活动也刻画得细致入微，特别是主人公在绝境中表现出的顽强的生命意识，更给读者以心灵上的震撼。

在魏巍的夜歌中,几乎没有正面描述边区军民夜袭敌人的诗作,诗人更多的是采用侧写的方式处理这一最令人激动的题材。《伏击》写的是八路军和游击组接到老大娘"用空心的秫秸棒儿/捎来的情报",在深夜用地雷袭击日寇汽车大队的一场战斗。诗篇没有描写战斗的进程,甚至没有写到地雷的炸响,但诗篇仍给人一种夜袭敌人的急迫感,仍让读者感受到一种此战全胜的信心。魏巍在诗中写出了战前充分的准备工作,写出了"万事俱备,只欠东风"的战斗态势:"大路两边/芦草呜呜/队伍早已埋伏好","明光大路静悄悄"。而制造地雷踏板的工作又充满了轻松的诗意:好听的锯声犹如"春天的蜜蜂/飞进花丛"。诗篇似乎是在抒发对战斗的一种期盼,对战斗胜利的一种渴望的心境。与此相反,《叩门》一诗则是对夜袭敌人所取得胜利的一种回味,表达的是一种满足和喜悦的心情。诗篇描写一个初冬的夜晚,八路军越过封锁沟到敌占区袭击敌人的战斗,诗篇仍以侧写的方法,以一个跟随部队夜袭敌人的青年回来后,请妈妈开门招待八路军的口吻,倒叙当夜进沟袭击敌人的战果:"妈,瞧瞧我们得的枪吧/你瞧这挺歪把子/蓝灿灿的!""我们还捉来活的了:/那个,那个常来收税的东西/还有那个瘦脸书记/也在这里。"这首诗的画面感极强:夜晚,"打谷场上/落满了霜",战士们站在荞麦堆边,守着俘虏和刚缴获的武器。一个民兵伏在屋门上轻声叫门:"妈呀,开门/咱们的人回来了!"诗篇为我们描绘了一幅典型的敌后游击战争的夜景图。这首诗的视角独特,情感真切,特别是儿子向母亲述说自己的战斗经历娓娓动听,充满了自豪感,而诗人以叩门的话语入诗,更使作品活泼、亲切,意趣盎然。魏巍的另一首诗歌《小小风暴》,写了敌人的炮楼被八路军端掉后,敌占区老百姓拿回个人财物时热烈和欢快的场面。作品开篇时战斗已经打完,只看见"黄昏小雨中/堡楼烧得一团红"。在火光中,老百姓愤愤地控诉敌人的罪恶,拿回被敌人抢去的锅碗瓢盆、土地和房梁。诗篇意在抒写枪声虽然停止了,平原上却没有停息复仇的风暴——老百姓自发的、他们所独有的复仇方式。诗篇还通过对敌人修堡楼遭害百姓罪行的控诉,说明了他们注定要灭亡的命运。

晋察冀的夜晚色彩斑斓、张弛相间,既有惊险紧张的战斗,也有许多平和静谧的时刻,平凡的日常生活中蕴含着战斗的气息,战斗之间又杂糅着热烈活泼的生活情趣。魏巍的一些夜歌着眼于根据地军民日常生活场景的描绘,抒发对边区军民普通的夜生活的观察和感受。《游击队部的夜》写的就是一个普通的夜晚,游击队部在静寂的夜里"只有窗外蛙声如潮",小战士们在灯下讨论着政治课,队长在写战斗报告,一片平和肃穆的气氛。突然,附近响起了炮声,在游击队部作客的客人心中骤然发慌,而小战士们对炮声好像充耳不闻,继续讨论着政治课,游击队部依然"只听着窗外蛙声如潮……"。在部队,如果说战场上的搏杀是特殊的考验,那么,下了战场便成为部队的日常生活,但在平凡的日常生活中亦可见出勇者的性格。这首夜歌捕捉到一个非常精彩的镜头,以一个客人在游击队部的经历和感受,写出了久经沙场考验的游击队小战士沉着冷静的大将风度。诗篇动静相间,以附近的炮声和如潮的蛙声反衬游击队部夜晚的宁静,预示出游击队本身力量的强大,使诗篇产生了一种特有的美感。魏巍的另一首夜歌《午夜图》比《游击队部的夜》更近一步,它把战事拉近到眼前:午夜时分,多路敌人向山村扑来,电话铃急促地响,"树叶在簌簌地飘落……"。然而,一个战士端坐在葫芦架边的灶火旁,不动声色地"一块,一块/把劈柴投入灶火",红色的火光映照着他那高大的身躯,"谁能从这个战士的灵魂/看出我们被重兵围困"。诗人从战士那种处乱不惊、泰然自若的凛然气度中看到了中华民族的性格:"看哪,葫芦架那边/山草呼啸中/坐着的是我们的民族!"诗篇以山喻大,将中华民族比喻为战火中站立起来的巨人;同时以静制动,尽管敌人的重兵滚滚而来,我根据地却稳如泰山,岿然不动。这首夜歌具有如此深远的意境,使其成为晋察冀诗歌中的名篇。

晋察冀的夜晚宁静而活跃,富有诗意! 魏巍在其夜歌中也做了由衷地赞美。在《寄张家口》中,诗人面对新解放的城市,仍十分动情地回味着边区乡村夜晚的盛景:"夜夜/星星在树梢/用微笑望着乡村/夜夜/万家灯火里/歌声引走星星。"解放区的乡村沉浸在一片军民团结、欢乐祥和的氛围中:姊妹们环绕在嗡嗡的纺车前,给军队做着圆口白边紫花鞋;老奶奶为战士补军衣,花眼伴着孤灯到天明;村剧团上演《穷人乐》,孩子活泼,老人年轻,妇女美丽又聪明。诗篇对晋察冀安谧的夜生活的描述虽然略显笼统,但却是诗人长期生活于斯获得的一种真实的心灵感受。相比较而言,魏巍的《月夜短曲》描写得就相当的具体和细腻了。夜幕降临了,小山那边飘去最后的枪声,月亮升起来了,"山谷的乡村哟/投下黑发一样美丽的阴影",诗人给我们绘下了一幅敌后边区幽静、美丽的夜景:水潭里盛满了星斗,秋虫在草丛中弹着琴声,儿童团的歌唱回荡在明月照亮的天空,河边洗衣的姑娘揉着叮咚小河一般的深情。敌后军民是这样的乐观和热爱生活,有的追逐草地上的萤火虫,有的"放开粗嘎的喉咙/用射击一样的力气去唱歌"。记得魏巍的战友和诗友方冰在《歌声》中,写了他在被敌人烧掠后的山村听到远处牧羊人动听的歌声后的喜悦:"在这黄昏的天幕下/在这劫后的山村里/我突然感觉到/晋察冀的精神。"是的,战斗的土地上的战斗的人民不是悲戚哀怨的,敌人的疯狂压不倒人民的精神和意志,他们顽强不屈、乐观向上,对生活满怀着希望,对胜利充满了信心。这首夜歌表达了对边区根据地的由衷的热爱,同时也寄托了对胜利的明天的美好憧憬,因为这美丽的夜晚会鼓舞你"到明天/你会更快乐地去战争……"。这也许正是晋察冀精神之所在,是晋察冀诗歌本身的特点吧。

三

魏巍是晋察冀诗派中一位颇具个性的诗人,从魏巍一系列对于夜的歌唱中,我们亦可窥见他诗歌艺术的几个特点。首先,魏巍的诗充满了浓郁的情感,一种对边区抗日军民的火热情愫,对八路军干部战士间阶级感情的由衷赞美,以及由此产生的诗的亲切感。魏巍在他的夜歌里深情回忆起晋察冀的乡亲们对子弟兵的一片情义:大嫂废寝忘食地救护伤员,老奶奶补军衣彻夜不眠,大娘在月下纺棉花,姐妹们连夜做军鞋。即使他走到千里之外,仍忘不了老婆婆"拐着小脚投选举票的那种认真的样子/拉着战士吃饭的连哄带吓的洋子/给战士盖被子的偷偷摸摸的样子"。在《羊铃》一诗中,魏巍将子弟兵在老百姓家宿营这一极为普通的事情写得诗意盎然。一个春雨绵绵的傍晚,队伍来到"羊铃爽爽的地方",宿营在白花遮掩住山岩的茅屋里,战士们睡熟了,女房东却忙里忙外,烧水做饭,她坐在"红艳艳的灶火旁",周围是一片"呓语的小河",她的语声"像落到山岩上的春雨",而梦中的战士却不再忧虑屋外的"春雨落与不落"。魏巍的不少夜歌把晋察冀的夜景写得异常优美,其中更蕴涵着他对边区人民的无限热爱之情。魏巍曾在《黎明风景·后记》中真情地说:"民族的、人民的命运惊醒了我,使我在我们小司号员那样的年龄,走向了人民,走向了生活,走向了党,走向了诗。"魏巍在抗战中投身到晋察冀边区,这块土地和土地上的人民在饥饿中养育了他,可以说,魏巍是随着同晋察冀人民的感情的加深才真正走进诗的世界里的,因此,他同晋察冀的军民有着深厚的情感,边区的战士和人民自然而然地成为他在诗中所歌颂的对象。由对边区人民的深情厚谊,而使得魏巍的诗产生了一种特殊的亲切感,这种亲切感表现在多个方面,仅举一例即可说明问题。可能是爱屋及乌吧,魏巍对边区和边区人民的爱,使得他对边区的昆虫也产生了特别的情感,蛐蛐、蝈蝈、螳螂、飞虫、青蛙经常出现在他的夜歌里。在《羊圈记事》中,战友们都睡熟了,在寂静的黑夜里陪伴一个军人工作的,只有那些"营营歌唱着"的"绿色的红色的虫子",它们"用小嘴唇舐他脸上的泥土","还用触须摩他的军装和扣子",这些可爱的飞虫似乎有了灵性,诗人以它们作为回忆往事的依凭,用来表现边区战士的情怀。《蝈蝈,你喊起他们吧》写得更有情趣,战斗了一夜的战士就地而眠,螳螂这只"勇敢美丽的昆虫"跳到战士脚上,好像在"偷看他们的梦"。面对睡梦中的战士,诗人不忍叫醒他们,只得寄情于蝈蝈:"蝈蝈,你喊起他们吧!/在升起笔直饮烟那边/早饭已经熟了。"在魏巍的夜歌中,有生命的昆虫总是"唱出美丽的声音"点缀着晋察冀幽静的夜景,给战地之夜增添了浓厚的生活气息。

其次,魏巍的诗对于边区军民的抗敌斗争生活多采取侧写的方式。魏巍是一位部队诗人,曾亲身参加了多次战斗,但出于诗人的个人兴趣和爱好,出于不同的诗美追求,魏巍多选择与众不同的视角切入生活,力图多侧面地表现伟大的敌后抗日斗争。《越过堡垒线》的整个诗篇没有写到穿越敌人堡垒区的部队,甚至没有出现一个人,当然也谈不上描述部队通过堡垒线的过程,诗篇抓住敌人堡垒区外部的景物,将星星、堡垒、犬吠、更梆这些封锁线上的典型事物进行反复渲染,营造了一种紧张的氛围,形成了一种快速的动感,虽是侧写却使人如身临其境。《伏击》一诗从题目上看应是一首正面描写战斗的诗篇,但作者的着眼点并不在地雷开花,炸得鬼子的汽车东倒西歪,而是把笔墨放在了战前的部署和准备工作上,好像诗人表达的只是对这场战斗的一种急切的等待。如果说《伏击》的落脚点是在战前,那么《叩门》则着力于战后,侧重于写八路军过沟夜袭归来之后,儿子在门外迫不及待地向母亲报告胜利的消息,以战斗的结果覆盖战斗的过程。而《小小风暴》则将八路军攻打鬼子炮楼的风暴隐于幕后,而将此后出现的老百姓自发卷起的复仇风暴推到台前,致力于表现边区农民在战争中所遭受的痛苦和被解救后获得的欢乐。魏巍的夜歌侧写战争,便于转换多种角度,从而充分表现敌后抗日斗争生活的丰富多彩,多方面展示边区军民的战斗的心灵。

再次,由于魏巍的夜歌较多地运用了复沓的句式,在情绪上造成了一种深沉呼唤的效果。《深夜,我渡过溪水去敲门》描写了八路军战士涉过河去唤醒沉睡的村庄,以躲避即将到来的灾难。诗人以咏叹调的笔法去写子弟兵呼唤乡亲们从睡梦中醒来,不要留意快要成熟的庄稼,不要顾惜即将收获的山果,敌人就要来了,"呵,乡村,我的乡村起来吧"这样的呼唤在诗中反复出现,给人一种急迫的动感。而且,诗篇还一次次穿插出现这样的呼告,"呵,请听,子弟兵在推你的柴门,柴门上响起叮咚的铁铃",更给人一种催促行动的紧迫感。可以想象,家家柴门上的铃声叮咚作响,此起彼伏,满村的铁铃声交汇在一起,会成为怎样一种动听的乐声,它在深夜宁静的山村里低沉地回荡传响,给人一种战时乡村夜晚特有的美感。《闻哭声》是对敌人夜间暴行的一种悠长的哭诉。一个老妇人被敌人的剔抉队砍掉了左臂,她哭着,走着,血也淌着流着。于是,夜间的平原上到处飘荡着老妇人悲凉而愤怒的哭声:"月色朦朦,平原上飘着哭声。"诗篇将故事的本末舍去,只是捕捉到那飘荡在月下平原上的凄凉的哭声,并对此进行重复表现,它给予读者的不是对事实的控告,而是一种情绪上的深深感染。复沓句式运用得最典型的是《越过堡垒线》,诗篇七句诗行,"星星、堡垒、犬吠"

就占了四行,而且这一短小、简洁的句式两个一组的反复出现,更营造了惊人的艺术效果,它既表现了敌人堡垒区封锁的严密,又写出了八路军穿越敌人封锁线的神速,尤其是突出地渲染了夜过封锁线紧张、热烈的战斗气氛,真可谓一石三鸟。

  孙犁曾称道魏巍对农村战争风景有着很强的敏感性,我以为这种敏感性尤其表现在他的夜歌中。孙犁指出:"红杨树的诗,在它的风格上说,近于一种低沉的召唤。"(《红杨树和曼晴的诗》)的确,魏巍在他的夜歌中非常敏锐地捕捉到晋察冀战斗的乡村中动人的故事。同时又能从平凡的生活中发掘出它的深刻蕴涵。他的诗以浓郁的感情为基调,并将这种感情融入复沓的句式中,从而幻化出一种亲切的、像与人倾诉、向人作深沉呼唤的诗歌情绪,这种情绪会深深地感染你,使你对战斗的敌后乡村和战斗的人民多少产生些了解,使你更加热爱今天的生活。

原载《岱宗学刊》1997 年第 3 期

把战争当成诗
——读魏巍的《蝈蝈，你喊起他们吧》

江锡铨

    战斗了一夜一早晨，战士呵，
    用满挂露水的刺刀，
    割一枝红酸枣吃下你便睡了。

    睡得这样甜呵，
    树影在你的军衣上绣起了花朵，
    大红枣跳到子弹带上你也不知道。

    螳螂，你这个勇敢美丽的昆虫，
    也站在战士的脚上，触须轻轻舞动。
    你可是在偷看他们的梦？

    你可曾看见，在他们的梦里：
    手榴弹开花是多么美丽，
    战马奔回失去的故乡时怎样欢腾，
    烧焦的土地上有多少蝴蝶又飞上花丛！

    呵，蝈蝈，你喊起他们吧！
    在升起笔直的青烟那边，
    早饭已经熟了。

                          1941 年 9 月 24 日易县铁管沟门反"扫荡"中

  1941 年，抗日战争进入了第 5 个年头。这一年 8 月，侵华日军华北方面军总司令冈村宁次，集中了 13 万以上的兵力，分兵 13 路对晋察冀抗日民主根据地北岳区进行空前的大"扫荡"，以报复一年前八路军发动的、给日军以沉重打击的"百团大战"。日军施行极其凶残的杀光、烧光、抢光的"三光"政策，所到之处，血流成河，一片焦土。日军采取所谓"铁壁合围"、"梳篦式清剿"、"马蹄形堡垒战"、"鱼鳞式包围阵"等战术,并使用伞兵和毒气,企图将八路军消灭于长城两侧。战斗是紧张、激烈、残酷的,然而,崇高的理想、坚定的信念、深沉的挚爱所孕育的豪迈情感,以及这情感的艺术升华——诗,却像太行山上的杨树一样,更加顽强、更加昂扬地成长起来。就在弥漫着血与火的太行山峰峦间,就在匆匆行进的八路军的战斗队列里,一位戴着近视眼镜,夹着钢板和蜡纸的21岁的通讯干事,在战斗的间隙中,写下了一首首激情洋溢的诗篇。这位年轻的八路军文化战士,就是以后成长为著名军旅诗人、军旅作家的魏巍。《蝈蝈,你喊起他们吧》就是这些诗篇中的一首。

作为一位杰出的战争抒情诗人,魏巍善于以细腻传神的笔致,发掘与捕捉战争中特有的美。战争是残酷的,然而一旦热爱和平的善良人民意识到,唯有以正义的血火还击邪恶的血火,才能战胜侵略者强加给自己的灾难,赢得和平的时候,就会像对待和平年代的日常生活那样看取战争,在默默承受、奋起抗争的同时,也把战争当成审美对象,品鉴着腥风血雨中昂然挺立的民族精神和英雄气概,铁蹄践踏后依然生机勃勃的绿水青山,以强固家国之爱激发献身激情,也使自己高度紧张、超常付出的疲惫身心得到愉悦和休整。魏巍就是这样一位堪称人民与时代代言人的诗人。他曾在一首诗中这样自励:"记清楚,/在这苦战的年代,/你应当把智慧也用于战争,/把战争也当成诗"。把战争也当成诗——这就使得诗人魏巍能够在枪林弹雨的殊死搏战中,依然保有一颗向真、向善、向美的诗心;能够拂去炮火硝烟、满目疮痍,重现青枝绿叶、金谷红花的动人容颜。我们看到,在抗日战争刚刚进入相持阶段的艰苦卓绝的1939年春夏之交,在反"扫荡"、拔"据点"的紧张战斗中,八路军文化战士魏巍,在跟随着战斗部队长途奔袭的时候,面对着在战争的阴云下依然青翠欲流的晋察冀大地,浮想联翩,他企盼着《高粱长起来吧》,企盼着在"大平原/绿汪汪的海"中,"跟好久不见的老乡/见一见面,我敢说/那儿的老头儿、小兄弟、姑娘们,/在合着嘴巴想我们哩"。不过,战士诗人首先是战士,在高粱还没有长起来,大平原上仍是一片战火的时候,他更多地想到的,是穿越这片战火,走近日夜思念的乡亲们所必然要经历的战斗。所以,他最终还是婉拒了春天的挽留,走向夏天的战斗:"呵呵,山哪,/不管你用多少野花/都留不住我,/放过夏天/就是放过游击队最好的年成呵!"

这"最好的年成",当然是指浴血奋战,指以正义、仇恨、血肉之躯歼击侵略者的殊死拼搏所获得的战场的丰收。然而,在诗人的这些朴素得像期待丰收的农夫的自言自语一样的诗句中,我们却很难嗅到硝烟和血腥。这是诗人扬弃了战争的血火,保留了与他挚爱的大地一样久远的山水风物,以战争和大地共同孕育的胜利豪情、战友深情、纯朴亲情点染的诗篇。他的战争抒情诗似乎没有多少战争的品格,更多的是抒情风韵;似乎没有多少狂怒的呼喊与战叫,更多的是平静的诉说与吟咏——也许,这就是"把战争也当成诗"的诗人的独特美学个性吧。我们看到,在作者的笔下,《游击队部的夜》是"多么的静呵!/只有窗外蛙声如潮"。"突然,炮声在近处响了……""但像没有这事,/小鬼们依然讨论着政治课,/队长在写战斗报告。//作客的虽然心里慌,/但不好说;/只听着窗外的蛙声如潮……"如果没有炮声的袭扰,这如潮蛙声所展示的,似乎是我们所熟悉的"蝉噪林愈静,鸟鸣山更幽"式的意境。然而,正是因为平添了一分隆隆炮声中的处变不惊、从容自若,淡化了战争的恐怖,使得这处于战场前沿的游击队部的夜,充满了与英雄气概,与必胜信念相伴生的幽静诗意。即便是面对英勇牺牲的战友,魏巍往往也能够由哀伤、激昂而归于平静。"早晨,黄槐花飘落的时候,/我们的战士战死了……"置身于"悲痛的人群"、"愤怒的人群"之中,诗人遥望着满山遍野盛开的黄槐花,想到盛开之后的凋谢,也是生命的终结。他想到民族的苦难,想到战士的奉献与牺牲是崇高悲壮的,也像花开花谢一样自然:来自苦难的大地,最终又回归苦难的大地。于是,诗人激奋的诗情最终也趋于平静——当然,那是极为深沉的平静:"风吹着,/像种子默默地归还大地,/黄槐花又无声地飘落了。"(《黄槐花飘落的时候》)

《蝈蝈,你喊起他们吧》也是这样一首平静而感人至深的诗。这是一首不到20行的短诗,其中倾注了对于战友——八路军战士的挚爱。全诗五个小节,可以分为三个层次。第一、二节,描述了经过一天一夜的殊死搏战,战士们极度疲劳、倒地而卧,睡得异常香甜的情景;第三、四节以奇幻的想象,状写了战士们质朴美好的梦境;最后一节点题,让蝈蝈唤醒战士们,请他们从梦乡走向餐桌。

比起前述几首诗作,《蝈蝈,你喊起他们吧》显得更加平静。整个诗情画意,似乎都是从一片亲切安谧的气氛中酝酿出来的,有着一种好像是与战场,与炮火硝烟不很协调的宁静意味:战士们在熟睡,蝈蝈沉默不鸣,炊烟是笔直的(表示没有风),甚至连螳螂舞动触须,也是"轻轻"地。然而,这宁静又只是风暴中心的宁静,是风暴过后的宁静,宁静中处处留有战争的印痕:红酸枣与刺刀;军衣与树影;大红枣与子弹带;战马与故乡,焦土与花丛。一切都那么静谧、美好,然而一切又都包蕴着、融合着战火与劫难——这就是战争中特有的美。发现、抒写战争的美,也许要比表现战争的苦难、残酷艰难得多。这种审美发现,是对战争苦难深入观察、体验之后的精神超越,是诗人开阔的胸襟、坚定的信念、热爱生活的赤子之心、探幽发微的诗艺追求共同促成的。

在热爱生活的诗人眼中和心中,生活永远是美好的。即使是弥漫着战火硝烟,或是战火硝烟刚刚散去的战地生活也是如此。诗人以奇幻的艺术想象,含蓄隽永的诗歌语言,细致入微地发掘与表现琐屑生活中平凡而动人的美。刺刀挂满露水,说明战斗持续了很长时间;树影与大红枣,暗示战士们疲乏至极,在野外席地而卧;把疏密不一的树影想象成花朵,加上大红枣的点缀,使得诗的"画面"显得绚丽而有生气。在这样一幅恬静的"战后小憩图"中,连爬在战士脚上的螳螂,也成为诗人眼中"勇敢美丽的昆虫",它似乎在"偷看"战士们的梦。这"偷看"二字,真可谓神来之笔:既状写了螳螂的小心翼翼,唯恐惊醒战士们的睡梦,也为下一节实写战士的梦境,安排了一个具有"牵引"性的动词——既然能"看"到,那梦境必然是真实的,是可触、可感、可见的。这些对祖国对人民赤胆忠心的战士,醒着的时候在战场上奋力厮杀,睡着了仍在梦中冲锋陷阵。他们的梦境正是民族解放战争中醉人的美景:手榴弹绽开令敌寇丧胆的花朵;战马驰骋在收复的失地;焦土上蝴蝶翻飞在生命力强旺的花丛之中……

谁也不忍惊醒战士们的战地春梦,但又不能不喊起他们:他们已饿了很久。饭后他们也许又要远行,也许又要投入另一场艰苦卓绝的战斗。那么,就让蝈蝈喊起他们吧——蝈蝈的叫声是清脆悦耳的,是战士们从小就听惯了的音乐。这平静简朴的字句中,满贮着诗人体贴入微的深情厚谊。这是一种质朴真诚的爱国主义情怀——爱山爱水爱国土,固然是爱国主义;爱人爱战士爱战士身边的一切,更是爱国主义:是他们以鲜血和生命,保卫着我们的国土,我们的民族和人民,我们的炊烟和梦境。这深挚的爱国主义情怀出之以战地生活的侧写,出之以从容穿越炮火硝烟的工笔刻绘,更显得隽永淳厚,一读便难以忘怀。

那场噩梦般的战争已经远去了。在这首《蝈蝈,你喊起他们吧》,在诗人魏巍的那些浴着战争的血火写下的诗篇中,虽然没有留下太多的血与火,然而,这些平静优美的战地歌吟所留给我们的,却是同样深沉的历史启示:能够"把战争当成诗",能够这样从容地鉴赏战争中特有的美的诗人和哺育了这样的诗人的民族,一定是不可战胜的。

原载《名作欣赏》1998 年第 4 期

读魏巍的朝鲜通讯
——《谁是最可爱的人》与《冬天和春天》

丁　玲

魏巍同志,不久以前从朝鲜回来,连续在《人民日报》上发表了两篇通讯,据说还在写下去。这两篇通讯,我都以极其欣悦的感情读过了,并且常常以这种感情回想它。为什么我会这样不能把它随便地放过去呢?因为我觉得不只是由于他写得好,人们还可以从这两篇通讯中,看出来它替我们的创作工作解决了些问题,对我们文艺工作者、作家们,说明了些问题。

这两篇文章好在哪里,就是他写了英雄人物的思想活动。写了有崇高思想,有崇高品质的人物的灵魂。他写他们,不是站在旁边,说几句人民真伟大呀等等的话,好像是在那里大声叫喊,其实那种大惊小怪的后边,是空虚和冷淡;他写他们也不装腔作势:好像是激昂慷慨,泪流满面,其实是作者在那里表现自己。魏巍是钻进了这些可尊敬的人物的灵魂里面,并且同自己的灵魂融合在一起,以自己的感动和爱,娓娓道出这灵魂深处所包含的一切感觉。因此,他要歌颂的人,就非常清晰,亲切地贴在人心上,使人兴起,使人上进,使人愿意把自己的思想感情提高一步,向着这些最可爱的人们靠近。这就是有教育意义的好作品,这就是有"思想性"的好作品。它没有一点板着面孔说教的神气,它没有以"思想性"骇人。真正有思想,能达到教育目的的好作品,就必然有它的优美的表现手法和形式,这也就是有"艺术性"。

自从全国胜利,中华人民共和国成立以来,中国人民在毛主席的领导之下,掌握了政权,国家的面目,人民的面貌,其变化之快,进步之快,绝非坐在屋子里的人们可以想象的。即使生活在群众之中,也很容易目迷五色,不易把握在遽变之中的最根本的东西。现实虽然是在飞跃的变化与进步,但有不少作家却还不曾看得十分清楚,因此,我们很多作品还停留在写二流子转变啦,夫妻吵架啦,一个好干部和一个坏干部啦,一个兵士回家看见有了地有了牛就很满意啦,或者为着怕这些老一套,就添点趣味,添点不恰当的恋爱,怎样闹个误会去开展戏剧性,怎样编一个奇怪的故事大闺女配小女婿的新闻啦……我们也不否认以这些题材来写小说、写剧本和其他形式的作品,也有是写得还好的,可以看得过去,不过比起现实中的人物,现实中的群众英雄和英雄事迹,就显得贫乏、无力,显得不能令人满意。我们常常听到群众对我们提意见,说作品太少了,说文艺赶不上现实。我想绝不是我们写得少,是指我们写得好的太少;不是指我们文艺技艺不好,不是指我们故事编得太晚、赶不上,是指我们作品中的人物、思想离现实中的人物思想太远,指我们作品中的故事的现实意义还不是今天的,而只是昨天的。对少数的落后分子,也许还有一点教育意义,但对今天广大群众的教育意义,就觉得不够了。而魏巍的这两篇文章,却展示了最新的人、最可爱的人、最有崇高思想的人,而这些人不是天上掉下来的,不是奇异的人,恰恰就是平平凡凡的英雄人物,恰恰就是最能代表今天的中国人民的人,他是英雄,群众的英雄。这就显得赶上了现实,有很大的现实意义。

魏巍的这两篇文章都不长,有人以为虽然写得好,不过只能说是通讯,算不得是文学作品。现在的确有不少的人,以为只有长篇才是伟大作品,才值得辛辛苦苦去写它,或去读它。这完全是错误的。文学的价值不是以长短来计算的。今天我们文学的价值,是看它是否反映了在毛主席领导下的我们国家的时代面影。是否完美地、出色地表现了我们国家中新生的人、最可爱的人为祖国所做的伟大事业。因此,我以为这两篇短文不只是通讯,而且是文学,是好的文学作品。

到生活里去,到火热的斗争生活里面去,在生活中改造自己,让自己有理解英雄人物的思想水平,然后才看得见新鲜事物,爱他们,把写他们当成义务,当成良心,如果不写心中就要难过,丝毫没有个人打算,我想是会写出好作品来的。魏巍的作品不过是我们生活实践与写作实践成功中的一部分,我们有革命热情的作家们,能艰苦地深入群众生活,而又能认真生活与写作的作家们,是会不断地提高他们作品的思想性与艺术性的。魏巍同志给了我和许多人以喜悦,但更多的喜悦将源源而来,我们的文艺创作将成为春天花园中的茂盛的花朵,充分地带着新鲜的气象和战斗的精神。

从去年朝鲜爆发朝鲜战争以来,我们曾有过不少好的通讯报道,但为了方便起见,我只选了最近连续出现的魏巍的两篇。我不愿让人误会我只以为这两篇才好,也跟我不愿意说魏巍文章有几点优点又有几点缺点一样。这是好的,是好的里面的两篇。既然是好的,我就全部拥护它。

原载《文艺报》1951 年 5 月 25 日

战斗热情最可贵
——漫谈魏巍同志抗美援朝时期的散文

吉 悌

一段极普通,可也极珍贵的回忆

当我们听到人们唱着我们熟悉的一支老歌的时候,往事的回忆常蓦地飞上心头;重读魏巍同志抗美援朝时期的散文,我们的体验也正是这样……

一九五一年的四月下旬,五次战役打响了。有一天刚拂晓,我们部队行军快到目的地了,师政治委员从后面赶上来,给了我一小卷《人民日报》,要我给部队"好好讲一讲",一到目的地,同志们去挖防空洞,去找野菜了,我急忙打开了这卷报。真有点"烽火连三月,家书抵万金"的意思呵,我读得很急,可是又怕漏掉了一个字。翻着读着,我发现在一篇通讯的上端,有人在那里画了一个大五角星,这篇通讯就是魏巍同志的《谁是最可爱的人》。

时隔九年多了,读这篇通讯的时候自己有些什么样的具体想法,已经不复能记忆。只记得那时候简直按捺不住自己感情的激动,在心里,有一种什么东西升腾起来,催促着你,推动着你,要你立刻为如此深挚、如此热烈地爱你的人民做些什么。"最可爱的人"!我们当得起吗?战士们,我们最可爱的战士是当得起的。魏巍同志所写的那个部队显然是在西线,在我们东线呢,像松骨峰壮士不是也有千千万吗?可是,像我这样,能够当得起人民这样的深情厚爱吗?我们的工作都做好了吗?……我真正地坐立不安了,于是我急忙赶上山去,找到了我们那些正在找野菜的同志们,请他们也读读这篇通讯。

就在那天,我们赶着编印了一期前线快报。《谁是最可爱的人》被转载在头版头条。报印好后,我们一人背了一大卷去追赶部队。我们觉得浑身是力量,即使横在我们面前的,是美国鬼子设下的二十里宽的火墙,我们也会毫不犹豫地一冲而过的。

从前我们并不知道魏巍同志,可是从此之后,凡是魏巍同志的文章,我们没有一篇是不读的。

桥，我们心上的桥

十年前，一九五〇年的十月，从毛主席宣布"中国人民从此站立起来了"的时候算起，还只是刚刚过了一年。那时候的中国还是破烂不堪、百废待举，可是，不管怎么说，我们中国人民到底是站起来了，一个美好的未来正展现在我们的面前。正是在这个时候，这个世界上最凶恶、最强大的"头号坏蛋"——美帝国主义打来了。它气势汹汹，叫嚷着要"到鸭绿江北过圣诞节"。美国飞机的炸弹，已落到了我们头上。一时真是乌云满天呵！可是，敌人的一切痴心妄想都没有实现。中国人民志愿军高举抗美援朝的义旗出国迎敌了，和朝鲜人民一起，一连几仗都把美国侵略者打得大败。

到了这个时候，全世界的人才真正知道了毛主席"中国人民从此站起来了"这句话的真正分量。屈辱的时代肯定地一去不复返了，每一个爱国的中国人都感到从来没有过的扬眉吐气。每一个爱国的中国人都对党和毛主席满怀感激，都为志愿军而自豪。人们端起饭碗就想着志愿军，穿上新棉衣也想着志愿军。慰问信雪片一样飞到前方，全国人民都在打听志愿军缺什么要什么，并且保证要什么有什么。但是所有这一切都不足以表达他们对志愿军的深情，他们心中蕴蓄着的感情是太深、太厚，也太强烈了，以致他们不知道该用怎样的语言来表达它。是魏巍同志，他代全国人民喊出了心里的声音：

"最可爱的人！"

这真是一呼百应，一个声音引起了亿万个回声！"最可爱的人"，这已经成为我们这个时代对于战士的一种最崇高的赞誉，这五个字已经成了我们这个时代所创造的所有新名词、新成语中的最美丽的一个。

我们也还清楚地记得《前进吧，祖国！》这一篇通讯。在这一篇中，魏巍同志喊出来的，正是我们志愿军战士们的声音：

……祖国一日千里的建设，是多么地激动着为她战斗在国外的儿女们。祖国呵，在炮火弥天的战线上，人人都在想着你，人人都在听着你，甚至从一封短短的家信里去猜着你。人们虽然望不见你，可像能听见你一样。因为你奔腾前进的脚步，是震动着你的儿女们的心呵。

是的，一切都和魏巍同志写的一样。我记得，那时候我们收到祖国送来的新枪新炮，总是一遍一遍地抚摩擦拭，把刻在炮上的中国字擦得明晃晃的，一笔一画都不让它模糊。我们对着这些中国字笑了又说，说了又笑，就因为过去我们打了多少年仗所使用的都是从敌人手里缴获来的外国武器，而现在，我们中国工人阶级自己能给自己造新式的枪炮了。我也记得,有过一个雨季我们曾吃了一些因为长途运输而受潮的霉米,可是我们吃着比什么都香!我们这么乐意吃它,就因为它是来自祖国的四川。我们的参谋长是四川人,他就干脆不叫它"米",而叫它"珍珠"。他说:"想想,没有成渝铁路,你能吃到这个成都盆地的米吗?"我也记得,那时候我们读祖国来的报纸,是连广告也不放过去的,因为即使在那些五花八门的广告里,我们也可以听到祖国奔腾前进的脚步声啊。

祖国人民常问我们有什么要求,我们别无所求,朝思暮想只希望祖国建设前进再前进。又是魏巍同志代我们说出了心里话:我们"对祖国再没有什么令人猜不到的要求,只是挂心着祖国的生产建设,如果你们相信你们的儿子是英勇的话,请你们放心吧,能用多大的力气就用多大的力气去建设吧"。我们觉得,由我们自己来说,也不可能比魏巍同志说得更好。

就在《前进吧,祖国!》这篇文章的最后,魏巍同志写道:"一面是热火朝天的建设,一面是炮火弥天中奋不顾身的战斗,好像两个齐头并进的战场一样。让这两个战场相互鼓励也相互比赛,共同地把我们的祖国推向前进吧。"

谁是这两个战场间的信使呢?正是魏巍同志。是魏巍同志在中国和朝鲜,在前方和后方,在祖国人民和他们的子弟兵间,架了一道桥,这道大桥是架在心与心之间的,它使人们感情交融,心心相印,结成了巨大的精神力量。

魏巍同志的一个大功绩就在于此。作为一个党的作家或记者,除了"团结自己,打击敌人",还有什么更崇高的职责吗?我们觉得是没有了,最崇高、最重要的莫过于此。

时代精神的威力

魏巍同志三次入朝,第一次在一九五〇年底、一九五一年初,志愿军刚出国的时候;第二次在一九五二年夏;第三次在一九五八年秋,志愿军归国的时候。三次采访,在散文特写方面,写了将近二十篇,约十万字。

这些文章当时都曾鼓舞过我们,起过战斗的作用;今天回过头来再读一遍,仍然如此。这些文章在思想上和艺术上所达到的水平当然是有差别的,但是,若以充溢在文章中的时代气息,跃动在文章的时代精神来看,可以说每一篇都是成功的,都是激动人心的。

我们在这里举出《谁是最可爱的人》和《挤垮它》两篇来谈。

曾有人这样谈《谁是最可爱的人》的成绩,说这篇散文怎样写了两个英雄故事,这两个故事又是怎样的生动和感人,等等。这样说当然是不错的,但是,很不够，魏巍同志在这篇令人难忘的文章里，写出了我们一整代人的革命精神，也就是我们这个时代的时代精神。——这是使中国人民历尽千辛万苦到底站立了起来，而一旦站立起来就任谁也推不倒，原子弹也炸不倒的革命精神。

中国人民是共产党和毛主席领导的革命的人民，中国人民是有高度觉悟的人民，中国人民是刚刚摆脱了奴役和屈辱而且永远不愿再受奴役和屈辱的人民，中国人民是和帝国主义不共戴天的人民，中国人民是无所畏惧、不畏强敌、不怕牺牲，能够承担和克服一切艰难困苦的人民，中国人民是爱阶级兄弟甚于爱己的真正仁义的人民——这便是我们的时代精神，打败了美帝国主义的就是这种精神。

魏巍同志抗美援朝时期所有的文章都表现这种精神，而《谁是最可爱的人》表现得最为强烈、最为集中、最为深刻，所以也得到了最大的反响、最大的共鸣。魏巍同志本来准备用二十多个例子来表现这种精神，后来觉得只要能够说明这种精神的本质，三个例子也就够了。这便是大家熟知的松骨峰壮士等三个例子，这是真正概括了这种精神的三个最典型的例子。志愿军是中国人民革命精神的典型，"最可爱的人"这样一个形象的概括，就像画龙点睛一样，我们中国人民的革命精神、英雄气概就腾空而起了。

"最可爱的人"是我们时代精神的光辉的形象化。

通过魏巍同志的文章，我们这个时代的革命精神、战斗精神、英雄精神更为发扬光大了。"支援最可爱的人，学习最可爱的人，作一个最可爱的人"成为我们全民的口号。"最可爱的人"在抗美援朝的那个历史时期里，几乎成为我们全民的道德标准。在我们志愿军里，最严厉的批评，无过于："你称得起一个最可爱的人吗！"同样，在广大的人民群众中，最严厉地批评，恐怕也无过于："你对得起最可爱的人吗！"

只有真正表现、发扬了时代精神的作品，它的威力才可能达到这样的高度。它的影响才会如此的深刻。

在写《谁是最可爱的人》之后的一年多，魏巍同志写了《挤垮它》。《挤垮它》是《谁是最可爱的人》的继续和发展。高度的爱国主义和国际主义，高度的革命英雄主义和乐观主义，这在两篇文章中是相同的。可是，即使是最粗心的读者，也会从这两篇文章中发现战场的变化和精神的变化。在《谁是最可爱的人》里，更多的是壮烈，《挤垮它》更多的是乐观；《谁是最可爱的人》多的是雪和火，《挤垮它》多的是笑和机智。我们可以清楚地发现，经过一年多的锻炼，我们的人民、我们的战士在精神上是变得更沉毅、更坚韧了。

魏巍同志把我们的指挥员和战斗员们的积极作战精神写得多么生动！他把我们积极往前挤阵地比作"捣马蜂窝"，"马蜂不敢蜇你，你就要捣……"；他把我们的大破敌人地雷阵比作背西瓜,"一口袋一口袋地往我们阵地上扛"。他把我们爱在夺过来的土地上种上棒子的习惯也写上了,他因此而忍俊不禁地在文章里笑开了:"那么,今天又去开庄稼地去啦!"他也写了流血,可是那个年轻的副指导员负了重伤躺在担架上还在唱:"炮火震动着我们的心,胜利鼓舞着我们……"他也写了深受灾难的朝鲜人民,可是他写的是穿着白衣白裙和穿着淡青小袄、束着黑裙的朝鲜妇女,在隆隆的炮声中,在水平如镜的稻垄里,镇静地插秧,"她们种的稻垄子多直多齐呵!"

这篇文章最初发表在《解放军文艺》上。我们争先读了它,读着不禁又惊又喜。我们身在朝鲜战场已经两年,也觉得两年来变化不少,可是究竟变在哪里、怎样变了,我们自己也难说得十分明白。而魏巍同志一来就发现了,而且,他说的一切是多么真实呵。是的,一切正是这样,一切都在往好里变。读过《挤垮它》这篇文章,我们喜悦地看到了,经过两年的战斗,我们在精神上已经升高了一层,胜利已经越来越接近了……

革命的鼓动家

曾经有些人怕当不成伟大的艺术家,不敢做坚决为革命服务的"煽动家"。很显然,魏巍同志不是这样的人,魏巍同志是一个为革命服务的鼓动家,或者说,是党领导下的一个宣传鼓动员。

以魏巍同志的艺术兴趣来说,也许更多的在于诗;以魏巍同志的艺术习惯来说,也许更多地偏重于精雕细刻。可是,当魏巍同志觉得通讯特写这种形式是更快当、更直接、更能说明问题、更能和广大读者及时见面,因此也更能发挥鼓动作用的时候,魏巍同志毅然抓起了这个武器。

当我们翻阅魏巍同志抗美援朝散文集的时候,我们不能不惊叹不止,原来,这里注明的完稿日期是这样的:

《汉江南岸的日日夜夜》——三月十六日

《战士和祖国》——三月二十一日

《火线春节夜》——三月二十五日

《谁是最可爱的人》——四月一日

《冬天和春天》——四月二日

这就是说,半个月内写了五篇文章,而这是怎样有力量的五篇呵。

是什么东西支持着这样的速度和产量?只能是一个革命鼓动家的革命热情,而不可能是别的。

魏巍同志从来没有打算掩饰自己文章的鼓动或煽动的色彩。魏巍同志抗美援朝时期的全部文章都是"鼓动材料"。魏巍同志总是想方设法要在字里行间找机会鼓动一下，鼓动人民多给社会主义建设加一块砖，鼓动战士多打死一个敌人。而《年轻人，让你的青春更美丽吧!》这一篇，从题目到内容，都可以说是鼓动知识青年奔赴前线的一篇文章。在我们的周围就不乏这样的年轻人，他们毅然穿上军装之前反反复复地读了这篇文章。当年的年轻人现在已经不太年轻了，可是军装他们至今还穿着，而且看来帝国主义不消灭，他们永远也不想脱下来。他们的青年时代真正称得起是"美丽的青春"，他们至今一谈起魏巍同志的这篇文章，还是怀着深深的感激之情。

我们拥护魏巍同志这样的革命鼓动家。我们也相信，在现在这个革命的时代，伟大的艺术家只可能从革命鼓动家中产生。

当然，现在还认为做了鼓动家就不能再是艺术家的人，毕竟是极少数的了。许多同志都看出魏巍同志散文的鼓动性强是一个可贵的长处。写文章都在学习魏巍同志，这是一种好现象。可是有过一个时期，有些同志却是舍本求末了，他们学习的只是魏巍同志的文体，诸如"朋友，当你在做什么什么的时候，请你想一想什么吧"这一类的文句搬了很多，而内容依旧空虚，感情依旧贫乏。这样的学习，就只是抓了一点皮毛而已。

只在造字遣句上多加一点"热"，只在字里行间多插一些口号或警语，只是多用几个感叹号，都无补于文章的鼓动力量。必须有一颗火热的心才能产生火热的文章。

把火一般的热情献给革命战争

　　记清楚
　　在这苦战的年代
　　你应当把智慧也用于战争
　　把战争也当成诗
　　　　　　　　　——魏巍一九四二年作：《诗，游击去吧》
　　老爷们呵
　　你要用战争来毁灭我们
　　我们不怕战争，我们有的是
　　铁的回击
　　火的回击

——这是人民的回击

仇恨的回击

神圣的回击……

——魏巍一九四六年作:《开上前线》

魏巍同志是在党长期培养下成长起来的战士,也是在战火中成长起来的诗人,他把他全部火一般的革命热情献给了革命战争。在伟大的抗美援朝战争中,魏巍同志的革命热情发出了更为壮丽的火花。

读完了《谁是最可爱的人》这个散文集,我们欣喜地发现,凡是可能瓦解斗志、削弱斗志的话,魏巍同志是一句一字也不说;而凡是可能鼓舞斗志、增强斗志的话,魏巍同志是说了又说,大说特说。十万字是十万颗子弹,颗颗射向敌人。

这不是火药味太浓了吗?是的,可是这有什么可以忌讳的呢,这是一种革命的火药味。以我们看来,这正是革命文学的党性。

美帝国主义把战火烧到鸭绿江边了,中国人民没有被吓到,选择了光荣地战斗。魏巍同志这样歌颂了这一正义行动:

……他们在那个东方巨人的明亮无比的目光所照亮的道路上,勇敢地、坚决地、誓无反顾地踏上了鸭绿江桥。这是只有毛泽东和中国共产党才有的那种智慧和勇气所能够做出来的,也是像中国这样具有传统的革命气概和仗义援助他人的人民所敢于去从事的,真真可以称得起是英明的、果敢的行动。

——《这里是今天的东方》

魏巍同志深知取得战争的胜利并非轻而易举。"一个早晨是不能打退一个帝国主义的"。他善意地嘲笑了有些"性子急的同志",在出国作战的时候"连两瓶牙膏都不肯带,好像这么一个帝国主义还不如他的一瓶牙膏的寿命长"。魏巍同志笔下的战斗是激烈而艰苦的。"并不像某些人所想的,我们的胜利像在花园里、原野上随手撷取一束花草那么容易。"但是魏巍同志决不"长他人志气,灭自己威风",他控诉美帝国主义的暴行,绝不是为了给人"恐惧和凄凉",他写的是另一种东西。"这种东西,像朝鲜那些倔强的无尽的峰峦一样,站立在全朝鲜的每一块地方,它的名字叫作'仇恨'。"(《火与火》)

魏巍同志也写了敌人的炮火凶恶、飞机众多、进攻疯狂,可是写这一切,不过是为了说明这样一个道理:"我们的武器不如敌人,就是在这样条件下,我们还要战胜他。我们的本事就在这里!"(《汉江南岸的日日夜夜》)

我们永远记得一个故事,这个故事是关于一个名叫小玲子的通信员的。小玲子跟随师长当通讯员已经好几年了。"五次战役当中,有一次敌人的坦克快爬到师指挥所,警卫排布置开向坦克猛打,但机枪、步枪,所有的火力,都挡不住坦克的前进。小玲子急了,就提着两个手榴弹冲了上去,像小燕子似的,一下子就爬到了坦克顶上。他先朝履带上插手榴弹,手榴弹滚掉了,把他也炸伤了。他脸上流着血,又去揭坦克的盖子,想把手榴弹投进去。可是怎么也揭不开。把人们急得棉衣都叫汗湿透了。据师长后来告诉别人,他那时候,看着他的小玲子,恨不得替他咬开盖子,让他把手榴弹投进去……后来,盖子从里面打开了,伸出了一支手枪,对着小玲子的胸脯乓乓就是几枪,小玲子是胸脯上带着好几粒子弹硬把手榴弹填进去的,坦克炸毁了,可是小玲子也躺在那辆坦克上。"(《前进吧,祖国!》)

这是一个可以惊天地泣鬼神的非凡的英雄事例。我们还可以再看一个比较平凡的事例。这是一个年轻的女文工团员在谈自己参加战斗的体验,魏巍同志在这里记下了她和他的谈话:

……一次,她到前方参加战斗:敌人的炮火打得正猛烈的时候,有几个战士却在那儿满不在乎地缝鞋子。她惊讶地想,为什么炮火连天的时候,战士们干这不相干的事情呢?一问,战士们笑着回答:"不缝鞋子,等一会敌人垮了,怎样追击呢!"她说到这里,赞叹地瞧着我说:"你看咱们的战士是不是英雄!在他们负伤以后,想的还是前进;在敌人的炮火最猛烈的时候,想的是追击!"

——《年轻人,让你的青春更美丽吧》

我们完全可以想象得出:当小玲子的部队装备改善之后,战场上会发生怎样的事情。而事实也正是这样,魏巍同志写了那个部队仅仅在装备了几门无后坐力炮以后,就曾在一天里击毁了敌人十八辆坦克。我们也就完全可以同意那位女文工团员的预言,她预言自己也"会当英雄";在这样的一场战争中,在这样的一个部队里,每一个有志气的人,都能变成英雄的。

魏巍同志倾注最大的热情于写英雄。他鼓舞人们都像英雄一样战斗。他说:"哪个干部让敌人最讨厌,他就是最好的干部!哪个兵让敌人最讨厌,他就是最好的兵。"他提倡对困难采取这样一种态度:"你就是老虎我也要拔掉你两颗牙!你就是大象我也要扯掉你的鼻子!"他对于在战争中注意学习,不断提高部队作战能力和自己的指挥能力的指挥员,总是给以特别的重视,让大家向他学习。

每一个在抗美援朝战场上战斗过、工作过的人,都知道魏巍同志所写的这一切,没有一字一句是空话,而都有它的实际的战斗作用。魏巍同志作品的本身,就是一种威力强大的武器。魏巍同志是拿了自己的笔,勇敢地投入了战斗的。

在魏巍同志第二次到朝鲜的时候,板门店已经开始了停战谈判。美国侵略者想在谈判桌上占到它在战场上占不到的便宜,美国将军高嚷着:"让大炮去辩论吧!"魏巍同志洞悉一切帝国主义和反动派的卑劣性格,他知道真正的谈判是在战场上,他知道争取和平有赖于坚决地斗争,他这个时候发出的声音是:"磨垮它!挤垮它!"

……坚韧地斗争下去吧,以你更大的雄心去压倒敌人吧,能前进一寸就前进一寸,前进一寸也不算少;能杀死一个,就杀一个,杀死一个野兽就少一个!让野兽们更加害怕我们,更加厌恨我们吧!要是野兽们不想和平,撒赖逞凶,猎手们,猎户们,活活地熬死他们!挤垮他们!

——《挤垮它》

朝鲜停战以后,在志愿军出国三周年的时候,魏巍同志曾这样描述三年来的变化:

……从傲慢的侵略者冲向鸭绿江的时候脸上堆着的笑容,到板门店的桌子旁边哈利逊歪着脑袋所吹的口哨,到最后,在一次丧失了十二万多人以后,他们在一个上午签了字的颤抖的手,这就是事情的进程和结果。

——《这里是今天的东方》

这是何等准确何等形象的概括!没有上甘岭就没有板门店,没有奠边府就没有日内瓦,我们希望全世界人民都能记着这一经验。

一九五八年志愿军凯旋归国,魏巍同志第三次到朝鲜。他写了一篇洋溢着世界上最优美的感情——国际主义友谊的散文。就在这一篇题为《依依惜别的深情》的散文里,魏巍同志也没有忘记对帝国主义的警惕,他在这里特别记下了战士的一句话:

"如果美帝再敢动手,就是我活到八十岁,胡子三尺长,我也要带着儿孙们来抗美援朝!"

这是真正的革命者的斗争意志,这是真正的战斗者的语言。

爱得深,才写得深

魏巍同志的散文,以他自己的对祖国、对朝鲜人民、对志愿军战士深厚诚挚的爱,深深地感染了我们。爱得深才能写得深。魏巍同志写战士生动、深刻、感人,也因为他爱战士爱得深。

魏巍同志叙述自己怎样写《谁是最可爱的人》是这样说的:

"谁是最可爱的人"这个主题,是我很久以来就在脑子里翻腾着的一个主题。也就是说,是我内心感情的长期积累。我在部队里时间比较长,对战士有这样一种感情,觉得我们的战士是最可爱的人。每当我和他们在一起,不知道为什么,我就觉得满心眼儿地高兴。

这次到朝鲜去,在志愿军里,使这种感情更加深了一层。我更加觉得战士们的可爱。我看到他们在朝鲜战争中,虽然面临的任务是这样艰巨、作战环境是这样艰苦,但我们战士的英勇,比起我过去在抗日战争和解放战争所看到的,还有着更高的发展。

魏巍同志又说:只有爱得深,才能在战士身上发现真正本质的东西。这种本质,魏巍同志是发现了的:"在党的教育下,这种伟大深厚的爱国主义与国际主义的思想感情,就是我们战士英勇无畏的最基本的动力。"只有爱得深,才能抓住本质,而排斥其他枝节性的、片面性的、偶然性的东西。譬如,有的同志写战士的英勇作战,只在于要立功戴奖章之类,这就是因为对战士爱得不深,了解得不深,把一些片面的、枝节的,当成本质的、主要的了。至于有人写英雄一定要写三分钟的动摇,以为只有这样才符合"人性",这就是根本不爱战士、不懂战士,以致于是歪曲战士了。

魏巍同志又说:"写战士怎样才能写得生动?我感觉不仅应写战士的英雄行为,还要写出英雄行为中的英雄的思想感情。"这一点很重要,魏巍同志正是这样做的。而要真正写出英雄行为中的英雄的思想感情,必须要像魏巍那样热爱战士、热爱英雄,和英雄有同样的思想感情,这样才能和英雄"思想感情相通",也才能正确地、真实地、恰如其分地在作品中表现英雄的思想感情。

从魏巍同志的作品当中,我们充分地看到了毛主席文艺思想的光辉。魏巍同志正是遵循了党的文艺要为无产阶级政治服务、文艺要为工农兵服务、作家艺术家要深入到工农群众中去的指示去生活,去斗争,去工作,才得到了这样的成功的。魏巍同志首先是战士,然后才是作家。

可见,要学习魏巍同志,首先要学习作为战士的魏巍,然后才是学习作为作家的魏巍。

我们的希望

魏巍同志的抗美援朝散文是政论、特写和抒情诗的完美的结合。而把这三者合而为一的是奔腾澎湃的战斗热情。魏巍同志的每一篇文章都是有所为的,都是有目的的,都是要解决一个问题的;当他认为要说道理时,他就毫不迟疑地把道理摆出来;当他认为要鼓动一下时,他就大声呼唤;讲着讲着,忍不住激动起来,想倾吐一下自己的感情的时候,他就毫不犹豫地将自己的感情倾泻于笔下。因为这一切都出自一种战斗热情,一切都出自一种团结自己、打击敌人的热烈愿望,一切都出自一种共产党员的自觉,所以这一切都来得自然,来得毫不拘束,来得汹涌澎湃。所以,我们读了魏巍同志的散文,总是既得到思想上的启发,又得到情绪上的感染。

最后,我们想向魏巍同志提出这样一个希望:亲爱的魏巍同志,在大跃进的激奋人心的鼓声里,在轰击金门的隆隆炮声里,为什么很少听到你这一支嘹亮的号角的声音?我们知道,你斗志不懈,你工作勤奋,但是,你想必是被自己所说过的"钻长的"、"刻细的"这样的工作拖住了。精雕细刻的长篇巨著当然是人民所需要的,我们对这也怀着热望。可是,亲爱的魏巍同志:请注意发挥你的"近战"的特长,腾出一只手来多写一些战斗性强的散文,像你在抗美援朝时期所作的一样。现在这个时代,仍然是斗争的时代,它对于一个勇猛的战斗者的需要,一点也不次于抗美援朝那时候。在斗争的最前线,永远有你——我们的战士和作家的岗位!

原载《解放军文艺》1960 年第 8 期

论魏巍报告文学的思想与艺术

华旭文

  在报告文学领域里，魏巍同志的作品是有突出成就和重大影响的。
  每当我们想到伟大的抗美援朝运动，便往往要联想到魏巍的报告文学集《谁是最可爱的人》。作家一九五一年到一九五二年所写的一些著名的作品，像《谁是最可爱的人》《火线春节夜》《战士和祖国》《年轻人，让你的青春更美丽吧》《挤垮它》等，在报刊上发表后就传诵一时。十年过去了，但这些作品的思想艺术的光辉，丝毫没有褪色。一九五八年，中国人民志愿军光荣凯旋的时候，作家又献出了新的篇章——《写在凯歌声里》和《依依惜别的深情》，同样赢得了广大读者的热烈欢迎和赞美。
  魏巍的一些优秀作品在生活中发挥了巨大的战斗作用。它们走进了广大人民的劳动、战斗、学习和生活的行列，给千千万万的读者以深刻的教育和有力的鼓舞。特别是《谁是最可爱的人》这一篇脍炙人口的作品，自从发表以来，一直以强大的思想艺术力量感染、激励着广大的工人、战士、干部、学生等不同岗位的人们。有一位前中国人民志愿军的同志回忆当时的情况说："读了这篇作品，我们觉得浑身是力量，即使横在我们面前的，是美国鬼子设下的二十公里的火墙，我们也会毫不犹豫地一冲而过的。"（吉悌：《战斗热情最可贵》解放军文艺，1960年第8期）许多人读了这篇作品以后写给报刊的表示自己决心的信和文章，也都说明它有多么深刻的影响。当然，《谁是最可爱的人》是特别突出的，但其他一些优秀作品也都产生了巨大的艺术效果。对于一个作家来说，自己的作品能够较好地记载人民军队和人民的英雄业绩，同时又成为他们前进的洪亮的号角，出色地为革命事业服务，这是很大的幸福。
  收在《谁是最可爱的人》集中的十七篇作品，从若干角度和侧面概括深广地报道、记录了几乎整个抗美援朝战争的历程。这里，我们看到了中朝人民反对美帝国主义侵略的不可摇撼的决心，看到了中国人民优秀的儿女——中国人民志愿军的无比的英雄气概，看到了中朝人民以鲜血凝成的战斗友谊，看到了美帝国主义在东方又一次遭到了可耻的失败。从这些作品中可以发觉历史的一个深刻的变化：中国人民巨人般地站起来了，帝国主义任意奴辱东方人民、为所欲为的日子已经过去了。可以说，报告文学集《谁是最可爱的人》是反映了我们时代生活的若干本质方面的。

魏巍的许多作品,以活生生的现实和人们的切身感受来揭示中国人民抗美援朝的必要性与正义性。全世界的劳动人民是休戚相关的。在抗日战争的艰难岁月里,朝鲜人民在金日成同志的领导下,直接地帮助中国人民的民族解放战争。《朝鲜人》这篇作品,通过了朝鲜籍的老金同志的故事,给我们描绘了中朝人民的一段感人至深的战斗友谊。作品含意深长的题名,正是要显示出这种生死不渝的战斗友谊的普遍意义的(顺便说一句,这篇作品具有较多的小说的因素)。同样,当美国侵略者把战争强加在朝鲜人民头上时,当朝鲜老大娘的茅屋一次又一次被炸毁时,当朝鲜婴儿吮着母亲奶头上渗出来的血水时,怎能不激起我国人民对"美国强盗"的深沉仇恨的火焰!然而,抗美援朝的必要性与正义性还不仅仅如此,正像《各民主党派联合宣言》指出的:"中国人民支持朝鲜人民的抗美援朝战争不只是道义上的责任,而且和我国全体人民的切身利益密切地关联着,是为自己的必要性所决定的。救邻即是自救,保卫祖国必须支援朝鲜人民。"志愿军战士们是深深地了解这一点的。他们知道,中朝两国是安危相共,如果美帝国主义的阴谋得逞,在完成了对朝鲜的侵略之后,它的一把尖刀就插进中国的胸膛。作家从战士的言论和行动中,表现了他们对这个重要道理的领会。我们的战士对敌人没有任何幻想。"美国强盗"帮助蒋介石屠杀中国人民的事实,记忆犹新。有一位战士说:"假如让美国鬼子到咱们中国,我的老娘还会剩下吗?我的老婆跟孩子,还会剩下吗?他们不光要杀死她,烧死她,他们会把我的房跟脚也挖出来的呀!"(《战士和祖国》)我们的战士,不仅要保卫自己的母亲、爱人、孩子,更要保卫祖国千千万万人民的母亲、爱人、孩子,要保卫人民的江山和幸福的生活!"我出来就是为了我们祖国天天像赶集那么热闹,扭秧歌,打花鼓,种田,唱歌,学文化,在马路上随便走!"(《火线春节夜》)这质朴真挚的预言,表达了战士们的共同的感情。

作家就是这样以具体的鲜明的艺术描写,显示了毛主席的"不要枪杆子必须拿起枪杆子"(《毛泽东选集》第二卷《战争和战略问题》)这一思想是多么有力地掌握了革命人民;揭示了不能向美帝国主义乞求和平,而必须以正义的战争来消灭帝国主义侵略战争的道理。

然而,魏巍的报告文学的思想力量和艺术力量,更主要的还在于:他用灼热的感情和富有诗意的预言,表现了讴歌了志愿军战士。

在朝鲜前线生活的期间,魏巍被我们的战士的伟大的共产主义品质和他们的英雄事迹深深感动,并且强烈地意识到必须竭尽全力来歌颂我们祖国的这些英雄儿女。魏巍所看到、听到的动人事迹是很多的。而他从自己的创作过程中,明确了应该怎样来处理这些素材。在一篇谈创作体会的文章里,他说:"事实告诉我,用最能代表一般的典型例子,来说明本质的东西,给人的印象是清楚明白的,也会是突出的。"(魏巍《我怎样写〈谁是最可爱的人〉》)的确是如此。如果一个报告文学的作者不能很好地选择最能说明事物本质的典型事例,而是把自己所占有的素材,不加选择地堆砌在一篇报告文学中,那么,他就会使自己的作品变成一本冗长的流水账,使应该是富有创造性的劳动变成机械的记录工作。当然,选择、处理素材不只是一个技巧问题,更重要、更根本的是作者理解生活的思想高度。

典型事例的选择为的是更好地表现人物和主题。作品要具有打动人心的力量,就不能停留于表面地记录英雄事迹,而是要通过英雄事迹去表现英雄人物的崇高、丰富的精神面貌,以及从他们身上所体现出来的时代脉搏。报告文学和小说不同,它要求作家严格地尊重生活的真实,不允许依靠虚构事实来进行写作。但是这并不意味着降低对作家创造性的要求。真正的报告文学要求作家在生活的海洋中独具慧眼,能够从纷繁多样的现象中看到事物的本质和内在意义。从人物的行动中看到它的阶级的、历史的、时代的因由和烙印,表现出人的内心世界。

在魏巍的作品中,我们高兴地看到,他善于把他的艺术的镜头对准人物灵魂闪射着特别耀眼的光芒的一刹那,也善于从看似平凡的生活中去发掘它所蕴含的不平凡的思想感情,从而表现出我们的战士身上的基本质素,表现出他们的思想美和性格美。

《谁是最可爱的人》《战士和祖国》《前进吧,祖国》等篇章,都特别突出地表现了战士们的爱国主义。在这里,爱国主义是革命者的一种自觉的感情。对于我们的这些来自劳动人民的战士们来说,新生的祖国不但使得他们翻身做主人,获得幸福生活,还寄托着、实现着他们的全部美好的希望和理想。因而,他们对祖国也就爱得特别深挚。魏巍是善于发现和把握战士们的这种思想感情的,哪怕它是从一些并不怎么显眼的行动中流露出来。《战士和祖国》一文告诉我们,当战士们知道作家是刚从北京到朝鲜前线时,有人问起毛主席的身体,"有人问起天安门,有人问起东北的工厂,有人问起故乡的土地改革,有人问起学生的参军,有人问祖国去年庄稼的收成,有人问祖国某条铁路的双轨铺到哪里,一直问我平时毫不注意的一些问题"。多么深切的关怀!多么细致的感情!而这正是强烈的爱的自然地流露。一个热爱祖国的人,他才会真正了解摆在祖国面前的任务是什么,才会乐于为祖国贡献自己的一切。在《谁是最可爱的人》里,作家敏锐地从生活中记录了这样闪闪发光的语言:"拿吃雪来说吧。我在这里吃雪,正是为了祖国的人民不吃雪……你再比如蹲防空洞吧,多憋闷得慌哩,眼看着外面好好的太阳,光光的马路不能走。可是我在这里蹲防空洞,祖国的人民就可以不蹲防空洞呀，他们就可以在马路上不慌不忙地走呀。"在这几句话里，饱含着一种崇高、自觉的感情。有谁能不为这种对祖国的无限热爱、无限赤诚所感动呢？我们的战士，是爱国主义者同时又是国际主义者。他们懂得，朝鲜人民反抗美帝国主义的侵略，保障了我国的安全，支援了我国的和平建设。而他们自己一把炒面一把雪，在炮火中出生入死，是为了保卫祖国，为了朝鲜人民的独立和幸福，也是为了捍卫社会主义阵营的东方前哨与世界和平。作家摄取了一些富有典型意义的细节来表现战士们的这种国际主义思想感情。一个叫马玉祥的炮兵战士，看到朝鲜老妈妈的房子、窝棚一再被敌人炸毁，就到连部要求去当步兵，他说："离敌人越近，越觉得打得过瘾，越觉得打得解恨。"喷泉里出来的是水，血管里出来的是血。没有对朝鲜人民的深沉的、骨肉般的感情，怎么会有对敌人的深沉的、刻骨的仇恨？就是这个马玉祥，在严峻的时刻，为了朝鲜人民，毫不迟疑地去赴汤蹈火。当敌人的燃烧弹炸着了几间朝鲜民房时，他听到随着滚滚浓烟传出来小孩的哭声，便不顾自身的危险，冒着浓烟大火，抢进屋里把小孩救出来；又怕小孩没人抚养，再一次冲入火中要救小孩的妈妈。(《谁是最可爱的人》)两个细节，打开了一个国际主义战士心灵的门扉。而《依依惜别的深情》则是从完全不同的角度，透过一个乍看上去颇为有趣的事实，来表现国际主义又是怎样贯穿在我们的战士的普通的生活中：凯旋之前，三个志愿军战士为了给人民军做礼物，决定亲手做绣花手绢，"杀敌人的勇士就这样拿起绣花针，变成了绣花姑娘"。当我们看到杀敌勇士与"绣花姑娘"这两个平时很难联系在一起的概念，统一在我们的战士身上时，就会发现，这里蕴含着一种多么高贵的感情，并且深受感动。同时，也不能不由衷地赞许作家的眼光锐利、善于选择。

在反映志愿军战士的爱国主义与国家主义的同时，魏巍又以浓重的笔触描写了我们的部队革命英雄主义的普遍高涨。作家理解到，正是基于爱国主义和国际主义的结合，基于对自己为之战斗、献身的事业的深刻的认识，我们的战士才会有那样高昂的革命英雄主义精神；而这种革命英雄主义，在严峻的考验里，在殊死的战斗中，表现得特别充分。请看吧，当敌人布下地雷，妄图阻挡我军前进的时候，我们的步兵战士，虽然没有扫雷的经验，但却绝不会被它吓住。有个战士指着地雷说：

"你有什么了不起呀！你当我不敢惹你吗？我偏偏惹惹你看。你就是老虎我也要拔掉你两个牙！你就是大象我也要扯掉你的鼻子！同志们，展开一点，仔细看我动作，如果我这么拔牺牲了，你们就接受我的经验，改个办法那么拔！"

(《挤垮它》)

这是多么豪迈、无畏的英雄语言！作家没有描述拔除地雷的过程，而是选取了这么一段有着无比的英雄气概而又富于个性特征的话,使读者看到一个为了祖国、朝鲜人民,勇于自我牺牲、敢于斗争的革命战士的崇高的精神面貌。在这样的战士面前,有什么困难不可征服,有什么敌人不能打垮呢？我们的战士就是以这样的精神力量压倒敌人、战胜敌人的。在《谁是最可爱的人》里,写了这样一个震撼人心的事迹:我们的一连人,为了阻击大批夺路逃命的敌人,在极其艰难的情况下激战了八小时,最后子弹打光了,敌人的汽油弹又把他们烧着了,这时候,"他们把枪一摔,也要把占领阵地的敌人烧死。"这样英勇壮烈的场面,真可感天地泣鬼神！这种战威,将使一切敌人望风丧胆,而使人民千秋万载都受到最强有力地激励。这种伟大的革命英雄主义行为的产生,是因为他们确信自己所献身的事业的正义性与不朽性,是因为他们领会了党和毛主席的教导:"部分的暂时的'不保存'（牺牲或支付）,是为了全体的永久的保存所必需的。"(《毛泽东选集》第二卷《抗日游击战争的战略问题》)他们知道,自己的牺牲将换得大群野兽的覆灭,而自己为之献身的事业却将胜利前进、万古长青。

　　这种对于自己所从事的革命事业的正义性与不朽性的确信,使我们的战士具有高度的革命乐观主义精神。与头号帝国主义作战,是一场严重的斗争。但是,任何艰难困苦都不能动摇我们的战士对胜利、对光明前途的信心。在这一点上,魏巍对我们的部队也是有比较深切的感受与认识的,作家并没有回避现实存在的苦难特别是我们的装备处于劣势的困难。但是,作家也并不夸大这些困难,而且更重要的是,在他看到这些困难的同时,也清楚地看到并表现出我们的战士身上克服困难的无限信心与力量。请看吧,在那全是坚石的山上,我们的战士,用铁镐刨着交通壕,"镐头落下去,就冒出一股火星,落下一些粉末。有时落下去,只啃了一道白印,好几镐才落下核桃大的一块。"然而,战士们却满不在乎地说是"家常便饭"。有的人手上起了好几个紫葡萄般的血泡,还生怕别人看见,当别人问起时,他却幽默地说:"不要紧,一门流弹'泡'也没有,都是小六〇'泡'！"(《挤垮它》)就凭着这种笑迎困难、坚韧不拔的英雄气概和乐观主义精神,挖下了从东海岸到西海岸,把所有的高山大岭盘结在一起的地下长城。在《年轻人,让你的青春更美丽吧》之中,有着这样一个片段:一次战斗中,敌人的炮火打得正猛烈,可是有几个战士却满不在乎地缝鞋子,有人问起,他们笑着回答:"不缝鞋子,等一会敌人垮了,怎样追击呢？"就是这么一个片段,已经很生动、充分地表现了战士们的冷静、乐观和对胜利充满信心。

　　从前面谈到的一些方面来看,魏巍的报告文学,既能够显示出在英雄人物身上各种革命的思想感情之间的有机联系,又能够表现出革命的思想感情与英雄行为的联系。它不仅摄取了外在现象——英雄们做了什么,而且透过现象揭示了内在的动因——是什么思想感情支配着他们,使他们那样行动。同时,革命的思想感情和英雄行为,在不同的人身上表现出来,往往是带着清晰可辨的个性特征的。这就形成了魏巍报告文学的一个可喜的优点:开掘深。正因为开掘深,才能够以一当十,从少数具体的人和事件的报道中,充分地表现出时代精神,反映出新的历史时代的某些本质方面。只有对我们的战士有深切的了解,才能够这样深刻、生动地展示出他们的崇高、丰富的内心世界。而这,固然是作家三次深入朝鲜前线观察、体验、研究、分析的结果,也是他长期在部队里生活积累的结果。

对于我们的战士的精神面貌的深刻的表现,又加强了对朝鲜战争性质的揭示:美帝国主义侵略战争的非正义性和我们抗美援朝的正义性、必要性。同时,这里的全部艺术描写,又都生动地体现了这样一个真理:"决定战争胜败的因素,是战争的性质而不是军队的装备,是人而不是物。"(《人民日报》社论,《警惕地捍卫着亚洲和世界和平》)并且在这一指导思想的基础上,以生动、雄辩的典型事例,展示了志愿军战士是怎样粉碎美帝国主义所谓"不可战胜"的神话,揭穿了美帝国主义的"纸老虎"的本质,从而富有说服力地体现了我们必然胜利、敌人必然失败的历史规律。这就大大加强了作品主题思想的分量,从而起了长人民威风、灭敌人志气的战斗作用。在当时,对肃清某些人的亲美、崇美、恐美的思想,是有重大意义的。在今天,对鼓舞人民的反对美帝国主义的斗争,仍然有着不可低估的积极作用。

由于作家不是孤立地表面地记述英雄事迹,而是把它提到保卫祖国、反对帝国主义侵略、捍卫社会主义阵营的前哨和世界和平的高度来考察;由于作家善于透过英雄事迹看到人物的内心世界,因而,他就能够比较深刻和充分地揭示这些英雄事迹的意义,能够在广阔、庄严的背景之前表现出英雄们的光辉思想与壮美的情怀。这样,作品中的许多英雄人物与英雄事迹,在今后也仍然将给广大读者以感染、教育、鼓舞,使他们的心灵受到一次共产主义思想光辉的照耀。从而更好地理解生活的意义,为了党和人民的事业发扬艰苦奋斗的革命精神。由此可见,魏巍的不少优秀作品,是体现了相当程度的革命现实主义与革命浪漫主义的结合的。

在魏巍的许多向读者报道英雄人物与英雄事迹的作品中,我们都能够感受到作家的灼热的感情,听到作家发自内心深处的洪亮的赞歌。当作家的笔锋转向敌人的时候,我们仿佛看到一团熊熊燃烧的愤怒与仇恨的火焰。这种饱满的政治热情,是魏巍报告文学的一个鲜明的特点。"只有自己灵魂有火,才能点燃别人的灵魂。"作品的饱满的政治热情,是作家对祖国、志愿军战士、朝鲜人民的深挚的爱,对敌人的强烈、刺骨的恨的反映。而作品激动人心的一个重要原因也就在于此。

谈到这个问题，提一提魏巍从事报告文学创作的经过是有意思的。魏巍原来是喜欢写诗的，抗日战争中曾以"红杨树"这个笔名在晋察冀的报刊上发表了一些诗作。他也写过报告文学，可是"总不是那么看重"。到朝鲜以后，原来也想写些别的，"但又老想：这样的伟大的斗争和伟大的战士必须要很快地写出来啊，如果慢慢在那儿钻长的、刻细的，最后又弄不成，怎么对得起战士呢"。（魏巍《我怎样写〈谁是最可爱的人〉》）就在这样的心情的支配下，他先后写出了我们所看到的十几篇报告文学，迅速、及时地报道了为广大人民所关切的朝鲜前线的生活和战斗。正因为出于这种自觉的政治责任感，他的创作目的是明确的：让志愿军战士的崇高的思想品质，成为广大读者学习的榜样，成为推动我们祖国建设的一种精神上的动力。

从这一创作目的出发，魏巍的报告文学一般都有比较重大的主题。作家除了采取一般常用的艺术手法来表现主题之外，还经常借助联想来突出主题。对于事物的内在联系的比较充分的理解，曾经有一段不算短的时间从事诗歌创作所培养起来的诗人的敏感和想象力，使得魏巍在报告文学创作中能有丰富、合理的联想。作家往往把朝鲜前线的战斗和祖国的建设、人民的幸福的生活很自然地联系在一起。他从志愿军指战员头上新长的白发和脸上新添的皱纹，想到了祖国的荆江分洪闸和治淮工程，想到了前者与后者的联系（《祝贺》）；从战士们在前线蹲防空洞、一把炒面一把雪，想到祖国人民早晨坐上第一列电车走向工厂，不少人安安静静地坐到办公桌前开始一天的工作（《谁是最可爱的人》）。真是浮想联翩，神驰万里！这种丰富、合理的联想，是有助于深入地揭示志愿军同志艰苦战斗的意义的。善于提出问题引导读者去思考，这也是作家突出、加强主题的一种有效的艺术手法。在《前进吧，祖国！》里，用最庄严的名义，向读者提出了问题："朋友们，领袖的洪亮的号召，在我们的耳边响着，战士们用鲜血和生命争取的时间，又是这么宝贵，在这伟大的建设信号发起的时候，你是怎样地去迎接我们祖国的新的历史任务呢？"问题是提得很尖锐很明确的，在这样的问题面前，许多读者都会在心里做出有力的回答的。像这样尖锐、明确地提出问题，并引导读者去思考，对增强作品的思想分量、突出主题，都是有显著的作用的。

在魏巍的几乎所有报告文学中，都可以看到一种直接的、激动人心的、战斗的抒情。像《前进吧，祖国！》《挤垮它》《祝贺》《写在凯歌声里》都是相当突出的。在这些作品里所抒写的是作家自己的感情，又是广大的人民、志愿军战士的共同感情。有时，作家替战士向祖国的人民倾诉自己的理想和期望，有时又是为广大人民向战士表达感激、崇敬和决心。于是，这些抒情就成了志愿军战士和祖国人民的心灵的桥梁，就能够激起人们强烈的共鸣。而《谁是最可爱的人》整个作品,更是饱含激情地、富有创造性地说出了全国人民心底的共同语言:我们的战士,是"最可爱的人"。正因为这是"人人心中所有,人人口中所无",所以这个对战士的称呼能够为广大人民所承认和普遍采用。应该说这是十分难能可贵的。为了表达奔涌直泻的战斗激情,作家常常运用排句。在《挤垮它》的结尾,我们看到了一种出于对敌人的强烈憎恨的语言,它有力地激励着我们的战士,让他们去消灭那些披着人皮的野兽。而在《这里是今天的东方》里一连八个排句("是他们,怀揣着几个冻硬的山药蛋,站立在成吨的钢铁和弥天的烈火中……呵,这是何等的英雄气概!")又使我们看到作家感情的迸发,这是对战士们的伟大业绩的无限热爱与崇敬的由衷地赞颂。应该说,这里所"抒"的"情",是人民之情、革命之情。

《谁是最可爱的人》集中许多作品的抒情之所以具有战斗特色和激动人心的力量,还在于作家往往把灼热的革命激情和富有典型意义的事实的生动的叙述、精辟有力的政论,融化在一起,即把抒情与叙事、议论很好地结合了起来。《依依惜别的深情》的末了,是这样写朝鲜人民送别志愿军战士的:

这时的队伍,已经不分行列,不分军民,不分男女,错错落落,五光十色,互相搀扶着,边说边哭,边哭边走。这是什么队伍呵!也许这不像队伍吧,可是这的确是世界上最强有力的队伍,这是心连着心,肩并着肩的友谊的巨流;这支巨流,行进着,行进着,越过一道道山,一道道水,他们行进在枫林烧红的山野,行进在社会主义东方。

这一段文字,描写了亲骨肉般的中朝军民离别时的异常动人的景象。同时,又发掘了这景象所蕴含的内在的深刻意义,说明了:志愿军所以是世界上最强有力的队伍,就因为这是党教导下的队伍,正义的队伍,劳动人民的队伍。不论是叙述或者议论,都使人感觉到,作家的火热的感情像鲜红的血液流动在全部字里行间。这种抒情、叙述、议论的结合,还突出地表现在把英雄人物、英雄事迹与读者联系起来,启发读者进一步去思考生活,认识生活和战斗的真理。这一点,我们更多是在作品的结尾看到的。在《年轻人,让你的青春更美丽吧》的最后一段,就是以亲切的、富有鼓动性的语言,说明闪现着英雄的光辉的青春是美丽的,而在朝鲜战场上已经有很多年轻同志做出了榜样,那么,每一个"毛泽东时代的年轻人"都应该向他们学习,使自己的青春也闪现英雄的光辉,"让我们伟大的祖国革命英雄主义的花朵遍地开放"。于是,这最后的一段就与带着浓厚的哲理气味的、警句式的开头相呼应。魏巍报告文学中的议论是关系到政治生活中重要问题、倾向鲜明的政论。因而,在《年轻人,让你的青春更美丽吧》及其他许多作品中的这种抒情与叙述、政论的结合,就使得读者不但为战士们的高尚的思想品质和英雄行为所感动,而且有所思、有所得:把英雄与自己的的生活、劳动联系起来,用前者作为标尺来检查后者,并且从英雄身上吸取思想力量,策励自己,提高自己。魏巍的许多作品能够达到艺术表现上的率直与思想境界的深远的统一,能够使人读后颇有余味,一个很重要的原因就在这里。

于是,我们看到了魏巍的这些报告文学的一个鲜明特征:战斗诗情与严肃的政论性的高度结合。体现着这种结合的,是作品的豪迈热烈的语言,雄壮高亢的调子,鲜明富丽的色彩。应该说,这是作家明确的创作目的与强烈的革命激情的产物,是作家在实际上相当程度地运用革命现实主义与革命浪漫主义相结合的艺术方法的结果。此外,这些报告文学之所以具有如此浓厚的诗情,和作家以前的诗歌创作是有些关系的,他在这以前的诗歌创作活动,为这些报告文学的创作准备了一个良好的基础。

魏巍的报告文学在结构上也表现了他的艺术匠心。结构是实现创作构思的一个重要方面,对于报告文学的艺术效果有着不可忽视的作用。前面说过,作家是善于选择能够说明事物本质的、具有典型意义的例子的。但如果光是具有这一方面的能力还不能创作出艺术上完整的报告文学。魏巍安排作品结构的才能在于:他善于把能够说明事物本质的、具有典型意义的例子,按它们的内在联系,加以艺术地组织,使它们紧密地围绕着一个中心或者后浪推前浪、气脉连绵,构成一幅或一组互相映衬的战斗生活的画面,从而很好地服务于一定的主题思想。有的作品,像《谁是最可爱的人》《战士和祖国》《前进吧,祖国!》主要部分的几个并列事例,或者分别地表现主题思想的某一方面,或者从不同的角度来表现主题思想,它们在思想艺术上都有着内在的、不可分割的联系。(这几篇虽然主要部分都是几个并列的事例,但是处理上还是不完全相同的。)有的作品,像《火线春节夜》《依依惜别的深情》,是依着一定事件的发展过程和时间的顺序,把许多事例组织和统一起来,从而步步深入。有的作品,像《汉江南岸的日日夜夜》,则是以概括的叙述开始,接着再展开和具体化。如果说,以上所说的几篇以若干具体事例构成主要部分的作品可以看作是属于同一类型,那么,有些作品,像《祝贺》《这里是今天的东方》《写在凯歌声里》则是另一类型。后一类型的作品,往往没有故事情节,而只是以形象的、抒情的语言,对生活作广阔的概括和综合。而且,作家好像在和自己作品中的人物倾谈或通信,所以读起来觉得很亲切。这些作品有着浓厚的散文诗的味道,特别是《写在凯歌声里》简直就是一篇凝练而又深挚动人的散文诗,这一类型的作品表明了作家在报告文学创作上的新的探索,这探索是值得重视和欢迎的。

从更高的要求来看,《谁是最可爱的人》这个集子中有些作品,如《前线童话》《冬天和春天》《勇士镇守在东方》,和作家自己的优秀作品比较起来,有的稍显单薄和平淡,有的还缺乏更深邃的思想内容因而未能产生震撼人心的力量。

而《火与火》和《在风雪里》,对美帝国主义的兽性和侵略本质的揭露,对朝鲜人民的仇恨美帝国主义的情绪和不屈的意志的描绘,都还有较大加强的余地。上面提到的这些作品,大都是作家第一次到朝鲜不久写出来的,而且又有几篇主要是写朝鲜军民的,生活基础不够可能是这些作品未能取得更大的成就的一个主要原因。

在艺术表现上,我们以为,如果作家能更多注意平与奇、拙与巧、朴与丽的辩证关系,也许会使某些作品取得更好的艺术效果。此外,有些读者从具体描写中完全可以领会之处,如果作家不直接出面简单地点明这些片段和章节的含意,可能反而更好一些;在表现形式和手法上,也还可以更多样化一些。

尽管《谁是最可爱的人》这个集子中还有一些使我们感到不足之处,但从总的看来,这无疑是一个很优秀的报告文学集。这里有许多作品,战斗的思想内容与相当完美的艺术形式有很好的结合,它们是我国社会主义文学的一项可喜的收获,并在若干方面标志着我们的报告文学所达到的水平。这样重大的成就的取得,首先决定于作家的思想和生活深度,是作家努力学习马克思列宁主义、毛泽东思想,长期在部队里生活并且与战士们在思想感情上逐渐打成一片的结果。当然,和作家的辛勤的劳动与严肃的创作态度也是分不开的。

近几年来,一直没有再看到魏巍同志新的报告文学创作了。我们殷切地希望,作家能够在从事其他文学样式的创作的同时,也写一些报告文学,来歌颂三面红旗,歌颂人民军队,反对帝国主义,并且使自己的报告文学在思想、艺术上不断走向新的高度。

原载《扬州师专学报》1962 年第 16 期

报告文学与时代精神
——读华山、魏巍的报告文学作品

曹华鹏　潘旭澜

  伟大的人民解放战争和抗美援朝战争距离现在都已经有十年以上了,那些战火纷飞的岁月在人们的记忆中或许已经逐渐变得淡薄和遥远了吧,然而每当我们重读华山同志反映解放战争的报告文学和魏巍同志反映抗美援朝战争的报告文学时,总是跟初读时一样,依然被激动得热血沸腾,不能自已。华山和魏巍的这些作品,都是他们在战争年代里写成的,战斗的需要不容许他们作更长时间的酝酿和更充分的琢磨,依照有些同志的看法,这种作品的"时效"似乎只能是短暂的,可是为什么它直到今天还具有这样强大的生命力?仍然能够赢得广大读者的喜爱?这的确是值得我们深思的。

  我们认为,华山和魏巍反映战争的报告文学所以直到今天还具有激动人心的力量,除了其他的原因以外,一个根本的原因是:在作者所描绘的色彩斑斓的艺术图画中闪耀着强烈的时代精神的光辉,这种时代精神的光辉,在今天能够引导读者回忆或者认识那些已经过去的交织着血与火、艰苦与欢乐的战争的年月,从而更深刻地理解我们革命所走过的一段路程;并且激励人们奋力于当前的劳动和斗争。强烈的时代精神是一切优秀报告文学的生命。今天,当广大读者在热情地呼唤着文学的"轻骑兵"——报告文学的时候,重读华山和魏巍这些反映战争的报告文学,我们是可以把他们如何在报告文学中体现强烈的时代精神的期盼,作为借鉴的。

  题材的选择对于报告文学可以说有特殊的意义。报告文学在整个文学战斗兵团中经常被称为"轻骑兵",读者期待于它的是迅速地向他们报道广大群众所迫切需要了解的生活动向,每一个报告文学作者都应当考虑如何来满足读者这种正当的要求。华山和魏巍都长期生活在革命部队里,他们和英雄的指战员共同度过了不少艰苦战斗的年月,汹涌奔腾的生活激流冲拍着他们的心,使他们意识到运用轻便的文艺武器将战斗生活中最动人的英雄业绩迅速地告诉广大的读者是他们的光荣的责任。因此,在他们的报告文学里所描写的,都是广大群众所迫切需要了解的关于我们英雄的战士在和国内外敌人作战中所表现的丰功伟绩。华山自己说过:"高山有巉岩也有碎屑,大海有浪花也有泡沫。活在我们记忆里的却只有一种人,那就是曾经战斗着的人和正在战斗着的人。我们有幸生活在两个时代交替的时刻。有一个伟大的党把我们带进了生活的激流。可是十几年来,我们走过的路这样多,自己却写的这样少!如果还有一点稍稍可以自慰,那就是还没写过生活的泡沫和碎屑。"(《远航集》题记)的确,在华山的全部报告文学作品里,他所描写和歌颂的都是高山的巉岩和战斗激流的浪花。同时我们也不会忘记,在抗美援朝战争期间,魏巍是怎样成为广大读者亲密的朋友的。那时候,人们常是怀着何等迫切的心情围着报纸寻找着魏巍的朝鲜通讯,因为它从遥远的朝鲜前线为我们捎来祖国优秀的儿女英勇战斗的讯息。重大题材往往集中体现着我们时代生活的特色,作者在报告文学里选择现实生活中的重大题材来描写,就为他们在作品里表现出我们生活的主流和时代脉搏的跃动、唱出时代的最强音提供了更多的可能性。

另一方面,由于华山和魏巍都长期生活在革命部队里,亲身参加当前的革命战争和反侵略战争,他们对于战争生活是熟悉的,生活积累是丰厚的,因此,他们就有可能发现在革命战争生活中所包含着的无限丰富的内容,从而在自己的报告文学中,也就可以从各种不同的角度来选择和描写那些能够使人们感到时代脉搏跳动的富于典型意义的事件。例如,华山以《风雪中来去》为题的这一组报告文学,它所包括的十五个短篇,可以说是从十五种不同的侧面来反映解放战争初期的时代面貌的。这里有后方民工支援前线的热情;有战士们在严寒里行车的艰苦;有前线军民新年联欢发出的欢笑;有将军士兵家书里传来的哀号;有我军官兵之间的友爱;有敌我双方哨兵在战线上的交谈……而在《勇士们》《英雄的十月》等几组报告文学里,作者又从各种不同的角度来描绘我军各式各样的战斗英雄的丰功伟绩。在魏巍的笔下,朝鲜战场上的生活也是多么丰富多彩啊!从战场上的你死我活的拼杀到火线春节夜的聚餐;从冒着生命危险扫雷救火到志愿军师长在阵地上栽种棒子的故事……哪一个故事不是这样的激动人心?而这一切,又都从各种不同的侧面构成了华山和魏巍报告文学作品中的浓烈的时代气氛和鲜明丰富的时代色彩。可见,描写重大题材,并没有使华山和魏巍的报告文学"单调",相反的,重大的题材在他们作品中却是体现得如此多姿多彩。如果说,描写重大题材为他们的报告文学唱出时代的最强音提供了巨大的可能,那么,这种时代的最强音正是由丰富多样的音色组成的。

然而决不能够说,一篇作品只要是描写重大题材就一定具有强烈的时代精神(也不能认为,在平凡的题材中就不可能表现出一定的时代精神)。我们往往看到这样的情况:有些作品虽然描写了重大题材,但由于作者开掘不深,不能表现出深邃的思想,因而它并不能进射出强烈的时代精神的光芒;而有些作品,虽然描写的并不是怎样重大的题材,但由于开掘得深,却能够闪耀出时代精神的光辉。于是,对作品主题的深度的追求,就成为报告文学作家的十分重要的创作环节。华山和魏巍在这方面为我们提供了有益的经验。

华山和魏巍都比较熟悉革命部队的生活,他们在深入一个或几个生活点的同时,总是尽可能来研究自己的时代,具体地说,他们在深入部队战斗生活时,还放眼"研究社会上的各个阶级,研究它们的相互关系和各自的状况,研究它们的面貌和它们的心理";他们还努力学习党在各个时期的政策、方针,因为党的政策、方针是作家正确地认识我们的时代的指南,努力学习并掌握党的政策、方针,就使作家有可能站在时代先进思想水平上来观察问题。扩大自己对现实生活的了解,努力站在较高的思想水平上,这样作家就不是只看到某些局部的生活点,而是能够从全局来理解我们的时代。毛泽东同志说过:"没有全局在胸,是不会真的投下一着好棋子的。"这一段话对于文学创作也是具有指导意义的。由于华山和魏巍在平时就能够注意尽可能地研究整个时代,尽可能地做到"全局在胸",因而当他俩着手研究整个历史进程中的某一阶段的特点,或者着手描写现实生活中的某一局部侧面的时候,他们就不至于就事论事,而是能够从全局出发,看到这一局部生活在整个时代中的位置,能够从整个时代全局的高度来分析局部的生活,从而得出正确的结论。在这方面,华山的《承德撤退》这一篇报告文学是很突出的例子。一九四六年八月,我军撤离出解放了一年零九天的承德。在报告文学中反映撤退,实在是不容易写的。但是华山由于较好地学习、领会了党的战略方针,对整个解放战争的局势有比较全面地认识,同时又研究了当时敌我的士气以及社会各阶层的反应,因而他有胆力接触这一题材。华山看到:当国民党反动军队像乌云一般压近承德的时候,在承德市召开的农民代表大会刚闭幕,"就有代表领上成百成千的农民,扛着镰锹锄头,到市郊破铁路去了";铁路工人把火车头开进山洞,炸倒在隧道里;不少知识分子经过思想斗争终于抛弃了城市生活,毅然跟着解放军一同撤退;广大群众坚决地说:"跟共产党走,跟共产党回。"有的人原来对敌人还存有若干幻想,但敌人进城后的残暴野蛮、奸淫烧杀惊破了他们的幻梦,于是他们就像躲避瘟疫一样往城外跑,他们"死了也要找八路军"……努力从整个解放战争的局势出发,对各个社会阶层的较广泛了解,使华山更加深切地确信我们党所指出的关于战争的性质、人心的向背是决定战争最终胜败的主要因素的思想;同时认识到局部的暂时的撤退正是为了整体的进攻。于是华山对承德撤退这一局部事件的描写,我们读来就反而觉得似乎是在准备一场新的进军,调子是那样高亢和昂扬。作者经过反复提炼而在作品中表现的主题"我们还要回来的",又正好道出了多少人心中共同的言语。正是由于作者有"全局在胸",因而从对一场撤退的描写中也能表现出符合整个时代精神的思想。

当然，主题的深刻性的追求是一个复杂艰苦的过程，即使有了全局在胸，作家对自己所要表现的具体题材往往也不是一下子就能够理解它的全部意义的，只有当作家具备敏锐的政治眼力，同时经过深入的开掘和反复的提炼，才有可能捕捉到那最本质的思想闪光。因此，华山和魏巍，他们一方面努力研究整个全局，努力以全局的高度来观察问题，另一方面，他们对待历史进程中的某一局部，也就是说，对待他们在作品中所要接触到的某些具体的事件，他们又都以先进思想为武器进行十分认真地分析和研究，反复地认识和把握它们的本质和意义。魏巍在朝鲜战场上，在看到整个抗美援朝战争对祖国的社会主义建设和保卫世界和平的重要意义的同时，对他所接触到的志愿军指战员和他们的英雄业绩都进行深入地观察和研究，"谁是最可爱的人"这一问题也是通过认真深入地研究最后才得出确切的答案的。他自己说过："在朝鲜，我脑子里经常想着一个问题：我们的战士，为什么那样英勇呢？就硬是不怕死呵！那种高度的英雄气概从什么地方来的呢？为了找答案，我谈了好多话，开了好多座谈会。我细细跟他们谈，让他们把心里的话谈出来。……我了解到，他们由于锻炼与认识的不同，虽然有些差异，但都有着共同的一点，即对伟大祖国的爱，对朝鲜人民深刻的同情和在这个基础上做一个革命英雄的荣誉心。于是，我了解了在党的教育下这种伟大深厚的爱国主义与国际主义的思想感情，就是我们战士英勇无畏的最基本的动力。"(《我怎样写〈谁是最可爱的人〉》)从他的《汉江南岸的日日夜夜》《谁是最可爱的人》等报告文学中我们可以看到作者这种努力捕捉正确、深刻的答案的过程。作者在这几篇作品中都试图解答为什么志愿军是我们最可爱的人。在《汉江南岸的日日夜夜》里，作者的答案是：因为他们是"世界上第一流勇敢的军队"和"具有优越战术素养的英雄的人"，用勇敢和战术素养来解释志愿军的本质显然不是最深刻的。在《谁是最可爱的人》里，作者才找到了对志愿军的力量的最本质的解释，从而在作品中表现出深刻的主题：被革命的爱国主义和国际主义所武装的志愿军是我们最可爱的人。可见，只有作家以先进的世界观来反复地探索和把握他所要描写的题材的最本质的思想意义，他的作品的主题才有可能获得真正的深刻性。

从时代的全局出发，同时对具体的题材进行深入地开掘，这样就有可能提炼出深刻重大的主题。这种主题，经常是广大群众的思想愿望的集中的体现或者是广大群众所迫切需要了解的问题。华山和魏巍这种经过深入开掘和反复提炼而获得的深刻的主题，是构成他们的优秀作品的时代精神的重要因素。

作品的主题往往是通过人物的活动来体现的。报告文学也是如此。同时，在报告文学里正确地深刻地描写人物，对于体现时代精神又有着十分重要的意义。当代另一位优秀的报告文学家刘白羽同志说过："在文学作品中，时代精神不是通过抽象的说理,而是通过形象来表达的,主要的也就是通过人物形象,人的内心生活、精神状态表现出来。"(《早晨的太阳》序)

华山和魏巍将他们的报告文学的大部分篇幅都献给战斗中的英雄们。这些英雄在和国内外敌人的搏战中表现了可歌可泣的大智大勇,建立了惊天动地的英雄业绩,他们是我们时代的光荣和骄傲。作者歌颂了这些革命的英雄,实际上也就是歌颂了产生和培养这些革命英雄的伟大的党和伟大的时代。但是,报告文学在描写人物的时候,不像小说、戏剧和叙事诗那样,可以根据作者占有的大量素材来进行概括和虚构,通过"杂取种种人"(鲁迅)的典型化过程塑造一个人物形象的方法在报告文学中是不允许的,它必须尊重生活的事实。这就要求报告文学作者寻找适合于报告文学特点的艺术途径来描绘自己的英雄人物。

华山和魏巍都善于在浓烈的战斗气氛中来刻画人物,一般地说,他们都不仅停留在人物的某一英雄行为的描写,而是能够比较注意通过人物的最有特征的语言和细节来展示英雄人物的精神面貌和思想光辉。由于作家不仅写出英雄人物在做什么,同时又写出他们为什么这样做的思想动因,因而作家所描写的英雄人物就具有更普遍更广远的教育意义。如《谁是最可爱的人》,作者不仅写出志愿军怎样勇猛战斗,怎样奋不顾身地从烈火中抢救朝鲜人民,怎样忍受着吃雪吞冰、蹲防空洞的艰苦,同时还深刻地揭示出这些行动是以他们高度的爱国主义和国际主义为思想动力的,于是读者可以相信,有了这些崇高品质,战士们即使不是在朝鲜战场上,他们面前不是拿枪的敌人和扑不灭的烈火,而是在今天祖国建设的岗位上,面对着凶暴的大自然和其他建设途程中的种种险阻,这些优秀的战士们同样也会奋不顾身地去与之搏斗的。这样,即使是在和平环境里,读者从他们身上也可以找到仿效、学习的光辉榜样。

在描写英雄人物的过程中,作家认识到:即使是在报告文学中,严格尊重生活事实的要求也并不排斥作家在描写人物时对素材进行必要的剪裁和艺术加工,从而强调和突出人物的某些本质方面。《英雄的十月》(华山)写到这样一个细节:一九四八年秋天,当人民解放军在东北的各路大军奔向北宁线的时候,战士们在行军途中遥望南方,敞开胸膛唱起歌来,这时候一个"小通讯员伏到路旁的河岸喝口凉水,也意味深长地凑到指导员的耳边悄悄说:'这河水,有股关里味哩'"。这和当时整个烟火弥漫的战火气氛比较起来,是一个不引人注目的细节,但它却是经过作家细心观察并严格挑选出来的。小通讯员的神态和语言,充分表现了进入全面反攻阶段的人民解放军的胜利的喜悦和解放全中国的强烈渴望。初看起来,它似乎只是个别人的言行,然而实际上它却表达了当时多少战士的共同的心理状态,虽然只是一言一动,但却有广泛的概括意义和典型意义,因而它是焕发着时代精神的光辉的。《汉江南岸的日日夜夜》(魏巍)也有一个精彩的场面。志愿军排长张利春,在一次战斗中,"当他扑到敌人阵地上的时候,他看到有四个美国兵都把下半截身子装在睡袋里。他急了眼,来不及等后面的同志,先打死了一个,接着就扑上去,用脚踏住一个,两只手抓住另外两个家伙的头发,捺了个嘴啃泥,一边狠狠地说:'中国人过去总是在你们的脚底下,今天,你们该低低头了!'……"。这里我们所看到的,似乎已经不是一个志愿军排长在抓俘虏,而是站起来的中国人民在侵略者面前的顶天立地的雄姿和叱咤风云的气概,我们听到的是六亿人民春雷一般的声音。这是一个体现着时代精神的形象。关于张利春同志的其他经历、事迹,我们知道得很少,而那位小通讯员,我们甚至连他的名字也不知道,但是由于作者在描写时删去了种种次要的枝蔓,将全部光束集中在一个焦点上,使人物具有典型意义的行为和精神世界突现出来,并且加以强调和渲染,因而艺术形象就鲜明而且富有诗意,于是这两个特写镜头就深深地烙印在读者的心上。这样的形象可以产生一以当十的艺术效果。有一位外国的雕刻大师这样说过:"雕刻是怎样的呢?你拿起斧头来,大刀阔斧,把不要的东西统统砍去就是了。"我们想,华山和魏巍在他们的报告文学里正是运用这种手法来雕刻人物的吧。

列宁同志说过:"那一个阶级是这个或那个时代的中心,决定着时代的主要内容、时代发展的主要方向、时代的历史背景的主要特点等。"红旗杂志编辑部写的《列宁主义万岁》在引用了上面的话以后解释道:"列宁这里说的,所谓时代,是那一个阶级成为时代中心的问题,是那一个阶级决定着时代主要内容、决定着时代发展主要方向的问题。"今天,革命的无产阶级已成为我们时代的中心,它决定着我们时代的主要内容和发展的主要方向。如果一个作家在他的作品里能够深刻地、艺术地写出无产阶级革命英雄的真实形象,揭示他们的革命精神、远大理想和崇高的情感,那么他就可能在作品中传达出时代的精神。这是为什么呢?我们以为,所谓时代精神,正是那成为时代的中心的阶级和广大人民的愿望与要求的集中表现;而这种愿望与要求经常是通过那个阶级的有代表性的英雄人物强烈地体现出来的。在文学作品中,如果能够正确而深刻地描写体现阶级的要求与愿望的英雄人物,作品就必然焕发出强烈的时代精神的光耀。就以华山和魏巍的报告文学来说,作家通过笔下的英雄人物所体现的,正是中国人民打倒三大敌人、翻身解放的迫切要求和建设美好生活、走向社会主义、共产主义的强烈愿望。因此,描写与歌颂我们时代的英雄人物,就成为华山、魏巍报告文学体现时代精神的最强烈的一个方面。当然,这样说,同时也并不排斥在作品中描写敌人,因为如果作者是站在无产阶级的立场上以马克思主义的观点来观察和描写,那么他们就会为读者证明,国内外的反动派或阶级敌人,他们已经不能成为我们时代的中心,更不能决定我们时代的主要内容和发展的主要方向,相反的,他们正在一天天地烂下去,等待他们的只是灭亡的命运。这样也就从反面来证明,只有战斗的无产阶级才是我们时代的中心,它在决定着历史的命运。因此,作品中描写敌人也可以体现时代精神。华山和魏巍在他们的报告文学里正是这样做的。

读华山和魏巍反映战争的报告文学,我们还有一种强烈的感受,这就是在他们的作品中贯串着非常鲜明的主观色彩,使读者感觉到作者既是战士又是诗人,他们面对着无产阶级的英雄战士和革命群众,总是以不可抑制的激情、嘹亮的歌声来赞唱;对国内外的阶级敌人,则投以火焰般愤恨、嘲笑和打击;而对于战斗生活,则经常进行深沉的思索。华山以《战线纵横》为题的一组报告文学,几乎都是用日记或手记的形式写成的,在这些篇章里,作家不仅写战线动态,而且也写作者自己的生活、战斗和感受;在《解放四平街》中的《增援四平的维他命》一节,华山只是把我军从反动派指挥部缴获的电报材料加以剪裁组接,但由于有作者的分析、介绍、评论,因而也嬉笑怒骂,皆成文章,仍不失为一篇引人入胜的作品。即使是在那些纯属白描,作者没有直接出现的报告文学里,华山的叙述语言也充满着饱满的政治感情和浓厚的政治色彩,因而通篇读来也热情洋溢、爱憎分明。魏巍是一位诗人,同时他对于战斗生活又喜欢作富有哲理意味的思索,诸如祖国、青春、幸福、生活、勇敢,都是他经常思考的命题。因而他的报告文学里就有许多富于哲理意味同时又诗意盎然的抒情,其中有不少已为广大读者所传诵,这里就不一一列举。总之,在他们的报告文学里,作者所关心的事情,是广大群众所共同关心的;作者所思索的问题,是广大读者正在思索的;作者的议论,体现着党的政策思想;作者的抒情,蕴含着饱满的政治热情,因而作者的思想感情是有浓烈的时代色彩的。这一切,既能使作品写得亲切感人,同时也有助于作品时代精神的突出。

同时,在华山和魏巍的报告文学里,也体现出作家的鲜明的艺术个性。在他们的作品里,无论是选材的角度、主题的提炼、人物的描写、环境的渲染、篇章的布局、体裁的运用或者是叙述的语言,都带着作者自己鲜明的特点,他们都根据自己的修养和艺术趣味,尽可能地对作品进行适合于报告文学特点的艺术加工,因而各形成了自己的艺术风格。华山像那高山的松树,是那样苍劲挺拔;魏巍像那大江的奔流,是那样激越深远。当时代精神通过鲜丽的文采和较高的艺术水平体现出来的时候,它才能够具有强大的艺术感染力量,华山和魏巍的报告文学是能够将思想上的鼓动力量和艺术上的感染力量比较好地结合起来的。另一方面,虽然华山和魏巍的报告文学各有各的艺术个性、艺术特色、艺术风格,但有一点却是共同的,这就是作品的艺术基调。在他们的反映战争的报告文学里,战争的气氛是给渲染出来了,读时,时时会感到有滚滚的硝烟扑面而来,再加上他们都选择了重大的题材,表现了重大的主题,歌颂了英雄人物,倾泻了饱满的政治热情,因而他们共同的艺术基调的特色是:豪迈的语言、雄壮的调子、鲜明的色彩。我们认为,这样的艺术色调是适合于传达作品里的强烈的时代精神的。可见,在华山和魏巍反映战争的报告文学里,个人的风格和时代的风格是和谐地统一的。

当然,文学作品体现时代精神的途径是多方面的,但是只要我们不作绝对化的理解,那么,华山和魏巍在他们的反映战争的报告文学里体现时代精神的若干经验是可供我们借鉴的。我们主张题材多样化,但我们更需要描绘我们英雄的时代、时代的英雄的作品;我们期待那经过长期劳动写成的深刻地广阔地概括现实生活的鸿篇巨著,同时我们热烈欢迎作家们以轻便的文艺武器更迅速地为我们传来当代生活中各条战线上的胜利的讯息,生动地深刻地描绘时代的面貌。今天,当我们伟大的党领导全国人民高擎的三面红旗在祖国天空上临风飘展的时候,我们希望有更多的文学"轻骑兵"在红旗下纵横奔驰。

原载《上海文学》1963 年第 6 期

魏巍的《谁是最可爱的人》

佘树森

在当代散文史上,首先要提到的是魏巍及其报告文学集《谁是最可爱的人》。
……

魏巍的朝鲜通讯,所以能够取得如此巨大成就,首先在于作者对生活的深刻感受。作者在《我怎样写〈谁是最可爱的人〉》一文里说:"我能写出《谁是最可爱的人》,最基本的原因,是我们的战士的英雄气魄、英雄事迹,是这样的伟大,这样的感人。而这一切,把我完全感动了。"我们知道,作者在部队生活时间较长,本来就对战士有较深的了解和感情。而在这次抗美援朝中,又耳闻目睹我们的战士,虽然面临的任务是这样艰巨,作战环境是这样艰苦,但他们的英勇,比过去有更高的发展,更普遍,更空前。作者不仅感受到他们的英雄行为和品质,而且还深入到他们的内心世界,了解到这种行为和品质的根源。这种深切地感受和了解,使其作品的思想深度超出一般。

其次,在于作者精湛的艺术技巧。有人称魏巍的散文是"壮丽的诗"。这的确概括了他的艺术风格。他的散文,带有鲜明的诗的素质。他善于从浩繁的材料中提炼出典型形象,在战火硝烟里揭示出英雄心灵;将深邃的思想和激越的诗情熔为一炉,使思想感情的潮水自优美的笔端流出。所以,他的散文,如同一江澄碧的江水,奔腾激越,而又清新宜人。

魏巍散文的思想和艺术特色,在其名篇《谁是最可爱的人》《依依惜别的深情》里表现尤为突出。

《谁是最可爱的人》,最初发表于《人民日报》一九五一年四月十一日。"最可爱的人"这一称号,既深刻地概括了我们军队的优秀品质,又深刻地概括了人民群众对我军的深厚感情,因此,它能在广大人民心中激起强烈的共鸣。作者从长期的、深切的感受中,提炼出这一光辉主题,而又通过"书堂战"战斗、烈火中救出朝鲜儿童、防空洞里一段对话等三个典型的情节和场景,来表现这一主题。在"书堂站"阻击战中,为了阻击敌人,尽管整个山顶都被炮火打翻了,尽管被蜂拥上来的敌人压到山脚,飞机掷下的汽油弹使战士们身上着了火,但战士们是仍然不会后退的。他们把枪一摔,身上、帽子上冒着呜呜的火苗向敌人扑去，把敌人抱住，让身上的火，也要把占领阵地的敌人烧死……这种性格何等坚韧和刚强。在汉江两岸的日日夜夜，年轻战士马玉祥，两次冲进烟火，救出朝鲜儿童，这种胸怀是多么美丽和宽广；在防空洞里，战士们吃一口炒面，就一口雪，可是为了朝鲜人民的解放，为了祖国人民的幸福，他们甘之如饴，以苦为荣，这种品质是多么淳朴和谦逊。文章通过这三个既各自独立，又珠联璧合的形象，层层深入地展示了志愿军战士的性格、胸怀和品质。文章还在开头、结尾及中间，和谐地加入了抒情和议论，深邃的思想、潮水似的感情交融在一起，通过优美的语言倾泻而出，如：

亲爱的朋友们，当你坐上早上第一列电车走向工厂的时候，当你扛上犁耙走向田野的时候，当你喝完一杯豆浆、提着书包走向学校的时候，当你向孩子嘴里塞着苹果的时候，当你和爱人悠闲散步的时候，朋友，你是否意识到你是在幸福之中呢？你也许很惊讶地说："这是很平常的呀！"可是，从朝鲜归来的人，会知道你正生活在幸福中，请你意识到这是一种幸福吧，因为只有你意识到这一点，你才能更深刻了解我们的战士在朝鲜奋不顾身的原因。朋友！你是这么爱我们的祖国，爱我们的伟大领袖毛主席，你一定会深深爱我们的战士——他们确实是最可爱的人！

《依依惜别的深情》最初发表于一九五八年十一月十四日。这简直是一首荡气回肠的抒情诗篇。一九五八年，志愿军最后一批要离朝回国了。朝夕相处、生死与共，并肩战斗八年之久，结下血肉情谊的战友，一旦分离，怎能不离情万端，别绪难忍呢？作者运用寄情于物的手法，将这种深情压缩进经过精心提炼的典型形象和细节之中。他十分敏锐地抓住人们在分别前夕思想感情的变化：志愿军战士们日夜奔忙，千方百计地替朝鲜人民做一点事——替接防的人民军粉刷营房，擦亮水壶；用拿枪杀敌的手，拿起绣花针，为人民军战友绣巾绢；他们把八年来贴肉连心的祖国亲人赠送的礼物献出来，作为送给人民军战友的礼品……他们给当地人民架桥、挖河、修房、做家具，给老年人雕刻手杖，为孩子做玩具……面对家园被焚、亲人被杀的苦难，表现得无比刚强的朝鲜人民，更是眠食无心，昼夜不安地探问行期。阿妈妮把自己收藏的珍贵礼物和好吃的东西，热情地送到志愿军战士怀里、嘴里；老爷爷写出一首首汉文诗，歌颂中朝人民的珍贵情谊……所有这些描写，就像空中云层电荷，不断地积聚、酝酿，为分别时刻的倾盆泪雨做了深厚的铺垫。

文章的结构谨严自然，别情的表达层层深入。作者由在营房区为人民军做事，写到在驻地附近为群众做事；由志愿军的活动，写到朝鲜人民的行为；由人们怀着别情，默默地相互赠礼，写到强忍悲痛，无言地送别；从人们"打开竹篮，分赠礼物，把红叶插在炮口"时，制止住了悲痛，"统统没有哭"，写到人们欢呼着

"荣光——伊斯达"时,眼睛潮湿了,竭力喊着口号,"仍然没有哭",直到最后,听到一声"阿妈妮,再见"人们再也忍受不住了。于是,由一个老妈妈先哭出了声,接着姑娘们、孩子们哭出声来,男人们低低地啜泣,"战士们简直是在朝鲜人民送行的泪雨中行进"。真似一江春水,冲闸而出,奔腾激越,撼人心旌。

为加强抒情氛围,作者还施以景色点染。开头,以清丽笔触,描画出战后朝鲜秋天的明丽景色。这些描写,更使人触景生情,联想起当年战火纷飞中,朝鲜人民的苦难,中朝人民的浴血奋战,更衬托出惜别之情的深厚。后面分别时的场面,更是情景交融:秋日拂晓,人们穿着单薄的衣裳,老人们戴着高高的乌纱帽,妇女们顶着竹篮,背着孩子,人们都拿着枫叶,站在大道边,站在寒气袭人的晓风中。寥寥几笔,就把读者带进那强烈的惜别气氛中。

寄情于物的手法,自然严谨的结构,情景交融的描写,使"依依惜别的深情"这一主题,表现得深刻蕴藉,浓烈感人。

集子中的其他作品,如《年轻人,让你的青春更美丽吧》《战士和祖国》《挤垮它》等,也是颇受读者喜爱的优秀之作。

……

选自《当代文学概观》,北京大学出版社 1980 年版

论魏巍军事报告文学的艺术特色

徐金山

魏巍同志是我国当代著名的诗歌、散文作家。早在 30 年代末期,他就开始了创作生涯。他写过许多优美动人的诗歌、散文,也从事过长篇小说以及中篇小说、歌剧和电影文学创作。其中长篇小说《东方》,是一部有特色、有创造、有成就、有影响的优秀力作,曾获全国优秀长篇小说奖,但成就最高、最能显示他的风格特点的,还是报告文学。特别是反映抗美援朝期间中国人民志愿军斗争生活的报告文学作品。像《汉江两岸的日日夜夜》《年轻人,让你的青春更美丽吧》《谁是最可爱的人》《挤垮它》《前进吧,祖国》《依依惜别的深情》等,更是脍炙人口,广为传颂。他的报告文学,对我国社会主义革命和社会主义建设事业的发展,发生过积极的影响,在中国当代文学的发展史上,也应具有一席重要的地位。

报告文学以它与时代生活的息息相通,以它对新的人物、新的生活、新的斗争的及时而迅速的反映,而受到社会各阶层的普遍关注和重视。其中,魏巍的军事报告文学是很有影响的。这些作品的重要特点,在于揭示了革命战士的思想感情与英雄行为之间的联系。它不仅摄取了外在的现象——英雄们在做什么,而且透过现象揭示了内在动因——是什么思想感情支配着他们,使他们那样行动。这样,他作品中的许多英雄人物与英雄事迹,他们深刻的爱国主义与国际主义精神,就超越了特定的时代,在以后也仍然将给广大读者以感染、教育、鼓舞。因为大家可以相信,有了这些光辉思想和壮美情怀,战士们即使不在朝鲜战场上,他们面前不是拿枪的敌人,而是在今天建设四个现代化的岗位上,面对着攻克科学技术的难关和其他建设途程中的种种艰难险阻,同样也会勇往直前为之拼搏的。

报告文学是"艺术的文告",在不影响作品的新闻性的前提下,文学性愈强,愈具有生命力。魏巍的报告文学作品,在着力表现重大题材,潜心深化主题,热情为英雄人物塑像的同时,很自然地表现出了精湛的艺术技巧。有人称魏巍的报告文学是"壮丽的诗",这的确概括了他的艺术风格。魏巍的报告文学带有鲜明的诗的素质。他善于从浩繁的素材中提炼出典型形象,在战火硝烟里揭示出英雄的心灵;将深邃的思想和激越的诗情熔于一炉,让思想感情的潮水自笔端放纵奔流;刻苦追求艺术表现形式上的创新,使文章的宣传与感染效果不断强化。所以,他的报告文学,如同一江澄碧的春水,奔腾激越,而又清新宜人。

魏巍的军事报告文学有这样几个艺术特色。

第一,他善于在浓烈的战斗气氛中来刻画人物,往往把艺术的镜头对准人物精神闪射着特别耀眼的光芒的那一刹那,显示他们的思想美、性格美。

《汉江两岸的日日夜夜》中作者描写了这样一个精彩的场面:志愿军排长张利春在一次战斗中,"当他扑到敌人阵地上的时候,他看到四个美国兵都把下半截身子装在睡袋里,他急了眼,来不及等后面的同志,先打死了一个,接着就扑上去,用脚踏住一个,两只手抓住另外两个家伙的头发,捺了个嘴啃泥,一边狠狠地说:'中国人过去总是在你们的脚底下,今天,你们该低低头了!'"。这里我们不仅看到了志愿军排长如何抓俘虏,而且看到了我们的战士敢于斗争、敢于胜利的英雄气概和使敌人望风丧胆的战威。这是一个惊天地、泣鬼神的英雄形象。至于张利春的其他经历、事迹,我们都知道得很少,但是由于作者在描写时删除了种种次要枝蔓,将全部光束集中在一个焦点上,使人物具有典型意义的行为和精神突现出来,并且加以强化和渲染,因而艺术形象就鲜明而且富有诗意,于是这两个特写镜头,就深深地熔印在读者的心上。作者还善于从看来很普通的生活事件中,去发掘人物的思想感情。不管是战士们对自己吃雪、蹲防空洞的看法,或是除夕夜战士们满怀深情地在山上聚餐,也都为读者们开启英雄们心灵的门扉,使人即小见大,从普通的生活事件中,看到人物广阔丰富的精神世界。

为了表现人物的思想美、性格美,作者注意从生活中摄取富有典型意义的细节,作精细入微的描写,表现战士们的国际主义思想感情。魏巍报告文学中的细节选择,注意到从刻画人物和揭示主题这两个方面的需要着眼。在运用这些细节时,他有时正面着手,像炮兵战士马玉祥,看到朝鲜老妈妈的房子、窝棚一再被敌人炸毁,就到连部要求调去当步兵,他说:"离敌人越近,越觉得打得过瘾,越觉得打得解恨!"当敌人的燃烧弹炸着了几间朝鲜民房时,他听到随着滚滚浓烟传出来的小孩的哭声,他却不顾自身的危险,冒着浓烟烈火,抢着跑进屋里把小孩救出来;又怕小孩无人抚养,再一次冲入火中要救小孩的妈妈。这两个细节,体现了一个国际共产主义战士的宽广胸怀,从而使作品的爱国主义、国际主义、革命荣誉感的思想主题,获得了更充分、更完满的表现。而《依依惜别的深情》,则是从完全不同的角度,透过一个看上去颇为有趣的事实,来表现国际主义又是怎样贯穿在我们战士的普通的生活中:凯旋之前,三个志愿军战士为了给人民军的礼物,决定亲手做绣花手绢,"杀敌人的勇士就这样拿起绣花针,变成了绣花姑娘"。当我们看到"杀敌勇士"与"绣花姑娘"这两个很难联系在一起的概念,统一在我们战士的身上时就会发现,这里面蕴含着一种多么高贵的感情,并且为之感动。同时,读者也不能不由衷地赞许作家眼光锐利,善于选择。

在语言上力求个性化。他根据人物的不同身份、资历、文化素养、气质、习惯以及方言等多种因素,准确地突出语言中的"这一个",努力使读者闻其声如见其人。魏巍报告文学中人物多,但各自都具有鲜明的个性,或刚毅,或深沉,或诙谐,或活泼,他们的个性千差万别,其语言也是颇有个性特征的,每句话都以鲜明的色彩表现出不同人物的性格、风貌和思想感情。像作者记述的一位扒地雷的战士的语言,豪爽坦率,心口如一。在战斗中,当敌人布下地雷,妄图阻挡我军前进的时候,这位战士指着埋在地下的地雷说:"你有什么了不起,你当我不敢惹你吗?我偏偏要惹惹你看,你就是老虎,我也要拔掉你两个牙!你就是大象,我也要扯掉你的鼻子!同志们,站开一点,仔细看我的动作,我如果这么拔牺牲了,你们就接受我的经验,改个办法那么拔!"(《挤垮它》)这是多么豪迈、无畏的英雄语言。作者没有描述拔雷的过程,而是选取了这么一段有着无比的英雄气概,而又富于个性特征的话。女文工团员则不同,她的语言及说话的口气,生动地表现了她的热情纯洁和她作为一个未成熟的少女的天真、羞涩。她与作者第一次见面时,就滔滔不绝地把工作、生活甚至思想情况都讲出来了,其中夹杂着一些显然是从部队领导干部那里学来的话,如她谈到文艺工作怎样为战争服务时说的,"你光去'绣花',行吗","我们反对树林子里耍大刀",等等。她谈到自己还当过两个月的俘虏营排长时,神气十足,口气豪迈,这种口气和神气被下面作者的语言"我看着她那小小的个儿,说话那样孩子气,不由得笑起来"衬托得更加生动,而她却正正经经地诘问作者"你笑什么?"以至作者不敢大声笑了。这表明了她可贵的自信和自尊,当作者问她的决心是什么时,她羞涩地笑着说"我呀",呆了好一阵,才又说"和别人差不多"。语言朴实单纯、文静秀丽而又带几分小知识分子的味道。《年轻人,让你的青春更美丽吧》中朝鲜老妈妈的语言,却真挚感人,催人泪下。"你们在这儿住了几年,我也没看见过你们的模样儿,你们帮我修好了房子,我也看不见修房子的是谁。要是叫我的眼睛睁开,看你们一眼,就是立即死了我也甘心!""孩子,我看不见你们,让我摸摸你们吧!"这里没有什么行话俚语,也没有什么赞美歌颂的词句,而是像拉家常话一样,寓难舍难分的感情于朴素自然的语言中。

第二,魏巍善于把灼热的革命热情与富有典型意义的事实的叙述、精辟有力的政论熔于一炉,即把抒情、叙事、政论很好地结合起来。

魏巍在其诗歌和散文的创作中,特别讲究感情的抒发,追求语言的形象,重意境的创造,求文采的斐然。而他的报告文学作品,虽然严守着真实的旗帜,但也注意到从诗歌和散文中寻珍探宝,以增强作品的文采。在他的报告文学中,常常流动着一股激动人心的力量,充溢着浓郁的战斗的抒情色彩。最典型的例子莫过于《谁是最可爱的人》了。作者一开始就用诗的语言,激情满怀地赞颂我们的战士:"他们的品质是那样地纯洁和高尚,他们的意志是那样地坚韧和刚强,他们的气质是那样地淳朴和谦逊,他们的胸怀是那样地美丽和宽广!"接着通过三个典型例子,层层深入地揭示志愿军战士的思想和性格。其中,又不时穿插一些抒情式的议论。如"朋友,当你听到这类英雄事迹的时候,你的感想如何呢?你不觉得我们的战士是最可爱的人吗",一唱三叹,发人深思。最后,作者更是神驰万里,以丰富的联想和想象,把朝鲜前线战士们的流血牺牲与祖国的和平建设和人民的幸福安宁的生活,很自然地联系起来,将作品的思想与意境推向高峰:"亲爱的同志们,当你坐上早晨第一列电车走向工厂的时候,当你扛上犁耙走向田野的时候,当你喝完一碗豆浆、提着书包走向学校的时候,当你安安静静坐到办公桌前开始这一天工作的时候,当你向孩子嘴里塞着苹果的时候,当你和爱人悠闲散步的时候……朋友,你是否意识到你是在幸福之中呢?""请你意识到这是一种幸福吧,因为只有你意识到这一点,你才能更深刻了解我们的战士在朝鲜奋不顾身的原因。"这是一段精辟的带有政论性的文字,多么一往情深,诗意缠绵,它引导读者与作者的思想感情产生交流和共鸣,深深地感到我们的战士确实是"最可爱的人",是和平与幸福生活的战斗者和保卫者。作者这样从现实生活中发现问题,提出问题,启发人们思索。然后给出雄辩而深刻的答案,就不仅使读者为战士的行为和崇高品质所感动,而且从中认识到生活的真谛,懂得什么是崇高和美好东西,并为之献身。

魏巍凭着自己对生活的激情,把观察到最动人的事物,经过深沉的思考,然后提炼成对生活的独特的见解,提炼成诗,并把这种见解熔铸进报告文学中去。他的报告文学不是就事论事,而是就事论理,并且有诗的气质,甚至运用了诗的表现手法。如《依依惜别的深情》的末了,是这样写朝鲜人民志愿军的:"这时的队伍,已经不分行列,不分军民,不分男女,错错落落,五光十色,互相搀扶着,边说边哭,边哭边走,这是什么队伍呵!也许这不像队伍吧,可是这就是世界上最强有力的队伍,这是心连着心、肩并着肩的友谊的巨流!这支巨流,行进着,越过了一道道水,一道道山,他们行进在枫林烧红的山野,行进在社会主义的东方。"读着这一段文字,不能不使人感到,作者火热的感情像鲜红的血液流动在全部字里行间。

这种抒情、叙事、议论的结合,还更突出地表现在把英雄人物、英雄事迹与读者联系起来,启发读者进一步去思考生活,认识生活和战斗的真理。这一点,我们更多的是在作品结尾看到的。在《年轻人,让你的青春更美丽吧》的最后一段,就是以亲切的、富有鼓动性的语言,说明闪现着英雄的光辉的青春是美丽的,而在朝鲜战场上,已经有很多年轻人做出了榜样,那么,每一个"毛泽东时代的年轻人"都应该向他们学习,使自己的青春也闪现英雄的光辉,"让我们伟大的祖国革命英雄主义的花朵遍地开放"。于是,这最后的一段就与哲理性警句的开头相呼应。魏巍报告文学中的议论,大都是关系到政治生活中重要问题、倾向鲜明的政论。难得的是,这种战斗的诗情与严肃的政论的结合,做到直而不浅,刚中有柔,使人读后产生许许多多的联想,沉没于余味之中。

第三,刻苦追求艺术结构上的创新,是魏巍报告文学的又一个艺术特色。

作者在结构自己的作品时,勇于独辟蹊径,如《依依惜别的深情》一文,是以志愿军离朝回国前夕的思想感情的变化为线索来结构全篇的。作者从志愿军在营房区为人民军做事,写到去驻地附近为群众做事;由志愿军的活动,写到朝鲜人民的行为;由人们怀着别情,默默地相互赠礼,写到强忍悲痛,无言地送别;从人们"打开竹篮,分送礼物,把红叶插在炮口"时制止住悲痛,"统统没有哭",写到人们欢呼着"荣光——伊斯达"时,眼睛潮湿了,竭力喊着口号,"仍然没有哭",直到最后,听到了"阿妈妮,再见"人们再也忍不住了。于是,由一个老妈妈先哭出声,接着姑娘们,孩子们哭出声来,男人们低低的吸泣,"战士们简直是在朝鲜人民送行的泪雨中行进"。真似一江春水,冲闸而出,奔腾激越,撼人心旌。自然严谨的文章结构,层层深入的别情表达,使《依依惜别的深情》这一主题,表现得深刻缊藉,浓烈感人。从而形成了作品的思想性与艺术性相当完美的统一。

作者安排作品结构的才能还在于:他善于把所选取的典型事例,按其内在联系,加以艺术地组织,使它们紧密地围绕着一个中心,或者后浪推前浪、气派连绵,或者构成一副、一组互相映衬、互相补充的生活画面,从而很好地服务于一定的主题思想。有的作品,像《谁是最可爱的人》《战士与祖国》《前进吧,祖国》主要部分的几个并列事例,或者分别表现主题的某一方面,或者从不同角度来表现主题思想,它们在思想艺术上都有着内在的、不可分割的联系。有的作品,像《火线春节夜》《朝鲜人》,是依着一定的事件过程和时间顺序,把许多事例组织和统一起来,从而步步深入。有的作品,像《汉江两岸的日日夜夜》,则是以概括的叙述开始,接着展开具体描绘。如果说,以上所说的几篇以若干具体事例构成主要部分的作品,可以看作是属于同一类型。那么,有些作品,像《祝贺》《这里是今天的东方》《写在凯歌声里》则是另一类型。后一类作品,往往没有一个或几个完整的故事,而是以形象的、抒情的语言,对生活作广泛的概括和综合。而且,作者好像在和自己作品中的人物倾谈或通信,所以读起来觉得很亲切。这些作品有着浓厚的散文诗的味道,特别在《写在凯歌声里》一文中更为明显。

作者在结构自己的作品时,特别讲究引人入胜的开头和耐人回味的结尾。他作品的开头:一种以奇句夺目,使之一见而惊,不敢弃去;一种以新颖巧趣抓住读者,让其一见钟情;另一种以深远、辽阔的意境,把读者一下子引进作品的环境中,如身临其境。开头如此,结尾也与之配合。他作品的结尾,有如孤帆远影、渐隐天际、落日衔山、景致无限,即使在掩卷后,也还是令人激动不已,思索不停,恰同咀嚼甘果,品味香茗。而且首尾照应,前后贯通,给人一种领会全篇、顿得主旨、身临其境、反复玩索的美的享受。《前进吧,祖国》是这样开头的:"炮火声里,栗子树朴素的花穗,又落遍了朝鲜。这是朝鲜战争的第三个年头。朋友,你们一定很羡慕我,在这里,我又看到了可爱的战士们。"这个开头,像记录电影镜头画外的富有诗意的解说词,形象地描绘了美丽的自然景色和自然季节,生动地吸引着读者进入作品所描述的境界。而且在精炼的几笔下情与景是交融着的。这篇作品的结尾,更是意味深长,兴味缭绕:"在朝鲜的儿女们,必将以不断的胜利,奉献给祖国的人民;祖国的人民,特别是工人同志们,也请你们用花圃一样美丽的祖国,来迎接有一天早晨凯旋的战士们!"结尾与开头遥相应和,而且引人寻味,唤人深思,催人奋发。

第四,在魏巍的几乎所有的报告文学作品中,我们都可以看到作者胸怀坦荡的自我形象。他面对着革命英雄和人民群众,往往站出来以不可抑制的激情,用嘹亮的歌声来赞颂,对敌人,则投以火焰般的愤恨、嘲笑和打击;而对于战斗生活,则经常进行深沉的思索。这就是说,他的报告文学中"有我"。这就形成了他的报告文学区别于其他作家的报告文学的又一个重要特征

魏巍的报告文学,大都是采用的第一人称,作品中的"我",既不是新闻通讯中的记者,也不是小说中的主人公之一,而是一个真实的作者自我形象。他把自己看作是志愿军的一员和被采访的对象,把部队作为自己的"娘家"。有时,他和战士们一起向祖国和人民倾诉期望和理想,有时又是为广大群众向战士表达感激、崇敬和决心。于是这些抒情就成了志愿军战士和祖国人民心灵的桥梁,同时,也为把读者带到人物身边架起了一座"桥梁"。

为了做好"桥梁"的工作,作者在自己的报告文学中随时随地注意与被采访者、与读者进行感情上的交流。在《战士和祖国》《年轻人,让你的青春更美丽吧》《冬天和春天》《前进吧,祖国》《挤垮它》等作品,我们都可以看到作者与采访对象亲切交谈的情景,他们之间的语言是那样的和谐,感情是那样融洽,特别是回顾战斗历程,展望美好前景时,我们都能够感受到作者和被采访者灼热的感情,听到作者对英雄人物发自内心深处的洪亮赞歌。作者善于也确实是真心实意地和人物交朋友,也善于同自己的朋友进行感情上的交流,而我们往往正是

从他与人物亲切交谈的过程中，加深了对人物的理解，并不知不觉地受作者情绪感染，和他一样爱上了他所热情歌颂的人物。还因为作者不是"写"，而是作为志愿军的一员，讲述着自己的故事，实际也是这样。在抗美援朝这场伟大战斗中，作者亲临其境，同样经历了一个个不眠的夜晚和一个个战斗的黎明。另外，当时正值祖国的第一个五年计划期间，工农业生产突飞猛进，他写作的目的之一就是"火上加油，给能干的小伙子们、姑娘们添点儿劲"（《春天漫笔》后记），作者始终站在正确的立场，出自庄严的革命责任感，所以他的作品具有战斗的激情和特有的亲切感。作者在描写过程中，常常情不自禁地采用抒情的调子，来倾泻自己奔放炽热的感情，又大大增强了作品的感染力。

要达到这一点，并非是轻而易举的。魏巍的创作实践告诉我们："就是深入的感受，跟群众的斗争是联系在一起的，跟不断地改造自己的世界观是联系在一起的，就拿在战士中的采访来说吧，你跟他们交上知心朋友，你对他们了解得深，他们的气质、思想、感情，就会感染你，使你也沉入到他们的情绪中，也就是说，才能使你感受得更深些。"（《我怎样写〈谁是最可爱的人〉》）我觉得，魏巍所以能在他的报告文学中成功地起着"桥梁"的作用，他的作品所以能那样真实感人，正是与他积极地、诚心诚意地把被采访者当作自己的朋友看待，有着很大的关系。这一切，可以从他常常情不自禁地在作品里抒发的感情中看得出来。在《祝贺》中，作者唱出了自己的心声："姑娘回到娘家，总是喜欢的，我这次入朝来到×××军，正像姑娘回到娘家一样，心里有一种说不出的感情。因为这是我革命的家、战斗的家，长期培养我、教育我的家呵！"这就给了我们一个重要启示：作者决不能做战斗生活的旁观者，而应该把作品中的人物当作自己家庭的成员，同他们亲密无间，心心相印，一起置身于生活和斗争的激流之中，并且像他们一样地感受、思索、前进，这才能写出真挚感人的作品来。

魏巍是在党的长期培养下成长起来的战士，也是在战火中成长起来的诗人，他把自己全部火一般的热情，都献给了革命战争。在伟大的抗美援朝战争中，他的革命热情发出了更加壮丽是火花。在其报告文学作品里，我们看到，作者在感情激动得不能自已时，往往站出来直抒胸臆。这可以算作他的报告文学中自我形象的一个特点。古人常说，文贵曲而忌直，这话自然是对的，但也并非一切直都不好。只要以生活为基础，以情感真挚为前提，直抒胸臆不仅是可以的，而且是值得提倡的。因为这种直不是一般的直，而是直中有曲。例如，在《依依惜别的深情》中，作者写道："请收起眼泪吧，亲爱的、可爱的人民！你们的泪是这样倾流不止，已经洒湿了你们的国土。我知道，你们为中国战士的鲜血而痛惜，为中国战士的一点点工作而感怀。你们今天的泪，是对中国战士的最崇高的评价，是给予中国战士无上的光荣！我知道，这泪雨中的每一滴，都不是普通的眼泪,一颗,一颗,都是万金难买的珍珠!"这样的抒情,是直接袒露的,然而又是委婉多姿的,它并没有离开文学艺术所具有的形象感染的特质。为了表达奔腾直泻的战斗激情,作者常常运用排比。在《挤垮它》的结尾,我们看到了作者出于对敌人的强烈憎恨的语言,它有力地激励着我们的战士,让他们去消灭那些披着人皮的野兽。而在《这里是今天的东方》里,一连用"是我们……"等八个排比句,又使我们看到作家感情的迸发,这是对战士们伟大事迹的无限热爱与崇敬的由衷的赞歌。这里所抒的"情",是人民之情,革命之情。

魏巍对战斗生活喜欢作富有哲理意味的思索,诸如祖国、青春、幸福、生活,都是他经常思考的命题。因而,在他的报告文学里,我们常常可以看到作者提出一些富有哲理意味的问题,让读者去思索。这是他的报告文学中自我形象的又一特点。在《年轻人,让你的青春更美丽吧》中,便有一股强烈的热浪冲击着读者,激励读者去思考。当作者用饱蘸感情之笔写了三位青年的事迹后,向读者提出:"年轻的朋友们,他们是沿着和工农群众结合的道路,在火热的斗争中度着青春的。""当你们读到这篇事迹的时候,我想提醒你:在半年或者一年之前,他们是跟你们一样的人;那么,他们可以这样做,你们也是完全可以这样做的。"在这样的问题面前,许多读者都会在心里做出响亮的回答的。像这样以同志和朋友的态度来提出问题,并引导读者思考,对突出主题,加强作品的鼓动力量,都是有显著作用的。

魏巍是一位革命的鼓动家。他抗美援朝时期的全部报告文学作品,都可以称得上"鼓动材料"。魏巍总是想方设法要在字里行间找机会鼓动一下,这与作者可贵的政治热情是分不开的。为了鼓动人民多给社会主义建设加一块砖,鼓励战士多打死一个敌人,作者常常废寝忘食,通宵达旦地勤奋写作。他在谈自己的写作体会时说:"一次,我从第一个早晨写到第二个早晨,在淡青的晨光爬进窗口的时候,写成了。我虽然浑身酸痛,但却不能入睡,我不自禁地写下了一笔记录我当时快乐心情的短诗。我还久久地望着一片早霞,心里在说:'啊,一点不错,工作是美丽的。'"(《幸福的花为勇士而开》)这是真正的革命者的意志,这是真正的战斗者的语言,也是作者最重要的品质。

前面所说的几个方面有机地、和谐地结合起来,就构成了魏巍报告文学的特色:格调高昂,豪迈热烈,率直明快,意境深远,真挚感人,耐人寻味。他的报告文学作品,是一曲赞颂英雄人物的格调高昂的交响曲,飞扬着时代的音响和动人的旋律。

当然,魏巍的报告文学作品,也是瑜中有瑕的。从更高的要求看,《前战童话》《冬天和春天》《勇士镇守在东方》等和作者的优秀作品比较起来,有的稍觉单薄和平淡,有的缺乏更深邃的思想内容,有的语言表达还有疏漏之处,因而感染力不大。魏巍报告文学的一个突出特点,是情感浓郁和强烈。《火与火》《在风雪里》虽然对美帝的侵略本质进行了揭露和抨击,对朝鲜人民仇恨美帝的情绪和不屈的意志进行了描绘,但相比之下,作品的思想深度就显得不够了,因而我们今天重读起来,觉得能引人深思的东西较少。

尽管作品中有一些使读者感到有不足之处,但与作者整个报告文学的成就比较起来是极次要的。魏巍的报告文学作品,标志着我国报告文学在当时所达到的较高的水平。许多优秀作品,走进了广大群众的战斗、劳动、学习和生活中,给人们以深刻的教育和强有力的鼓舞。在艺术上,它给读者以美的享受,为报告文学创作提供了宝贵的创作经验。

原载《荆州师专学报》(社会科学版)1983年第3期

《魏巍散文选集》序言

王 尧

一

魏巍以他的诗歌尤其是散文和小说创作的成就,成为跨越现当代的最重要的军旅作家之一。

魏巍(1920—2008年),原名魏鸿杰,曾用笔名红杨树,河南郑州人。1937年抗日战争爆发后,17岁的魏巍在山西前线参加八路军,后奔赴革命圣地延安。曾在抗日军政大学学习,毕业后从1939年到1949年,随部队转战于晋察冀抗日根据地和华北战场。硝烟弥漫的战争生活,给魏巍的人生道路增添了壮丽的色彩;"战争"和"战士"使魏巍获得了永恒的激情与诗意。

1955年,当魏巍整理那些"经过战争、经过风雨而模糊破损的诗稿"时,不禁动情地回忆起这些诗作的年代。"真的,我一点都不后悔我生长在那样的年代,中国人民在深重苦难中英勇卓绝地斗争的年代。正是那样的年代,民族的、人民的命运惊醒了我,使我在我们小司号员那样的年龄,走向了人民,走向了党,走向了诗。"①从1939年到1943年,在田间和邵子南影响下,写了几十首街头诗,常常"在土墙上写到太阳落山又写到月亮生起的时候"。可惜这些街头诗没有保存下来。诗集《黎明风景》除第四辑外,收入的均是战争年代创作的长短诗,其中长诗《黎明风景》最为著名。在谈到魏巍的诗歌创作时艾青说:"他的感情纯粹是战士的感情","通过战地生活的描绘,刻画了革命战士美好的心灵"。②这一特征在魏巍后来的小说、散文创作中表现得更为明显。

"战士的情感"始终在魏巍胸中涌动澎湃,既是一种情怀、一种立场,同时还是一种使命。在《诗,游击去吧》中,魏巍吟诵道:"诗啊,游击去吧/永远不要叛变。/游击去吧,诗啊/时时刻刻想着/怎样去报答人民。/……报答人民/记清

---

① 魏巍:《黎明风景·后记》,人民文学出版社1955年版,第217页。
② 艾青:《中国新诗六十年》,《文艺研究》1980年第5期。

楚/人民不仅养育了你的诗/人民也在饥饿里养育了你;/记清楚/在这苦战的年代/你应当把智慧也用于战争/把战争也当成诗。"在战争激烈的日子里,随着和人民感情的加深,晋察冀的群山和溪流,晋察冀的战士和人民,就渗入了魏巍诗的世界,而魏巍也就生活在这种诗的感觉中。魏巍体会到:愈是政治热情饱满的时期,也愈是生活美丽的时期,也就愈是诗的时期,如果我们把"诗"广义地理解为"文学",那么,魏巍的体会,实际上也就概括了他几十年文学创作道路的特征。

在当代文学史上,魏巍不断深化他的"战士的感情",赋予其新的时代精神。以《谁是最可爱的人》为代表的"朝鲜通讯"和小说《东方》以及《地球上的红飘带》,是魏巍以散文和小说的方式,"把战争也当成诗"的成功的艺术实践,奠定了魏巍在中国当代文学史上的地位。

抗美援朝期间,魏巍于1950年、1952年两度赴朝鲜前线,陆续发表了《谁是最可爱的人》《战士和祖国》《汉江南岸的日日夜夜》《年轻人,让你的青春更美丽吧》《挤垮它》和《前进吧,祖国》等作品。在战争环境中迅速敏捷地描写战争生活,是魏巍在革命生涯中练就的才能。他在硝烟弥漫的战场上获得了战士的激情,发现了战士的美好心灵,进入了创作的最佳状态。在为数众多的反映抗美援朝的散文、报告文学中,魏巍发表于1951年4月的《谁是最可爱的人》是最为出色的一篇。它所具有的感情力量和审美力量是超前的。用"最可爱的人"来描述中国人民志愿军,显示了魏巍在时代精神的价值取向下,把握志愿军战士本质的深刻性。他所着力讴歌的志愿军的国际主义精神,爱国主义情怀和英雄行为,鲜明地构成了共和国初期蓬勃向上的形象。

在魏巍的散文中,我们深刻地感受到他对志愿军英雄战士的崇敬与热爱。没有这种感情的投入,就不仅不能深刻地了解英雄的内心世界,而且也不能赋予他笔下的英雄以生命的激情。魏巍长期在部队生活,对战士既有深刻的了解,也有在特殊的战争环境下产生的爱的感情。因此,他的"最可爱的人"的发现和命名,在深刻的意义上是长期革命战争生活积累的结果。

"'谁是最可爱的人'这个主题,是我很久以来就在脑子里翻腾着的一个主题。也就是说,是我内心感情的长期积累,我在部队里时间比较长,对战士有这样一种感情,觉得我们的战士是最可爱的人。"魏巍的这种感情在朝鲜战争中得到深化和升华,"这次我到朝鲜去,在志愿军里,使这种感情更加深了一层。我更加觉得战士们的可爱。我看到他们在朝鲜战争中,虽然面临的任务是这样艰巨,作战环境是这样艰苦,但我们战士的英勇,比起我过去在抗日战争和解放战争中所看到的,还有着更高的发展。"①这就是创作中的所谓"长期积累,偶然得之"。

从散文艺术的发展角度看,魏巍的《谁是最可爱的人》,是当代报告文学的第一块里程碑。30年代开始,散文逐渐通讯化,叙事性的报告文学(后来又被称为特写、文艺通讯)在特定的历史情境中长盛不衰。这类文体的发达,疏远了与小品散文的距离,而魏巍则促进了通讯的散文化。叙事、议论、抒情三者的结合,在这样的环节中显示出重要的意义。魏巍的"朝鲜通讯"后结集为《谁是最可爱的人》。

在散文写作中,魏巍还萌动了创作长篇小说的念头。1953年冬,魏巍带着创作长篇小说《东方》的目的,回到离开了四年的冀中平原。在那里,魏巍以对第二故乡的特别感情,重温往昔峥嵘岁月,置身建国初期的火热生活。朝鲜战场和冀中平原在魏巍的心中开始连接起来,进而在小说中形成了辽阔的时空和宏伟的艺术整体。魏巍的艺术构思中意欲"写出国内国外两个战场的关系",《东方》成功地实践了他的艺术构想,以朝鲜战场志愿军的英勇事迹为主线,穿插冀中平原的战斗生活,把前方和后方、战争和和平、战士与人民的多种生活场景融会贯通。这部小说动笔于1959年初,"文革"前夕被迫停止写作;"文革"后期,随着党对文艺政策的调整,魏巍重新开始写作和修改,前后长达20年。1978年正式出版后引起强烈反响。荣获首届"茅盾文学奖"。

魏巍在新时期焕发了艺术青春,在《东方》出版后的十年,魏巍又出版了第一部全面表现中国工农红军两万五千里长征的长篇小说《地球的红飘带》。为了创作这部小说,作者两赴长征路考察,搜集了大量的历史资料,然后精雕细琢而成。聂荣臻在为本书所写的序中说:"《地球的红飘带》是用文学语言叙述长征的第一部长篇巨著,写得真实、生动、有味道,寓意深刻,催人奋进,文字简洁精练。读来非常爽口,读完全书,我仿佛又进行了一次长征。"

二

尽管魏巍先醉心于诗,后来又专注长篇小说创作,但魏巍作为散文家的声名并不逊于作为小说家的魏巍。

如果从1939年11月在《晋察冀日报》发表《雁宿崖战斗小景》算起,魏巍创

---

① 魏巍:《我怎样写〈谁是最可爱的人〉》,《谁是最可爱的人》,人民文学出版社1959年版,第162页。

作散文的历史已有半个多世纪。先后结集出版的散文集有:《谁是最可爱的人》《春天漫笔》《壮行集》《魏巍散文集》《魏巍杂文集》《怀人集》《这才是青春花开处》等。《谁是最可爱的人》出版于1951年,1959年8月第三版又增收了魏巍第三次赴朝后所写的《写在凯歌声里》《依依惜别的深情》等。这本集子集中体现了魏巍散文的风格与成就。他后来所创作的不少抒情散文,尤其是关于青年理想、人生的杂感也颇具特色,在当时和后来都曾产生过积极影响。因此,本选集编选了魏巍"抗美援朝"时期的战地通讯和有关散文,其次为关于人生观问题的政论散文,兼及小品散文。

1990年,魏巍在人民文学出版社出版的《魏巍散文选》所作的序中,将自己的散文分为7辑,大致勾勒了他散文创作50年的轮廓。

回顾自己50年来的散文创作时,魏巍提出好的散文必须有这样几个"必要的方面":"第一就是思想。一定的思想才是一篇散文作品的骨架和灵魂。如果没有一定的思想,这篇散文是无论如何也站不起来的";"第二是真情实感。作者的真情实感是构成散文作品的真正的血肉,是弹动读者心弦的东西。作者的这种情感愈深厚,而感动读者心灵的力量才会愈浓烈,缺乏真情实感,徒有华丽的辞藻,是注定不能感动人的";"第三是一定的人和事,最后事情本身就比较动人。一种思想,一种感情,如果不附丽在一定的人和事之上,就会显得空洞,难以得到尽情的发挥";"第四是精炼。各类文体,精炼都是重要的品格,散文的要求应该更严。作为语言的艺术,散文应该写得优美、洗练。一言一字都要十分考究"。

无疑,这几个必要的方面正如魏巍自己所言,是着眼于"共同的规律"而言的。魏巍半个多世纪的散文创作,体现了这些共同的规律特征,但更以鲜明的个人风格确立了他在中国当代散文史上的重要地位。

散文在本质上是作家思想、心灵自由而朴素的存在方式;而魏巍的散文,也正是一位战士不懈追寻时代步伐的心路历程的真实写照。无论是战斗在北国山水之间,还是战斗在汉江南岸;无论是在"开辟中国的黄金时代",还是在"风雨路上",魏巍都始终自觉地以自己的心灵去感应时代的脉搏,以自己的健笔去讴歌壮丽的人生。强烈的现实主义精神贯穿在魏巍散文创作的始终,责任感、使命感和崇高感是魏巍散文的精神魅力所在。即使在20世纪90年代,魏巍仍然保持着他的这些优势,发挥着散文的战斗作用。

人们通常用叙事、议论、抒情三者的有机结合来分析魏巍散文的艺术成就;但考虑到散文的文体特征,我想把魏巍散文的审美特征概括为"心灵化的叙事"。和其他文体相区别之,散文的叙事更加主观化、心灵化,从深层意义上说,散文的叙事不是纪实,而是表现作家的心灵对外部世界的感受,散文的叙事是作家个人的情怀抒发交融在一起的,不仅不回避个人的感情倾向;相反,它在叙事中凸现作家的人格、情怀与识见。魏巍的"朝鲜通讯"集中体现了他"心灵化的叙事"风格。

　　心灵的体验确立着魏巍散文的叙事基调,并为叙事创造了抒情的氛围。在著名的《谁是最可爱的人》中,魏巍这样开篇:"在朝鲜的每一天,我都被一些东西感动着;我的思想感情的潮水,在放纵奔流着;它使我想把一切东西,都告诉我祖国的朋友们。但是我最急于告诉你们的,是我思想感情的一段重要经历,这就是:我愈来愈深刻地感觉到谁是我们最可爱的人!"由此自然引入到故事的叙述,"最可爱的人"成为叙事的线索。体验或是情感的或是哲理的。"青春是美丽的。但一个人的青春可以平庸无奇;也可以放射出英雄的火光。可以因虚度而懊悔;也可以用结结实实的步子,走到辉煌壮丽的成年。"《年轻人,让你的青春更美丽吧!》以这样深刻的思索作为叙事的"引子","年轻的朋友们,这里,我要向你们报告,毛泽东教导下的知识青年们,在朝鲜战场上,怎样度着自己的青春。"而这些体验通常附丽于志愿军的壮丽人生。譬如,《前进吧,祖国!》:"炮火声里,栗子树朴素的花穗,又落遍了朝鲜。这是朝鲜战争的第三个年头。朋友,你们一定很羡慕我,在这里,我又看到了我们可爱的战士们。他们离开可爱的祖国已经两年了。在这两年中,他们付出了很大的辛苦啊。两年的时间不算很长,可是我看见许多的指挥员,他们的额上添了皱纹,有的人鬓角上添了几丝白发。战士们,千千万万的战士们,他们的双手都磨起了厚厚的血茧,他们就是这样,用自己的双手,劈开了,掘通了从东海岸到西海岸的丛山大岭,联成密如蛛网般的地下长城。他们常常就站在这道长城上,打击着、折磨着那些还没有斩尽杀绝的野兽;也是在这道长城上,他们回头望望北方——那是自己的祖国。"在这样的"附丽"过程中,作为创作主体的作家和他笔下的人物做到了"角色"的重叠和心灵的交融,"我"的倾诉也就成了战士的倾诉。我们仍以《前进吧,祖国!》为例:

　　祖国,对于一个离开她两年的战士,是多么叫人神往啊。谈起祖国,当然,他们在怀念着自己的母亲,怀念着自己的妻子和朋友;可是他们更忘情地谈着一件事,人人都在谈着,处处都在谈着,在那所有的弯弯曲曲盖满硝烟的战壕里,都在谈着一个迷人的字眼——祖国的建设。你可以看见,在许多指挥员的房子里,在插着一束野花的瓶子旁边,挨着他们的军事地图,贴着郝建秀等劳动英雄的彩色照片,治淮工程的照片,成渝铁路通车的照片,近代化铁路、工厂的照片。在战士们的掩蔽部里,也贴着这些画片;有许许多多微笑的孩子,也有第一次出现在祖国农业合作社的拖拉机,还有突突冒着烟的工厂。就是那些为了祖国、为了朝鲜人民而光荣牺牲的人们,他们的身上,也有着跟决心书一起被鲜血染红的这些照片啊。

祖国在前进。祖国一日千里的建设,是多么激动着为她战斗在国外的儿女们。祖国啊,在炮火弥天的战线上,人人都在想着你,人人都在听着你甚至从一封短短的家信里去猜着你。人们虽然望不见你,可像能听见你一样;因为你奔腾前进的脚步,在震动着你的儿女们的心啊。你使得多少战士,在接到新的枪支、火炮的时候,惊奇着、赞叹着;你使得多少战士,为你的每一个成就奔走相告;你又使得多少战士,在低吟了家信之后,一连许多天,脸上都保持着动人的笑容啊。遥远的祖国,你知道吗?你知道你的奔腾前进,是怎样地激动着那些为了你拿起枪来的儿女们!

于是,魏巍的心灵体验,逐渐扩展为对志愿军战士美好心灵的认知和挖掘,而体现着这些美好心灵、精神和品格的人与事,也就顺势融入有着浓郁抒情色彩的感情流程中。在"起"与"承"之间,魏巍的笔法十分融通,这不单是技巧的成熟,而是饱满的感情和酣畅的气势使然。《谁是最可爱的人》以四个叙述层次构成紧密的环扣。首先,作者告诉读者"思想感情的一段重要经历","我越来越深刻地感觉到谁是最可爱的人";其次,作者自问自答"谁是最可爱的人呢?我们的战士,我感到他们是最可爱的人";再次,作者以自己的体验来解释"最可爱的人"的内涵,在否定一种俗见中做出肯定的解释:"也许还有人心里隐隐约约地说:你说的就是那些'兵'吗?他们看起来很平凡、很简单的哩,既看不出他们有什么高明的知识,又看不出他们有丰盛细致的感情。可是,我要说,这是由于他跟我们的战士接触得太少,还没有了解到我们的战士;他们的品质是那样地纯洁和高尚,他们的意志是那样地坚韧和刚强,他们的气质是那样地淳朴和谦逊,他们的胸怀是那样地美丽和宽广。"魏巍深知读者的心理:凭什么这样说,需要"实证",他的笔触因此进入叙事的层次:"让我还是来说一段故事吧。"

和小说的叙事不同,散文没有也不需要充分结构故事情节的篇幅,它需要的是具有特征的代表一般的典型细节或例子。魏巍体会到,要想把对战士本质的深刻理解用文学的语言表达出来,就必须用"最能代表一般的典型例子,来说明本质的东西","在朝鲜时,我曾写了一篇《自豪吧,祖国》的通讯,里边写了二十多个我认为最生动的例子。带回来给同志们看了看,感到不好,就没有拿出去发表。因为例子堆得太多了。好像记账,哪一个也说得不清楚、不充分。以后写《谁是最可爱的人》,就只选择了几个例子,在写完后又删掉了两个。事实告诉我:用最能代表一般的典型例子,来说明本质的东西,给人的印象是清楚明白的,也会是突出的"。①

《谁是最可爱的人》用三个典型事例描绘志愿军的英雄行为和精神世界,各有侧重但又互相联系构成整体。第一个故事写松骨峰阻击战,以战斗的艰苦险恶写战士的勇猛顽强。在叙述时,作者将直接描写和间接描写结合起来,以营长缓慢的述说突出战士们牺牲时的悲壮,给读者的心灵以深刻的印象和有力的震撼:"烈士们的遗体,保留着各种各样的姿势,有抱住敌人腰的,有抱住敌人头的,有掐住敌人脖子,把敌人摁倒在地上的,同敌人倒在一起,烧在一起。还有一个战士,他手里紧握着一颗手榴弹,弹体上沾满脑浆;和他死在一起的美国鬼子,脑浆迸裂,涂了一地。另一个战士,嘴里还衔着敌人的半块耳朵。在掩埋烈士们遗体的时候,由于他们两手扣着,把敌人抱得那样紧,分都分不开,以致把有些人的手指都掰断了。"由这些典型的细节,我们可以想象殊死搏斗的场景,去缅怀烈士们的英魂。如果说第一个故事写战士们对敌人的"狠",那么第二个故事则通过马玉祥在烈火中抢救朝鲜孩子的事迹,写志愿军战士对人民的爱。第三个故事写作者在防空洞里与一位战士对话的场景,由对话展示战士们的高尚情操和美好心灵。战士们以苦为乐,以苦为荣,把自己的苦与祖国人民的乐联系在一起的情怀,感人至深。"我问他:'你不觉得苦吗?'他把正送往嘴里的一勺雪收回来,笑了笑说:'怎能不觉得!咱们革命军队又不是个怪物。不过咱们的光荣也就在这里。'他把小勺干脆放下,兴奋地说:'就拿吃雪来说吧。我在这里吃雪,正是为了祖国的人民不吃雪。他们可以坐在挺豁亮的房子里,泡上一壶茶,守住个小火炉,想吃点什么,就做点什么。'他又指了指狭小潮湿的防空洞说:'你再比如蹲防空洞吧,多憋闷得慌哩,眼看外面好好的太阳不能晒,光光的马路不能走。可是我在这里蹲防空洞,祖国的人民就可以不蹲防空洞啊。他们就可以在马路上不慌不忙地走啊。他想骑车子也行,想走路也行,边溜达、边说话也行。只要能使人民得到幸福,也就是我们最大的幸福。所以,他又把雪放到嘴里,像总结似地说:'我在这里流点血不算什么,吃点苦又算什么哩!'"战士的"独白"朴素而真挚,我们由此听到灵魂的声音。魏巍删繁就简,在叙说了三个故事以后,再回到自己的"感情流程"上来,倾诉他对"最可爱的人"的赞美,呼应了文章的开篇,强化了他对战士心灵的阐释,以揭示战士灵魂的"美丽和宽广"将三则故事融为一体:"朋友们,用不着繁琐的举例,你已经可以了解到我们的战士是怎样的一种人,这种人是什么一种品质,他们的灵魂是多么地美丽和宽广。他们是历史上、世界上第一流的战士,第一流的人!他们是世界上一切

---

① 魏巍:《我怎样写〈谁是最可爱的人〉》,《谁是最可爱的人》,人民文学出版社1959年版,第164页。

善良人民的优秀之花！是我们值得骄傲的祖国之花！我们以我们的祖国有这样的英雄而骄傲,我们以生在这个英雄的国度而自豪!"

以典型的例子表现本质的东西成为魏巍散文创作的一个基本特征。在《年轻人,让你的青春更美丽吧!》中,作者选择了青年团员戴笃伯和几个女青年的典型事例加以描绘,从而告诉人们什么是快乐的青春、美丽的青春和英雄的青春。对戴笃伯的描写简洁而又细微,把他由"蹲着"到"站起来",由"害怕"到"一定要打一颗手榴弹"的成长过程写得真实可信。而年轻的文工团员们呢？"半年或者一年之前,她们还是没有经过锻炼的学生,在父母面前,还是平平常常的孩子。而现在竟然在离前线几里路的地方,这样的坦然、愉快,在全世界斗争最激烈最尖锐的战场上做了很多工作。巾帼英雄的梦想是她们心灵里美丽的秘密。"魏巍写了这样一段对话：

……她说到这里,赞叹地瞧着我说:"你看咱们的战士是不是英雄！在他们负伤以后,还想的是前进；在敌人的炮火最猛烈的时候,想的是追击！我们跟这样的英雄在一起,怎么会不勇敢起来呢？我们将来,也会……"

"也会怎样啊？"我追问。

"也会……"她低声又笑了一阵,好像很不容易直说出来。

"说呀！"

"也会当英雄的。"她终于鼓足勇气,说出了她心灵里美丽的秘密。然后,她用力踢开一块脚下的石子,抬起头来。在黑夜里,也可以看出她的眼睛里闪着青春的火星。她严正地说:"你以为这是不可能的吗？"

"能够的,当然能够的。"我连忙点头说。

"一定能够的。"她肯定而严肃地说。……

在叙事中魏巍始终倾注着他对志愿军战士的深厚感情,以自己的心灵体验为战士的美丽青春而唱着热情的赞歌。他的那些抒情、议论的文字,既是叙事的小引和叙事的基调,又是贯通、连接叙事的线索；而在篇末,它又是主题的升华。而在具体的方法上,魏巍又有多副笔墨。有时,是叙事、抒情、议论三位一体,如《依依惜别的深情》:"这时的队伍,已经不分行列,不分军民,不分男女,错错落落,五光十色,互相搀扶着,边说边哭,边哭边走。这是什么队伍啊！也远不像队伍吧,可是,这是世界上最强有力的队伍,这是心连着心,肩并着的友谊的队流！行进着,行进着,越过了一道道水,一道道山,他们行进在枫林烧红的山野,行进在社会主义的东方……"有时,是作为抒情主人公的作者的直接的"独白"与"倾诉"。我们仍举《依依惜别的深情》中的文字:"我的一滴泪,也止不住滴在这千行泪雨中,啊,亲爱的、可敬的朝鲜人民！在纷飞的战火中,你是那样刚强！敌人把你的城镇变成了废墟,你没有哭；敌人把你的家园烧成了灰,你没有哭;敌人杀死了你的亲人,你没有哭;敌人把你绑在大树上,烧你,烤你,你没有哭;你真是一把拉不断的硬弓,一座烧不毁的金刚!可是,今天,当你的战友——中国战士要离开你的时候,你却倾洒了这样多的眼泪!仿佛要把你们每个人一生一世的眼泪,都倾洒在今天!你是多么刚强而又多情多义的人民!"在这里,魏巍还是显示了他的语言风格,以排比句式形成富有气势的感情波澜,在其他一些抒发感情的段落中,魏巍把这种语言特色发挥得淋漓尽致。

更为重要的是,魏巍变换倾诉的角度,将"朋友"、"你"引入文中,与之"对话",沟通与读者的联系,改变了单一的叙述方式,形成了一种召唤读者心灵的文本结构。《谁是最可爱的人》《战士和祖国》《年轻人,让你的青春更美丽吧!》《前进吧,祖国!》《这里是今天的东方》等,都采用了这种倾诉方式。而为人们熟知的是《谁是最可爱的人》中最后一段文字:

亲爱的朋友们,当你坐上早上第一列电车走向工厂的时候,当你扛上犁耙走向田野的时候,当你喝完一杯豆浆、提着书包走向学校的时候,当你向孩子嘴里塞着苹果的时候,当你和爱人悠闲散步的时候,朋友,你是否意识到你是在幸福之中呢?你也许很惊讶地说:"这是很平常的呀!"可是,从朝鲜归来的人,会知道你正生活在幸福中,请你意识到这是一种幸福吧,因为只有你意识到这一点,你才能更深刻了解我们的战士在朝鲜奋不顾身的原因。朋友!你是这么爱我们的祖国,爱我们的伟大领袖毛主席,你一定会深深爱我们的战士——他们确实是最可爱的人!

这段文字曾给众多散文作者带来启发,成为当代散文史上有影响的抒情话语方式之一,并因此最终完成了"情——事(人)——理"的深层结构模式。

三

除了以《谁是最可爱的人》为代表的"朝鲜通讯"外,魏巍的小品散文也有相当的艺术水准。收入本集中的《我的老实》《寄故乡》《草原记事》《在洪流中》《看家乡戏》等,都是值得一读的作品。作者在这些散文中仍然保持着他充沛的激情,从选材的角度看这些散文也更为开阔,而且行文从容,艺术上也更为老到。也许是《谁是最可爱的人》影响太大,魏巍的这些散文常为人们所疏忽;本集筛选了魏巍小品散文的一部分,既有从艺术上加以肯定的意图,也想提醒读者们注意。

相对而言,魏巍关于人生观的一些"文学性的政论"则有较广泛的影响;除了对社会热点的介入外,这类散文还体现了魏巍思想的深刻和论辩技巧的成熟。

从某种意义上说，魏巍的"文学性的政论"是"朝鲜通讯"主题的一种延续，即关于青春的主题。抒情、叙事和议论这三者中的"议论优势"在《祝福走向生活的人们》《幸福的花为勇士而开》《路标》等文章中得到了充分的发挥。

在一本散文集中，魏巍用"为青年朋友壮行"作为政论散文这一辑的标题，我以为它反映了魏巍创作的姿态：怀着历史使命感、责任感来爱护青年。他所有的文章都表明了他对青年人成长的热切期待。他对社会问题、人生观问题所作的思索，人们也许会持不同的意见，但这并不影响文章的积极意义。

魏巍善于在历史与现实的坐标中给青年定位，又长于用辩证法来思考、分析问题。他对生与死、欢乐与忧愁、个人与集体、物质生活与精神生活等问题的思索都显示出辩证的力量，在今天读来仍具启发性。

作为一个诗人和散文家，魏巍在创作中始终跃动着他的诗心。他的政论散文往往是诗情与哲理的融合，这是他的这类文章富于感染力而又耐读的原因。譬如《夏日三题》在整体上是诗情与哲理交融的结构与笔法，而某些段落、章节则近于诗和散文诗了：

夏夜，繁星在天。我低头沉思。
我想起种种生与死……

人们说，生命是宝贵的。是的，是宝贵的。
有人高举酒杯倒下，像烂泥鳅一样，死了。

有人纵欲无度，像空蛇皮一样，死了。
生命是宝贵的吗？醉生梦死，生命的虚掷而已。

有人厌倦"红尘"，苦修"来生"，枯萎在黄卷青灯之下。
"来生"何在？韶光已失！

在《路标》中，魏巍的写作又让人们看到了他创作《谁是最可爱的人》时的风采："在这些日子里，一个伟大的灵魂震撼着人们的心灵：这就是雷锋这个普通战士的灵魂。他使我们许许多多人感动得流下了眼泪。"他在沉思默想中，听到了一种深沉有力的呼喊："人们啊，在你自己的一生里，你究竟打算做什么样的人，走什么样的道路呢？"

无论是"朝鲜通讯"还是政论散文，魏巍都以散文艺术的方式作了一次回答。

《魏巍散文选集·序》，百花文艺出版社 2004 年版

重读《谁是最可爱的人》

李建军

由于外在的原因,我最近重读了几篇 20 世纪 50 年代的"经典",其中一篇,就是魏巍的通讯特写《谁是最可爱的人》。

这篇作品我上中学的时候,不知读过多少遍,也不知在作文中多少次模仿过那种气贯长虹的排比句式,但是,今天重读,却有一种极其复杂的感受。令我尤其好奇的是,这样一篇看去普通的报道怎么会产生如此巨大的影响力?

拂去岁月之尘,找到久被封埋的答案,似乎并不很难。

1951 年 4 月 11 日,《人民日报》在第一版的头条位置,发表了一篇 3500 字左右的"新闻特写"性质的文章。毛泽东阅后批示:"印发全军。"朱德读后连声称赞:"写得好!很好!"

这篇文章就是《谁是最可爱的人》。

1953 年 9 月 23 日,周恩来在第二次文代会上讲话时,竟推开了讲稿,对着话筒大声说:"在座的谁是魏巍同志,今天来了没有?请站起来,我要认识一下这位朋友(这时,全场都望着从座位上站立起来的魏巍,热烈鼓掌),我感谢你为我们子弟兵取了个'最可爱的人'这样一个称号。"在接下来的书面讲话里,周恩来赞扬它"感动了千百万读者,鼓舞了前方的战士"。

从此,《谁是最可爱的人》这篇作品便家喻户晓,流传中外。

它顺理成章地被选入全国中学语文课本,在 40 多年的时间里,成为无数中学生口诵心惟的必读文章;1951 年出版的《谁是最可爱的人》先后印刷 22 次,发行达数十万册。也许连作者自己都没有想到他的这篇新闻稿,会产生如此巨大的反响,会获得如此隆盛的殊荣。

那么,一篇短短的通讯报道为什么引起高层的重视?为什么会获得如此高的赞誉呢?

从艺术形式来看,《谁是最可爱的人》其实并无什么特别之处:语言是平实的,既没有非常个性化的修辞技巧,也没有灵活多姿的叙述方式。无论是《谁是最可爱的人》,还是收入同名散文集中的其他 16 篇文章,最常用到的表现手段无非是设问、排比、议论和抒情。尤其是设问,乃是《谁是最可爱的人》用得最多的修辞手段,在不足四千字的篇幅里,竟然用了 12 次;不仅用之于作者的叙述语言中,也用之于人物的话语中。这种充满抒情性的设问修辞,既有助于拉近读者与作品的距离,有助于吸引他们的注意力,同时,也有利于强化作者抒情的感染力和议论的说服力。从叙述方式来看,魏巍的特写呈现出这样一些模式化的特点,那就是,首先用设问或其他方式显示"观点",然后用一个个由"故事"构成的事实来证明它,最后,再用抒情和议论相结合的方式来强化作品所要表达的主题。

《谁是最可爱的人》之所以成为一个时代最具影响力的文本,首先是因为它在内容上显示出很强的时代性,极大地满足了自己时代的现实需求。按照20世纪50年代流行的文学价值观,文学作品的价值,首先决定于它的社会价值,决定于它在反映社会生活方面所起到的作用。丁玲在《读魏巍的朝鲜通讯》(发表于《文艺报》1951年5月25日第四卷第3期)中,高度评价魏巍的《谁是最可爱的人》和《冬天和春天》,针对"有人以为虽然写得好,不过只能说是通讯,算不得文学作品"的质疑,丁玲的回答是:"今天我们文学的价值,是看他是否反映了在毛主席领导下的我们国家的时代面影。是否完美地、出色地表现了我们国家中新生的人,最可爱的人为祖国所做的伟大事业。因此我们以为魏巍这两篇短文不只是通讯,而是文学,是最好的文学作品。"在这里,文学价值的大小,完全决定于作品的内容,尤其看它是否表现了当下的"伟大事业"。魏巍的通讯特写无疑完美地、出色地表现了"新生的人",他的"出色"之处就在于他对于"最可爱的人"这一话语的创造性的构筑和表达。"最"是一个表示高级形态的副词,"可爱"是一个表达内心由衷的喜悦的形容词,而且用来指涉孩子和女性等秀美的人或事物,魏巍将这两个词合成为一个短语,表达对孔武有力的军人的情感,无疑有着别具新意的"陌生化"效果,无疑有助于人们对"抗美援朝"的志愿军战士产生强烈的感情。所以,吉梯才在《战斗热情最可贵——漫谈魏巍同志抗美援朝时期的散文》(发表于《解放军文艺》1960年第8期)中说:

"最可爱的人",是我们时代精神的光辉的形象化。

通过魏巍同志的文章,我们这个时代的革命精神、战斗精神、英雄精神更为发扬光大了。"支援最可爱的人,学习最可爱的人,做一个最可爱的人!"成为我们全民的口号。"最可爱的人",在抗美援朝的那个历史时期里,几乎成为我们全民的道德标准。在我们志愿军里,最严厉的批评,无过于"你称得起一个最可爱的人吗"。同样,在最广大的人民群众中,最严厉的批评,恐怕也无过于"你对得起最可爱的人吗"。

真正表现了、发扬了时代精神的作品,它的威力才可能达到这样的高度。它的影响才会如此的深刻。

是的,正是因为"表现了、发扬了时代精神",正是因为满足了进行社会动员、激发斗志以及牺牲精神的需要,所以,"它的威力才可能达到这样的高度。它的影响才会如此的深刻"。

强烈的抒情性无疑也是魏巍的"新闻特写"写作的一个特点,也是他的作品获得好评的一个原因。他的抒情不仅在内容上显示出极强的时代性——对英雄的赞美、对领袖的崇拜、对敌人的仇恨、对未来的乐观、对幸福的感恩,而且,在形式上也呈现出一种崭新的特点——这是一种被强化的抒情方式,属于直接的、不加掩抑甚至略显夸张的宣抒:

朋友们,用不着繁琐的举例,你已经可以了解到我们的战士,是怎样的一种人。这种人是什么一种品质,他们的灵魂是多么的美丽和宽广。他们是历史上、世界上第一流的战士,第一流的人!他们是世界上一切善良爱好和平人民的优秀之花!是我们值得骄傲的祖国之花!我们以我们的祖国有这样的英雄而骄傲,我们以生在这个英雄的国度而自豪!

亲爱的朋友们,当你坐上早晨第一列电车走向工厂的时候,当你扛上犁耙走向田野的时候,当你喝完一杯豆浆,提着书包走向学校的时候,当你安安静静坐到办公桌前计划这一天工作的时候,当你向孩子嘴里塞着苹果的时候,当你和爱人悠闲散步的时候,朋友,你是否意识到你是在幸福之中呢?你也许很惊讶地看我:"这是很平常的呀!"可是,从朝鲜归来的人,会知道你正生活在幸福中。请你们意识到这是一种幸福吧,因为只有你意识到这一点,你才能更深刻了解我们的战士在朝鲜奋不顾身的原因。朋友!你已经知道了爱我们的祖国,爱我们的领袖,请再深深地爱我们的战士吧,他们确实是我们最可爱的人!

魏巍作品的被强化到极端的宣传性和鼓动性,无疑满足了战争动员和激发斗志的时代需求。他因此被当作"革命的鼓动家"。吉狄早在20世纪60年代初期,就怀着赞赏的心情肯定了这一点:"曾经有些人怕当不成伟大的艺术家,不甘做坚决为革命服务的'煽动家'。很显然,魏巍同志不是这样的人。魏巍同志是一个为革命服务的鼓动家,或者说是党领导下的一个鼓动宣传员。……当魏巍同志觉得通讯特写这种形式是更快当、更直接、更能说明问题、更能和广大读者及时见面,因此也更能发挥鼓动作用的时候,魏巍同志毅然抓起了这个武器。"他还准确地概括了魏巍的"新闻特写"的基本特点:"魏巍同志的抗美援朝散文是政论、特写和抒情诗的完美的结合。而把这三者合而为一的是奔腾澎湃的战斗热情。魏巍同志的每一篇文章都是有所为的,都是有目的的,都是要解决一个问题的;当他认为要说道理时,他就毫不迟疑地把道理摆出来;当他认为要鼓动一下时,他就大声呼唤;讲着讲着,忍不住激动起来,想倾吐一下自己的感情的时候,他就毫不犹豫地把自己的感情倾泻于笔下。"可以说,正是这种将极度的自豪与无限的感恩之情融为一体的抒情和"政论"性质的"鼓动",极大地满足了一个时代人们的精神需要,从而使它成为无数读者和青年学生学习的范本。但是,一种写作方式的优点,有可能也正是它的缺点。魏巍的"通讯特写"美学上的一个严重问题就是一览无余,淡乎寡味,经不住从容往复的含茹吐弃。

从战争叙事的角度看,魏巍的《谁是最可爱的人》真正的特点在于他对战争的酷烈场面的接近自然主义的真实性。由于复杂的原因,在很多时候,我们的战争文学叙事常常回避对死亡和牺牲场面的过于细致的呈现,往往显示出一种避实就虚的浪漫主义特点。然而,作为一个新闻记者,魏巍笔下的战争描写,却显示出了记者的在场感以及对真实性的本能忠诚:

敌人为了逃命,用三十二架飞机,十多辆坦克和集团冲锋向这个连的阵地汹涌卷来。整个山顶都被打翻了。汽油弹的火焰把这个阵地烧红了。但勇士们在这烟与火的山岗上,高喊着口号,一次又一次把敌人打死在阵地前面。敌人的死尸像谷个子似的在山前堆满了,血也把这山岗流红了。可是敌人还是要拼死争夺,好使自己的主力不致覆灭。这激战整整持续了八个小时,最后,勇士们的子弹打光了。蜂拥上来的敌人,占领了山头,把他们压到山脚。飞机掷下的汽油弹,把他们的身上烧着了火。这时候,勇士们是仍然不会后退的呀,他们把枪一摔,身上、帽子上冒着呜呜的火苗向敌人扑去,把敌人抱住,让身上的火,把要占领阵地的敌人烧死。……据这个营的营长告诉我,战后,这个连的阵地上,枪支完全摔碎了,机枪零件扔得满山都是。烈士们的尸体,做着各种各样的姿势,有抱住敌人腰的,有抱住敌人头的,有卡住敌人脖子,把敌人撂倒在地上的,和敌人倒在一起,烧在一起。还有一个战士,他手里还紧握着一个手榴弹,弹体上沾满脑浆,和他死在一起的美国鬼子,脑浆崩裂,涂了一地。另有一个战士,他的嘴里还衔着敌人的半块耳朵。在掩埋烈士们遗体的时候,由于他们两手扣着,把敌人抱得那样紧,分都分不开,以致把有的手指都折断了。……这个连虽然伤亡很大,但他们却打死了三百多敌人,特别是,使我们部队的主力赶上,聚歼了敌人。

许多年之后,作者的那些议论和抒情的话语,会因为时过境迁而被人们淡忘,但是,这些梦魇一样的场景,你却无论如何也难以忘却,就仿佛扎入记忆深处的长长的芒刺。从表现战争的惨烈性这一角度看,《谁是最可爱的人》里的这些细节,令人想起了《静静的顿河》对战争场面的描写,尽管相似的细节表现着不同的情感态度,但是,就描写的真实效果来看,却是一样令人震撼的。

1957年,莫斯科国家艺术文学出版社出版了《谁是最可爱的人》的俄译本。C·马尔科娃在序言中写道:"魏巍的这些特写作品现在已经引起了读者的广泛关注。在这些作品中,他真诚地赞美、歌颂朝鲜前线的中国人民志愿军。他的每一篇特写,都浸透着难以遏制地相信普通人、相信人民的光明未来的信念。

这些特写作品,现在仍未失去其魅力。"然而,进入新世纪,魏巍的这篇作品,却被新编的中学语文教材拿了出来。令人意外的是,这并没有引起太多的注意和太大的响动,没有成为一个新闻事件和争论的话题,直到他2008年逝世之后,才在网上有了一点声音微弱的争论——有的说《谁是最可爱的人》退出中学语文教材标志着时代生活的进步,有的则说应该重新将它编进教材。然而,无论前者,还是后者,应和的人,似乎都不很多。

五六十年前,埃德蒙·威尔逊在谈及文学的影响力和生命力的时候,曾经用过"长效文学"和"短效文学"两个概念。我不知道《谁是最可爱的人》到底属于长效文学,还是短效文学,但它的确是一篇与时代生活的"相关性"很强的作品——它之所以引起如此大的反响,之所以获得如此高的评价,正是因为它满足了时代对文学的这种"相关性"要求。

在特殊的时代条件下,尤其在反映战争、灾难等严重的社会事件的时候,文学常常会仅仅因为"相关性"而产生巨大的社会影响力。但是,随着时代生活的变化和阐释语境的转换,或者,换句话说,当直接的"相关性"被间接的"历史性"取代的时候,对这种作品进行解读和评价的难度就会增加,甚至会有完全不同的阅读感受和评价,除非这些作品本身包含着丰富的历史感和普遍的情感内容,否则,它就很难感动后来时代的人们或不同社会的读者群。

那么,《谁是最可爱的人》具有经得住时间之水洗磨的"长效性"吗?未来的读者阅读它的时候,还会像20世纪50年代的人们那样感动吗?

这个问题也许只有时间自己能够回答。

时间是文学最难跨越的障碍,是它也许拼尽全力仍然很难战胜的敌人。

然而,不管怎样,我希望,那些属于过去的作品,也能属于现在和将来。

2009年8月26日平西府
原载《文学自由谈》2009年第5期

一篇鼓舞我们勇敢前进的小说
——《长空怒风》读后

张立云

魏巍、白艾两同志合写的一篇小说:《长空怒风》,与其说它是一篇小说,不如说它是一篇出色的文艺报道。因为那里边所写的是中国人民志愿空军中的实际情况。魏巍、白艾两同志都到志愿空军住过一些时日,他们所写的都是亲身所见、亲耳所闻的事实。不过,因为他们所见所闻的生动事迹太多,在写作时不得不加以取舍,加以重新组织罢了。所以,我们在读这篇作品时,应当把它当成一篇中国人民志愿空军英勇斗争的记录来看。两位同志所写的,虽然才不过是千百件光辉事迹中的一两件,但那里面所包含的内容却是异常丰富的。从这一两件异常感人的事实中,我们可以想到多少英勇机智的斗争场面,光辉灿烂的斗争事迹啊!

我和许多读者一样,很喜爱这篇作品。我之所以喜爱它,并非由于它有什么美丽动人的辞藻和超人的艺术技巧,而是由于故事的真实性深深地吸引了我,由于年轻的志愿空军部队的辉煌胜利无限地鼓舞了我,同时,还由于它对我们有着深刻的教育意义。

小说粗略地描述了中国人民志愿空军的成长过程。这个人民空军的成长过程,大大地鼓舞了我们建设强大国防军的信心。大家知道:一年多以前,当中国人民志愿军出国作战的时候,志愿军是没有空军部队的。那时,美国的空中强盗、空中扒手是多么猖狂啊!它们到处狂轰滥炸,把朝鲜的和平村庄、和平居民投入火海、投入血海。为了保卫朝鲜人民的和平生活,抵抗美国空中盗贼的侵袭,我国掀起了轰轰烈烈的捐献飞机大炮的运动,许多志愿军的干部和战士,毅然地从陆军投入了空军,许多抗美援朝的知识青年们,也走向志愿空军部队的战斗岗位。小说中的牟永刚、杨德林两同志就是前一种人物。他们在陆军中是英勇果敢的、屡立功勋的战士,到了空军仍然是战无不胜的英雄。但是,从无到有、从小到大来建设完全现代化的空军,的确是件不容易的事。牟永刚同志文化低,他曾对着三角、几何掉过泪。但他终于学成了,成了操纵飞机的能手。这主要凭借什么呢?毫无疑问:就他自己来说,这是凭借着对革命、对人们事业无限忠诚所产生出来的高度的学习热情和克服困难的决心和信心。就这样,在短短的时间里,我们志愿军的空军部队已经建立起来,并且日益壮大起来了。美国空中强盗的凶焰已经初步地被制止了,美国所大肆吹嘘的在朝鲜战争中的"空中优势"已不复存在了。事实教育了我们:在胜利了的人民的中国,在毛主席和中国共产党的领导之下,我们不怕困难,我们能够战胜任何困难,困难是暂时的。我们能够把强大的国防军迅速建立起来,像志愿空军生长得那样迅速一样;我们不怕美国的空中强盗,在中国人民志愿空军的面前,美国空军一定是要彻底失败的。志愿空军的建立和壮大,鼓励了我们克服困难的信心和毅力。

空军战士们的勇敢机智、对人民的无限忠贞,使我深深地受了感动。你看,在空中,当牟永刚受到敌机包围时,迎面的敌机向他猛扑过来的时候,他是如何的英勇顽强:

"他猛推油门,浑身使劲,直撞过去。眼看距离一点点地靠近了。这时,谁如果动摇,向上或者向一边闪开,谁就会把最大的面积暴露给对方,遭对方击落。可是敌机显然并没有动摇,牟永刚看见敌机的影子越来越大,简直就要碰头了。这是牟永刚和那架敌机生死攸关的一霎!就在这一霎,地面上将看到我们战无不胜的骑兵英雄,和敌机一同着火粉碎落下朝鲜的天空。然而,就在这一霎,终于那个最顽强的家伙,在英雄的面前动摇了。"

后来,牟永刚的飞机被敌人击中得太厉害,需要跳伞的时候,我们的英雄怎样想呢?

"'跳伞,再不跳就不行了!'牟永刚昏迷了一下,可是随即又镇定了:'不,我不能这样,当我的飞机只要还有一线的希望,我就不能这样。'脑子一清醒,跳伞的念头就打消了。现在,他感觉有一种特别的劲头支持着自己,这是当一个人肩负着千万人民的使命要完成一件事业,并且非成功不可的时候,所发生出来的那股力量。"

这种大无畏的精神和对人民事业的高度责任感,是多么感动人啊!这种共产党员的光辉品质,永远值得我们学习。牟永刚最亲密的战友——杨德林同志,我觉得是和牟永刚同样可爱的人。读作品的时候,或读过作品以后很久很久,我脑子里一直浮现着两个形影不离的坚毅勇敢的人物的可爱的形象,正像作者所说的那样:一个像"一匹野马,一团烈火";另一个像"一条又宽又大的江水"。他们是那么鲜明,那么生动地时时刻刻出现在我的脑子里。他们具有共同的特性:忠诚、勇敢,为人民的事业不惜牺牲自己的一切。但他们又有不同的特点:牟永刚勇猛顽强,而杨德林忠厚老练。

杨德林突出的特点,表现在他舍己为人的高度的共产主义精神和高度的原则性上。他在自己的日常生活中和战斗中,只知为人,不知为己;他处处只想到别人的利益,从来想不到自己的利益。他真的好像是"只是为了别人才活在世上的"。在平时,他为照料一个病员而到处奔波。在战时,他为丢失一个战友而痛掉眼泪。和敌机搏斗的那天,他掩护着牟永刚的飞机,使牟得以胜利地完成了任务。但他自己的飞机被敌机射中着火了,他为继续掩护牟永刚,坚决不肯跳伞;直到把威胁牟永刚的敌机打走,熊熊的火扑向他的座舱的时候,他才忍痛地丢下飞机跳出来。这种忘我的牺牲精神,使我们多么深深地感动啊!只有在毛主席和共产党培育下的新的人物,才能具有这种共产主义的无私的性格。

平常,像一个大姑娘,不爱说空话,不爱夸耀自己,只知埋头有益于大伙的任何工作;战时,凶猛得像一只老虎,不畏艰险,有我无敌,为了整体利益,不惜牺牲自己。杨德林同志就是这类革命战士的优秀代表者之一。

此外,杨德林还有一个突出的值得学习的优点:高度的原则性。他和牟永刚是长僚机的关系,是两个最亲密的友人,同起同坐,同生共死;但他们没有私情,不互相包庇,互相宽容。他们的友情建立在革命利益的基础之上。当牟永刚有些问题想不通,或有些认识不对头的时候,杨德林用友谊、用感情劝解他,也用原则批评他。譬如,因为打不下敌机,牟永刚表现出不健康的情绪时,杨德林严肃地对他说:"我提醒你,牟永刚同志!我们是为人民活着,不单是为俱乐部的数目字活着!"这句简单而内容丰富的话,对于我们之中的那些惯于追求表面成绩和数目字的人,那些因为受点挫折就垂头丧气的人,该有多么深刻的教育意义啊!

当然,从牟永刚和杨德林两人的性格中,从他们的斗争中,从他们的关系中,我们可能吸取的经验和教训,比这里所写的要多得多,只要肯于对照自己,我想,每一个读者都会从他们中获得不少有益的启示。

牟永刚和杨德林等的品格和他们的斗争,使我们相信:像这样的军队,是不可能被战胜的。试问:像牟永刚和杨德林这样的革命战士,敌人再有什么炮火,再有什么所谓"技术优势",怎能动他们一根毫毛呢?最后胜利怎能不毫无疑问地操在我手呢?而美帝国主义者,他的空中强盗们,像他的陆军一样,又怎能不必然要失败、要灭亡呢!

这是为什么?

正像小说告诉我们的,牟永刚和杨德林所经历的一切,充分说明了这一点:我们是为了正义,为了人民的生命与世界和平,我们是有高度革命自觉的人民战士,而美国强盗,除了战争的非正义性之外,还有那些飞行员们也都是用美金雇来的缘故。这里使我想起空军英雄张积慧同志所经历的一件事:一个被审问的美国飞行员曾经大感不解地问过张积慧同志:"你们的飞机实在厉害,一看我们就头对头地冲过来。我真不明白你们为什么这样勇敢,你们到底为了什么?比方,我们是为了美金……难道你们击落我们的飞机也有很多钱吗?你们每个人大概有多少钱啊?""我们有四亿七千五百万再加上三千万!"张积慧同志回答他。"是美金吗?"美俘惊讶地问。"不,是四亿七千五百万中国人民加上三千万朝鲜人民。他们支持着我们,我们也为着全世界的和平人民。"这段对话,多么清楚地说明了我军无比英勇和永远胜利的来源,也多么清楚地揭露了美国军队腐朽的本质和必然失败的命运啊!

除了上面一些深刻的教育和启示之外,小说也从另一方面给我们以教育。它告诉我们:如果在为人民的事业中,我们脑子里还残存着个人英雄主义,那么,人民事业就会因而遭受损失,甚至是不可计量的,不能弥补的损失。牟永刚的战斗过程和思想过程,给我们一个很大的警惕,使我们得到一个十分有益的教训。大家知道,牟永刚开始正是这样一个人,他求战心切,但存在着个人英雄主义的残余,他作战勇敢,但有时忽略战术和指挥。于是在作战的时候,为了追歼敌机,他就忘了自己的指挥责任,下了一个"只管打"的命令,就冲向前去了。他既脱离了自己的中队,也忘记了和僚机的配合。他没尽到一个指挥员的责任,他违犯了空军作战的纪律。归来以后,他懊恼,他悲痛。政治委员恳切地指出了他的缺点和错误:

"你,是勇敢的;勇敢,是可贵的,并且永远是可贵的。正因为勇敢,所以你才能把穿了一二十年飞行衣的美国佬打下来,使他们害怕我们;可惜,你却忘记了你是个指挥员,忘记了你后面还有一个中队,忘记了不仅要自己打得好,还要全中队都打得好。你只想到要狠狠地打敌人,却不知道怎样才能把敌人打得更狠。"

"血并不能顶战术用……见了敌人,不是一个人抢着去攻击,而是有组织地攻击,有掩护地攻击;有组织地脱离,有掩护地脱离……"

政治委员一针见血地指出了牟永刚的缺点,而且严肃地批评了他:

"你对自己的荣誉强调得太过分了一点……你的革命英雄主义发展得还不够健康,个人英雄主义的东西还保留着一些……我提醒你,牟永刚同志,你今天驾驶的是最近代的喷气式,并不是你那匹枣红骝马。你参加的是最近代化的空中战争。这个战争,没有什么比组织性、纪律性更为重要的了,它简直是我们的命。""因此,它也就要求我们每一个人,比什么时候都需要集体主义的精神。"

政治处委员的话,也清楚地教育了作为这篇小说的读者的我们。使我们深切地认识了个人英雄主义的危害和组织纪律性的重要。然而,恰巧在我们身上,个人英雄主义的思想不是常常多得很吗?组织纪律性、集体主义精神不是常常十分缺乏吗?也有的同志,有的时候是有集体主义精神的,在另外的时候却没有了。像牟永刚和杨德林,他们在平时,长僚机之间的关系确实是很好的。但因为牟永刚有为"俱乐部的数目字活着"的意思,所以到战时,就出了岔子。

这里告诉我们：组织纪律性、集体主义精神的锻炼是多么重要，但又是多么艰苦！

同时，从这篇小说中我们可以看到：每一个胜利都是集体的创造。牟永刚能打下敌机，和杨德林的掩护是分不开的，和小高等的英勇战斗也是分不开的。在上空，杨德林援救了小高，小高又救助了杨德林。最后，朝鲜人民救活了杨德林，又把他送到医院。而牟永刚等所以能够顺利进行战斗，又和地勤人员的辛劳、地面指挥的正确性密不可分。从这里，大家可以了解：在集体的面前，个人是多么渺小，个人英雄主义是多么没有根据！最后，我想：志愿空军忘我的斗争和牺牲精神，对于在祖国和平环境中工作和学习着的我们，该是多么大的鼓舞。看了这篇文章之后，我就考虑，我们应该如何努力工作和学习，才能够和他们的斗争配合起来；我们应该如何学习他们的战斗精神，来把我们自己的工作做好；应该如何来学习他们的优秀品质，来改造我们自己；我们应该如何援助他们，才能使他们把敌人打得更痛一些，胜利更多一些，胜利得更快一些……

当阅读这篇小说的时候，我们都知道，朝鲜正在发生着什么事情：美国正在板门店的会议桌上卑鄙地拖延停战谈判；在巨济岛疯狂地屠杀朝中战俘；不久以前，美国空中匪徒们，又丧心病狂地轰炸了朝鲜的非军事目标——鸭绿江的水电厂。这表示：美帝国主义蓄意破坏停战谈判，准备继续扩大战争。然而，我们知道：有朝中人民在，美国的阴谋是不可能实现的。牟永刚等所进行的斗争，更清楚地说明了这一点。从这篇小说所描述的事迹中，我们的信心更无比坚强起来了。

原载《中国青年》1952 年第 13 期

红旗初飘的时候
——读《红色的风暴》

张立云

中国共产党一成立，便能表现它在工人运动中伟大的作用……中国"现代式的"职工运动，无疑的是从中国共产党手里开始。

——邓中夏《中国职工运动简史》

我还清楚地记得：当第一面五星红旗在天安门前升起的时候，当毛主席向全世界庄严宣布"中国人民已经站起来了！"的时候，我和周围的许多同志伫立在收音机前，忍不住眼眶中的热泪。天安门前飘红旗，这是亘古未有的大喜事啊！这是数十年来革命先烈、革命前辈、千百万革命人民牺牲奋斗的结果啊！

现在，时光过去了若干年，从天安门前走过，再看见那迎风飘展的旗帜时，心情已不像过去那样容易激动。然而，不应当忘记，我们的旗帜为什么是一片血红；更不应该忘记，它是经过了如何艰难的路程，才飘扬到首都来，并飘遍了祖国的。

以前，革命的红旗，在大江两岸飘扬过，在黄河之滨漂扬过，在西北高原飘扬过，在太行山巅飘扬过，然而，许多英勇的旗手没有战斗到革命胜利，就一批一批倒下了；新来的战斗者从他们手里把旗帜接过来，继续战斗，继续前进，直到胜利。这就是我们走过的道路。

读着电影小说《红色的风暴》，不知是什么原因，我常常会想起今天飘扬在祖国天空的鲜艳美丽的五星红旗。也许他上面有着革命先烈（也包括《红色的风暴》所写的那些英雄们）的血迹的缘故吧！

《红色的风暴》是以一九二三年"二七"惨案和这以前的中国工人运动为背景写成的。那时，正是中国共产党所举起的革命红旗在中国的大地上开始飘扬的时候。一九二〇年，中国各地的共产主义小组建立后，即首先在工人群众中进行工作。一九二一年，成立了中国共产党。自此以后的两年，党集中力量领导了工人运动。中国备受压迫的工人阶级，在自己的党领导下，迅速成长起来，由经济斗争发展到政治斗争。工人们建立了自己的组织——工会。北京的党曾派我党职工运动的出色领导人之一邓中夏同志，在长辛店铁路工厂进行工作，他在那里领导工人反对工头、总管、厂主和军阀，取得重大胜利。长辛店成为我国职工运动的一个起点。一九二三年，"二七"惨案发生前，长辛店的工人根据京汉铁路总工会的命令，坚决实行了罢工。工人们抵抗了军阀的引诱和威胁，并和敌人展开了流血冲突。其英勇顽强，是永垂史册的。从一九二二年一月到一九二三年二月，全国有三十多万工人，进行了一百多次的罢工。这一系列的罢工，标志着中国工人运动的第一个高潮。

《红色的风暴》的作者，以长辛店工人运动的史实为主线，概括了当时全国工人运动的特点，通过艺术形象反映了这个有历史意义的伟大斗争时期——中国工人阶级在党的领导下由自在阶级走向自为阶级的时期。他们把几代的工人生活通过辛老厚、辛二凤、葛振红、田广、高海、吕银河等几个人物深刻地表现了出来。关于党对工人运动的领导，则着重写了钟夏一人。对于敌人，作者们也作了适当的概括和集中。

抓起小说，首先激动我们的心灵的，是旧社会工人阶级的悲惨命运。正像高尔基在一个歌词里所写的："生活像泥河一样，机器要吃我们的肉……"因为穷，被农村赶出来的老实农民辛老厚，一路要饭，来到长辛店，他的遭遇是什么呢？亲戚被工厂开除了；自己没有钱，找不到工作；托同乡的帮助，勉强上了工，挣的钱不够吃喝，总管、工头还要想法骗了去；除了做工，还要忍受总管的封建剥削，挨打受骂；最后被逼得偷东西，以致被工头害死在铁轮下。他的命运不是千百万工人悲惨命运的代表吗？像高海那样的工人，是多么能干的工人啊，然而他有力没处使，被逼得酗酒、赌博、打架、打老婆，过着神经失常的生活。而他是正直的，有阶级同情心的。他有了钱，任工友们拿去花；见辛老厚被工头欺负，他不顾一切找工头拼命。终于，他被开除了，无衣无食，妻子也成了疯子。再如吕银河，也是好工人，还有文化，可是地主夺去了他的土地，工厂里剥削了他的劳动，使他变得胆小怕事，终日看麻衣相、观风水、写文告，满腹冤苦无处诉。青年工人葛振红的父亲被冤死，母亲急瞎了眼睛。老工人陈永寿，孩子多，养不活，要送给别人……

当然，工人们对于这痛苦的日子是不甘心的，他们零星地反抗过，斗争过，拿起钢刀拼过命。可是结果怎样呢？他们被开除了，打死了，饿死了。一代一代重复走着这种悲惨的路。只有中国共产党，才使他们看见了光明，开始自觉地掌握了自己的命运。

说到这里，我不能不谈谈小说对钟夏这个形象的创造。钟夏，作者是有意识地依据邓中夏同志的真实事迹来加以塑造的。这个人物，作为初期的工人运动的领袖，我觉得他有真实性和艺术生命。他是个知识分子，开初只是一个有书本知识的马克思列宁主义者，但是可以看出，他有全心全意为人民服务的热情，有不畏艰难的工作精神。这是革命者最可贵的品质。他第一次出现在我们面前时，只是一个和工人群众格格不入的人。他向群众谈的问题和群众的切身生活离得太远了。但他一点也没有灰心,在给李大钊同志的信中,他保证"不怕失败一百次,甚至一千次!"也要把工人兄弟组织起来。以后,他化装成小贩再去进行工作;群众看见这个满身油腻的小贩像是自己人,才开始和他接近,他也因此初步了解了群众的疾苦。然而,要真正获得群众的信赖,还必需深入到群众中间去生活,成为他们中间的一员。钟夏决心这样做了。他不顾自己大学生的高贵身份,不理睬父亲为他钻营的要职,毅然一个人搬到长辛店的一个破旧小院里,整天和工人混在一起;自己还要扫地、抹桌子、切菜、做饭。这需要多么大的决心哪!毛主席向革命文艺工作者说过这样的话:"你要群众了解你,你要和群众打成一片,就得下决心,经过长期的甚至是痛苦的磨炼。"从钟夏身上,我们看到了活生生的形象,体会到了这句话的深刻含义。

钟夏进一步获得群众的信赖,是由于他和人民一起参加了斗争。他制止了高海、二凤那种个人拼命式的斗争方式,说服他们团结起来,用集体力量和敌人战斗。果然,穷凶极恶的工头胡头,第一次被工人打得屁滚尿流。天翻过来了,工人群众兴高采烈,相信自己的力量了。接着钟夏就号召工人组织起来——成立工会。从这里,我们不仅看见他在思想感情上的变化,而且看见他找到了领导群众斗争的艺术。和工会成立的同时,他领导了有名的长辛店的大罢工。在这次罢工中,显示了他斗争经验的成熟。他善于结合群众的要求提出斗争纲领,善于团结各色各样的工人。善于站在群众中间和群众一同前进,善于打中敌人要害(如及时提出斩断敌人的铁路交通);对于敌人的挑拨,他善于识别;对于叛徒,他绝不留情。

他不仅领导人们战斗,也知道从极细微的地方去关心工人,因而他取得了群众的信赖和爱戴。叛徒秦志高带领敌人来捉拿他,葛振红舍命把他背出去。以后,每夜每夜,葛振红都在窗外守护着他。工人群众对他也早已不是先生长短,而是哥弟相称了。直到他被捕入狱,工人们还是依照着他的指示办事,长久系念着他。

从钟夏这个人物身上,我们体会到了马克思列宁主义和工人运动结合的道路,党的领导和工人运动结合的道路;也看到了一个小资产阶级知识分子成长为一个无产阶级革命者的具体道路。这是一个革命初期的马克思列宁主义者的美好形象,一个很值得许多知识青年学习的人物。

党的领导促进了工人阶级的觉醒。反工头斗争和第一次罢工的胜利,使工人们成长了,改变了。高海不再是以前的高海,他不喝、不赌、不打老婆,成了工人运动中的积极战士。吕银河不靠看风水、算卦消磨时光,他全力投身到工人斗争中,东奔西走。连陈永寿那种顾虑多端的老工人,也决心和大伙站在一起,永不变心。工人们到处唱着雄壮的歌,"红旗一举千里明,铁锤一举山河动,只要我们团结紧哪,冲破乌云满天红",来庆祝斗争的胜利。人们热爱生活,对未来有了希望。"劳工神圣"的思想深入人心。

党成了先进工人心目中的明灯。田广、葛振红参加了党的队伍,高海、吕银河也积极要求入党。

在胜利的基础上,斗争转入了新的阶段,田广、葛振红的性格在新的斗争中成熟了。

提起田广,我们不会忘记这段生动的描写:夜深了,田广还没有回来,三个工友在他家等着他。镟工吴老大找他调解家庭纠纷;秦志高找他给工头胡头捎句话;陈永寿托他把自己的孩子送几个给人;一会儿,高海家的披头散发地跑进来,要他替自己评理……这种烘云托月的描写法,使我们从侧面看到了他的性格,他和阶级弟兄的关系。在第一次罢工时,作者把他和秦志高作了对比的描写。甜言蜜语和金钱,使秦志高眼花缭乱了,田广却是那样坚定,他痛斥敌人:"少来这一套,不答应条件,我们饿死也不复工!"最使人感动的,是他在最后一次斗争中所表现的成熟的领导能力和工人阶级的英雄气概。

以另一种性格出现在我们面前的一个成熟的工人形象是葛振红。他是工人中年轻的一代。我们从他那里看到的是,对敌人的高度仇恨,对阶级弟兄的无限同情,对党的无限信赖,埋头苦干的斗争精神。阶级压迫在他心上播下了仇恨的种子,党的教育使这些种子开出了革命的花。他给我印象最深的是两件事:一件,逃难到长辛店来的辛老厚父女和他完全不相识,他却把他们留在家里住着,二话没说,跑到当铺里把外衣当了,钱交给辛老厚,让辛老厚给庞管家买礼物,好进工厂。做这种事情,在他看来是完全应该的。另一件,胡头要暗害钟夏,消息被葛振红听到了,他又是二话没说,跑到学校,背起钟夏就跑,使钟夏摆脱了危险。这两件事把他的性格表现得多么鲜明。应做的,立刻去做,用不着多想,也用不着多说。后来,和田广一起领导工人第二次罢工,他也总是默默地做事,很少说话。敌人列车开来,首先躺在铁轨上阻挡列车前进的是他;田广被捕,带着队伍冲上去要把田广夺回来的还是他。他在武装敌人的面前,喊出了英雄的豪语:"老子不怕死,你打!你打!"负伤倒地后,他呼唤着光辉的未来:"工人是打不倒的,总有一天……我们是会站起来的!"

是的,中国人民早已站立起来;那些最初打起红旗的革命先烈,离开我们也已经三十年了,可是,他们的步伐和喊声,还时刻响在我们的耳鼓,使我们永远记起红旗初飘的时候。

一九五七年一月十七日北京
原载《中国青年》1957 年第 3 期

《江水不尽流》

张立云

不知有多少读者曾被魏巍同志激情充溢、寓意深远的作品吸引过、感动过。每读到他的作品,不论形式,不拘长短,总觉得含意是那样深厚,热情是那样充沛,构思是那样新颖,笔力是那样遒劲。读完他最近发表的短篇小说《江水不尽流》(《解放军文艺》一九六二年十月号),同样的感觉又油然而生。

魏巍同志这篇小说虽草成于一九六〇年,但开始酝酿为时甚早。记得在这作品创作的过程中,我们曾经在一起熬过了一个夜晚。那时,作为这篇作品的第一个读者,我一面吟咏着初稿,一面倾听着作者向我介绍的与小说有关的许多有趣的、动人的生活片段,和他所熟悉的许多平凡而伟大的英雄人物。好久好久,就有一个明显的思想在他心底的深处慢慢成熟,那就是小说的结尾用精辟的话语揭示出来的,对人民力量的无比信任,对国际主义的伟大友情的无比信任。"人民,只有人民才真正是强大的,不可战胜的,……而那些帝国主义和一切反动派,只不过是过眼的云烟……"这些话在他心里不知反复过多少次。

同样,好久好久,也有着一些既是现实中的又是艺术上的人物,在他内心发芽、生枝、开花、结果,巍然而立。那些人物,是他过去长期战争中甘苦同尝的老战友,又是他在抗美援朝战场上生死与共的新伙伴。这些人物的出身各有差异,经历各有不同;但是他们却走上了共同的道路,要革命,要反抗,要从屈辱和压迫中站立起来。因为要革命,所以即使他们暂时走上崎岖之途,终于会转入大道,迎向光明,在斗争的烈火中锻炼成长。《江水不尽流》中的刘福正是从作者纷繁的生活经历中,逐步熔铸出来的。他概括了劳动人民的历史使命和他们必然的命运。

任何一个作家都有他的创作风格,在他的作品中表现着他的美学观点。魏巍同志一向认为,创作首先要有严格的现实主义的态度,叙事、状物、写人,力求真实可信,不虚伪矫饰。在小说里,围绕着刘福的命运展示的斗争环境:半殖民地半封建的旧社会和社会主义的新社会的对比;旧的反革命军队和为保卫和平、保卫社会主义幸福生活而战的中朝人民军队的对比……都显示了他们真实可信的力量。许多情节给人留下了深刻的印象。像旧军队里对于逃兵的残酷虐待;像刘福在一张通行证上所花费的心血,经历的思想变化;像美国强盗在朝鲜的暴行；像班长小白子的模范行动……就是如此。在人物创造上，他喜欢写普普通通的人，表面上平凡而缺少特色的人。刘福，你乍看上去，他有什么特色呢？出身贫苦，被国民党抓去当兵，解放过来参加了人民解放军，有小农的保守思想，眼光短浅，心里经常转不过弯来，抗美援朝初期对美帝国主义有些胆怯，在血与火的斗争中提高了觉悟，成了具有国际主义思想的战士。他不过是普通一兵而已。然而正是在这个普通一兵的身上，包含着精深的哲理。一个农民出身的士兵，要成为伟大的无产阶级战士，必须不断地经受革命斗争的洗礼：一种是对阶级敌人和民族敌人的斗争，一种是对自身保守、落后思想的斗争。而这两种斗争又是交织在一起的。如果不勇于对自身的错误思想进行斗争，他也无法勇于对敌人进行斗争。同样，在对敌斗争的战场上不敢临阵的人，必然也是思想斗争战线上的逃兵。刘福的性格正是农民出身的革命战士的典型性格。在他思想上既有农民的心地善良、不堪忍受压迫的一面，又有落后、保守，安于现状的一面。因为具有前者，他就有向敌人进行阶级斗争和追求幸福、美好生活的要求，因为具有后者，他就容易看不清斗争的前途，在斗争过程中踯躅不前。但是这二者并不是平衡的。在党的领导下，前者完全得到发扬，后者必将逐渐消灭。小说中，通过事实的教训，通过小白子的帮助和影响，刘福正是走过了这样的道路。从他在旧军队里挨打受骂到新中国成立后受到宽待，从他全家在旧社会的悲惨遭遇到新中国成立后的土改翻身，从忧惧抗美援朝到看到美帝国主义暴行后的思想斗争，从班长小白子的模范行动到朝鲜老妈妈对他的亲切照顾，人物思想成长的线索写得非常明显。另一有助于人物性格成长的方面是敌对斗争。如果说在一举活捉六十三个鬼子那次战斗里，刘福还只是凭仗着一时的勇敢，那么，在一人坚守黑云岭时，他就有了更多的革命自觉。

通过刘福的性格成长，我们觉察到了一条真理：在革命的人民面前，帝国主义者和反动派是外强中干的纸老虎。当刘福还没有被解放以前，他所在的反动军队尽管人数众多，加上军阀统治，却是不堪一击的。而当他成为人民战士，在抗美援朝战场上却能够以一胜百，打得美国强盗落荒而走。秘诀何在？在于人民群众是进步的社会力量，他们是被先进的革命思想武装着的；而帝国主义和反动派是衰朽的阶级，他们既扭不过历史的安排，其反动思想对人民的欺骗作用也是不会长久的。

通过小说对于刘福这个人物的创造，我们还可以看到一个作家的世界观对于创作有多么大的影响。刘福是一个经受过种种磨难的人，他有过家破人亡的不幸遭遇，他在旧军队里尝到过把人不当人的痛苦滋味，在战争中，他看到过帝国主义和反动派给人民造下的种种罪行，也亲身遇到过不少难以想象的艰难困苦。如果站在资产阶级个人主义的立场上看问题，他可以为这个人的一身渲染上极端阴暗、哀伤的色调,把他的遭遇描绘得凄凄惨惨,把人物刻画成一个在强大的敌人面前束手无策、哭天抹泪,企图逃避现实,只去为个人的所谓幸福而苟且偷安的人。相反,如果站在革命的立场上,作者就会把这些艰难困苦生活的磨炼,写成人物斗争、前进的动力,写成英雄性格成长的因素,写成是伟大革命进程中的必然现象,从而把人物刻画成一个热爱人民、仇恨敌人、敢于面对一切考验的坚强的革命战士。这篇小说所达到的正是后者。

魏巍同志是一个诗人兼散文家,他的小说也有着抒情散文的风格和诗的特点。读着这篇作品,我们并不感到有什么惊心动魄的情节,也看不到难解难分的矛盾冲突。只觉得仿佛有一个人坐在我们面前,向我们一五一十地讲述着一个他所亲身经历过的平凡人物的平凡故事。他既谈到了人物本身的种种幸福的和艰难的遭遇,也不时地掺加一点个人的感受和评价。当他娓娓而谈的时候,那激动的神情,那诗意的遐想,那发自内心的赞美,那动听的言辞,却深深地把我们吸引住了。我们不由得也跟随着讲述者接近了人物的内心,并赞美起这个人来。

原载《解放军文艺》1963 年第 2 期

我读《东方》
——给一个文学青年的信

丁 玲

你上月同我谈到的那本小说《东方》,不知你读完没有。我一口气在几天前读完了。原来想等你把读后的印象告诉我以后再谈谈我的印象,但我近来记忆力退化得厉害,因此就趁现在刚读完不久,印象较深时写上一点。

魏巍是一个老文学工作者,是一个一直使我注目的同志。他在抗日战争时期就写过很多好诗。他的著名的散文《谁是最可爱的人》,也曾使我崇爱过。《东方》的前几章在《人民文学》月刊一发表,我就读了,很喜欢,曾想写一篇文章,表示我对这一新作的拥护,只是想到那时我还是一个无权发表意见的人,只有压制住这一冲动。这次我是又从头读起的。尽管有人曾经对我说过,后边没有前边写得好,但我仍然一口气读完了它,而且觉得后边也写得很好。

《东方》是一部史诗式的小说,它是写中国人民志愿军在抗美援朝战争中创造的宏伟业绩,是一幅绚丽多彩的画卷,是一座雕塑了各种不同形象的英雄人物的丰碑。以前我们也读过许多描写抗美援朝的短篇作品、长篇小说以及诗歌、散文、电影……但《东方》却包括得更深更广。它几乎写到了抗美援朝战争中的几个阶段和全部有名的战役。魏巍同志不是在故纸堆里寻章摘句,主观铺陈,或者反复从已有的戏剧形式中来再现生活。他是从他的长期战斗生涯中提炼出他的人物、生活、情操……表现了一个时代的最精粹、最本质的东西。因此尽管整个小说中也还有某些小小的芜杂之处,但它是正确地、满含诗情地歌颂了一个伟大时代和一群具有特点的新人,"最可爱的人"。

在《东方》的七十几万字里,整个抗美援朝战争的发展,是比较清楚的;约二十来个主要人物的描写,其个性也是比较分明的。作家花了很大的精力科学地组织起这部长篇,笔力始终不懈,感情贯串到底。这在只有一般文学基础,刚刚写作的人是难以达到的;即使与魏巍同时代、功夫较深、有成就的作家也不是随便能够达到或超过的。魏巍同志在部队工作,从抗日战争直到现在,积四十余年的积累,生活不可谓不深厚。在四十余年的工作中,他一直没有放弃写作诗、散文以及长篇小说。因此,生活中的人物,与作者心中创造出来的人物,互为补充,反复印证;再生活,再创造,再提炼。于是形成较精练较完整较成熟的人,这个,那个,干部,群众,男女老少,很自然的,一个一个地成长,而且站立起来,活动着,丰满、多姿。在这本书里有多少使人喜欢、使人景仰、使人深思、使人怀念的优秀的人啊!

凡是在老根据地生活过,同八路军、新四军干部接触过的人,都很容易在这本书里找到老熟人,这样就使人更感亲切。如书中的杨大妈就是一个很普通而又很典型的子弟兵母亲。她豪迈、热情、直率,爱嘛爱得要死,恨嘛恨得要命,遇着天大的困难也是一往直前。她胸怀广大,细腻体贴,是一个得到无数人们歌颂的女性。在《东方》里,作者更集中地再现了我们这位永远不会忘记的贴心人。团长邓军难道不是我们经常遇到的果断勇敢、朴素真诚、严厉而又慈祥的我们部队的指挥员吗?郭祥也是我们千万个钢铁般的坚韧不拔、无坚不摧、纯洁高尚的典型人物的代表。只有共产党员,只有共产党领导的军队的战士,只有深受封建地主阶级的压迫而又有高度觉悟的人才能具有这种品质。我们看到郭祥多次在不同的战役中表现出来的机智勇敢,舍生忘死,实在激励人心,但郭祥并不像"三突出"的英雄那样从天而降、高不可攀,而是亲切感人,其余的人物,如周仆、花正芳、乔大个、"调皮骡子"王大发等人,都一个一个跃然纸上。这么多的人物,有很多相似之处的人物,写来都不雷同,各有特点。其原因就在作者生活之深厚,感情之专注;也就是我们常说的到战斗的生活中去改造我们的世界观,从群众中来到群众中去。

有许多人物是我们大家都熟悉的。但要把这个人物画出来,让读者认得,理解,体会,引起自然的爱和憎,是需要许多手法的。我们看到作家在《东方》里的某些手法,是非常巧妙的。他轻轻地几笔,这个人物就站在你面前了。如金丝、小契以及花正芳,这几个影影绰绰的人物,出场不多,用力不大,可是很活。写作手法的运用自如,重要的还是由于作者经常与他的人物亲近相处,否则是不容易达到的。

"四人帮"鼓吹的什么"三突出"等谬论在我们文坛上流毒很深。他们要在每篇作品里,突出英雄人物,又要把这个英雄人物写得毫无缺点,脱离群众,脱离环境。为了不能有分毫的矛盾感情以损害这个英雄形象,如若是女主人公,则丈夫最好是当兵去了、开会去了或者就是死了。千篇一律,使人掩卷。但英雄人物要不要写呢?我看还是要写的,还要多写,要写得好。读者是愿意看非凡的人物的。他们爱这种人物,爱英雄;英雄又教育读者。有多少读者能忍受着满纸的千言万语、津津有味地去咀嚼一个落后人物呢?尽管写得细致,越分析读者就会越厌烦;越感到了作者对这种人物的同情,越会反感。如果作者是带着批判和讽刺,那自然当作别论。

"四人帮"为患十年来的社会风习,变化很大。我们民族的优良传统、革命传统不被重视。甚至你同某些人谈到这些,反会引来讪笑,说是封建迷信,愚忠愚孝,落后的,民主革命时代的思想意识……你是青年人,我不知道你作何想法。但我却认为《东方》中的这些人物和几年来涌现的反对"四人帮"的年轻一代英雄们一样,我们应该大力宣扬!我们的民族,我们的事业,需要的还是这些有崇高理想,为人民、为共产主义事业,毫无私心、毫无畏惧,能够全力以赴,贡献出自己所有力量和生命的人。我们就要拿他们的伟大精神来教育我们年轻的幸福的新一代。

《东方》中写了一个恋爱故事。一段时期一般文学作品对恋爱生活常常采取避开的办法,不敢大胆去写。但魏巍写郭祥与杨雪的一段感情关系,写得却不落俗套。郭祥的真挚深沉是很感动人的。杨雪一度受蒙蔽,也使人很同情,他们之间的感情将长时间留在读者的回想中,低回咏叹。这是许多年来在文学作品中少见的一段亲切感人的哀曲。

我不是理论家,我不是在评论。我只不过想向你推荐,引起你读这本书的兴趣,同时希望对你创作道路上可能遇到的问题引起你的考虑。我非常高兴听到你的意见。

一九七八年底于山西长治
《东方·前言》,人民文学出版社 1998 年版

心潮起伏话《东方》

钟 汉

早就听说魏巍同志在写一部反映抗美援朝的长篇小说。凡是读过魏巍同志写于二十多年前的那些激动人心的朝鲜战地通讯的读者,不免要对这位作家的巨幅新作怀着热情的期待和关注。当《人民文学》杂志刊登了《东方》第一部的前十章,我就急不可待地找来,一口气读完,不禁被这些优美精致的篇章所深深吸引和打动了。随着那辆载着小说主人公的花轱辘马车在乡村大道上奔驰,那冀中平原上如诗如画的秋景,那比肩接踵进入艺术画面的一个个形象鲜明的人物,那交织着苦难与欢乐、屈辱和斗争、阶级仇恨与战斗友情的曲折动人的故事,带着一股清新而又强烈的泥土气息迎面扑来,仿佛使人饮了浓洌醇厚的高粱酒,热浪涌身,芳香满口。

带着这种印象,兴奋地读完了《东方》这部七十万字的长篇。掩卷之后,不免心潮起伏,思绪纷纭,产生了像读过其他优秀作品后同样的激动和快意。我感到,魏巍同志的《东方》在生活气息的浓烈,描绘革命战争生活之壮阔与深刻,人物塑造之生动传神,语言艺术的优美动人等等方面,都取得了十分可喜的成就。而作者勇于破"戒律"、冲"禁区",在不少创作课题上努力探索,积极实践的创造精神,更为难能可贵。作为一部反映革命战争题材的作品,《东方》也具有自己的独特风格。可以说,澎湃的激情和浓郁的诗意,如火如风的战斗和生龙活虎的人物,构成这部书昂扬奋进的鲜明特色,使这部赞颂正义战争、讴歌英雄的人民和军队的作品,宛如一首色彩鲜亮、音调激越的英雄诗。

20世纪50年代初发生的抗美援朝战争,是一个对东方对世界都有深远影响的伟大历史事件。中朝两国人民和军队,高举正义战争的旗帜,紧密团结,相互支援,打败了号称世界强国的美帝国主义侵略军及其仆从军,创造了战争史上的奇迹,对于推动东方以至世界历史的进程产生了难以估量的伟大作用。如何艺术地再现这场举世瞩目的战争,揭示这场正义战争的深刻意义,展现中国人民及其优秀儿女志愿军战士,在这场战争中显示出来的崭新的精神面貌、非凡的英雄气概和惊人的力量,这是《东方》的作者所努力实践的目标。

应当肯定,《东方》的作者所进行的艺术实践是成功的,这部规模宏大、气势磅礴的作品,不仅真实生动地描绘了抗美援朝战争的壮丽的历史画面,塑造了一系列英雄战士和人民的感人肺腑的艺术形象,而且通过这种描绘和塑造,给人们树立了如何对待正义战争、如何赢得战争胜利的行动规范。这种行动规范,对于从事革命战争的人们是一种榜样的力量,对于从事社会主义现代化建设的人们同样是一种榜样的力量。

作者为了实现自己的创作目标,十分注意从战争的全局着眼,来提炼和选取生活素材,进行精心的构思。他不采取一般的就战场写战争的作法,也不孤立地写前线的拼杀格斗,而是尽力使国外和国内相联系,使前线和后方相呼应,在广阔的背景上描绘出战争的全貌,展示这场战争的深刻意义。

《东方》的第一部《山雨》,只写了志愿军出国作战以前的国内形势。作品从主人公郭祥回凤凰堡探亲写起,用整整一部的篇幅,从容不迫地介绍人物,展开北方农村的生活画面和风俗画面,这些描绘却又同志愿军出国作战这个即将发生的重大事件息息相关,成为它的序幕和前奏。山雨欲来风满楼。美帝国主义发动的侵朝战争的阴影,笼罩着土改后的凤凰堡,引起了各个阶级的不同反应。地主谢清斋为美帝侵朝战争的消息所刺激,如死灰复燃,迈动两只麻秆儿腿在村内四处活动,制造谣言,夺群众的胜利果实;当过土匪、伪军小队长和一贯道的反动社会渣滓,也在村里"夯刺儿",闹乱子,趁机想变天。"刚刚闻见一股潮气儿,这些乌龟王八、虾兵蟹将都出笼了。"经历过多年战争锻炼的凤凰堡农民群众,透过那些反动社会渣滓的表演,已经感受到迫在眉睫的战争风雨。杨大妈、小契、金丝、杨大伯这些刚刚获得翻身解放,扒上碗边儿,吃上舒心饭的中国农民,并不是眼睛只盯住自己鼻尖的人,他们真诚地关切着远在异国的战事,严肃地思索着这场战事的发展同自己阶级的命运、同中国革命胜利成果生死攸关的联系。他们嘱咐匆匆探家后回部队的儿女,在外头当兵要好好看着,别叫洋鬼子、国民党再回来。通过凤凰堡这个中国广大农村的缩影,作品有力地展示了进行抗美援朝的坚实群众基础,表现出党中央、毛主席关于志愿军出国作战的英明决策,充分代表了中国人民的利益和愿望。中国人民是希望和平的,但也不怕战争,当需要用正义战争去扑灭侵略者点起的战火时,中国人民是能够克服困难、承担牺牲的。郭祥、杨雪、齐堆这些打败日本侵略者和国民党反动派的人民战士,顾不上家中需要照料的父母和刚刚分到的土地,再赴战场;杨大妈、瞎老齐、郭祥母亲这些英雄父母,不计较家中的困难,支持刚刚团聚的儿女重上前线。这一切,感人地表现出中国人民高昂的爱国主义和国际主义精神。

在以后的几部里,作者始终把朝鲜战场和国内农村这两条路线的斗争情景交错起来进行描绘。时而写朝鲜战场,郭祥、邓军、乔大夯等志愿军勇士们浴血奋战,把疯狂北进的敌人从鸭绿江边赶回去,在取得第一次战役胜利后,立即开展规模巨大的新战役。时而写国内农村,杨大妈、小契等凤凰堡的贫农们,忍受着国内战争结束后尚未医治的创伤和国民经济急待恢复的困难,风尘仆仆地外出取经,在凤凰堡办起农业社。他们顶着以李能为代表的农村资本主义势力的歪风,击破地主谢清斋的破坏阴谋,坚持走社会主义的集体化道路。"志愿军的未婚妻"来凤,冲破封建思想的束缚,毅然搬到未婚夫家,照料老人和土地,支持着前方的亲人。志愿军战士们的艰苦战斗和节节胜利,鼓舞着凤凰堡的贫农群众;而凤凰堡的贫农们,也用同样的脚步配合着前线上的步伐,用自己忠贞的心应和着前方战士们的杀声。作品中这些对照呼应的描写,生动地反映了前线和后方这两条战线相互推进、相互激励的密切关系。揭示了祖国人民的强大支持是志愿军无往不胜的力量源泉。这就使作品对这场正义战争巨大意义和胜利基础的表现,具有一定的广度和深度。

《东方》在战争描写上,注意通过对战争环境的典型概括,对各种人物在严酷斗争中成长、变化的真实过程的反映,着力揭示正义战争的巨大威力。

抗美援朝战争是一场极其残酷激烈的战争。手执轻火器的志愿军战士们,面对着拥有大量飞机、坦克、大炮等现代化装备的侵略军,在远离祖国、运输补给十分困难的条件下作战。敢不敢战胜强大的敌人,能不能赢得战争的胜利,这个严峻的问题考验着每个战士,也考验着正义战争本身。列宁曾经说过:"革命战争如果真正能够吸引被压迫劳动群众来参加它和关心它,能够使这些群众意识到自己是在反对剥削者,那么,这种革命战争就会唤起创造奇迹的积极性和才能。"《东方》就是以令人信服的艺术笔触,来展示这场正义战争如何锻炼、造就了创造战争奇迹的英雄战士。

红三连连长郭祥和他的战士们,并不是生来的"好战分子",也并非天赋的打仗能手。他们虽然经过国内战争的锻炼,但在出国作战之后却面临着新的课题。凤鸣里伏击战的教训,青坪里遭受敌机猖狂扫射的情景,开始使他们认识到新的战争环境和作战对象,并激起他们压倒敌人、杀出威风的强烈欲望。于是,才有双尖山上机枪射手乔大夯与十架敌机搏斗,用步兵武器打下敌机的奇迹;也才有大同江边郭祥连队用手榴弹打大炮的精彩战斗。特殊的战争环境不但锤炼着战士们的勇敢精神,也激发着战士们的智慧和创造力。郭祥和战士们为了减弱敌机轮番轰炸和密集炮火的杀伤力,由挖防空洞、屯兵洞到构筑坑道工事,创造了打不烂、摧不垮的地下长城。随着战斗岁月的飞驰,这些愈战愈勇、越打越强的战士,创造了多少威武雄壮的战争奇观。

革命战争的熔炉锻打着令敌丧胆的钢铁战士,强烈的阶级爱憎则是投入这熔炉的熊熊烈火。郭祥连队的战士们在入朝作战以后,目睹侵略者的血腥罪恶和朝鲜人民的苦难境况,埋在他们心底的爱和憎的烈火被点燃起来。《课本》一章则写出敌人在苍鹰岭的残暴屠戮和朴贞淑的血泪控诉,如何在战士们心中掀起阶级仇恨的怒涛。那个撼人心魄的现场讨论会的生动描写,花正芳、王大发的血泪控诉,刘大顺的气厥晕倒,以及郭祥那燃烧得成了玫瑰色的眼睛和暴怒的呼喊,出色地展示了阶级仇恨在战士们胸间汇聚、浓缩、升华,化作奔突的岩浆,变成向敌人讨还血债的强大无比的战斗力量。《闸门》三章所描绘的缚龙里阻击战,正是这种力量的爆发:郭祥的连队像复仇的霹雳、愤怒的飓风,同两面进攻的几万敌人顽强搏战,犹如一座不可动摇的闸门,硬是阻住了铁的狂涛与火的洪流。

革命战争使勇敢者更无畏,懦弱者变坚强,也淘汰着经不起锻打的废渣。如果说,郭祥、乔大夯以至于出国前一度闹过思想问题但不失为钢铁战士的王大发,属于前者。那么,刘大顺则属于第二种类型。初战凤鸣里时,他在气焰嚣张的敌人面前一度懦弱恐慌,犯过畏敌退缩的错误,被撤掉班长职务。但是,这个苦大仇深、以往作战也勇敢的解放战士,一旦提高政治觉悟,受到战友们英雄行动的鼓舞,就逐步排除身上的杂质,不断在战斗中淬火加钢,由懦弱变坚强。缚龙里战斗后的追击中,他一人捉了六十多个俘虏,事后被光荣地选为志愿军归国代表。在归国期间,他深深感到祖国人民的恩情,就是粉身碎骨也报答不了;返回前方后,就在大反击的战斗中,怀着报答祖国人民恩情的心愿,勇炸敌堡,壮烈牺牲。刘大顺的成长,说明没有天生的英雄和懦夫,革命战争会把抛弃了个人打算、一心为人民利益而奋斗的人锻炼成勇士。同刘大顺相反,怀着个人目的参加革命,把个人野心放在人民利益之上的陆希荣,不管他过去有过一时的战功,终究要在革命战争烈火中化为废渣。《东方》对正义战争威力的揭示,深刻性就在这里。

《东方》在强烈鲜明的抗美援朝战争生活的背景上,刻画了许多性格突出、栩栩如生的人物形象,不论是郭祥、杨雪、邓军、周仆、乔大夯、王大发,还是杨大妈、小契、来凤、金妈妈、朴贞淑,以至陆希荣、李能、谢清斋,或军或民,或英雄人物,或反面形象,大都能举手可触,呼之欲出。正是这些人物的行动、思想性格的对比和冲突,构成有声有色的战争活剧。

作品在刻画人物上给我们的一个感觉是写得活,善于准确地把握人物的个性,在行动中、在情节和事件的进程中去表现人物的性格特征。

主人公郭祥是一个写得相当活的英雄人物。长期的革命部队生活和炮火硝烟的洗礼,在郭祥身上形成了一种典型的战士品格,这就是建立在高度政治觉悟基础上的战斗不息、万难不辞的精神。在战场上拼杀格斗是他得心应手的事,压倒和消灭敌人是他最大的快乐。只要对人民有利,什么样的艰难险阻他都敢去碰、去闯,随时准备牺牲自己的一切。因为,他的"生命正是要用来碰碎旧社会这座大城堡或大或小的一块的"。对于郭祥这种光彩熠熠的英雄性格,作品很善于通过富于个性特点的行动去展示。在青坪里，面对气焰嚣张的空中敌人的俯冲扫射，陆希荣早已躲进洞子，而郭祥却像一只敏捷的燕子在山头与敌机周旋，骄横的空中飞贼也对这位手执冲锋枪、毫无惧色地同它对阵的中国战士无可奈何。这个单枪斗敌机的情节，把郭祥对敌斗争的顽强精神表现得十分鲜明、突出。《大炮与手榴弹》一章，写郭祥率领连队夜渡大同江袭击敌人炮兵阵地的战斗时，有这样一段描写：部队卧在沙滩上，等待渡江号令，郭祥却不动声色，一会儿望望敌炮阵地，一会儿望望天上的月亮。跟在他身旁的花正芳很纳闷，焦急地催促他，他却指指月亮旁边的一大块黑云。待黑云遮住月亮之后，他才发出渡江的号令。郭祥精细机智的个性也在这里被绘形绘色地揭示出来。第四部《江声》的前两章，写郭祥出院返回部队途中，排除定时炸弹，为车队开路的惊心动魄的场面，更是刻画郭祥的英雄性格的精彩之笔。作品从郭祥挺身探路，组织排险，坐在定时炸弹旁警戒，到郭祥与定时炸弹对话，冒险拆弹等一连串具有个性特点的行动和心理的描绘，活画出郭祥处险不惊、谈笑自若的神态，在死亡的威胁面前毫不畏缩，敢于"给死亡以死亡"的大无畏气概，动人地展示出这位"突破口干部"总是在紧急关口挺身而出、排难解忧、履险如夷的英雄本色。

把英雄人物当作有血有肉的活人来写，而不是作为抽象概念和原则的化身，更不是"四人帮"那种按照"三突出"模式制造出来的"高大全"式的超人，这恐怕是作品中的英雄人物之所以写得活的一个原因。作品从实际生活出发，既着力表现人物的英雄品质和壮举，又注意展示人物的性情、癖好、喜怒哀乐的情绪等等，并且把这两个方面有机地统一起来，就像一棵树的主干和枝叶那样相映相衬。作品对郭祥的刻画，就扣住了他那种特有嘎劲儿。这种嘎劲儿与他的英雄性格是如此奇妙地融合在一起，使人觉得他是那样出类拔萃而又那样普通平凡。作品开端，郭祥在探家路上戏谑车老板那个妙趣横生的情节，三笔两画就把郭祥的嘎劲儿点染出来，使人物一出场就给读者一种生气勃勃的印象。郭祥的嘎劲儿，在对敌斗争中是一种机智的倔强、冷静的大胆，前面提到的单枪斗敌机、夜过大同江、征服死亡地带等战斗，都有这种个性化的描绘。而在同上级、下级和战友的关系上，郭祥的嘎劲儿则是一种俏皮的机灵、坦率的真诚，甚至带着几分天真的稚气。他一怒之下，把开小差的"调皮骡子"王大发关了两天禁闭，却又为自己处置失当而爽快地向王大发道歉；他无端被营长批评时，竟笑嘻嘻地向对方要烟抽来缓和气氛，受到委屈后又流着泪向邓军、周仆申诉；他可以同本连小鬼班的小鬼们混打混闹、滚蛋子，时常保持不住连长的"威严"；他也可以装作走不动路，骗过指导员老模范的背包一溜烟跑走……对同志和战友的深厚情谊和亲密关系，对敌人的刻骨仇恨和狠劲，在郭祥身上与众不同的表达方式就是那种嘎劲儿。写出这种与众不同之处,人物就活了,可以让你从千百人中容易地辨认出这位可爱可敬的嘎连长。

陆希荣这个人物也是作品的一个创造。作品是把他作为郭祥的对立面来写的,在比较、对照中反衬郭祥的英雄形象,但陆希荣仍不失为有鲜明个性的活生生的反面人物。这个极端个人主义者的两面派的性格特征,简直被作品刻画得惟妙惟肖,入骨三分。他为了追求杨雪,费尽心机地耍手腕,表面上却不露声色,道貌岸然,以做作的假象骗取这位纯洁的女战士的爱情。他嫉妒郭祥,却虚与应酬;他自己贪生怕死,却诿过于人。在战场上他逼使郭祥冒险冲锋,欲借敌人之手除掉郭祥,转回头却又把郭祥之功窃为己有,向上级吹嘘自己。他明明怀有个人野心,对上级不满,却又在上级面前装出一副恭顺尊敬、唯命是从的样子。《团党委会》《另一个"围歼"》两章,尤为淋漓尽致地勾画出陆希荣善于察言观色、曲意逢迎、变脸作态、喜怒无常的两面派嘴脸。由于把握住陆希荣两面派的性格特征,这个有才子加功臣的声誉,却满脑子臭烘烘的极端个人主义者的形象,就被作品刻画得真实、准确、跃然纸上。陆希荣的形象,对于反映部队生活的文艺作品,如何表现矛盾冲突和写反面人物,提供了有益的经验,值得认真研究。

《东方》对其他一些人物的刻画,也大抵能予人鲜跳活脱之感。比如那个"调皮骡子"王大发,通过他"自己批准"、"理直气壮"地开小差,因郭祥超过关禁闭时间的批准权限而要求道歉等很有个性的行动,就把这个调皮得有"经验"、觉悟不高但决不甘落后的老兵形象生动地勾勒出来。《军中便宴》一章,写头一个打下敌机的乔大夯去团部赴宴的情景,也十分逼真地揭示出这位大个子战士纯朴深厚的性格特征。此外,如杨雪的热情纯真,邓军的刚毅坦直,周仆的绵密细致,老模范的朴实深沉,也都作为人物形象的鲜明标记,留在读者的印象之中。

作品在人物刻画上给我们的又一个感觉是写得深,敢于敞露人物的丰富感情,打开人物心灵的窗户,展示人物精神世界中的微波与巨澜。作品对郭祥与杨雪的爱情描写,是一个突出的例子。郭祥这位把炸塌敌人的堡垒、冲破敌人的防线、彻底消灭敌人作为自己最大快乐的英雄战士,在个人生活方面也是感情丰富、真挚热烈的。作品用了不少篇幅来描写郭祥在爱情上所经历的波折,又透过这种波折展示郭祥美好的思想品质。作品写了郭祥多次想对杨雪透露心曲,却又不善于表达个人感情的窘态;写了杨雪与陆希荣确定恋爱关系后,郭祥极力克制着个人感情,反复警告自己不能损害同志和好友的感情的微妙心境和磊落态度。陆希荣丑恶灵魂暴露以后,郭祥并不责备杨雪的过失,反而更加真诚热烈地爱着杨雪。在得知杨雪牺牲的消息后,他哀思如潮,泪下如雨,一直深深地怀念着杨雪,十分珍重地保存着杨雪留给他的遗物。在负重伤回国治疗以前,躺在担架上到杨雪的墓前奠别。这些细腻动人的描写,打开了郭祥内心深处的另一个世界,这位在战斗中生龙活虎般的勇士,却有如此纯真、深挚、始终如一的爱情。这种革命战士的爱情,是建立在对儿时的友伴与革命队伍中的亲密战友的深厚阶级感情的基础上的。无情未必真豪杰。无产阶级战士并非不食人间烟火,没有个人感情的泥塑木雕,他们是人世间感情最丰富、最热烈、最纯粹的人,因而也是最可爱的人。郭祥那金子一般闪光的品质,水晶一样纯洁的心灵,通过这段爱情纠葛的描写,不是被表现得更加感人肺腑吗!郭祥这个英雄战士血肉丰满的艺术形象,不是由此也得到了丰富和加深吗?

除了爱情描写以外,作品还借助对人物精神世界的多方面的披露,来加深人物形象的刻画。像描述杨雪对伤员亲如兄妹般的感情,对朝鲜孤儿白英子情同姐妹般的关怀,都是揭示这位英雄女战士崇高品质和壮丽胸怀的动人之笔。王大发去无名山下反伏击负伤苦斗之前,向郭祥提出申请入党的那段深情谈话;花正芳在缚龙里打坦克负伤下阵地前,叮嘱郭祥已经给他补好了袜子的感人细节,也都是借战友之情的自然流露,来表现人物的心灵之美。

《东方》在战争描写上,遵循真实地再现典型环境的原则,从实际生活出发,描绘出一幅幅生动逼真的战争生活画面。作品不违拗战争中瞬息万变、曲折迂回的发展逻辑,我军的胜利与失利、敌军的进逼与溃败、敌我双方的进攻与退却、主动与被动的互相转化,敌我力量的消长等等,都表现得绘声绘色、真实可信。作品也不回避战争中的残酷激烈、流血牺牲,不论是缚龙里战斗、黑云岭战斗或是白云岭坑道战,都写出了严酷险恶的形势和部队的巨大牺牲,同时却又突出了志愿军战士顽强战斗、有我无敌的英雄气概。比如,郭祥等三连战士缚龙里带火扑敌,玉女峰飞身跳崖的情节,就写得既壮烈又威武,无凄惨恐怖之感,有气贯长虹之势。《东方》的战争描写,以其革命英雄主义和革命乐观主义的基调,同苏修文艺所宣扬的战争恐怖、活命哲学等等和平主义滥调,唱了对台戏。同时,对"四人帮"在战争描写上以虚假的英雄主义和廉价的乐观主义欺骗读者的儿戏,也是一种针砭和鞭挞。

《东方》的战争描写,往往用油画般的色彩,雕刻似的笔锋,给战争生活抹上一层浪漫主义气息。写激战,则山摇地动,风云变色;写战后,则雪霁云开,鸟鸣山幽。动静结合,疏密相间;有交响乐式的雄壮,有抒情诗式的优美。这些战争画面的描绘,是对于革命战士的战争观的艺术反映。作品有时还以抒情和议论,来颂扬这种战争观。请看:

"对于一个革命部队来说,胜利就是欢乐,是部队生活的维他命。没有胜利,就如同树林困于干旱,那缺少水分的树叶,就要蔫耷耷地垂下头来;而有了胜利，即使有很大伤亡，也依然郁郁葱葱，像披着春雨含笑。"

这一段精彩的抒写，正应当看作对正义战争和革命军队的英雄主义的赞美诗。

《东方》所取得的思想成就和艺术成就是多方面的，本文只是记下了一些粗略的匆忙的印象，远不能道尽这部书的好处。毋庸讳言，作为一部结构宏大，几乎概括了整个抗美援朝战争历史面貌的长篇小说，不可能从头到尾都是无懈可击的。就印象来说，后面两部不论在人物的刻画、情节的描绘以及语言运用方面，都不及前面几部来得精到耐读。对人物的精雕细刻，常常被匆匆来去的情节和事件所冲淡，因而使有些人物性格缺乏发展和变化；人物的性格化语言和有表现力的叙述语言，也时而为急于阐述某种主旨的枯燥议论所代替。作者在书末所注明的写作时间，似乎可以说明产生这种现象的原因。在经过近十年的间隔，再匆匆完成后面几部时，仓促和不能精雕细磨是不可免的。这也是"四人帮"的文化专制主义造成的后果。尽管如此，《东方》仍然是一部有特色、有创造、有成就的好作品，如果把它列为新中国成立以来的优秀长篇之一，是并不过分的。

原载《解放军文艺》1979年第3期

浅谈《东方》的艺术成就

朱磐 思忖

近年来出版的长篇小说,魏巍同志的《东方》是具有特色而受到读者喜爱的一部。它那新颖宏大的艺术结构,概括生活的广度和深度,塑造人物形象的生动和丰满,给我们留下了很深的印象。尽管作品所反映的生活离今天已经近三十年,国际国内的斗争环境同那时相比已发生很大的变化,全党工作着重点正转移到以四化建设为中心的轨道上来,但是,阶级斗争还存在,战争危险还存在,大小霸权主义正取代当年的老牌帝国主义侵略者的地位而严重威胁我国的安全。在这种情况下,《东方》这部以昨天的反侵略战争为题材的作品,决不会随着它所反映的历史进程的终结而减弱或失却其思想艺术价值。它将成为新长征的突击手们的精神食粮,帮助新一代"最可爱的人"更快地成长;它将激励我们的爱国主义和国际主义精神,鼓舞我们以坚忍不拔的战斗意志,勇敢地克服前进道路上的种种困难,战胜一切敢于来犯的侵略者,在建设和保卫四化的宏伟事业中奋勇前进。

高尔基曾经说过:"要写一部对时代充分了解的大部头长篇小说,就要懂得很多东西……研究这个时代,需要认真钻研和长久的时间。"从写作《谁是最可爱的人》等脍炙人口的朝鲜战地通讯开始,魏巍同志就经常在思考一个耐人寻味的问题:我们的一代"最可爱的人"是怎样造就起来的?为什么他们能以劣势装备打败用现代化技术装备起来的帝国主义侵略军呢?他们克敌制胜的法宝是什么?他们力量的源泉是什么?这种思考,是同作家长时间地、广泛深入细致地去观察、体验、分析、研究那个造就最可爱的人的伟大时代和伟大人民紧密地联系在一起的。经过二十多年的酝酿、孕育(其中写作时间就费了七年),这样一部气势磅礴的描写东方人民反侵略斗争的长篇巨构,终于同读者见面了。

《东方》在艺术构思上不同于其他战争题材作品的一个特点,就在于突破了那种只是通过比较狭小的作战地区的战争场面来描写作战双方的老框框,而敢于把社会各阶层的人们对于战争的不同态度和战争给他们带来的巨大变化作为广阔的背景来加以描绘。

《东方》以主人公郭祥回乡探亲,听到敌情立即归队参加抗美援朝战争,直到郭祥因伤致残,朝鲜停战协定签字后,他重归故乡参加生产建设为全书情节主线,纵的方面写了郭祥所在部队师以下指战员三年左右时间所走过的战斗历程;横的方面写了郭祥家乡各阶层的人们与前线息息相关的日常生活、劳动场面与阶级斗争,写了洋溢于部队驻地、作战地区的朝中两国人民和军队之间唇齿相依、骨肉相连的战斗友谊,还写了侵略军下层士兵在我俘虏政策的教育感召下,成为反侵略的和平战士的转变过程。经纬交错,织成了一幅绚丽多彩、波澜壮阔的历史画卷。这里是两个阵势分明的营垒——一面,是打到鸭绿江边的帝国主义侵略军,而国内的阶级敌人则妄图乘机复辟变天。在后方,地主分子谢清斋蠢蠢而动,抢夺农民的胜利果实,拉拢引诱立场不稳的农村干部,打击诬害贫下中农积极分子,破坏农村的社会主义革命和社会主义建设;在前线,则有谢清斋的儿子混入我志愿军,伺机暗害我军干部,窃走我军事机密,充当侵略军的帮凶和走狗。另一面,是志愿军的英雄郭祥、乔大夯、花正芳、邓军、周仆等,同英雄的朝鲜人民和人民军(以金银铁一家为代表)在前线并肩浴血奋战,打击侵略者,以凤凰堡村的杨大妈、小契、金丝、来凤为代表的后方人民,坚决保卫胜利果实,反对封建复辟势力,着手建设社会主义,全力支援前线斗争,军民共同组成了陷敌于灭顶之灾的人民战争的海洋。这里有两个不同的战场——在外部,在战火纷飞的战场上,有一个阵地、一条堑壕的艰苦激烈的争夺,有对于整师整军敌人的分割围歼;在内部,在政治思想战线上,又有另一种形式的战斗,这就是对以陆希荣为代表的那种同我军的宗旨和本质水火不相容的错误思想、错误行为的斗争。《东方》正是在如此巨大的艺术结构中,贯穿了如此错综复杂的矛盾冲突的线索,把前方与后方、国际与国内、军队与社会、抗美援朝与保家卫国的本质的内在联系沟通起来,串联起来,这就为作品中各种各样典型人物的活动提供了极为广阔的典型环境。

作者还把党和人民的领袖毛泽东同志、周恩来同志对于这场斗争的巨大关注,与祖国亲人全力以赴支援前线的种种感人肺腑的场面,有机地组织到这幅"全景图"里面。从这个意义上说,《东方》不失为一座规模宏大的抗美援朝战争的记功碑。但是,从这部巨制的艺术整体来看,也存在一个明显缺陷,作者的这种宏图大略在有些地方显得力不从心,特别是停笔九年之后续写的部分,同写得比较精细的前半部相比,在人物性格的刻画、情节的安排、语言的运用上不免都有些逊色。究其原因,可能与描写对象上的"贪多求全"不无关系。可见,要求作品思想艺术容量的博大,还是应着重从典型概括方面下功夫。

塑造了众多的性格迥异、血肉丰满的人民子弟兵的英雄形象,是《东方》艺术创造上的重要成就。就像挤在"子弟兵的母亲"杨大妈那张枣木镜框里的军人照片那样,这些来自五湖四海、与人民群众有着密切联系的指战员们,模样、出身、经历、个性都是各不相同的。同样是苦大仇深、作战勇敢的战斗英雄,乔大夯的五大三粗与花正芳的腼腆、心细恰成鲜明的对比；同样是聪明伶俐、好学尚进并且先后都对郭祥怀有真挚爱情的女战士，出生在战斗家庭、从小受过战争锻炼的杨雪，与背着小提琴入伍的稚嫩单纯、开朗乐观的徐芳相比，气质、风采都截然不同；同样是长工出身并且都像长辈般关怀体贴战士的政工干部"老模范"康保，做得多说得少，以老成持重给人留下深刻印象，而"老保姆"陈三，则以人情通达、幽默健谈、善于因势利导见长。《东方》之所以能如此成功地塑造出志愿军指战员的英雄形象（有些人物只用寥寥几笔，就能栩栩如生，跃然纸上），做到"每个人都是典型，但同时又是一定的单个人"，根本原因就在于作者熟悉他们，而又善于从广阔的社会背景，从错综复杂的人物关系上，写出子弟兵的丰富多样的性格和精神生活。

以主人公"嘎子连长"郭祥而论，他的性格就远非一个"嘎"字所能概括。他识大体，不信邪，心胸开阔，机敏灵活，无私无畏，有勇有谋，而贯穿始终的则是他那一往无前的革命英雄主义精神。一打仗，他"脑瓜儿就火烧火燎的像蒸笼似的冒热气"，连帽子都戴不住，他的许多怪点子往往都出在积极求战上。当敌人在他面前嚣张的时候，他是不能忍受的；而当敌人被他打倒了、"老实了"，他又会感到寂寞。青坪里的单枪斗敌机，缚龙里的带火扑敌，黑云岭的纵身跳崖，在五面包围中的坚守坑道，腿折了还坐在担架上指挥战斗，所有这些，都是刻画郭祥英雄性格的有力的篇章。光看他这个方面，他确是个有敌无我的"革命的好战派"。但在别的方面，比如说在处理个人问题或对待同志关系上，他却沉稳得判若两人。在处理他与杨雪的爱情问题上，为了尊重战友和上级，维护内部团结，他努力克服自己的弱点，避免莽撞和感情用事。这些内心矛盾所激起的思想感情的波澜，对于揭示郭祥的性格和内心世界的美，是有不容忽视的作用的。作品不仅写出了郭祥那有变化、有发展的与众不同的嘎劲，还把他放到各种各样的人物关系和境遇中，生动地写出了他性格的形成发展的过程。这里有艰苦的童年因反抗压迫的要求受到父母的压抑所撞击出来的火种，有"子弟兵的母亲"杨大妈那火辣辣的性格对他精神上的深刻影响，有老成持重的康保对他长时间的父辈般的关怀和监督，有老红军出身的独臂团长邓军的战斗作风对他的熏陶，有政治委员周仆对他的言传身教，还有小鬼班的战友们同他滚蛋子所带来的蓬勃朝气，所有这些，都是铸造、凸现郭祥性格的不可缺少的因素。正因为这样，从郭祥身上，读者既可看到他独特的经历、遭遇和鲜明的个性，又能看到那鲜明的时代的阶级的烙印，看到我们一代最可爱的人的风格和情操。

《东方》以真实生动的艺术形象告诉读者，我们人民军队之所以坚如磐石，能够战胜任何强敌，不仅是因为这个军队的成员大部分是由郭祥这样的精神高尚、品行端方的劳动人民的优秀儿女所组成，更主要的是因为有无产阶级政党的正确领导,有坚强的思想政治工作作保证。

《东方》较之一般战争题材的作品有较大的思想深度,就在于它敢于冲破林彪、"四人帮"设置的创作禁区,敢深入接触部队内部存在的种种尖锐复杂的矛盾,生动地反映出我军官兵之间、同志之间经常开展批评与自我批评的民主空气,深刻地揭示出无产阶级思想同种种非无产阶级思想的斗争过程。这是《东方》艺术构思上又一显著的特色。

《东方》敢于接触我军内部思想上存在的各种矛盾。在参加抗美援朝之前,郭祥所在部队驻扎在大西北,参加了一年时间的生产建设。部队生活在相对和平的环境之中,不少同志产生了"刀枪入库,马放南山"的思想。土改后,农村两极分化的新的社会矛盾也反映到部队里来。被小生产者的狭隘性蒙住了眼睛的"调皮骡子"王大发,以为革命到底该回家种地了。在这种思想的支配下,他自己批准自己开了小差。郭祥训了他一顿,训之无效就把他关进禁闭室,而政治委员周仆,却找王大发谈话了解事情缘由,深入浅出地启发他认真思考革命到底的"底"在哪儿,使他放下包袱,轻装踏上新的征途。这个老资格的"调皮骡子",后来在抗美援朝中越战越勇,为了掩护战友,他肠子被打出来还继续坚持战斗。王大发从一个想开小差的落后战士而成长为一个有觉悟的无产阶级先锋战士,是很能说明我军思想政治工作的强大威力的。

在抗美援朝之前的一段和平生活里,也滋生出陆希荣这样的经不起资产阶级糖衣炮弹袭击的蜕化变质分子。他从毛皮商人潘先生那里受到的精神污染,已经腐蚀了他的革命意志,但在一段时间里仍同人民军队维系着一种貌合神离的关系。除周仆、郭祥、"老模范"外,即使是与他比较接近的邓军和杨雪,也都未能察觉他的变化。而抗美援朝战争的烈焰,终于把他掩藏在内心深处的种种污垢一层层剥开来了:他贻误战机、诿过于人,欺骗杨雪,阴谋借敌炮火杀害郭祥;他抗拒党的教育,拒绝同志们的帮助,最后竟发展到自伤叛党,公开投入资本家的怀抱。《东方》通过对陆希荣的丑恶灵魂的鞭挞和揭露说明,革命战争不但能够排除敌人的毒焰,也能清洗我们自己的污浊。当社会上还存在着光明与黑暗的尖锐搏斗,旧社会的尸臭还未消除的条件下,我们的人民军队不可能生活在经过净化处理的无菌室里,不可能只有光明面而没有黑暗面。要保持我军健康的肌体,要在革命战争中巩固和提高我军的战斗力,就要通过强有力的思想政治工作,去同侵入我们体内的各种政治微生物作坚决的斗争。我们反映部队生活的创作要真正做到"为兴无灭资,巩固和提高战斗力服务",就不能回避部队内部矛盾。那种认为反映人民军队的生活和斗争,只能表现军队的光明面而不能触及它的黑暗面,那种认为写了部队内部的矛盾就会丑化人民军队或歪曲我军本质的看法,不符合我军的实际,无助于揭示我军胜利的根本原因,对于发展和繁荣部队文艺创作是有妨碍的。

　　这里,重要的问题是要善于正确地区分和处理不同性质的矛盾。王大发和陆希荣都有"革命到头"思想,这种思想都带有民主革命刚刚转变到社会主义革命的那个时期的特点。但一个是小生产者的狭隘性,一个是带着入股的心理投机革命,是很不同的,所以矛盾就朝着不同的方向发展。《东方》在表现军队内部矛盾上,也存在某种简单化的缺点。例如写陆希荣从"才子加功臣",堕落成为面目可憎的蜕化变质分子。作品虽注意从他的周围环境、社会关系上揭示出他的错误的阶级根源和历史根源,但却很少展现他的内心矛盾,使人看不出党的多年教育和同志们的耐心帮助,对他产生的短暂的有益的影响,而过分地强调了他阳奉阴违、耍两面派等恶劣品质,似乎他天生就是一个无可救药的坏蛋。我们想,如果作品能更加细腻地表现出陆希荣内心的积极因素与消极因素斗争消长的过程,那么,作为一个蜕化变质分子的典型形象的认识意义,可能会比现在更具有振聋发聩的作用。

　　如何深刻反映人民军队内部矛盾冲突的问题,是长时间没有很好解决的一个创作课题。《东方》在着力歌颂人民军队的光明面的同时,揭露了它消极的一面,写了消极面被发现、被纠正、被战胜的过程。作者没有把支流当作主流,不是欣赏而是批判地去写这个消极的一面,使人读后并不感到消沉或沮丧,而是受到教育和鼓舞。所有这些经验,都是值得我们认真借鉴的。

原载《人民日报》1979年4月30日

郭祥性格琐谈

刘锡诚

魏巍同志的长篇小说《东方》,是一部以长线战争为题材的优秀作品,是近十多年来文学创作领域里,特别是中长篇创作领域里的一个突出成就。小说成功地再现了刚刚取得革命战争的胜利,生产力还很落后,国力还很薄弱的中国人民,怎样同唇齿相依的朝鲜兄弟一道,历尽艰苦卓绝的残酷斗争,击败了在实力和装备上占优势的美帝国主义和所谓联合国军的武装侵略这一伟大历史事件。作者在这部作品中,塑造了郭祥、杨雪等几十个光彩照人、千姿百态的人物形象。通过这些人物性格的或重彩浓墨的描绘,或线条细腻的刻画,在广阔的历史背景上展现出东方巨人的矫健与威凛的雄姿,表现了只能压倒敌人而决不被敌人所压倒的无产阶级英雄气概。

《东方》第四部第二章结尾处,作者写了两句富有哲理意味的诗句:

胆敢征服死亡的英雄,

永远是生活的开拓者……

这是作者给他的主人公郭祥作的鉴定表和赞美诗。郭祥被赋予了征服死亡的英雄和生活的开拓者这两个互相联系而又有区别的性格特征。他既是战场上的勇敢善战、克敌制胜、不怕牺牲的英雄,又是具有远大理想、对生活充满了爱、精神生活非常丰富、善于赋予任何生活以革命意义的生活的开拓者。随着故事情节的发展,作者层层深入地把郭祥的英勇献身精神活灵活现地刻画出来。对于一个作家来说,单纯地描写一个战士的英勇行为,而且写得绘声绘色、引人入胜,应当说,并不是一件特别困难的事。而要在描写他的英雄牺牲行为的同时,入情入理、动人心弦地刻画出他的丰富的精神面貌,写出他作为生活开拓者的外在行为与内在情操的和谐统一,就并非一件易事了。魏巍既写出了郭祥的英雄行为和牺牲精神,又写出了郭祥的内在的性格美。相对来说,后者也许花费了作者更多的心血,也更多地显示出作者生活积累的厚实,挖掘生活、概括生活和塑造英雄人物形象的功力。

郭祥的主要性格特征是对任何事情采取积极进取的姿态,迎着困难英勇攀登,顶着逆流击水而上,从不期待不经拼杀和不付代价的意外恩惠。为了使这种性格特征渗透到人物的每个细胞和全部血肉中去,作者让他的人物活跃于生活的各个领域,通过不同生活场景的描绘,从不同的角度去展开和深化性格。同有些描写朝鲜战争的小说不同,作者把中国农村恬静的和平的生活风貌、新的阶级斗争形势和战火硝烟的朝鲜战场糅在一块叙写,给他的主人公增加了自由驰骋和充分显示性格的广大空间。因一枚柳笛、一只黄鹰逃离家乡,不仅使他的童年添加了某些可爱而又神奇的色彩,而且把他追求新生活、探索新道路的进取性格勾勒得跃然纸上。他平生不满足于安分守己,不听任生活自然而然发展下去。当他阔别家园十三年之后回到家里,看到谢清斋抢走母亲土改时分到的小红箱子,立刻就去找杨大妈,迎接新的挑战;在家住了不几天,一听到朝鲜战事的消息,就火急火燎地要赶回部队,渴望着新的战斗。在朝鲜战场上,他和他的连队总是担负着最危险、最难、最硬的任务,不是前卫,就是尖刀,再不就是侦察。在"征服死亡地带"那段不平常的遭遇中,尤其是他与炸弹的那段奇异对话中,他对生活的意义、对生命的价值、对幸福的认识、对革命的真谛,抒发了多么动人的内心感情呀。"真正的战士懂得,在通向胜利的道路上,不是铺着天鹅绒般的地毯,而是铺着人血和钢铁。""面对死亡,只有沉着和无畏,才能拔掉死亡桩,开拓生命的航线。""我既不怕眼泪,也不怕鲜血。为革命战斗是我光荣的职业,征服敌人是我最大的愉快,为人民献身是我最大的幸福。"

高尔基说,情节是性格的历史。情节构思的奇妙和结构的得当,往往能增加作者对人物性格刻画的深度。郭祥最后一次负重伤、再不能返回部队这一情节的构思,就是这样一个在性格刻画中起关键作用的情节。当整个战争曙光即将来临的时候,他在白岩山战役中变成了残废。在亿万工农兵群众欢呼实现和平停战的震天锣鼓声中,为结束这场战争付出鲜血的英雄,却被锯掉了一条曾经跑遍祖国大地和朝鲜三千里江山的腿。这对任何意志坚强的战士都不能不是一个严峻的考验和沉重的打击。这个打击并没有使我们的主人公灰心丧志、一蹶不振。当最后一章写他回到故乡,被任命为县委书记的时候,一种和过去一样的渴望新的战斗生活、渴望献身农村建设事业的巨大力量,像春潮荡漾般地充满了他的全身。哪里有生活,哪里有斗争,哪里就有郭祥的位置。这个艺术形象,不正是革命战争培育出来的千千万万个身体虽然残废但革命意志却像熊熊火焰那样燃烧着的革命战士的典型吗?

郭祥这个艺术形象的成功,恢复了社会主义文艺塑造英雄人物形象的真实性原则的权威性。多年来,真实性原则遭到蹂躏,粉饰生活、假造人物成为时髦,文艺作品变成了脱离现实生活的装饰品。马克思和恩格斯批评过的那种把革命派的领导人描绘成一种"脚穿厚底靴,头上绕着灵光圈"的"官场人物"的反现实主义倾向,曾经一度可悲地统治过我们的文坛。魏巍同志勇敢地摒弃这种艺术教条,深入到英雄人物的"私生活"里面,"让我们看到了他们身穿便服的形象和他们周围形形色色的配角"。郭祥不是超人,而是同常人一样有自己的喜怒哀乐,有自己的缺点甚至错误。因为在战场上下令枪毙俘虏被关过禁闭;对一时因思想不通而逃跑的"调皮骡子"缺乏帮助教育的耐心;一怒之下要枪毙违抗命令从阵地上撤下来的刘大顺;身为一连之长,却经常当着战士的面抽别人的烟。这些为"四人帮"所贬斥的非英雄式的细节描写,恰恰成为使郭祥的英雄形象变得更真实、更丰满、更可信的必要艺术手段。

无产阶级的英雄人物不应当是不食人间烟火的苦行僧,他们应当有丰富的精神生活,应当有丰富的感情。由于"四人帮"的毒害,有些作者(也有些读者)一提到爱情描写就噤若寒蝉、谈虎色变。其实爱情描写在文艺作品中不是可有可无的点缀,而是揭示人物性格的重要手段。没有人情味的作品,肯定不是好的艺术品。无产阶级难道就没有人情味,就不应当有爱情生活、家庭生活,而只有赤裸裸的阶级关系吗?郭祥同杨雪的爱情写得那样情真意切、深刻感人。十里红叶沟,郭祥伴送杨雪,曾多次鼓起勇气要向她吐露爱情,但都难以启口;仅只是几段抒情的描写,就逼真地写出了郭祥的深沉而郑重的感情,绝非一般轻浮者可比。杨雪牺牲后,小说写郭祥在回国途中在担架上谒拜杨雪墓的情景,也是牵动心肺的好文章。魏巍通过郭祥同杨雪的真挚动人的爱情的描写,充分揭示出郭祥性格的另一面——高尚的情操、丰富的感情和对生活的热爱,对塑造这个人物的英雄形象起着不可或缺的重要作用。

郭祥有着鲜明的性格特征,是五十年代我们的青年一代的典型。他脚踏实地,又富有理想。他的牺牲精神即使在今天也仍然是青年们学习的榜样。从这个意义上说,《东方》是有突出的现实意义的。

原载《北京日报》1979 年 5 月 24 日

有缺点，但又十分可爱的英雄人物
——关于《东方》中杨雪的形象塑造有感

胡德培

　　一谈起英雄人物，可能有的同志立刻就会想到：这位英雄，一定是十分高大完美的吧！
　　——不然。
　　我在这里要向同志们谈到的一位英雄，名字叫杨雪。这是魏巍同志的长篇小说《东方》中所描写的一名伟大的国际主义战士。这位英雄，并不是十全十美的。她有缺点，甚至于还犯过一个很大的错误哩！但是，她又是一位多么可爱而令人肃然起敬的英雄啊！

一

　　在《东方》中，到底是怎样描写杨雪这么一位英雄的呢？
　　她，出身贫苦，长在农村，跟随革命的母亲，从小就和人民军队的干部、战士们一起度过了许许多多的日日夜夜。她很早就参了军，受到革命熔炉的熏陶和熔炼。可以说，她是在革命部队和革命战争的锻炼和哺育下成长起来的。
　　同时，她在个人的爱情生活的途程中，又曾经走过弯路，犯过错误：由于她盲目地崇拜英雄和过于天真，被陆希荣表面的假象和千方百计布置的帐幕遮住了眼睛，一度错误地倾心于他。这说明：她还缺乏曲折、复杂的实际斗争生活的考验和磨炼，政治上、思想上还有不够成熟的方面。
　　可是，杨雪仍不失为一个英雄形象，她丝毫没有令人厌弃或讨嫌的地方。而且，事实恰恰相反，她十分叫人欢喜，让人敬爱！
　　作品中关于杨雪艺术形象的塑造，为什么能够达到这样的艺术效果呢？
　　首先，她心地纯正，品质高尚。
　　她和陆希荣接近，是因为她酷爱学习，希望尽快地掌握文化，以跟上革命工作的需要，符合革命事业发展的要求。陆希荣正好利用了这一点，故意做出热心帮助她学习的样子，实际上是想从感情上与这位纯朴的姑娘多方接触，以便达到其"诱敌深入"实行"严密包围",然后"勇猛突击"、"一举歼灭"地攻破杨雪这个"堡垒"。在这场爱情的"战斗"中,陆希荣可以说是用心良苦、费尽心机,杨雪则是胸怀坦荡、心地纯正而又无可非议的。当然,她过于纯朴、天真,而导致受骗上当,以至犯下了无可弥补的过失和错误,这不能不令人感到十分遗憾!如果一定要对她稍加责备的话,那么,她对自己童年时代的伙伴,而且一直深深地钟情于她的郭祥,在寄情于陆希荣之前,竟然没有考虑过他,在感情上也没有一点点的依恋和反复、审慎的比较和对照,这未免有点让人难于理解。但是,小说里从始至终关于杨雪的描写,都说明她的感情是纯洁的,品质是高尚的。用她自己对妈妈所说的话来看:"人家是大功臣,战斗上可出色啦,文化又高,再说待我可热情啦……"这就是他对陆希荣产生爱情的全部原因。当发现自己犯了错误的时候,一方面,她立刻同陆希荣"一刀两断,深深地痛恨自己",另一方面,她丝毫不因个人得失而心灰意冷,相反,更将全部的身心投入到正义战争的洪流中去。她说郭祥是"一块真金",据我看来,她的思想、精神和品质,不是也像真金一样的纯洁而美好吗?

其次,她忘我工作,热爱伤员。

徐芳对杨雪的英雄事迹深受感动,曾经说过:"她的一生,都是守着伤员度过的,我就从来没有看见她嫌脏的时候。她对战士的感情多深厚呵!"确实,我们一想到杨雪,仿佛就看到她在数九寒天砸开冰窟窿,为受伤战士洗血衣,小手冻得像红萝卜似的,冰碴儿划破无数的小血口子的动人情景;我们还仿佛看到,她在硝烟弥漫、火光冲天的战场上前后奔跑,装成一个小伙子,来回背负伤员,为伤员脱换衣裤,端接大小便的亲切场面……她不嫌脏、不怕累、不叫苦,全身心地为伤病员服务。完全忘我地为革命工作战斗了一生。她的一生,是极其普通的一生,又是非常伟大的一生。因此,这位光荣的白衣战士的英雄形象,实在感人肺腑,动人心魄!

再次,她精神可贵,感情纯真。

杨雪对受伤的战友,是当作"咱们的亲哥哥"、"咱们的阶级弟兄"来对待的,因此,她在工作中具有强烈而真挚的无产阶级感情,并由此产生出可贵的革命热情和革命精神。他对伤员曾经怀着深情说:"同志们在前方没有牺牲,决不能叫他们死在后方。"因此,最后她为掩护朝鲜儿童而英勇献身,那就是十分自然而容易理解的事情。她被朝鲜人民誉为伟大的国际主义战士,正是她对革命人民深挚的无产阶级感情和可贵的革命精神最集中的体现。对待战友、对待阶级弟兄、对待朝鲜人民,她都是始终怀着这种强烈的感情和精神。

总之,《东方》通过可信而有力的艺术描绘,使我们非常清楚地看到:尽管杨雪有缺点、有错误,但是,她的心地好、品格高,精神可贵,感情动人,全心全意地工作,完全忘我地为革命献身……这些像真金一样纯洁而美好的精神和品质,都通过她鲜明而独特的个性,栩栩如生地呈现在我们的面前。因此,这个艺术形象,实在是招人喜欢,是一个可爱而又叫人尊敬的英雄典型。

二

小说塑造出杨雪这样的英雄形象,到底具有一些什么意义呢?

我觉得,这个艺术形象的意义,至少表现在以下几个方面。

第一,这是一个既符合现实生活逻辑,又符合艺术创作规律的成功的艺术形象。

任何事物都充满着矛盾和斗争,因而也是可以一分为二的。对于一个人物来说,有优点,也有缺点,这是普通的常识,也是符合现实生活的客观情况和以反映现实生活为己任的文艺创作的规律的。杨雪出身的家庭和她童年时生活的环境,以及参军后革命战争生活给她的影响,使她身上具有许多优秀的品质和精神。可是,从幼年的时候开始,她基本上可以说是一帆风顺的。自小身边有革命的母亲的慈爱,英雄战士们的关怀,这一方面给了她不少积极的影响,另一方面,因为缺乏痛苦生活的磨炼和复杂斗争中的考验,她过于天真地盲目崇拜英雄人物而在爱情生活上铸成了大错。这也是可以理解的。进一步,再看看她所处的具体环境和条件:一是遇上了对她感情纯真,但又难以出口的郭祥,郭祥犯点小错,更羞于启齿,怕因自己的缺点、错误对不起她,不配对杨雪这样一个好姑娘谈这类终身大事,因而错过了时机;一是遇上了善于在情场上使伎俩、在姑娘身上耍心眼的陆希荣。在陆希荣费尽心机的包抄战术面前,她这个"攻不破的堡垒"也终于被攻破了。这样的安排,使人觉得合情合理,不仅符合人物生活的自然环境和发展逻辑,而且符合人物性格的发展脉络。再通过真实的符合艺术规律的生动描写,因而,杨雪这个艺术形象如此真实可信、亲切感人。

第二,扩大了小说的社会生活内容,丰富了作品的主题思想。

《东方》以伟大的抗美援朝正义战争为题材,通过中国人民志愿军一个英雄团,特别是以郭祥为首的一个连队的英勇斗争事迹,表现出中朝人民在新的国家制度刚刚建立不久且困难重重的时候,弱者如何战胜强者,新生的社会主义的国家和人民如何战胜反动、腐朽的帝国主义国家的侵略者的艰苦斗争历程。热情地讴歌了英雄们可贵的献身精神和崇高的思想品质,颂扬了战士们伟大的国际主义精神和革命的英雄主义与理想主义精神,有力地表现出站立起来的东方人民的正义战争是任何敌人都不可战胜的。但是,作家并不局限于战斗生活的描述,不仅写了前方,而且写了后方,不仅写了部队,而且写了农村,不仅写了中国人民的英勇参战,而且写了朝鲜人民的浴血斗争……与此同时,小说还以相当多的笔墨,描绘了郭祥与杨雪等人的爱情生活,并且使之成为作品中相当重要的一条发展线索。这样,便使小说的生活画面更加绚丽多彩,社会内容更加广阔丰富,故事情节更加摇曳多姿。通过对杨雪等人爱情生活的描写,深入地揭示了这些人物精神的美和性格的美,细致刻画了他们丰富的内心世界和思想面貌,从艺术的一个新的侧面,有力地表现出他们宝贵的精神和高尚的品质。杨雪这样的人物及其有关的艺术描写,与小说中其他英雄人物及其有关的艺术描写一样,都从不同的角度和不同的方面,体现出相当的强烈的时代意义和典型意义。因此,从一定的程度上来看,这样一些艺术描写,对小说的主题思想是有所丰富和加深的。

第三,有利于作品中人物形象的丰富多姿,也有利于文学艺术画廊里增添新的艺术典型。

我们主张文艺作品要真实地反映丰富多彩的生活和斗争。因此,作品中的人物形象必须多彩多姿,而且,愈丰富愈好,愈多样愈妙。但是,"四人帮"却与我们的主张相反,他们主张将人物类型化、单一化。写英雄人物,则只能是一出现就十分成熟、高大、完美无缺,不能有思想矛盾,不能有性格发展,更不能有缺点、错误,还不能让英雄人物死掉,等等。清规戒律一大堆。总之一句话,把英雄人物当成了"神人",把文学搞成了"神学"。

但是,小说《东方》忠实于生活和斗争,它所塑造的杨雪这个英雄人物形象,不仅有缺点、错误,在爱情生活上走了一个大弯路,犯了一个大错误,而且,最后还壮烈地牺牲了。同时,又写她是在革命队伍和正义战争的大熔炉里熔铸出来的,思想和性格都是不断发展、成长的。这样,杨雪成为作品中有血有肉的艺术形象,并且使人感到她仿佛是生活在我们身边的一位如此真实而亲切的英雄人物,从而使她成为一个独具特色的艺术典型。因此,《东方》中的这些艺术描写,不仅以崭新的人物形象丰富了小说中的英雄群像,而且以崭新的文艺典型丰富了我国的文学艺术画廊。

第四,这是对当前一部分思想不能解放以至有些僵化的同志的一种清醒剂。

粉碎"四人帮"后,我国文艺的百花园里出现了一些新气象,我们的文艺队伍里增添了一些新血液。文艺的题材更广阔了,作品的人物更多样化了,其中,英雄人物的形象塑造也更丰富多彩了。但是,在我们的文艺队伍里,有一部分同志对于英雄人物却有十分狭隘的理解,他们认为,在今天丰富的现实生活和斗争中,文艺作品只需要描写某一两种英雄人物也就够了,这即是:只需要描写四个现代化中出现的英雄、对越自卫还击战中出现的英雄就行了。其他各种各样丰富多姿的英雄人物形象,似乎都不足以登上文艺的"大雅之堂"。同时,他们对所要描写的英雄人物,总是不断加以"拔高",不愿正视生活和斗争中的真实现实,不敢接触英雄人物丰富的内心世界和精神生活,害怕写英雄人物在矛盾斗争中的锻炼和考验中的不断发展、成长……不一而足。总之,仿佛他们又为今后的文艺创作划出了一些新的禁区,订出了一些新的框框。对于这样的同志,我奉劝他们去看看长篇小说《东方》,看看小说中对杨雪是怎样描写的,对郭祥是怎样描写的,对"调皮骡子"王大发、解放军战士刘大顺、徐芳、杨春以至团长邓军等英雄人物是怎样描写的。这些人物丰富的精神世界和内心活动,随着革命战争的发展,思想、性格也不断地发展、变化,他们都不愧于英雄的称号,但又千姿百态、丰富多样、各不相同。《东方》中塑造各种英雄人物形象的创作经验(上面只是解剖麻雀式的着重分析了杨雪这位英雄人物塑造的经验),对于那些跟不上当前伟大的思想解放运动迅猛发展形势的同志,是会有所启发和帮助的。这种经验,对繁荣和发展我国社会主义文艺事业,也一定会有所助益的。

因此,我特意挑选出小说《东方》中的杨雪——这位有缺点,但又十分可爱的英雄人物形象来,做了以上的分析和介绍,目的就在于此。

原载《哈尔滨文艺》1980 年第 3 期

彩笔豪情谱英雄
——评长篇小说《东方》

张 炯

魏巍同志的长篇小说《东方》,在反映抗美援朝战争的作品中是引人注目的。它描写了朝鲜战争的全过程,塑造了众多感人肺腑的英雄形象,以醮满战斗豪情的彩笔,为我们再现了生活内容异常丰富的历史图卷。全书结构宏伟,篇幅浩繁,情节波澜起伏,动人心魄,人物血肉饱满,栩栩如生,风格优美、雄放,有如色调鲜明、浓郁的油画。

一

《东方》的构思通过冀中平原和朝鲜战场前后方的广阔场面来展开。交错发展的故事线索,在围绕郭祥、杨大妈、杨雪等主要人物的情节刻画中得到完整的统一。它成功地凸现了作者对题材反复开掘后所获得的深湛生活认识,真实地概括了那个历史时期为人物活动提供舞台的典型环境,有力地突出了歌颂英雄人民和人民英雄的战斗主题。

亿万农民不论过去还是抗美援朝年代,都是我党领导的革命战争最深厚的力量源泉。冀中平原的农村,在抗日和解放战争时期都对革命做出不可磨灭的贡献。作者选择这一地区作为展开故事的一条主线,具有充分的典型意义。书中描写的凤凰堡村是英雄郭祥、杨大妈等的故乡,也是志愿军许多指战员在人民哺育下曾经战斗、成长的所在。村中人民在党、在杨大妈领导下支援前线、打击阶级敌人,进行农业社会主义改造的图画,生动地反映了中国人民在建国初期为保卫东方和平向社会主义奋勇前进的沸腾现实。故事的这条线索通过开篇郭祥、杨雪回家探亲和闻警迅即归队,参加志愿军,奔赴朝鲜前线;通过杨大妈于女儿牺牲后顶住悲痛,和坏人的诬陷、打击做斗争,最后又再次送子参军并到朝鲜前线慰问等情节,使战争的伟力来于人民的思想步步深化,在艺术形象中得到越来越突出的表现。

当然,小说里战地生活的描写占据更多的篇幅。正面表现这场严酷的战争，构成故事的主要线索。这样处理无疑是恰当的。因为，决定东方人民命运的整个伟大斗争的胜负，离不开战场，而作品处理的题材中，感人最深，最威武雄壮也最具崇高英雄主义精神的情节，也产生在战场上。

但是作品思想主题的丰富性还不单取决于故事的主线。以朝鲜战场的描写为例，作者写了中国人民志愿军从渡过鸭绿江开始直到和平协定签订前的最后一次战役，每个战役艺术表现的角度和笔法固然相异，选取和提炼的具体情节也无一雷同。小说广泛地反映了战场生活的众多侧面：进攻和防御，前沿和后方，第一线和第二线，军事指挥和政治鼓动，后勤运输和伤员救护……。写战斗，既有运动战、阵地战、游击战、反击战，又有空陆战、坑道战、地雷战。尤为出色的是，在紧张的血火纷飞的战争描写中，还多方面开拓人们复杂的精神世界的描绘：胜利的欢欣，挫败的懊恼，对人民的挚爱，对敌人的痛恨，肝胆相照的战斗情谊，爱情纠葛的崇高与卑鄙。整部作品就如同现代战争的生活教科书，把五十年代朝鲜战场现实生活的大千世界，立体地彩色缤纷地展现给我们，丰富我们对客观现实的认识，启示我们思考生活蕴含的意义，同时以其引人入胜的艺术魅力，为我们提供了美的感受。

高尔基说："题材的社会意义越重大，它所要求的形式就越严谨、精密和鲜明。"故事情节在叙事作品中不独是展现人物性格、刻画人物形象的重要手段，而且也是表现作品思想内容的重要形式。《东方》的情节构思正努力于严谨、精密和鲜明。仿佛鲜有什么部分是多余的。如同参天大树的每一枝叶都兆示它欣欣向荣的常绿生命一样，《东方》里哪怕是极小的一段插曲，也都与作者展现那个时代的典型环境和歌颂人民战争、歌颂英雄人民与人民英雄的昂扬主调紧密相连。这显然是小说所取得的一个出色成就。

二

《东方》刻画了众多的人物形象。它的人物描写，无论正面人物或反面人物都相当生动。而写得最成功的还是英雄的群像。小说仿佛英雄人民和人民英雄的画廊。除主要英雄人物郭祥、杨大妈、杨雪外，还刻画了团长邓军、政委周朴、事务长康保、通讯员花正芳、老兵王大发、机枪射手乔大夯以及战士齐堆、刘大顺、陈三、小罗、杨春，文工团员徐芳，村治安员大契，青年团员来凤，朝鲜妇女金大妈、朴贞淑等多种多样的英雄人物。

舍己为人，对人民无限挚爱，对敌人炽烈仇恨，忠于党和人民的革命事业，具有英勇的献身精神，这是《东方》所刻画的英雄人物的共同特征。它存在于志愿军指战员有我无敌、勇往直前的浴血战斗中,也存在于后方人民和后勤人员支援前线的忘我劳动和斗争中。而在作者笔下,每个英雄人物又都不愧为"这一个"。他们思想的成长和性格的特点,因个人经历的差异而表现得无一雷同。

英雄连长郭祥是志愿军英雄的突出代表。外号"嘎子"的郭祥,十一岁燃烧着仇恨杀死地主的猎鹰,逃出家乡;十三岁参加八路军,在革命战火和革命队伍中长大成年。党的教育和人民军队的传统在他的性格中凝成最宝贵的光辉品质:爱人民之所爱,恨人民之所恨,从来不知道"困难"二字,哪怕前面横阻刀山火海、激流冰川,"通向胜利的道路上,不是铺着天鹅绒般的地毯,而是铺着人血和钢铁",他也浑身是胆。小说通过青坪里怒斗敌机,缚龙里阻扼逃敌,孤胆大破定时炸弹、引导车队突破"死亡地带",陷敌重围,壮烈跳崖以及伤愈后请命固守地下长城,经历"五面包围",最后成功反击等一系列情节,生动而突出地刻画了他的勇猛机智,心中丝毫没有自己,只有对党和人民无限忠诚的品质。而关于他与杨大妈、金大妈的鱼水之情,与杨雪、徐芳的爱情等的描写,又从多侧面刻画了他的丰富个性。他是个在生活中、战斗中、精神上不断获得成长的英雄。然而他那充满革命乐观主义的开朗、活泼、顽皮而又工于心计的"嘎子"劲儿,却如一根红线,一种基本的色调那样,贯串在他的全部战斗生涯中,渗透在他的越来越见光彩的性格以及有时未免鲁莽的缺点里,使他的勇猛机智,无私无畏都有异于别人。既有异于邓军、周朴这样的老一辈同志,也有异于他自己英雄连队的众多英雄战士。

杨雪和徐芳是小说精心刻画的志愿军女战士的形象。杨大妈的女儿杨雪,像她妈妈一样对革命有火一样的热情,但心地单纯、洁白,有如晶雪,以致使她上当受骗,爱错了人,险些落入小野心家陆希荣的掌握中。然而一旦认清陆的可憎面目,她便毅然愤然与之决裂。在战地作为白衣战士,她不怕脏、不怕累、不怕苦、不怕死,最后为救护伤员、救护朝鲜女孩,英勇牺牲,成为永远为朝鲜人民怀念的国际主义战士。徐芳,北京的中学生,一个小资产阶级出身的十六岁柔弱姑娘,是踏着杨雪的战斗足迹前进的又一可爱的英雄女性。作为文工团员,她不仅用歌声、琴声为革命事业服务,而且像杨雪一样投身医护工作,为伤员端屎端尿乃至输血。在斗争中她的思想感情产生巨大变化,成长为坚强的革命战士。她景慕郭祥,曾为郭祥对杨雪的坚贞爱情而深受感动。最后,她不顾郭祥失去一条腿,更加深深爱上郭祥,坚定地与郭祥结合,更表现了她崇高的精神境界。围绕郭祥、杨雪、徐芳的爱情关系,小说对人物感情世界作了微妙细腻的描绘,不仅使英雄人物的形象增添了光彩,更加丰满、也更真实地反映了现实生活,丰富了小说作为生活教科书的多方面的意义。

杨大妈的形象在我国社会主义文学中具有巨大的典型意义。凤凰堡地主丫头出身的这位女共产党员,是随人民革命战争而成长觉醒的老一代劳动女性。她当过党的交通员、八路军的侦察员,同时也是"戎冠秀"型的人民子弟兵的母亲。"杨树飘洒洒,大妈赛亲妈,只要找见她,就是到了家。饿了有吃喝,负伤有办法,安安生生睡一觉,临走还送我烟叶一大把。"这就是当年战士们对她的赞歌。严酷的环境,激烈的斗争,使她锻炼成一位细心、机敏、勇敢而果断的革命妇女。为了革命,为了朝鲜人民,她可以献出一切,包括女儿和儿子。在新的历史时期,在农村里她还跟反动地主和党内蜕化变质分子作坚决的斗争,积极团结广大群众走合作化的道路。这样的妇女,不愧为农村无产阶级的骨干,中华民族的脊梁。

三

《东方》刻画得具有个性特征的英雄形象,这里不能一一列举。需要特别指出的是,这部小说的英雄形象莫不闪耀着反抗侵略的无产阶级爱国主义和国际主义精神。从而使英雄形象具有十分鲜明的时代特征,明显地区别于解放战争年代的英雄。人物形象的塑造具有时代、民族、阶级、阶层以及个性的鲜明印记,表现出典型概括的一定深度,这不能不是《东方》的又一突出成就。

贯串全书的优美、雄放的格调,是《东方》描写艺术的另一特色。这格调来源于小说所表现的生活,也来源于作者的审美理想,来源于革命现实主义和革命浪漫主义的结合。

没有革命现实主义,没有作者对朝鲜战争的亲身体验和观察,并对这场战争的全局和发展有深刻的认识,就不会有《东方》。如上所述,小说反映的空前广阔的规模和对各种矛盾冲突的揭示,或是描写众多人物鲜明生动的性格,都与作者对现实生活的深切把握分不开。但在《东方》的整个艺术构思和艺术描写中,作者并没有摒弃积极浪漫主义的优秀传统。在充满生活气息的人物、景色的艺术图画里,作者为了体现自己的革命理想,追求美的境界,追求传奇的情节、诗意浓郁的抒情语言和色彩更为鲜明的人物形象,在全书描写中几乎到处可见。

后方农村的和平生活本来罕有传奇色彩。但作者没有平庸地去展开反对阶级敌人复辟和实现农业合作化的斗争全过程,而仅仅撷取生活中对表现人物最有意义的事件,以蘸满深情的笔触,为我们描画出一幅美战胜丑、崇高战胜卑鄙的闪耀光辉的图画。整个画面始终贯串和弥漫着一种蓬勃、健康、欣欣向荣的美的氛围,充盈着革命英雄主义和革命乐观主义的昂扬音调。郭祥的杀鹰、出走,杨大妈的送子、取经,小契家无隔宵粮的热情好客,来凤未出嫁而侍奉瞎公爹的委曲求全……在作者的彩笔下,无不画出悲壮、豪迈、雄奇的境界,感人肺腑,撼人心魄!

在朝鲜前线,战争是残酷的,枪弹是无情的。到处血火纷飞,蛰伏着死亡的恐怖。土地在燃烧,大炮在轰鸣,城市被夷为平地,农村被摧成废墟,人民和军队每时每刻都有人倒下去,被夺去宝贵的生命。《东方》真实地描写了战争的全部严酷的现实,却没有渲染死亡的恐怖,相反以充满信心的激情洋溢的歌声,歌颂人民英雄在战火中的成长,歌颂人民英雄怎样用最大的勇敢去战胜死亡,去夺取和平的最终胜利。例如幽谷打敌机的一场战斗,非常激烈,作者写来却奇思突起,引人入胜。战斗未打响,先写幽谷的瑰丽秋色和邓军、周朴关于仙女的神幻对话,把读者引入一个静美岑寂的境界;然后才"铁骑突出刀枪鸣",数十架敌机猛然轮番俯冲、轰炸、扫射,炮火弥漫,群山震动,引向高潮;继写双尖山阵地一片火海,人人都为机枪射手乔大夯担心,最后终以敌机被乔击落、逃窜,笔锋戛然而止,仿佛"四弦一声如裂帛",又写出流泉淙淙,时断时续,余音袅袅令人心驰神怡。全篇都洋溢着一种压倒敌人的英雄气概和充满乐观的浓郁抒情。与其说这是写战斗,毋宁说是写诗。作者把现实的战斗诗化了,是以诗的艺术构思和艺术表现来反映现实的斗争,但它又确是活生生的战斗,是真实的战斗的诗。

这部作品当然也有不足之处。

战争是政治的延续。朝鲜战争是当时国际范围内阶级斗争的尖锐化的表现。小说对这场战争的巨大政治背景介绍得欠充分,缺乏更为广阔的视野。在描写中对敌方的凶狠、狡狯、猖狂,表现得不够,令人有"强将逢弱兵"之感。全书始终没有提到彭德怀司令员,更没有出现他的形象,这也不能不是一个重大缺陷。在结构上,后半部也多少给人以比较松散、不够紧凑的感觉。人物对话也不够个性化,某些段落长篇说教多,令人有烦闷之感。但总的说来,《东方》在我国描写革命战争题材的作品中,是一部思想性与艺术性较完善统一的优秀之作。

原载《名作欣赏》1981 年第 2 期

评《东方》中郭祥的嘎子性格

杨世昌

一

魏巍同志的《东方》是一部反映抗美援朝战争的英雄史诗。它成功地塑造了我中国人民志愿军众多的、性格鲜明的革命英雄形象,而主人公郭祥则写的尤有特色。在他身上,很难找到区别于他人的那种独具的而又与性格特点相连的外在特征。然而郭祥却在我们的脑海里留下了最为深刻的印象,不用说在他所属的团队,就是在千军万马之中,也能一眼把他认出来,因为他所具有的那种嘎劲儿,是任何人也没有的。郭祥与众不同的嘎子性格的确是"这一个"。

《东方》从一开始写郭祥戏弄赶大车的老亨,到最后回家途中"蒙"红领巾们,在他性格中,始终贯穿着一个"嘎"字。小说对郭祥那嘎样儿、嘎事儿、嘎办法和嘎劲儿的描写,俯拾即是。嘎和郭祥,如影相随。在不同的场合,人们带着不同的感情呼唤着嘎子郭祥。但不管有多么大的不同,从家乡到部队,从下级到上级,从同志到敌人,"嘎子"这个名字确实得到了广泛的承认。从母亲喊他"小嘎儿",到战友们称他"嘎子排长"、"嘎子连长",一直到转业后当上了县委书记,群众管他叫"嘎子书记"。郭祥的年龄在变,职务在变,环境在变,思想在变,而唯独这个"嘎"的性格没有变。在他的成长过程中,其思想的变化没有离开他的嘎子性格,而嘎子性格又随着思想的变化而发展。在小说中,"嘎子"已不单单是个小名或绰号,而是有着特定的具体而切实的内容了。

二

一说到嘎,人们往往会联想到那种一肚子坏心眼儿,叫别人吃哑巴亏、上大当的人,更何况郭祥又是个叫人上当的老手呢。从表面看,乔大夯、老模范、朴贞淑、金银铁和被五面包围中的指战员们,确实都被郭祥给"诓"了,但却是"诓"

而不赚,只有欺人之名,并无骗人之实。因为他的所谓"诓"是叫别人上占便宜的"当",而自己却占吃亏的"便宜"。骗人者吃亏,上当者占便宜,这就是嘎子郭祥的"诓"人政策。在军中便宴上,当郭祥"赚"乔大夯把那半盆米饭吃个底朝天时,我们可以体会到其中饱含着郭祥对这一个伟大战士多么深刻的阶级感情和同志间的关切啊!在艰苦的行军途中,当郭祥诓了老模范的大背包撒腿就跑的时候,我们可以看到,这一老一小,在坎坷的人生际遇中所凝成的父子般的深厚感情。当同志们处于五面包围时,郭祥为了使同志们喝到水,而自己不得不装出盛宴干杯的架势先喝那一小口水的时候,他心中对生死与共的战友充满了何等灼热的革命感情!由于郭祥的巧当红娘,朴贞淑和金银铁很快地结合了,一个新的家庭诞生了,这里又倾注着郭祥对朝鲜人民多么真挚的情谊!这就是嘎子郭祥叫人"吃亏"、"上当"的动机和出发点,这种寓崇高思想于普通行动之中的描写,深刻地揭示出了英雄郭祥的高尚美丽、纯洁无私的灵魂,表现出了建立在全心全意为中国人民和世界人民服务基础上的伟大的爱国主义和国际主义精神。

  一提到英雄,人们往往会想起那种仪表英俊威武的战斗英雄和性情刚烈粗犷的草莽英雄。而郭祥却是一个不像英雄样子的英雄,一个"嘎样儿"的英雄。你看,青坪里打飞机没打着,弄得丢盔卸甲,但因为给大家打了气,还表现出高兴得想唱歌的怪样儿;在排除定时炸弹中,自己被误认为是新战士,毫不谦虚地担任了队长那种不在乎劲儿;由于他的指挥和英勇带头,鼓舞着司机们去征服死亡地带;当同志们被封锁在坑道里,处在没吃没喝,甚至连空气都几乎断绝的生死存亡的紧要关头,他那不怕家丑外扬,大讲自己的小名"嘎子"的滑稽样儿,顿时使坑道里的气氛活跃了起来。郭祥的嘎样儿,使他和战士们更接近了,把险恶的战斗环境生活化了。他那坦然中显出来的顽强,使他周围的同志们感到信心百倍、力量无穷。在对敌斗争中,在千难万险面前,从表面上看,是他能出点子、想办法,总能克敌制胜、化险为夷。实际上是他善于打开群众的智慧之门,善于挖掘群众中的力量之泉。他能把普通战士"赚"成英雄,使懦夫变成勇士,使人们在不知不觉中,从一时的束手无策变得智勇双全。这就是郭祥的鬼点子、嘎办法的妙用。也可以说,郭祥这个英雄,主要不表现在他比别人做了多么了不起的英雄壮举,而在于他那东风化雨般的"赚"常人为英雄的革命精神,因此,他和他的战友们能够创造出惊天动地的奇迹。从郭祥"赚"人为英雄所表现出来的既英雄又平凡的行动中,我们看到郭祥作为一个革命者,已经把打仗作为特定历史阶段的革命生活来对待,在他看来,这是消灭敌人的大好时机,他在枪林弹雨中,就如同鱼在水里游泳那样自由自在,越是困难,他越是表现出一种乐观的顽强,越是艰险,他越是表现出一种冷静的勇敢。所以,郭祥的嘎办法，实际上是那种最大限度地团结同志，去战胜敌人的高度无产阶级英雄主义精神的表现。

　　郭祥对他的集体所取得的辉煌业绩感到由衷的高兴，但对自己的光荣名字、英雄称号，却讳莫如深。当胜利完成排除定时炸弹的任务，司机们问他的名字和单位，并一定要给他记功时，他用顾左右而言他的办法，向司机们要了一支烟把话题岔开了。当师长夸奖他们连创造了持久作战的坑道时，他用带有检讨味道的"半瓶牙膏"思想惹得大家哄堂大笑而了之。甚至在他残废后，为了躲开天天做报告的荣誉生活，尽快奔赴新的战斗岗位，竟用张冠李戴的办法"蒙"红领巾们。郭祥无疑是一个做出了伟大业绩的英雄，但在荣誉面前，他既不居功、不骄傲、不伸手，也不用一般人常用的谦虚之辞去谢绝，而是用一种神不知鬼不觉的办法使自己脱身。从郭祥所表现出来的这种性格特点中，我们看到了一个革命战士的本色。一心为人民，一心打敌人的郭祥，他需要的不是区别于群众的荣誉，更不是高居于人民之上的地位，而是要永远生活于人民群众之中，和他们同呼吸、共命运。所以，郭祥成了英雄，却不像英雄的样子，当了首长，也没有首长的风度和架子。其实，这正是郭祥的英雄性格的深刻表现，也是他不同于一般英雄人物的重要特征。

三

　　我们说郭祥是一个具有嘎子性格的英雄，但并非说，他在任何时候，不管做什么事，一定都嘎。因为现实生活中的人根本不可能如此。嘎和不嘎在郭祥身上是对立统一的，他有时嘎，有时不嘎。也正因为在一般场合下不嘎，到真正嘎的时候，才显得更嘎，使人在不知不觉中被诓被赚。还以乔大夯吃饭为例，正因为郭祥平时对乔大夯无微不至的关心和照顾，才使得乔大夯对他深信不疑。而郭祥就是以此为前提，在军中便宴上"赚"了乔大夯。嘎，虽然不是郭祥思想、感情、气质的全部表达方式，但反映了郭祥的"这一个"的特征。

　　郭祥不像有些小说中的英雄人物那样，在幼时是天真烂漫，甚至是调皮捣蛋的；在未成英雄之前，也是有说有笑，嘎劲儿十足的。但只要一入党，一当干部，马上就变得严肃正经起来，有的还摆出一副架子，整天板着面孔教训人。如果又成了英雄，那就更超人一等，与众不同了。而郭祥这个艺术典型就打破了这个框框，不落这个俗套。他是那样地使人感到生动新鲜、真实可信，好像在自己身边，就有无数个像郭祥这样的英雄。这是作家创造性劳动的结果，是对新中国文学宝库的一个重大贡献。

四

郭祥的嘎子性格的形成是与苦难的家庭历史、人民军队的培养、时代精神的熏陶以及个人的努力紧密相关的。

小说虽然主要描写的是抗美援朝时期的嘎子连长,但通过郭祥的回忆,对童年时期的小嘎儿和成长过程中的嘎子排长也作了一般的介绍。童年的小嘎儿是在屈辱和抗争中度过的,有说不尽的英雄事迹,而杀鹰事件大概是他最得意的。杀鹰事件表现了嘎子童年时代的英雄本色,他虽然瞒过了父母,但却不小心丢掉了鞋子和镰刀,他为自己的芦花公鸡报了仇,却万万没有想到给家里惹下了一场塌天大祸。郭祥幼稚的反抗,显示了童年的小嘎儿不仅具有朴素的阶级感情,而且聪明伶俐,大胆勇敢。

投奔人民军队是郭祥新生活的开始。他从个人的苦斗反抗,走上了为人民翻身、民族解放而斗争的革命大道。在暗无天日的旧社会,人民军队是一块光明的净土。这里没有尔虞我诈,也没有父亲的严厉管教,有的是老模范那慈父般的照顾,团首长周仆的无微不至的关怀,还有老英雄邓军作为学习的榜样。在这个充满着革命阳光和阶级友爱的大家庭里,郭祥在党的抚育下健康成长,与困难结伴、与火光为邻的斗争生活,锤炼着他的思想、感情和作风。郭祥的全心全意为人民服务的思想,正是植根于充满着革命思想和战斗作风的人民军队这块肥土沃壤。生活的巨大变化必然反映到郭祥的性格中来,从用小镰刀杀鹰到用大公鸡给小鬼们赶瞌睡,标志着嘎子性格在发生着深刻的革命性变化,这是郭祥试图用嘎办法表现革命思想的开端。然而,一个人的性格虽然和思想有着密切的联系,但毕竟不是一回事,结果就出了好心办坏事的漏子,完全没有想到,嘎办法和违反纪律联系起来了。这一下,不但影响了嘎子排长的声誉,也贻误了郭祥向杨雪表白爱情的良机。这说明郭祥还不成熟,也还不完全适应新的革命环境。

矿石在炉火中熔炼,战士在炮火中成长。郭祥的思想在斗争中逐渐提高,性格也在磨炼中不断成熟。思想和性格不协调的现象在逐步改变。抗美援朝前后,郭祥在军中便宴上"诓"乔大夯,青坪里借打飞机给大家鼓劲,都干得很漂亮。但是遇上"开小差"的逃兵和"怕死鬼"时,还改不了简单粗暴的老毛病。这说明他的性格还没有完全成熟。随着伟大的抗美援朝战争的发展,老英雄再立新功,老模范更加模范,就连"调皮骡子"王大发、"怕死鬼"刘大顺也在飞速进步。变化的现实在冲击着郭祥,英雄的时代在纠正着他对王大发、刘大顺等后进战士的看法,也发展着他的思想和性格。

长期的战斗生活,人民解放军从胜利走向胜利的历史,特别是解放了的中国人民,在社会主义革命中所表现出来的历史主动精神和大量英雄在朝鲜战场上涌现的事实,使郭祥越来越感到冲破险关胜利就会降临,战胜困难英雄就会诞生。但在险关与困难面前,需要的是从容镇定、坚韧不拔。因为只有这样,才能把脑筋开动起来,把力量团结起来,创造出转危为安、转败为胜的有利条件。郭祥正是基于对革命辩证法的深刻理解,对人民的智慧和力量的深信不疑,所以才在似乎是不可征服的敌人和不可逾越的艰险面前,如同凛冽寒风中奋飞的雪花,既坦然自若,又顽强无畏。郭祥不仅能在不失原则的情况下,使用不拘小节的嘎办法,而且还善于把革命的思想通过无拘无束的嘎劲儿流露出来,给人以鼓舞、信心和力量。这时的嘎子连长的性格,已不是小嘎儿时的孩子脾气了,也没有嘎子排长时的简单粗暴了,而是被新的革命内容和形式所代替了。这是郭祥政治上成熟的表现,又是他性格合乎逻辑的发展。郭祥嘎子性格的形成和发展的历史,不仅表现了他对光明的执着追求,对革命的必胜信心,而且浸透着时代、民族、阶级的思想感情色彩。

五

新时代的英雄,固然同剥削阶级包打天下的救世主式的所谓英雄决然相反,与资产阶级文人笔下那种浑浑噩噩的劳动者形象也不相同,就是和无产阶级刚刚登上历史舞台,但还没有取得统治权时期的英雄相比,也有了新的特色。这与为推翻三座大山,建立新中国的斗争和为保卫社会主义祖国的战斗有联系,但又有很大区别。不同革命阶段的完全不同的客观现实,使争取解放的人民和解放了的人民在精神境界上发生了重大变化。正如马克思所说:"要想站起来,仅仅在思想中站起来,而现实的、感性的、用任何观念都不能解脱的那种枷锁依然套在现实的、感性的头上,那是不行的。"(《马克思恩格斯全集》卷二第105页)站起来了的中国人民在摆脱了剥削和压迫后所表现出来的主人翁态度,和在为最后埋葬私有制而向社会主义迈进中所迸发出来的昂扬革命精神,是随着夺取政权的胜利而产生的。今天,一个朝气蓬勃、蒸蒸日上的社会主义新中国已经矗立在世界的东方。这一历史性变化,使中国人民的思想,特别是在中国人民的优秀儿女志愿军战士身上,从某种意义上说,发生了质的飞跃。这主要表现在两方面:一是英雄的大普及,一是英雄的大提高。这就是作家所说的:"我看到他们在朝鲜战争中,虽然面临的任务是这样艰巨,作战环境是这样艰苦,但我们战士的英勇,比起我过去在抗日战争和解放战争中所看到的,都有着更高的发展。特别是这种英勇的普遍性,更是空前的。"英勇斗争使伟大理想变为客观现实,活生生的现实又鼓舞着人民继续前进,鞭策着不是英雄的人们向英雄看齐,催促着英雄迅速成长。这是一个英雄辈出的英雄时代。而郭祥就是这个英雄时代的产儿。在郭祥身上,有着完全新型的思想、品质和作风,这既是郭祥生活的那个具体的家庭、战斗的集体的产物,又和那特定的时代、阶级和民族分不开。这新的英雄和英雄性格,既是有着特殊身世和经历的郭祥的思想、感情、心理和气质的合乎规律的发展,又洋溢着中国无产阶级和广大劳动人民,在新的革命斗争中所焕发出来的时代精神。郭祥这个嘎子英雄,的确是一个具有鲜明个性的"这一个",又是站起来的中国人民、胜利了的中国无产阶级、战斗在东方前线的最可爱的人的优秀代表。难能可贵的是,作家并没有因为郭祥是这样一个形象高大的英雄,而把他置于一种不可思议的特殊的战斗环境中,给我们塑造一个令人敬畏的偶像。恰恰相反,作家通过描写具有嘎子性格的郭祥,把战争生活化了,使英雄群众化了。在作家笔下,战争和生活、英雄和群众息息相通、血肉一体,紧密联系着。"不要把'阶级特征'从外面贴到一个人的脸上去……阶级特征不是黑痣,而是一种非常内在的深入神经和脑髓的,生物学的东西。"(高尔基《文学论文选》第 248 页)郭祥的嘎,就是这种"东西"。郭祥的嘎子性格,是聪明伶俐的嘎性和革命的思想、战斗的作风,在特定的历史条件下的具体环境里熔炼、升华的产物。

《东方》中的主人公郭祥,就是这样一个崭新的,活生生的无产阶级英雄的典型形象。

艺术贵在创新。作为长篇小说,最主要的是要通过描写典型环境中的典型人物,刻画出性格鲜明的"这一个"。通过分析郭祥的嘎子性格,我们看到了魏巍同志在创造主人公郭祥这个艺术典型时,对文学作品如何塑造无产阶级英雄形象这一问题,进行了多么大胆的探索和成功的努力。魏巍同志从生活出发,匠心独运地为我们塑造的郭祥这个英雄典型,不仅给我国社会主义文学的英雄画廊增添了新的光辉,而且为文学作品怎样创造正面英雄形象提供了宝贵的经验。

原载《中州学刊》1981 年第 1 期

读魏巍新作《地球的红飘带》

田 怡

一

    学习红军勇　　振兴黔东南
   苗山烟雨寨,骚客远方来。劲竹慕高洁,感君美情怀。
            黔东南州委政府凯里军分区题记
            彭冠杰画书

  这是去年夏天我访魏巍同志时,在他的客厅里见到的一幅画竹上的题字。这幅诗画是1984年他沿长征路线采访时,黔东南州委政府凯里军分区所赠。谈话中,我知道魏巍同志正在写一部关于长征的长篇小说。

  在庆祝中国人民解放军建军六十周年的时刻,他的长篇小说发表了,名为《地球的红飘带》。去年夏天魏巍对我说:"我参军是在1937年抗日战争开始后,没有赶上长征。对于长征我一直是很向往的。"因此,他早有写长征的愿望,这种感情随着岁月的推移越来越强烈。魏巍同志十七岁参军,至今年近古稀,戎装未离,征鞍不解。他热爱这支培育他成长的军队,一直在这一片被一些人忽视的富矿辛勤掘进,成果卓著。五十年代初期,那些优秀的战地通讯就在广大读者心中留下了深深的印象,被人久久传诵,鼓舞着几代人。当魏巍同志在完成他反映抗美援朝的长篇巨著《东方》之后,我曾想过,他的下一步重大"战略计划"可能是什么呢? 选择长征这个重大的题材,既在我的意料之外,又在我的意料之中。

  要从文学上来反映长征这段非凡壮丽的历史,也非易事,因为它必然要涉及许多问题。诸如历史的功过,领袖们的活动,敌我友多方的情况等等。这是不能任意虚构的。魏巍知难而进,这首先表现出了中国革命军人的本色。这是在我意料之中的。当然,写一部有关中国革命重大转折的历史小说光凭决心和热情是不够的,而魏巍除思想感情上的长期酝酿外,还具有其他许多"物质"方面的优势。他参加过我军战史的编写,组织领导并参与过聂帅传记的写作(聂荣臻是长征时的中央红军一军团政委),同时,他亲自两次沿着红军长征的路线进行过深入的访问,历时两年(其间因在途中摔伤了腿,治愈后再度访问)。此外,他还访问了不少当事人,查阅了众多的有关历史资料以及一些老同志的回忆录……这些切实详尽的准备工作就是他成功地写作这部长篇的物质基础。魏巍是一位有五十年军龄的老军人,是政治工作者和文艺工作者。他以政治家的眼光和诗人的激情,回顾和描绘了这一人类历史上的壮举。

怀着激动的心情读完了这部长篇,我神游于红军英勇鏖战、流血牺牲的漫漫征程。他带给我的是对老一辈革命家以及众多捐躯于征途的无名英雄的衷心崇敬和对历史与现实的深沉思考,思绪纷飞,感触良多。首先应当感谢作者魏巍同志以其如椽的彩笔为我们画出了中国革命处于重大转折关头的伟大悲壮的历史长卷。这部具有宏伟气魄的史诗性的作品不仅能够振奋广大读者的革命精神,也有助于我们以及儿孙后代深刻地去了解那段不应忘却的历史,从中吸取教益。她是我们宝贵的精神财富。

二

《地球的红飘带》从中央红军血战湘江切入,叙写了从湘江到达甘肃哈达铺历时一年的种种艰难曲折的斗争。遵义会议后,在毛泽东主席的指挥下,中央红军转战于云贵川边境地区四渡赤水,迂回曲折地穿插于敌人的重兵之间,出敌不意南渡乌江,直通贵阳,乘虚进军云南,抢渡金沙江、大渡河,翻雪山、越草地,终于摆脱了数十万敌军的围追堵截,从而取得了中国革命上具有决定意义的胜利……这一切都以其非凡壮丽的气魄重现于作品之中。她具有英勇悲壮的历史的真实性又具有雄浑感人的艺术魅力。

过去,我们只知道"湘江一战,损失过半",但对于其时的悲壮惨烈是没有印象的。小说真实地艺术地再现了这一页血的历史:碧绿的江水被红军战士的鲜血染红,江面上漂浮着无数红军的尸体,队伍在炮火纷飞下在枪林弹雨中冒死抢渡,数以万计的红军指战员永远倒在了这里,一个新扩编的军团溃散……一个完整的师没有渡过湘江,读至此,谁能不为之动容?谁能不沉入深深的思考:何以连连取得四次反"围剿"胜利的红军竟然落得如此惨境?小说一开始便以这悲壮惨烈的场面紧紧地牵动着读者的思绪。

小说以全景式的俯瞰,围绕红军长征的进程展开了广阔的社会背景。这与过去一些写长征局部情况的作品有所不同。从敌我双方的最高层领导人物到普通士兵、群众，从国民党的地方势力到少数民族的自卫武装，从红军内部同志间的革命友谊、夫妻间的绵绵柔情到高级领导者之间的亲密关系、和谐合作以及意见分歧、路线斗争都作了艺术的囊括。

小说采用多线复合结构展开情节，以我军活动为主线，以敌人的围追堵截为副线，两条线交错进行。在敌我矛盾和内部矛盾方面又是以敌我矛盾为主线，内部矛盾为副线的，在写内部矛盾时主要突出了领导阶层的思想认识问题以及与张国焘的路线斗争问题。材料组织与结构安排的合理，使人深感有天然去雕饰之美。

《地球的红飘带》用近似我国传统的章回体形式，每章前的小段标题以诗一般简洁而富于哲理的语言揭示该章的主要内容。长篇除序言与尾声外共七十五章（此次在当代长篇小说专辑发表因篇幅所限暂取下几章），每章一般六七千字。情节紧凑，文字干练。

在行文时，作者用了粗线条勾勒与精描细绘相结合的写法。在脉络清晰地叙写红军长征进程的同时，对一些重大事件与重要战斗都进行细致的描述。这样，既能使读者纵观长征全景又能使读者如置身红军行列与他们一道共尝甘苦。

在刻画人物方面，作者多用白描手法，并善于抓住最能突出人物性格的细节来做文章。因此，虽然用墨不多却能使人物形象跃然纸上。如在血战湘江之后，周恩来策马登门求教毛泽东的情节，仅仅两三千字就把前者的从善如流，后者的敦厚大度以及他们共同对革命事业的高度责任感写出来了。遵义会议上的批评与自我批评、激烈的党内思想斗争，比较集中地表现了各自的思想性格。如李德的妄自尊大，博古的不知悔过，彭德怀的坦诚直率，聂荣臻在原则问题上的寸步不让，毛泽东的沉着诙谐等。作品中涉及高级领导人物很多，作者既不刻意雕琢，也不人为拔高，因此使人感到真实可信。作者在写他们运筹帷幄、指挥千军万马的大智大勇的同时也注意到他们思想感情生活的多侧面。毛泽东对妻子贺子珍的温存体贴，对樱桃、刘英的个人问题的关怀帮助（毛泽东自告奋勇当"促进委员会主任"促成刘英和洛甫的恋爱）等，这些描写使毛主席的形象更为丰满亲切。其他一些次要人物的刻画，也常常是几笔勾勒使人过目不忘。如徐特立老人的爱书如命，刘英的活泼干练，贺子珍的文静温柔，蔡畅对同志那母亲般的深情，小鬼陈万清那股革命牛劲儿，小李子的精灵剽悍，那百发百中的神炮手赵章成的慈悲心肠等等，都给读者留下深刻的印象。

小说把对红军长征壮举的整体关照和对重要人事的生动叙写有机地结合起来，使作品内容的广度与深度相辅相成。

三

中央红军从江西根据地出发时有八万六千之众,到达甘肃的哈达铺时仅存七千人。作者没有回避这惨重的损失,湘江之战损失过半以及在沿途其他各次战斗中的牺牲和因饥饿寒冷与疾病的减员都有反映。无可讳言,漫漫征途洒满了红军的热血,无数先烈的血肉之躯永远化作了山脉。他们用生命换来了革命的生存与发展。尽管斗争是如此的残酷,尽管在某些时候也难免有人悲观失望,情绪低落,甚至发牢骚,但作者始终把握住了无产阶级革命军队的特殊本质,广大指战员翻身求解放的强烈的阶级意识,共产党的政治思想工作和政策纪律观念以及同志间的友爱团结。尽管思想觉悟高低不同,但他们不是乌合之众,不是浑浑噩噩的群氓,他们是有组织的革命军队。正因为如此,在正确的领导下就能战胜一切其他军队难以战胜的困难,也正因为如此,他们才能身处险境而立于不败之地,创造了一个又一个奇迹。

在四面楚歌的形势下抢渡大渡河,一天一夜冒雨急行军与敌人隔岸竞走,终于抢先占领了泸定桥,没有重蹈石达开的覆辙;攀悬崖出奇兵攻破一夫当关万夫莫开的天险腊子口……那在大渡河边哭喊着硬要参加渡河突击队的小鬼陈万清,那只身攀缘绝壁炸碉堡为大军开路的李小猴,那一路照顾病号自己却陷入泥沼的杜铁锤,那带着重病与饥饿为同志们寻找食粮而永远倒在毛儿盖山坡下的英雄营长金雨来……他们是千万红军的代表,是中华民族的精英,是他们的奋斗、流血与牺牲谱写了中国革命最壮丽的一页。

红军在最艰难的情况下也严守纪律执行民族政策,正因为此,在藏族地区感动了无脚(被土司剁去了双脚)老人,他带领红军去找回了不明真相而逃跑的群众。也正因为此,才得到了彝族兄弟的支持而通过大凉山,在那里不仅留下了刘伯承与小叶丹盟誓结拜的佳话,而且播下了革命的火种,以后小叶丹成为红军游击队负责人与国民党军阀进行斗争直至1941年被害牺牲。正如毛主席所总结:长征是宣传队,长征是播种机。

红军指战员的阶级觉悟与政治素质还表现在他们对错误路线的抵制与斗争。在苏区的建立、扩大和四次反"围剿"的胜利斗争中他们对毛主席军事思想的正确性有切身的体会和认识。因此,对李德、博古等人的"左倾"错误给红军带来的损失深为不满。这集中地表现在两位参谋(一老一小)对"洋房子"和"独立房子"的议论以及英雄团长韩洞庭对总书记的质问。在抢渡湘江时韩洞庭一团人为掩护中央与敌人血战,一千几百人只剩下不足五百。身负重伤的韩团长面对总书记激愤地喊道:"……你究竟要把我们带到哪里？我是问你,你究竟要把我们带到到哪……""你是总书记,我是党员,我有提意见的权利！不光是我,我们许多人都是有意见的！……""我一九二八年就参加了红军,一、二、三、四、五次反'围剿'我全参加了,为什么前四次打得那么好,为什么你们一来弄成这个样子,把我们的根据地都丢掉了！……"

这是为什么呢,两个参谋的议论作了最生动的回答:"为什么？还不是那些'洋房子先生'搞的！""我看也是。""莫斯科的'洋房子',又加上上海的'洋房子'"。"还有'独立房子'！"这里所谓的"洋房子先生"是指一些知识分子出身或曾留学国外不深入研究中国国情而一味搬教条的领导同志。"独立房子"是指共产国际派来的代表李德,他以国际派员、钦差大臣自居,不深入实际,加之博古等人的言听计从,导致左倾路线的发展。于是在1931年11月的赣南会议上批判毛泽东搞富农路线,继而在1932年的"宁都会议"上解除了毛泽东的军事职务。在错误领导之下,此后,红军步步走向险境。

"洋房子"、"独立房子"的议论,韩洞庭的质问概括了广大指战员对错误领导的不满和抵制。两个参谋的谈话以及他们希望毛主席出来管事的心愿都是具有广泛代表性的。"鲜血和挫折给人以痛苦,也给人以觉醒,它常常出现历史转折的契机。"群众的觉醒与愿望促使了遵义会议的召开。

四

《地球的红飘带》对遵义会议前后的一段情况着笔较细,读者可以从这艺术的概括中形象地感知这段不平常的历史。

在"洋房子"和"独立房子"的瞎指挥之下,第五次反围剿失利,红军被迫撤出苏区。湘江一战,损失五万余人,"往后看是血迹斑斑,往前望是云山茫茫,何处是红军立足之地"。在困难和挫折面前,李德并不检讨自己的过失而是一味责怪中国军队不正规,中国没有一个真正懂得军事的人才。追随李德的博古在红军面临生死存亡的时刻,一筹莫展,又听到下面对他的议论指责,他感到自己责任重大无法向党交代,便抓起枪来准备自杀。

此时,担任红军总政治委员的周恩来心情无比沉重,他想起了1932年在宁都毛泽东被解除军权从容走出会场时的一句话:"好吧,同志们,你们什么时候要我毛泽东来我就来！"他认为目前正是需要毛泽东同志来的时候,因而立即策马登门求教。被革去职务的毛泽东一刻也未曾放松过对革命大业的思考,自撤出苏区他日夜思索着红军的去向。血战湘江后,他感到中央的问题是解决的时候了。形势促使两颗伟大的心渐渐靠拢。周恩来听取了毛泽东已经考虑成熟的方案:放弃进军湖南的计划以免自投虎口,转向贵州进军。

毛泽东受命于危难之际,他与周恩来、朱德等人和谐合作,在困境中拖着中国革命的航船,一步一步艰难地跋涉。小说向我们深刻地揭示了这样一个历史事实:这只航船虽几经风浪濒于沉没,然而终于历尽艰辛化险为夷。其根本原因是:中国共产党内有一批真正掌握了马列主义的人,特别是有毛泽东这样土生土长、吃透了中国国情的马克思主义者,还有那千千万万求生存求解放,为革命敢于赴汤蹈火的工农子弟兵。

如果把红军比作一条赤色的巨龙,那么,共产党是巨龙之首,毛泽东是巨龙的眼睛。他看穿重重迷雾,辨明方向,使这条身负重伤的巨龙逶迤穿行于险风恶浪之中,终于历尽艰险游入大海。这条巨龙在人民的大海中才得以生存、腾飞,终以其不可战胜的雄举使世界人民刮目相看。正如魏巍在序言中所说:"正是长征付出重大代价之后所留下的火种,孕育了抗日战争的胜利,正是抗日战争中人民力量的壮大,才迎来了解放的曙光。""而历史的昭示绝不止于此,长征留给后世的是无价的精神财富。"

《地球的红飘带》这部史诗性的作品是长征的艺术参照,是一部生动的、净化灵魂、提高民族自信心的好教材。建设社会主义如果没有中国共产党的正确领导,没有广大人民群众的艰苦奋斗,没有无私的牺牲精神与献身精神是万难成功的。我们需要学习红军勇,振兴我中华。

作者坦诚地宣告他的创作意图:以此"作为对培育我的党,培育我的军队和人民的报答"。中国红军战士在长征路上所经受的艰难困苦,是人间罕见的,他们所显示的勇敢和坚毅,也是人类美好品质最辉煌的范例。这一点,对我们的后代,对我们的建国事业,对全人类争取进步争取解放的人民,都能从中汲取用之不尽的鼓舞力量。

《地球的红飘带》是魏巍同志为历尽艰险和捐躯征途的英雄前辈在艺术殿堂内塑起的一座光照后人的历史丰碑。

原载《语文学刊》1987 年第 6 期

革命战争历史题材的史诗性追求
——评《地球的红飘带》

黄国柱

著名的军队老作家魏巍的长篇小说《地球的红飘带》注定要在一种严峻的考验中问世。在此之前,长征对于我们大多数中、青年人来说是并不陌生的,大量的革命史教科书已经告诉一代又一代的青年这场伟大的壮举的原因、过程和意义。尽管几十年来一直没有关于长征的鸿篇巨制,但却不乏大量的,特别是中、短篇各种体裁的长征题材的作品出现。从王愿坚的《党费》《七根火柴》到乔良的《灵旗》、江奇涛的《马蹄声碎》、黎汝清的《湘江之战》,中国当代的军事文学一直企图对长征这一伟大的革命行动进行艺术化的反映。美国作家哈里森·索尔兹伯里的《长征——前所未闻的故事》则提供了一个外国人看待中国革命战争和长征的崭新角度,一时成为十分畅销和抢手的书籍。这样,客观的形势已经对后来出现的长征题材的文学作品提出了更苛刻的要求。以至于我在阅读之前曾一度产生过某种担心。但阅读的结果却证明了这种担心的多余。就反映长征的整体面貌而言,《地球的红飘带》显然是关于长征的最完整的第一部长篇小说;就描写长征过程的情节细节及人物而言,比之于索尔兹伯里的《长征》,它更具有十分明显的丰富性。因此,魏巍同志在年近古稀之时奉献出这样一部史诗性的作品,对于中国当代的军事文学、战争文学来说,意义是十分重大的。

一

马克思主义的经典作家曾对现实主义的史诗性作品给予过充分的肯定和高度的评价。梅林在描述马克思本人的文学兴趣及审美评价标准时指出:"马克思喜爱的是荷马、但丁、莎士比亚、塞万提斯,在近代作家中是巴尔扎克……这样一些人,他们把整个时代的形象这样客观地收容在自己的作品之中,以至任何主观残余都或多或少地消失了。"很显然,在马克思和恩格斯那里,其关注的重心并不是何为文学何为非文学的玄妙的辨析,而在于指出什么性质的文学是伟大的文学。"伟大性"的标准,是马克思主义文艺理论的一个重要标准。尤其在关于历史剧的评价中,他们依据的准则是历史的真实,是既往现实的真实,是"意识到的历史内容",是"较大的思想深度"。即便用这个很高的标准去衡量,《地球的红飘带》也是一部优秀的史诗性作品。这种史诗性,并不仅仅是取决于小说取材对象本身所具有的非凡的史诗性质,而主要取决于作家自觉的史诗性的艺术气韵及笔法的追求。

现代的革命史诗绝不会是荷马史诗的简单延续,也不会是一种仅限于性格塑造的英雄传奇,它应该具有和革命的历史很相称的丰富而复杂的内容以及深刻的当代启示性。诚如聂荣臻元帅在为这部小说所作的序中所说的那样:"它高屋建瓴,着重从敌我双方的最高层活动来反映长征壮举,艺术地再现了这段历史。过去一写长征,就是雪山草地,这次则写了内部斗争,更充分地显示了党的力量,使读者得以全面地了解长征。"小说对于长征的描绘,并没有像人们通常意料的那样,从瑞金撤退"从头道来",而是开篇就把湘江之战的失败十分尖锐地推到了读者的面前:"湘江,有一段永远难忘的历史,她那绿汪汪的江水,竟变成了血的河流。"英勇的红军为了突过湘江开辟继续前进的道路,付出了惨痛的代价。中国革命处在了生死存亡的紧急关头。小说正是在这样紧张而急迫的背景中推出了当年中国共产党的中央及军委领导们的人物群像和红军基层指战员的群像的。"红军何去何从?""为什么会出现这样的被动局面?"……这样一些严峻的问号沉甸甸地压在了读者,也压在了小说主人公的心头。应该说,小说对于这些问号的回答,并不仅仅是一种小说艺术结构(比如倒叙等)技巧的需要,而是作家对中国革命史进行创造性反思的必然结果。作者在卷首语中写道:"在我们民族的历史上……那些成百上千次的农民战争,一次又一次地归于失败,或者为另一个封建王朝所代替。为什么像长征这样的以农民为主体的革命会取得胜利呢? 历史已经作了回答:长征有近代无产阶级的领导,它的体现者中国共产党具有马克思列宁主义的灵魂。"而在小说中,这种清醒的表述是以宏大的战争进程,艰苦的斗争较量来实现的。红军不仅要面对前后左右几十万敌军的围追堵截,还要和党内的共产国际的代表李德以及后来的张国焘等人的错误意见进行斗争,而且是关系到红军的前途命运的严峻而复杂的斗争。作家站在国际共产主义运动的宏观历史背景的高度,来俯瞰中国的革命事业,不仅看到了这块半封建半殖民地的贫穷落后的土地上蕴藏着巨大的革命潜能,同时更看到了这个社会中巨大的传统观念的惰性。因而革命的进程必然是无比艰巨的。如何在风云诡谲、变幻莫测的时代的政治的、经济的、文化的、军事的迷雾中找到一条通往胜利的坦途,是摆在全体中国共产党人面前的一个需要马上回答的大课题。长征本身也不妨视为是一次寻找胜利之途,冲出历史迷雾的远征,它以数十万红军的鲜血和生命为代价,换得了全党的共识;远在莫斯科的共产国际的某些领导人凭着书本上的马列主义和他们自己的经验来指导中国的革命战争,是行不通的。马克思主义的真理必须和中国革命的具体实践相结合,才能获得活的灵魂和无穷的生命力!这种省悟是至关重要的,但还不是问题的全部,与此同样重要的是,严酷的斗争要求红军必须马上遴选出最卓越最有远见最有胆略的领袖,必须杜绝和清除种种狭隘的个人主义、小团体主义、宗派主义和山头主义,革命已经没有精力去经受自我分裂的灾难了。为此,遵义会议毛泽东的复出和十分悲壮的湘江之役的描写相得益彰,显得惊心动魄!而后来张国焘的出尔反尔、翻云覆雨,则更是发人深省的重头戏。小说中刻画出的张国焘是旧中国文化环境的必然产物,他的身上集中了封建家长作风、资产阶级政客、个人主义野心家的许多坏品质。红军及革命事业本身虽然无法避免此类人物出现,但却有权清除和唾弃这种人物。小说以相当冷峻的笔触表明了作者深沉的历史反思的深度。他昭示我们:艰难的革命大业决不允许任何分裂的行径,在每一个历史变迁的转折点上,必须以清醒的头脑选择和维护真正马克思主义的领袖集团,保持党和军队的高度统一和团结,否则,再好的局面,再大的基业,也可能毁于一旦。从这个意义上说,长征以及《地球的红飘带》是一面冷峻的镜子,一声轰鸣的警钟,一座红光闪耀的航标灯,一面色泽鲜艳的旗帜,一首壮丽而沉重,雄浑而苍凉,清晰而丰厚的革命史诗。只要共产主义事业不泯灭,只要共产党人不消失,只要中国的革命事业仍在继续,那么,长征的精神永远是我们汲取力量的不竭源泉。

在革命战争历史题材的创作中,《地球的红飘带》大胆地描写了悲剧性的失败,给人以极大的震撼和冲击。可以说,这部作品是以悲剧来写胜利,以艰难困苦写光明前途的。红军既不是攻无不克的神军,也不是溃不成军的散兵,它败中有胜,胜中有败,是一支坚韧不拔充满信念的新军。虽有湘江之战、土城之役的失败,但更有四渡赤水、飞夺泸定、突破乌江、攻克腊子口等战争史上的出奇制胜。但此刻的红军甚至还没有找到自己的战略根据地。毛泽东在哈达铺看到国民党的《山西日报》,得知陕北有个苏区,长征才有了胜利的归宿。可见,险象环生的长征是一次多么艰苦卓绝的战略大迁移!红军像革命种子一样,在大半个中国留下了不可磨灭的痕迹,为子孙万代留下了无价的精神财富。也为新中国的诞生奠定了最初的基础。无怪索尔兹伯里惊叹道:"它不是一般意义上的'行军',不是战役,也不是胜利。它是一曲人类求生存的凯歌,是为避开蒋介石的魔爪而进行的一次生死攸关、征途漫漫的撤退,是一场险象环生、危在旦夕的战斗。"这场"事前并无计划"的撤退终于成为中国共产党夺取全国政权的"生死界",成为一种人类承受苦难的能力以及信念的鼓舞作用的衡量器,成为一本巨大的教科书……所有这一切,都是小说的现实主义描写、史诗性的品格所自然流露出来的。无论作家以怎样的笔调描写了失败、痛苦、伤残、血污、悲剧,但最终凝聚而成的是胜利的辉耀!

二

一开始,毛泽东并不突出。他没有身披万道霞光朝我们走来——"毛泽东面容黄瘦,颧骨高耸,疲惫之中还带着病容,显得相当憔悴。过长的头发从他那八角帽的两侧露出来,身上满是灰尘,还背着一把破雨伞。"——这是我们第一眼看到的毛泽东,此时正处于他一生革命生涯的最低谷中,甚至有几分沮丧。然而,最低点恰恰又是一个新起点,正是在长征这项史无前例的大事业中,毛泽东开始成为中国革命的主宰。《地球的红飘带》对人物的精心塑造,从毛泽东及其众多战友身上首先可以看出独到的艺术功力。

新时期社会主义文学对极左文艺思潮的拨乱反正,是从恢复老一辈无产阶级革命家的光辉形象的本色开始的。当人们唾弃"林彪率部会师井冈山"这类歪曲历史的奇谈之后,迫切地期望知道历史的本来面目。长征的史诗性鸿篇巨制延至 80 年代末期才得以问世,便和这段历史长期有许多讳莫如深的无法涉及的"误区"有直接关系。在《地球的红飘带》中,魏巍以极大的现实主义的勇气,把毛泽东、周恩来、朱德、王稼祥、张闻天、博古、张国焘、李德等人物放在特定的历史环境中加以实事求是的描述,真实地再现了他们各自栩栩如生的性格。在这方面,小说处处可见许多精彩的描写,毛泽东的大智大勇,谈笑风生,幽默诙谐;周恩来的运筹帷幄,斡旋各方,缜密周到;朱德的憎爱分明,和蔼大度,体恤部属;博古的书生气质,古板骄矜,优柔寡断;李德的专横跋扈,简单粗暴……在一部小说中同时描写那么多的历史人物都达到相当鲜明的程度,确非一件易事,而且,在对这个系列的人物进行塑造的时候,十分注意其所处环境及性格本身的复杂性,既不神化,也不丑化,采取的是一种十分严肃的现实主义态度。在这里,没有天生的坏人,也没有天生的好人,一切都在既定的环境中发展变化。比如张国焘,在小说中并不是一开始就另立中央、闹分裂的,而是在目睹了中央红军的疲惫艰辛,而且确切了解到中央红军只剩下二三万人之后,才逐渐地明确了要当"第一领袖"的野心的。军委副主席、红军总政委的职位都未能填满他的欲壑,他继而提出增加九名四方面军的人任政治局委员的要求,企图从组织上要挟党和红军,在毛泽东、叶剑英等粉碎了他的阴谋之后,最终滑入了乘党之危、另立中央的泥潭,使革命事业蒙受了莫大的损失。这一切的发展都是那样自然,那样顺理成章、水到渠成,为"历史真实"谱写了一个又一个生动可信的艺术的音符。

史诗性的文学作品,一方面是以重大的历史事件为背景,另一方面则要抒写英雄的传奇。在革命斗争的风口浪尖之上站立的,当然是上述的那些老一辈的无产阶级革命家。在他们身上,作为英雄的一面(比如毛泽东组织指挥红军四渡赤水的大智大勇)和作为凡人的一面(比如毛泽东和贺子珍之间的深厚的革命情谊)是和谐地统一在一起的,他们是革命航船的舵手,革命事业的总设计师,挽狂澜于既倒的中流砥柱。这一点,《地球的红飘带》是表现得十分充分的。值得指出的是,小说的作者遵循历史唯物主义的观点,十分恰当地处理了领袖和人民群众的关系问题,正确体现了"人民是创造世界历史的动力"的思想。对于长征这样一个史无前例的壮举,如果没有人民群众的支援,红军纵有三头六臂也是难以成功的。在这里,我们可以看到第二个系列的人物形象,那就是普通指战员和人民群众的光辉形象:红军攻打湘、桂、黔三省交界处的县城黎平时,是一个唱戏的、一个杀猪的和一个剃头的自发地起来里应外合,帮助红军顺利攻克的。在浊水茫茫、雨雪霏霏的乌江边,红军正为渡江而愁眉不展的时候,来自赣江畔的战士、前篾匠杨米贵贡献了他的聪明才智,使红军终于突破了乌江天险;更不要说为红军抢渡大渡河摇橹的那些艄公;大渡河畔,夹金山下谈古说今给红军以忠告的老人……在这个系列的人物中,率领团队奋力开进的团长韩洞庭、政委黄苏、营长金雨来等部队指挥员和遵义城参军入伍的战士、后任排长的杜铁锤和战士李小猴给人留下了很深的印象。如果说,杨得志、杨成武、王开湘等率部抢渡大渡河、飞夺泸定桥还带有纪实的人物传记色彩,那么韩洞庭,特别是杜铁锤等则更具有艺术创造的典型风范,也许他们在红军队伍中实有其人,也许他们纯系虚构,我以为这并不重要。重要的是人们,特别是未经历过战争的一代人从他们身上可以领略到那种一往无前的革命气概和勇于献身的崇高情操,可以发掘出他们之所以如此而从不动摇的力量的源泉之所在。铁匠出身的杜师傅是一个有着自发革命精神并有着豪爽的草莽气质的无产阶级战士,他的良好的素质在红军的队伍里得到了升华和提高,最终在艰苦卓绝的战斗中,成为一名出色的共产主义战士。他跟随韩洞庭、金雨来的部队经历了长征路上几乎所有的艰苦战斗,在跨越草地的最后旅程中,为了救援掉队的小鬼,省出了自己最后的口粮和水,自己却长眠于美丽但处处都有陷阱的草地之上,从而为后代人勾画了一个完美无缺的高尚灵魂。在塑造这个系列的人物的时候,作者显然避开一些同类小说常用的为人物立传,从蒙昧到觉悟,再到建功立业的三部曲式的经历描写的路数,而是把人物那种最富于性格特征的行动、语言表现出来,以本色的形象去感染读者。有的时候,他"从哪里来"、"到哪里去"似乎无关紧要,重要的是他曾以这样一种方式在红军前进的路途上前进或者牺牲。应该说,铁匠杜师傅的死是写得相当壮丽而又质朴的,他无疑是千千万万个自觉地投身革命队伍并为自己的命运和解放而英勇斗争的普通劳动人民的优秀代表。正是他们,和那英明的革命领袖的统一,才构成了一支完整的革命队伍,才形成足以让这个世界天翻地覆的巨大的合力。

一部纵论史迹、横谈天下的史诗性作品,必须具备一种全局的眼光,尤其是对《地球的红飘带》这样的社会主义军事文学中的鸿篇巨制来说,仅仅塑造革命营垒内部的人物就不够了,必须能够把敌对营垒的人物同样塑造得栩栩如生,令人信服,才能称得上是上乘之作。在这个系列的人物塑造上,小说同样给人以满意的回答。红军进入贵州,占领遵义,继续北进,促使蒋介石亲抵贵阳督战指挥,进而在大大小小的派系、军阀之间揭开了一幕幕引人入胜的悲喜剧。特别是通过王家烈形象及其命运的勾画,深刻地揭示了国民党军阀尔虞我诈的凶残本质。对于贵州省主席兼二十五军军长的王家烈来说,既怕红军的到来,更怕蒋委员长的中央军的到来,前者成为后者开进的原因,而后者则兼有并吞他的势力范围的使命。尽管他机关算尽,绞尽脑汁,也未能逃脱被解除军政大权的命运;红军离开贵州之日,便是他兔死狗烹之时。他的两个当师长的拜把兄弟也在他失意之际卖身投靠了蒋委员长,并导演了一出"官兵叫骂索饷"的闹剧。至此,蒋介石的阴毒,王家烈的可怜完全跃然纸上。对于王家烈,作者一方面写出了他颇有些胆略、善于筹谋的武将风度,另一方面又写出了他在大事上常常举棋难定,要听命于妇人的优柔寡断;一方面写他的凶暴残忍,另一方面又写他的软弱可怜;一方面写国民党军阀鱼肉百姓的共同本质,另一方面又写他们之间弱肉强食的自相残杀,互相排挤……以王家烈及龙云等地方军阀为焦点,魏巍同志把当时蒋介石统治下的中央军及地方军阀之间的错综复杂的关系写得入木三分。写反面人物,如果缺乏对历史的深刻洞察和细致入微的把握,则极容易堕入脸谱化的歧路。在这部大大小小几十个反面人物的小说中,可以说繁而不乱,简而不陋,主要人物莫不是性格鲜明,而且可鉴。特别是红军抵达大渡河一带,在蒋介石严令之下,敌二十四军、二十五军、二十军先后抵达大渡河沿河一线,杨森、刘文辉两位军长和旅长王泽浚等,官不论大小,人人想当"骆秉章"的场面,作家写得颇为严肃认真,人物形象却相当荒唐可笑,短短的篇幅里,活脱脱写出三个性格迥异的敌军将领形象,足见作者的笔力不凡。

此外,这部小说中还有引人瞩目的"妇女形象"系列,比如贺子珍、刘英、李樱、邓颖超、康克清以及王家烈的夫人等;还有可亲可敬的"老人形象"系列,比如徐特立、谢觉哉、董必武等,都塑造得相当出色,大大地丰富了当代军事文学的人物形象的画廊。

三

魏巍同志是一位诗人。《地球的红飘带》是一部蕴含巨大的象征意义的诗篇。而这部小说本身,便是一次史里寻诗,诗中寓史的大胆而卓有成效的艺探索。

长征本身无疑是十分丰富多彩的文学矿藏,但怎样去发现艰苦斗争乃至流血牺牲中的诗意,却需要求助于那独特的诗人眼光。魏巍同志曾自称是大时代的司号员,他总是用那种冲锋号般的音调使自己的作品充满一种高亢的激越和明亮,但决不单调。因为,他是用诗意的语言去烘托主人公的生存环境的。红军过草地的那一段景物描写是多么优美和引人入胜啊:"草原上出了太阳,立刻增加十倍的美丽。浓雾散失得无影无踪,就仿佛它们从来不曾存在过似的。在蓝天与绿野之间,一切都显得是那么澄明、光洁和可爱。那一望无际的辽远,使人的心胸开阔起来。整个宽大的天空就像刚刚洗过之蓝玉,没有一粒尘埃。可以说,在任何地方你都找不到像草原的天空蓝得那么可爱,蓝得那么彻底,蓝得那么晶莹,简直就蓝到你的灵魂里去。草原上的白云,似乎比别处的云更加莹洁,更加舒卷自如。也可以说那蓝天和绿野正是被绮丽奇幻的云阵连起来的。这些白云,经过阳光一照,立刻像白玉一样透明,有的像冰山,有的像雪峰,有的和蓝天一起构成了天上的湖。这些大大小小的云朵在空中游动着,在耀眼的阳光下把它的绰约的影子投下草地,使草地成为一块深浅不同的画布。当然,最美的还是草地,因为只有灼目的阳光才使这花的海洋充分显示她绮丽的色泽。那些一片一片的黄澄澄的金莲花,一片一片火红的山丹丹,还有那蓝莹莹的鸽子花,紫郁郁的野首蓿,以及红藤萝和白藤萝,真是艳丽极了。"与这种堪称范本的散文诗相并列的是什么呢?是红军小战士的靠在小树上饿毙的哥哥;是被战士们割光了肉的马的完整的白森森的骨架;是杜铁锤未能爬出去的沼泽泥潭……当这美的妖艳娇饶和死的壮丽绚烂如水乳一般交融在一起的时候,谁能不为之动容呢?这种诗意的、审美的和信念的升华在书中可以说比比皆是,从而实现了一种隽永壮丽的文学意境。

史诗性的作品在结构上有比较严格的要求。它是一种"全景式"的多层次多侧面的广阔地反映某一时期社会重大事件的鸿篇巨制。它要求其艺术构思上的完整性。这部长篇小说只是截取从湘江之战到越过岷山离开哈达镇这一段时间中长征的大大小小的事件和艰苦历程,用了简省的笔墨,却勾画了长征的整体风貌。从结构上看毫无做作的拼凑痕迹,既顺其自然,又波澜起伏,具有很强的节奏感。紧张的地方,剑拔弩张;舒缓的地方,行云流水。小说中,既有硝烟弥漫的血肉厮杀,也有山花烂漫的自然景观;既有会议桌前的唇枪舌剑,也有密室之中的阴谋策划;既有热血男儿的捐躯献身,也有巾帼英雄的儿女情长……拉开了广阔而丰富多彩的长征时期的社会生活的长卷,从结构艺术上讲是疏密相间,从内蕴上讲则避免了一些长篇小说极容易出现的那种单薄的缺欠,姑且打个这样的比方,颇类似苏联人巴赫金提出的那种"复调小说",具有很大的丰厚性。

恩格斯在论述未来无产阶级文学的理想境界的时候提出了一个具体的标准,那就是"较大的思想深度和意识到的历史内容,同莎士比亚剧作的情节的生动性和丰富性的完美融合"。(《致斐·拉萨尔》)我们在论及许多作品时,常常注意到"较大的思想深度和意识到的历史内容",却往往忽视"莎士比亚剧作的情节的生动性和丰富性"。其实,这种情节的要求并不只是一种古典意义上的准则,它对于当代的现实主义艺术,特别是长篇小说来说同样是至关重要的。在这部小说中,充满戏剧性的情节是非常多的,比如刚刚突破乌江的红军乔装打扮成敌军,赚开了遵义城的城门;董必武把毛泽东、贺子珍刚出世的孩子留给了不相识的老百姓,并同时留下30元大洋和两块大烟土;何长工逢场作戏诓骗徐特立老人要烧书的情节;团长韩洞庭率部巧计骗取禄劝、武定、元谋三座县城,让敌县长一个县一个县地为红军传消息备饭接风;飞夺泸定桥前强行军时打起火把和大渡河对岸的敌军对话……这样巧妙而引人入胜的情节描写在书中俯拾即是。此外,这本书在细节的勾画和叙述语言及人物的个性化语言等方面都很有特色。固然,这得力于长征本身提供的丰富的生活材料,但最根本的原因,仍在于老作家魏巍沿着长征路寻访体察得深入细致,在这个基础上再加以艺术之火的熔炼,才造就了这部史诗性的艺术上品。

《地球的红飘带》思想艺术上的成功,对革命战争历史题材的文学创作,具有多方面的启示。正确的世界观的确立,历史的识见,丰富的历史知识,革命战争的体验,艺术上的精益求精,对生活对艺术的挚诚等等,都是我们营造文学大厦所必不可少的条件。对于那种想不通过艰苦的生活体验、积累,思想认识的提炼升华,仅凭"艺术感觉"便想赢得文名的幼稚想法,《地球的红飘带》作了有力的驳斥。

我们的革命战争历史无比丰富,是一座尚未很好开发的富矿,尽管有了这部成功之作,并不意味着后来的人们不能继续开拓创新了。即便是对于长征题材来说,其创新的天地也是无比广阔的。老作家魏巍能在近古稀之年完成这部大作,这对年富力强的中青年作家是一个很好的鞭策和激励。只要老、中、青的军事文学作家们共同努力,革命战争历史题材的创作繁荣、佳作迭出是指日可待的。

1990年2月28日改毕于北京
原载《文艺理论与批评》1990年第3期

高大丰满，亲切感人
——试论《地球的红飘带》中的毛泽东形象

李善修

在国内外享有盛名的作家魏巍，于古稀之年，以他艺术的天才和高度的革命责任感，用整整三年时间，精心创作了一部反映红军两万五千里长征的革命历史小说《地球的红飘带》。作品规模宏大，气势雄伟，是一部在思想上和艺术上都取得了重大成就的感人至深的史诗性作品。《地球的红飘带》塑造了许多成功的人物形象，特别塑造了显示作品重要艺术成就的无产阶级革命家群像。他们个性鲜明，形象逼真，给读者留下了深刻的印象。其中作者集中笔墨、着力刻画的则是毛泽东形象。

毛泽东这位二十世纪的伟人，和红军长征有着特殊的关系。由于"左"倾路线对他的排挤，第五次反"围剿"遭到惨败，导致了红军的战略转移，进行了两万五千里长征；又由于遵义会议上重新确立了他在党和红军中的领导地位，才保证了长征的最后胜利。毛泽东是和长征共命运的。长征是他作为伟大无产阶级革命家和军事家的优秀品质和指挥才能得到充分表现和施展的时期，是他整个革命生涯中最辉煌的岁月之一。作者以他惊人的眼光和魄力，运用各种艺术手段，多侧面地塑造了毛泽东这一典型形象。过去的文学作品中，是不乏各个革命时期毛泽东形象的。但多是侧面描写，即使正面描写，也未能展开，有些作品往往把毛泽东神化，将他写成能呼风唤雨、不食人间烟火的神，而《地球的红飘带》不但是直接地正面地多方面描写，而且是将这一形象贯穿始终的。特别值得指出的是，作者既没有把毛泽东神化，更没有故意从他身上去挖掘人性的弱点和内心的阴暗面，他遵照现实主义的艺术原则，按照人物的本来面貌，塑造出了真实丰满、亲切感人的伟大革命领袖形象。既写出了他伟大超群的一面，又写出了他平凡普通的一面。他的伟大不是上天赋予的，是他勤于实践、认真调查研究，总结群众智慧的结果。他虽是伟人，仍是群众中的一员。他同样是血肉之躯，同样有七情六欲，同样是奔流热血的普通生命。但是他又不是一般的普通人，而是根植于普通人中的英雄。他的普通平凡事迹中常常闪射着伟大的光辉。作者准确地掌握了艺术的分寸。既没有神化，也没有庸俗化，达到了伟大与平凡的有机融和。

毛泽东作为一个伟大的无产阶级革命家,他具有不论在任何情况下,都能顾全大局、忠于革命的高贵品质。遵义会议前,特别是长征之前,坚持正确路线的毛泽东连遭厄运,几年之中一直处在逆境之中。1931年赣南会议,他被指责为"狭隘经验论"、"富农路线"、"极严重地一贯右倾机会主义者",被迫离开苏区中央局代理书记职务,到瑞金东华山养病去了。当时他表面无事,实际是人在山上,心却在山下,尤其对正进行的打赣州表现得焦灼不安。当我军处在进攻不成、骑虎难下的境遇,项英请他挽回局面时,对这场本来就不同意的战斗他本可以不去。但是为了革命,他还是爽快地答应下来,并带着病冒雨出发了。在他正确指挥下取得了一些胜利时,又得了一个执行中央打赣州命令不坚决的罪名。特别是1932年10月的宁都会议,又批判他的"诱敌深入"的正确主张,给他戴上了"等待敌人"的右倾机会主义大帽子,并撤去他一方面军红军总政委的职务。当他离开会场回后方时,尽管内心相当激动,但还是从容地站起来跟大家握手,十分大度地说:"好吧,同志们,你们什么时候要我毛泽东来,我就来。"回到后方,他仍担心着革命的命运,期待着"左"倾领导者的觉醒。在瑞金,他极度地孤独痛苦,然并不消极。前方的事不让管了,他主动到后方去做调查研究。他对中国国情了解如此之深刻,和这段的基本功是分不开的。1933年的第五次反"围剿",毛泽东陷入了沉重的忧虑之中。他忧虑的不是个人得失,而是苏区和红军的生死存亡。尽管他的正确意见不被重视,一些会议不让参加,他还是殚精竭虑,力图挽救危局。如当时他认为"福建事变"的发生是红军打破被动局面的大好机会,便郑重向中央写信,结果如石沉大海,后又亲自到中央陈述意见,也毫无结果。因他忖思过度,再次病倒。活跃的疟原虫,使他一连几天剧冷剧热,烧得昏昏迷迷。就在这时,兴国失守。他一得此消息,便立即挣扎着起来了。他身披衣服,手持铅笔,就着灰黄的灯光,深深地俯在地图上筹划着挽救局势的良策。

在革命逆境中,他置个人荣辱于不顾;顺境中,他同样不计个人的得与失。遵义会议之后,毛泽东走上了领导岗位。在遵义大捷和遵义会议鼓舞下,部队士气高昂,统帅部很想再打几个好仗,以便打开局面,攻打驻在打鼓新场的王家烈的一个师。统帅部开了半天的会,众口一词地都说是不大不小的一口菜,但毛泽东一个人不同意打。他的意见被否决,决定部队第二天一早出发。但毛泽东回去越想越认为不能打,越想越不放心。晚上再也睡不着了,于是他深夜一人挑灯找周恩来陈述理由,结果避免了一个大的失误。这时,毛泽东考虑的不是别人对自己会有什么看法,也不是为了照顾大多数同志的面子,而是认为,在革命关键时刻,只要一步棋走错,后果就不堪设想。

坚强的革命意志和强大的自信力是毛泽东性格的又一显著特征。

毛泽东是一个任何力量都压不烂、拖不垮的坚强无比、充满自信的钢铁巨人。这种性格使他不论在多么困难的情况下，在任何强大的敌人面前，处理何等重大问题时，都能沉着镇定，无所畏惧，做出果断的决定，显出惊人的胆略和不屈的力量。长征途中，由于历史的巧合，蒋介石决心凭借大渡天险，企图使红军做第二个石达开。为避免历史悲剧的重演，毛泽东在指挥红军夺取安顺场后又果断地做出迅速夺取红军唯一可以摆脱险境的泸定桥的决定。当刘伯承介绍说"听说那桥很特殊，只那么几根悬空的铁索，架着一些板子，离这里还有整整三百二十里路"时，他果断地说："那也要夺取！还必须要快！"还对刘伯承说："我曾做过最坏的打算，即使过不了大渡河，我们就绕到西康去，也决不会学石达开的。"眼里同时闪射着一股极其倔强的蛮劲和不可战胜的光辉。毛泽东的坚强和自信还表现在敢于走别人没有走过的路。为实现与四方面军汇合的战略目标，红军选择了雪山这条道路，但是此山是"要过夹金山，性命交给天"的神山，是只有个别人走过，且大多死在山上，从没有大军走过的危险之路。但毛泽东经过认真权衡还是果断地选择了此路。他认为，只要有人走过，那就是走得过去的，既然少数人过得去，我就不相信多数人过不去！这种屡次战胜强敌和解除障碍所形成的强大自信，使他决心像鲁迅那样：从没有路的地方走出一条路来。毛泽东的坚强和自信更突出表现在，即使革命遇到再大的挫折，中国革命必胜的信心也永远不会在他心中泯灭。在一、四方面军汇合后，毛泽东对北进曾有一番宏阔壮丽的想象，他计划以十万雄师，北进甘南，一旦离开那恼人的地区，就会象蛟龙入海，纵横飞腾，可以有声有色地大干一场。但是由于张国焘的分裂，我们带出来的人数不过七八千人，比起江西出发时的八万六千人，只不过是当初的零头。中国革命遭受的这种严重损失，对毛泽东的打击是相当沉重的，这种打击，对于一般领袖人物是难于承受的，但毛泽东这块压不烂打不碎的铁，这个中华民族的硬骨头，并未对革命失去信心。他认为即使中国革命受到如此严重损失，只要我们团结一致，又有正确领导，是可以战胜敌人达到目的的。他无比坚毅地说："我们即使被敌人打散，我们还可以做白区工作，我们还可以去领导义勇军，我们最终是会胜利的。"毛泽东这位伟大无产阶级革命家心中那团熊熊革命之火，永远不会熄灭。

毛泽东的伟大之处，不仅表现在顾全大局忠于革命的品质和坚定乐观的革命精神，而且还表现在他那超人的智慧和政治远见上。他作为伟大的政治家和哲学家，有精深的马列主义理论修养和娴熟运用辩证法与唯物论的能力，在这方面，不仅那些自称为"百分之百的马列主义者"无法相比，就是在他的战友们中间，也是出类拔萃的。尽管大家都拥有同样的客观材料，而他却有更多的辩证的思维，他不是孤立地观察一个条件，而是把这个条件同其他条件联系了起来;他也不是静止地看一个部分,而是从变化中看它的结局,因而他能从表面现象更深刻地看到事物的本质,从当前较早地预见到未来。长征途中,他见微知著,高瞻远瞩,深刻地从敌人的貌似强大中看到它的虚弱本质;从红军的暂时弱小中发现生长着的不可战胜的因素。他从湘江悲剧中看到了其中孕育着的辉煌转机;遵义会议后,又从指战员高昂的情绪中冷静地预见到打鼓新场战斗可能失败的结局。他常常能最早从困境中发现红军的出路,又独具慧眼地在我们的胜利中看到潜在的危机。在和张国焘的斗争中,更显出他惊人的机智。红一、四方面军在双河口会师后,张国焘违抗中央关于北上的方针,坚持南下西康,为推动这位数万人之首的张改变错误主张,毛泽东同他进行了十分巧妙地斗争。张国焘有个特点,从表情上很难看出他的真实态度,从他的谈话中也不太容易看出他的真实意图。他的话拐弯抹角,有时模棱两可,有时含含糊糊,使你感觉莫测高深。如果你是一个脑力不太强健的人,不一会儿就会使你陷入语言的迷宫,把你弄糊涂。对此,毛泽东是含而不露,绵里藏针,表面显得十分松弛,内心却睁着明亮的眼睛,他不断地拨开语言的迷障,力图抓住主要的东西。同时,为达到最终目的,他还十分讲求斗争艺术:或在"国焘"、"国焘同志"等亲切的话语中蕴含着严肃地批评;或通过正面阐述自己主张的方式来否定对方的错误意见;或借用张发言中的某一点加以发挥,形成批判论敌的武器。

最能表现毛泽东的智慧和政治远见的,是他的军事才能。

毛泽东是天才的军事家,他根据马列主义普遍真理和中国革命战争特点相结合,创造了战无不胜的毛泽东军事思想。这种思想,是马列主义与中国军事遗产的结合,是在马列主义指导下,继承了中国革命战争历史传统而民族化了的思想。它是马列主义的,又是中国的,是马列主义民族化的优秀典型。长征途中,毛泽东运用这种思想,战胜了外部的敌人和内部的机会主义者,教育和团结了广大同志,保证了长征的伟大胜利。毛泽东不仅是一个伟大的军事理论家、战略家,而且还具有无与伦比的军事指挥才能。他深谙军事战略,善于从客观上把握战争全局。他料事如神,出奇制胜,在敌我力量众寡悬殊的情况下,指挥红军取得了一个又一个胜利。他有一种奇才,越是在困难和被动的环境中,越能出现一种奇思,常能出敌意外,有时连自己人也意料不到,二渡赤水就是他军事指挥上的神来之笔。红军在乌蒙山下,扎岭之西稍作喘息,敌情便日趋严重:川军以潘文华为总指挥的十几个旅,滇军以孙渡为总指挥的四个旅,中央军的周浑元纵队和黔军的何知重等,分别从四面凶恶逼来,对红军形成一个四面包围之势,妄图把中央红军歼灭在横江以东、赤水以西,兴文、叙永以南,毕节、镇雄以北的地区内。当时我军是扎西已不能守,因敌人企图把我们聚歼在这里;北渡长江也不可能,那里有三十多个旅严密封锁,只有遵义地区敌兵空虚。

红军处境万分危急,统帅部开会讨论了一次,未得出最后结论。面对严峻形势,毛泽东在苗家一座简陋的小木楼上,闭门拒客,思忖再三,以他特有的天才,终于作出了一篇二渡赤水、再取遵义的奇文。这个回马枪不仅使红军摆脱了绝境,而且在遵义又狠狠咬了敌人一口,从而创造了世界战争史上的奇迹。

  作者在集中刻画毛泽东伟大性格的同时,又将笔触深入到其他领域,刻画了他平凡的一面。毛泽东是指挥千军万马、从容镇定的统帅,又是一个深情体贴、惦念妻子的丈夫。毛泽东和贺子珍早在井冈山时代就是一对亲密的伴侣和战友。后来,在毛泽东坎坷的革命征途中,贺子珍对他体贴入微,全力支持。长征途中,贺连遭不幸,生命垂危,毛对贺深切同情,关怀备至。作者放开手脚,大胆地淋漓尽致地写了毛、贺之间的夫妻之情,写了毛泽东的痛苦和眼泪。长征一开始,毛对患有肺病且有身孕的贺一直放心不下,担心她行路艰难,更怕她生在途中。最忧虑的事发生以后,他看到产后的贺子珍睡在担架上,脸色惨白,眼睛微闭,身上盖着一床灰色军毯,已被细雨打湿,脸上盖着一顶斗笠,也满是雨水,担架下面还在扑嗒扑嗒地滴着什么时,他心里一阵痛楚,怜惜之情油然而生。他立刻让小沈从马褡子里拿出自己的毯子和一条毛巾来,亲手把那条湿毛巾解掉,包上一块干的,随后又把湿毯子揭出,把自己的毯子盖在里面,湿毯子仍旧盖在表面,一切都做得那么体贴轻微。同时,他又轻轻寻问,亲切地安慰,使贺子珍惨白的脸上,漾出一层幸福的红光。特别突出的是在贺遭到敌机轰炸受重伤之后,毛一得知消息,便飞马赶来。当他看到受伤惨重、昏迷不醒、脉息微弱、生死未卜的妻子的情景时,尽管他以强大的意志力控制着自己,人们还是发现这位在千军万马中从容镇定的统帅,脸色渐渐变得苍白。在贺因夹取弹片引起过度疼痛,昏迷中猛地哎哟了一声时,毛轻轻咬着嘴唇,额头上又渗出了几粒细小的汗珠,同时流下了一生中少有的眼泪。这眼泪和汗珠是他见到自己年轻的妻子,在那样难堪的生育之后,又遭此大难所引起的难以形容的心里绞痛的反映。但是,毛泽东并不像一般人那样为这痛苦所压倒,而是很快把这种感情转化为对敌人烈火般的仇恨和将革命进行到底的决心。他充满强烈感情,十分激动地说:"让他们炸吧,让他们剿吧,让他们堵截吧!我可以告诉他们,就是再加上几十万人,也挡不住我们红军北进。"

  毛泽东还十分关心同志,善于团结同志,对同志有深厚的革命情谊。他关心他的伟大战友周恩来,为保证他的休息,提出给他配担架,他为周的病情而焦虑万分;为解决洛甫同志的"凄凄惨惨戚戚",他积极创造条件,促进了洛甫和刘英的结合;他十分关心徐特立、谢觉哉、董必武三位革命老人,担心他们因年老体弱而出问题。他还关心其他同志,特别是对休养连指导员李樱桃的关心更是感人,这些方面的描写,使人物血肉丰满,充满了革命的人情味。

所有这一切结合在一起,使毛泽东的性格几乎集中了无产阶级革命领袖宝贵性格的一切重要因素。显示出人物性格上的广度和深度。

毛泽东不仅是伟大与平凡的统一,而且在气质上又是哲学家和诗人的统一。他有哲学家的冷静,又有诗人的热烈。作为哲学家,他平时雍容大度、潇洒自如、谦恭温和,不大发脾气,也不常激动,具有较强的克制力,恰似一湾宽阔幽深的江水。他和别人谈起话来,幽默风趣,谈笑自若;他有意做说服工作时,温文尔雅,不慌不忙,那口湖南话说得铿锵有致、娓娓动听,把道理和事实说得生动透辟,入情入理,含有一种动人的力量。在进行重大政治军事斗争时,更显得沉着冷静。在打鼓新场,他不因遵义的暂时胜利而头脑发热;遵义会议上,他用通俗深刻的道理,从容不迫地获得了路线斗争的胜利;在张国焘给中国革命造成严重损失,同志们报复的愿望和意气的冲动相当强烈,他本人也异常气愤的情况下,当在党的会议上谈到与张的关系时,仍坚持从党性和全局出发,以高度的理智来忖度当前的现实。他头脑清醒、语调缓慢地宣布:今天看来,同张国焘的斗争还是党内斗争,对张还不应该马上下哀的美敦书,对张仍采取耐心做工作的方针。

但是,作为诗人,他的思想感情的潮水也有纵横奔流之时。胜利时,他或畅怀痛饮,或马背哼诗;不幸时,他痛苦难忍,泪水沾衣。特别是在遇到强烈刺激时,他会像大海的狂涛,怒不可遏,发出骇人的吼声。当毛泽东听到张国焘要以打松潘来要挟中央时,他被激怒了。他卡着腰怒气冲冲地说:"这是讹诈!是利用党的困难进行讹诈。张国焘不打,让一三军团打,北进是谁也挡不住的。"以上两个方面表面看是矛盾的,但由于各种不同的情感、表现都服从着人物在不同的规定情况下的心理状态、思想活动,所以整个看来,又是和谐的统一。

毛泽东是一个生动、丰满、亲切感人的无产阶级领袖形象。这一形象在我国新文学史上是并不多见的光辉的艺术典型。这个典型的产生,一方面反映了中国民主革命道路的曲折复杂过程,同时又显示了中国共产党由幼稚逐步走向成熟,中国革命由失败逐步走上胜利的历史必然。

原载《河南大学学报》(社会科学版)1991年第2期

魏巍的新作《火凤凰》

马釜伯

"我的确感到,我们这个时代太伟大了。也许历史上很少有这种人民大觉醒的时代。我们亲眼看见,人民是怎样在赢得战争并创造着活生生的历史。几乎每天发生的事情都是可歌可泣的。假若我们不能把人民这一段英雄的历史反映出来,我们真是惭愧死了。因此,我曾经对自己说:晨曦,你应该对得起人民,你应该写出无愧于时代的诗篇!即使今天不能,也许在明天!"这是魏巍新创作的长篇小说《火凤凰》中一个人物晨曦的一段对白。这位后来在残酷的斗争中英勇牺牲的主人公的内心表白,实际上也是作家魏巍的心理历程。正是这种可贵的时代责任感和强烈的历史使命感时刻萦绕在魏巍的心头,驱使他在年逾古稀的日子里,笔耕不辍,经过两年半的精心结撰,完成了近50万字的长篇小说《火凤凰》,为中国人民解放军建军70周年和抗日战争爆发60周年献上了一份厚礼。

《火凤凰》是魏巍以中国革命战争为题材的第三部长篇小说,前两部是《东方》和《地球的红飘带》。《地球的红飘带》反映的是土地革命中工农红军举世闻名的二万五千里长征,《火凤凰》反映的是伟大的抗日战争和解放战争,《东方》反映的是震惊世界的抗美援朝战争,这三部小说合起来可以说是革命战争三部曲,是几乎囊括了20年间中国革命战争的壮丽画卷。列宁说过:"如果我们看到的是一位真正伟大的艺术家,那么他在自己的作品中至少会反映出革命的某些本质的方面。"魏巍不愧为一位真正伟大的艺术家,他的新作《火凤凰》同他的其他两部长篇小说一样,是名副其实的中国革命的镜子。

狂飙时代的人生脚印

从革命战争的壮丽画卷来说,《火凤凰》和它的姐妹作是相同的;但从反映战争的角度来说,它又有自己的独特性。它主要是写几个青年知识分子在火热的抗日战争和解放战争中所走的人生道路。他们之中,有的锻炼成长为成熟的革命者,有的把自己的鲜血和生命抛洒在祖国大地上,谱写了感天地泣鬼神的青春诗篇,有的则分道扬镳,堕落成了革命的叛徒、民族的罪人。作者选择这样的角度来反映抗日战争和解放战争,这当然同切身的经历和感受密切相关,但更为重要的是,他站在社会主义中国的前途命运的高度,满腔热忱地关注着青年一代的成长,他期望在新的历史条件下出生的年轻人能够从作品中塑造的过去时代的同龄人身上受到启迪,获得借鉴,懂得人生的道路应该怎样走,从而树立正确的世界观、人生观、价值观,让自己的青春在与前辈们迥然不同的环境中燃烧发光。从这个意义上可以说,这部作品是魏巍以独特的方式同当代中国的年轻人展开的亲切的对话和心灵的交流。

周天虹是贯穿全书的主人公。他在作品中开始出现时只有 17 岁。他单纯、热忱、大胆,但又带着某种幼稚,"像临近麦熟时节的杏子,黄了一半,还青着一半"。祖国大好河山沦于敌手的灾难和个人毕业即是失业的遭遇,使他陷于走投无路的困境。在被他当作老师的欧阳行的指点和进步书籍的启发下,他克服重重困难,只身奔赴延安,进了抗日军政大学,从此开始了新的生活。抗大毕业后,他来到晋察冀抗日根据地,从最基层的工作做起,直接参加真刀真枪的战斗。在他初上战场的桃花堡战斗中,由于他这个排长缺乏战斗经验,警戒疏忽,兵力布置不当,使十多名鬼子得以漏网,成为这一战斗的美中不足。他奉行老实人的哲学,决不掩盖自己的缺点,使自己逐渐完善起来。严酷的环境和频繁的战斗考验着他,锻炼着他,党组织和生死与共的战友们爱护着他,帮助着他,使他成长为出色的军事指挥员和政治工作者,在关键时刻胸有成竹,指挥若定,在危急关头镇静自若,化险为夷。

对于周天虹来说,一次严峻的考验是他的爱人高红的被捕。他对高红的爱是执着的,深沉的,高红的不幸被捕给他的打击太重了,他难以排遣因失去高红所受的精神折磨,但是当日寇利用他们之间的纯真爱情企图对他诱降时,他写给敌人的答复是斩钉截铁的:"我堂堂抗日之战士,岂能为私情所动哉!望见字速来降我,我军定当优待有加也。"古往今来,留下了多少缠绵悱恻、动人肺腑的爱情故事,但是世人知道吗:共产党人有最崇高、最真挚、最热烈的爱情,而祖国的利益高于一切。周天虹作为幸存者,迎来了他参与缔造的新中国的诞生。小说告诉我们,他将保持和发扬革命传统,在社会主义革命和建设的大道上继续奋勇前进。

晨曦是周天虹在抗大的同学,具有浓郁的诗人气质。"远远看到红霞中的塔影,/好像海洋里出现桅杆,/啊,这就是延安,/我登上了革命的大船。//脱掉身上褪色的长衫,/草鞋军装我很爱穿,/从此是大船上一名水手,/经过风浪将变得更加勇敢。"这是他刚到延安时写的诗。初入抗大时他生活有点散漫,集合常常迟到;太醉心于写诗,别的活动参加较少。他的起点并不高,但他坚持走知识分子与工农相结合的道路,来到晋察冀边区后成了出色的战地记者和诗人。但他并不以此为满足,他还要到最艰险的地方去战斗,去锤炼自己。在他的坚决请求下,他被任命为敌人眼皮底下的肃宁县县长。正如欧阳行所说:"他明知道那样的地方是九死一生,却要争着去,也许这就是古人说的'视死如归'吧!"由于他深入群众,善于向群众学习,他居然创造和总结出了建立革命的两面政权的经验,在全县推广,使凶残的敌人被玩于股掌之上。

晨曦朴实、纯洁、热情,像水晶那样莹洁,又像一盆火那样灼热。他也爱着高红,但当他发现周天虹已经同高红相爱时,便当机立断,把给高红的信撕个粉碎,并严厉地谴责自己:"我真该死,几乎犯了一个不能饶恕的错误。……从明天起,再也不能想她了。"尤为感人的是,当高红不幸被捕、受难,周天虹陷入痛苦中几乎不能自拔时,晨曦专程远远地赶来,安慰他,鼓励他,深情地说:"天虹,我认为你在我们一群伙伴之中,是一个有希望的人。高红的事,是对你的一个沉重打击。但我要劝告你,你要以工作为重。多打几个胜仗,狠狠地打击敌人,这也就是对高红的爱了!你说对不对?"这番劝勉使周天虹鼓起了新的勇气。

晨曦有一个"弱点"就是心肠软。叛徒利用这一点假装成乞丐,盯上了他,使他陷入虎口。他在敌人面前英勇不屈,壮烈牺牲,实践了他"只要能取得胜利,我可以付出任何代价"的誓言。晨曦的死,极其悲壮,本身就是一首无比崇高的赞美诗。

高红这个留着齐耳短发的少女,初次出现在抗大的除夕联欢会上,她用钢锯演奏《义勇军进行曲》《马赛曲》《国际歌》的情景可谓先声夺人。她出身于剥削阶级家庭,从小过着养尊处优的小姐生活。革命书籍打开了她的心扉,旧社会的丑恶和中华民族百年来蒙受的屈辱擦亮了她的眼睛,使她走进了民族解放和人民革命的行列。但是,只有当她深入农村发动群众搞减租减息时,她才觉得在延安学的那些马克思主义的真理真正在自己的血肉和生命里扎了根。她后来担任副县长的满城县,四分之三在敌人手里,人们把在这里进行斗争比作"在老虎嘴上拔毛"。她带领民兵穿过封锁沟到敌占区背粮,同民兵们一起搞破袭战,有智有勇,任务完成得非常出色,真是巾帼不让须眉。

高红尤为动人的是她在土地改革中的表现。那时她担任雄县县委书记,而这里正是她的家乡,一场在尖锐的阶级斗争中究竟站在哪一边的严峻考验摆在她的面前。她坚决站在穷苦农民一边。但是严重的阶级报复事件发生了:她的哥哥高凤岗带领反动军队来到家乡反攻倒算,残酷地杀害了18名贫农团骨干。群众的士气受到打击,对她也心存疑虑。她一一慰问烈士遗属,为死难烈士送葬,在群众集会上庄严宣布:对勾结高凤岗反攻倒算的她的父亲,立即逮捕法办;命名18烈士墓,立碑纪念;不折不挠,继续完成土改斗争。她的讲话感人肺腑:"父老乡亲们！我虽是从地主家庭走出来的,但我早就是地主阶级的叛徒。……今天我再次宣告:我是党的女儿,人民的女儿,你们的女儿。我愿意为你们献出一切。我愿同你们一起前进再前进,把封建制度以及一切剥削制度彻底砸碎！假若有哪一天我背叛你们,我愿受到你们的审判和最严厉的制裁！"

高红身受的磨难最多,考验也最严酷。她在抗日战争和解放战争中先后两次被捕。第一次被捕后她坚贞不屈,智斗叛徒,在囚车上向群众做宣传。她回顾走过的革命道路,深情地对自己说:"即使让我重新选择一次,我也不会做出庸人们的选择。"第二次被捕后下令杀害她的正是她的哥哥。她同周天虹这一对有情人最终未成眷属。她在留给周天虹的遗书中说:"我相信共产主义是一定会实现的。不管有多少艰难曲折,人类一定会争取到光明的前途。现在我已经看到胜利的曙光。你千万不要因为我的死过分悲痛。你若能在每年春天来到我的墓前看看,那就是我最大的安慰了！"

高凤岗是作者着力刻画的反面人物,但他并没有被漫画化。他对国民党的腐败也曾产生过不满,认为那里"根本不是有志男儿建功立业之地",因而在国民党中央军校只待了半年就离开了。他在妹妹的劝说和动员下到延安进了抗大。来到晋察冀边区后,因为他懂得一点军事,在雁宿崖战斗中为诱敌进入伏击圈曾露过一手,加之对部队管理有方,很快被提拔为游击支队的副支队长。他的问题是个人中心主义的世界观不仅没有克服,而且日益膨胀。他所说的"建功立业"实际上不过是个人的出人头地。"我要发展自己,不能有任何人来妨碍我的发展。"这是他的人生信条,他假革命以营私,企图利用革命把自己造就为显赫一时的人物。他是待价而沽的投机商。这是他走上蜕变歧途的深刻的内在原因。

高凤岗堕落的思想脉络在作品中揭示得很清楚。由于他个人中心主义恶性膨胀,不尊重支队长兼政委的正确主张,一意孤行,导致部队几乎全军覆没,自己临阵脱逃。这样严重的错误受到批评乃至处分是理所当然的。但是他却不肯承认错误,拒绝改造思想,对整风运动、批评与自我批评极为反感,并悔恨自己选择了革命道路。这样,他在歧途上越滑越远,最终堕落成为叛徒、汉奸、反革命,就毫不足怪了。

高凤岗这个典型告诉我们,叛徒对革命事业造成的危害甚至在某种程度上比起正面的敌人来有过之而无不及。他不仅捕杀、活埋抗日干部,还监视伪军,唯恐他们对"皇军"不忠。尤其让人切齿痛恨的是,他竟下令在抗日家属门口挂上红灯笼,指引日寇前去奸淫烧杀。这种毒辣的主意只有叛徒才想得出来。他杀害土改积极分子的残酷手段和枪杀同胞妹妹的野蛮行为更是令人发指。

《火凤凰》中着重刻画的四个青年知识分子,两个为国捐躯,永远活在人民的心里;一个沦为叛徒、汉奸、反革命,最终没有逃脱人民的惩罚;一个继续革命,时刻牢记作为幸存者的历史责任。他们经历的抗日战争和解放战争(晨曦没能活到解放战争)是民族解放和人民革命的狂飙时代。他们在这个时代留下的脚印昭示着今天的人们,特别是今天的青年,应该怎样选择自己的人生道路,应该做一个什么样的人。

这部反映两大革命战争的长篇小说,人物众多,其中对主人公的成长产生影响的人物为数不少。例如,指引周天虹奔赴延安,后来成为晋察冀边区出色的新闻工作领导人的欧阳行;周天虹到抗大后认识的第一个布尔什维克,把自己的衬衣、草鞋给了这个远途跋涉来的孩子的杨光池;在周天虹排里当班长,处处给他出主意,实际上是他的老师的小孙;对干部了如指掌,曾直率地批评周天虹"对部队抓得还不够严格,对同级还有点温情主义、自由主义,对同志提个意见也磨不开情面"的军区组织部王部长;与周天虹并肩战斗,同生死共患难的左明、徐偏;等等。这些人物的着笔不多,有的不过寥寥数笔,但都给人留下难忘的印象。特别是总司令朱德的形象,虽然未占多少篇幅,却是栩栩如生。他戴着老花眼镜守着小炕桌看文件的身影,他同周天虹、徐偏谈话时深入调查研究的工作作风和对党的指导思想与做人的道理的深刻阐发,使人感动,给人启迪。这些人物构成了围绕典型性格的典型环境的重要部分,这个典型环境是多么值得怀念和回味啊!

说到狂飙时代的人生脚印,说到在革命大变动中知识分子所走的道路,我们不禁联想起世界文学中的一部巨著,即阿·托尔斯泰的三部曲《苦难的历程》。这部作品描写的是伟大的十月社会主义革命和俄国知识分子在这个革命前后(从第一次世界大战前夕到国内战争胜利)所走的道路。其中的主人公是两对夫妇,四个知识分子,他们经过种种艰难曲折,最后都走进了人民的行列,投入了新生祖国的怀抱。小说第二部的题词是:"在清水里泡三次,在血水里浴三次,在碱水里煮三次。我们就会干净得不能再干净了。"同《苦难的历程》相比较,《火凤凰》更多的是描写知识分子的"战斗的历程"。这固然是因为半殖民地半封建国家的知识分子与资本主义国家的知识分子有很大不同,他们不革命就没有出路;更重要的是因为武装斗争是中国革命的特点和优点之一,伟大的革命战争不仅消除了敌人的毒焰,而且锻炼和培养了一批纯洁的人,高尚的人,真正的人。《火凤凰》成功地描写青年知识分子在革命战争中走过的人生道路,这在世界文坛上也是有独特意义的。

强烈跳动的现实脉搏

任何描写历史题材的作品总是渗透着作者对历史的认识和理解。有人宣传"只有在未经意识形态'处理'的地方,才有真正的历史",这是荒谬的也是虚伪的。历史科学本身就是社会意识形态的一部分,天底下没有未经意识形态处理的历史,区别只在于是代表历史前进方向的先进阶级的意识形态,还是代表逆历史潮流而动的没落阶级的意识形态。前者的阶级性同科学性是基本一致的,它能够不同程度地揭示历史的本来面目;后者的阶级性同科学性是水火不容的,它只会千方百计地掩盖历史的本来面目。历史题材的文艺作品与历史著作不同,它容许虚构,当然这种虚构必须以尊重历史真实为前提。因而在历史题材文艺作品中,可以更多地表露作者的思想感情,抒发作者的审美理想。许多成功的历史题材的文艺作品有一个共同的特点,就是作者不仅熟悉历史,而且对现实生活有深切的感受,能够站在现实的高度来观照历史,找到沟通历史和现实的某种关节点,赋予历史题材以新的生命,因而能够打动当代人的心灵。《火凤凰》的一个显著特色正是它的现实感,作品中强烈地跳动着现实的脉搏。

匡谬返正:论辩的色彩。抗日战争是中华民族由危亡走向胜利的历史转折点,中国共产党是全民族团结抗战的核心,共产党及其领导下的抗日军民是全民族抗战的中流砥柱,抗战中人民力量的发展和壮大为解放战争的胜利创造了条件,这前后衔接的两次战争的胜利使中国像经过烈火再生的凤凰出现在世界的面前。这些本来是公正的历史老人早就作了结论的。但是,这些年史学界某些人却在我们弥补过去对部分国民党爱国将领在正面战场取得的局部作战的胜利反映不够的同时,走向了另一极端,热衷于做翻案文章,歪曲事实真相。此风在文艺界也不罕见。且不说污蔑共产党和抗日军民,美化蒋介石国民党乃至日寇,因而被人们称为反历史、颠覆历史的小说《丰乳肥臀》《落日》之类,就拿某作家《季节》系列中的一段描写来说吧:"这么多青年大梦初醒般地在短短十几天中接受了革命的世界观、历史观、人生观:……北伐革命、抗日战争都是共产党领导的。促使日本投降的是苏联红军出兵而不是美国投掷了原子弹。青年知识分子必须和工农相结合,否则就一事无成……从此,他们焕然一新,他们走上了全然不同的道路,从此他们变成了新人。"人们也不难从中咂摸出一种反讽的味道。历史事实不容篡改,战斗业绩岂能反讽!魏巍的《火凤凰》针对抹杀和贬低中国共产党及其领导下的抗日军民浴血奋战的辉煌业绩的种种错误倾向,以生动感人的艺术描写还历史以本来面目,因而具有鲜明的针对性,带着特有的论辩色彩。

作者充分发挥他对那个年月晋察冀军民传奇式的斗争十分熟悉的优势,挥洒自如地描绘一个个战斗场面。雁宿崖和黄土岭战役是用浓墨重彩加以铺叙的,日军的山地战专家阿部规秀中将在黄土岭被我军击毙,这就是当时日本报纸哀叹的"名将之花凋谢在太行山中"。当小说里的连长刘福山听说蒋介石为此给朱总司令发来了嘉奖电时,有这么一段对话:"他那伙人不是说我们是'游而不击'吗?'游而不击'又怎么能打死一个中将呢?我看他不要传令嘉奖了,给我们发点枪支子弹比什么都强。"这段引起战士们哈哈大笑的话是对当时那种错误论调的有力回答,也是对今天某些人企图重弹老调的有力回答。

作品以艺术笔触令人信服地揭示了根据地军民所以能以弱小的兵力和劣势的装备战胜强大的敌人的奥秘。这就是同国民党不肯发动和武装人民群众,实行单纯政府的、军队的片面抗战和消极防御相反,敢于放手发动群众,实行人民战争的战略战术。周天虹刚到晋察冀边区,就产生了一种对比强烈的感受:在他那国统区的家乡,农村是贫穷的,悲惨的,没有希望的;而边区呢,从村头查路条的孩子,大树底下纺线线的老太太,村边大场上操练的青年妇女,到冬学里飘出来的歌声,无不给人一种从来没有的新鲜感,人们的生活艰苦,但眉眼间充满了希望。这正是共产党改善人民生活,给人民以民主权利的结果。高红在杏花营搞减租减息,接着掀起参军热潮。她所住的那家贫农周二卧病在床,竟主动让唯一的儿子参军,他说:"孩子他娘,你叫孩儿去吧。打日本,这是正事。我周二窝囊了一辈子,不能再让孩子窝在家里!"人民群众的高涨政治热情令人惊叹不已。

作者毫无讳饰地暴露日本帝国主义对中国人民所犯的滔天罪行。耳闻目睹老百姓遭受的苦难,晨曦泣不成声,哭成泪人,并发誓:"我要写一首诗:仇恨之歌。要全世界人民都明白,帝国主义是什么样的鬼怪!一直到这些害人虫彻底灭绝为止。"周天虹感到,他过去在延安虽然粗略地学过列宁的《帝国主义论》,而自己的领会还是太肤浅了,太抽象了,现在才似乎真正懂得了帝国主义的本质。小说着重描写了两个嗜血的动物:一个是杀人如麻、无尽无休地强奸妇女的日军中队长酒井武夫,被称为"毛驴太君"。他杀了人,还要取出苦胆,用油纸包着吊在房檐上晾干,每天切一小块用米纸裹着吃,借以"壮胆"。另一个是年仅19岁的"活阎王"小九保,在很短的时间里就杀了一百多中国人,他一笑就要杀人。老百姓编了个顺口溜说:"活阎王,小九保,每逢杀人他先笑,前晌害了十条命,后晌又害命三条。"这样的吃人生番是帝国主义制度滋生出来的。这些描写,无疑是对至今仍否认日寇侵略罪行的军国主义势力的驳斥,同时也是对美化侵略者的洋奴们的批判。

人民群众：力量的源泉。《火凤凰》深刻地揭示了一个真理：抗日战争的伟力之最深厚的根源，存在于民众之中。小说中描写的高红带领民兵到敌占区背粮和开展破袭战的情景感人至深。背粮的民兵可以说是在魔鬼的眼皮底下跳舞，他们是在极度疲劳和饥饿中胜利完成任务的。民兵李柱带病去运粮，出发前只喝了几碗糠糊糊，吃了几个菜团子，跑了一整夜，粮背回来了，自己却死于饥饿。这样的人并不是个别的。他们身上背的就是小米，只要解开口儿吃上两把也不致饿死，但他们宁肯牺牲自己决不动用一点军粮！在破袭战中，民兵们只用了一个半小时就把保满（保定——满城）公路上的电线杆全部锯掉，把电线统统收回，把公路砸了个稀巴烂。小说有一章的标题是："谁支持着这场战争？"艺术形象给予我们的答案无疑是：人民，只有人民。作者还刻画了一个沦为叛徒的县长傅萍的形象。他工作上爱好形式主义、繁文缛节，就是不深入群众、依靠群众，像是漂浮在水面上的没有根的浮萍。由于他看不到人民群众的力量，在残酷的敌我斗争中悲观失望，终于走上背叛革命的道路。县委书记刘展有一个分析："他参加革命虽说好几年了，但眼里一直没有群众，也不屑于去接近群众，所以形势一变，他就没有主心骨了，认为我们不行了，天下是日本人的天下。"这个形象具有很强的警示意义。过去，革命靠群众，没有群众寸步难行，不要说工作，连饭都吃不上；今天，执政的地位给我们为人民服务提供了更好的条件，但同时也增加了脱离群众的可能。共产党人永远要站在广大的工人、农民、知识分子一边，替他们打主意，为他们谋利益。这才是我们的主心骨，是我们须臾都不能淡忘和偏离的。如果一旦没有了这个主心骨，在国内外错综复杂的形势面前，将会堕入怎样的深渊，值得我们深长思之。

思想改造：永恒的课题。《火凤凰》在反映青年知识分子在民族解放战争和人民革命中所走的道路时，始终贯穿着不同思想之间的斗争。书中有两章《世界观上也有战火》和《一次心灵的交战》更是集中地表现了主人公彼此在世界观上的差异和斗争以及对待思想改造的两种截然相反的态度。这两章都是高红为了帮助她的哥哥高凤岗，远远跑来做他的工作，因而爆发出来的灵魂的冲突。高凤岗振振有词地说："不错，我是参加革命了；但是我是人，我不是工具，更不是任何人的工具。我属于我自己。我不能由别人说怎样就怎样。"高红坦陈了自己的抱负："我们参加革命是为了民族的解放和劳苦大众的解放，绝不是把自己存入银行来索取更大的利息。"高凤岗相信在这个世界上真正大公无私的人是没有的。他认为反对个人主义，"这不过是一种教条，因为你是不可能把自私从人性中消除的"。高红则认为自私并不是人的本性，而是长期的私有制度造成的，她相信随着社会制度的变化，随着教育，随着人的自我改造，至少人类的大多数是可以逐步抛弃这种思想观念的。她深情地说："我们不能对人类失望，更不能对劳动人民失望。"正是性质迥异的世界观、人生观驱使亲兄妹分道扬镳,一个在血与火的考验和心灵的净化中精神世界不断地得到升华,成为名副其实的无产阶级的先锋战士;一个则在错误的泥坑里越陷越深,成为背叛革命、残害人民的民族败类。当我们读着小说中的这些章节时,我们会强烈感受到其间跳动着的现实脉搏。时代不同了,但高红同高凤岗之间的这场争论并没有结束,世界观上的战火,心灵上的交战,其硝烟并没有消散,相反是更加激烈了。出自高凤岗之口的那些歪理,今天不仅随处可见,而且大大地升级了,更加明目张胆,更加肆无忌惮。难道我们不应当从中引出必要的教训吗?

叛徒哲学:鞭挞的对象。《火凤凰》给人的一个突出的印象是毫不留情地掌掴叛徒。除了高凤岗以外,作品还为我们提供了好几个叛徒形象。他们不仅作恶多端,有的还有一套叛徒哲学,例如,原为部队干事的叛徒丁立在劝降被捕的高红时就宣传他的那套哲学:"你们这些人我真没有办法!脑子里装的全是从延安学来的条条框框,什么忠于祖国,什么抗日,什么共产主义、社会主义,什么组织纪律、人民大众、艰苦奋斗、英勇牺牲、吃苦在前、享受在后,这些乱七八糟的东西装得满满的。我请问,人活一辈子,短短几十年,到底为的是什么?……说是为人民,那人民怎么不为我呢?"高凤岗也有他的哲学:"这共产党自产生之日起就有问题。它的致命伤就是相信马克思主义,一天到晚搞阶级斗争。今天斗这个,明天斗那个,把一切都搞乱了。"这位摇身一变而为国民党平津保三角地带的反共游击司令的叛徒、汉奸,竟然狂妄地提出要共产党放弃马克思主义,停止阶级斗争,退还土改中所分地主的土地。无怪欧阳行说:"叛徒是世界上最可耻、最可鄙的。他们中有的人也读过不少马克思主义的书,一看形势不利,就掉过头来,摆出先知先觉的姿态,把马克思主义批得一无是处。这种人实在太可恨了。"作者不惜篇幅来描写叛徒,不仅因为历史上确实出现过这些丑类,给革命事业造成极大的危害,而且因为这些丑类衍延连绵,至今也并未绝迹。何况还有人在为叛徒开脱,说:"或者是烈士,或者是叛徒,二者必居其一——这种两分法硬是不给士人留一条活路。"此理未免太歪。我们崇敬烈士,鄙夷叛徒,当然不是要求人人都成为烈士,而是要使人们从烈士与叛徒的尖锐对立中懂得做人要做什么样的人,正确选择自己的人生道路。烈士就是烈士,叛徒就是叛徒,他们之间的对立是抹杀不了的。崇敬烈士,鄙夷叛徒,这样的立场也是丝毫含糊不得的。决不能把一切都搅成一锅稀粥。对于魏巍的这些描写,我想借用鲁迅的一句话:"却是留给后来的宝贝,其功用与铸了魑魅魍魉的形状的禹鼎相同。"

扎根生活的艺术创造

点面兼顾。魏巍曾经给自己订了一条鲜明的不可动摇的"法律",这就是:"无限忠于生活的真实,尽毕生之力鞠躬尽瘁地获取生活的真实。""我坚持只有我信得过的生活我才写。"当他写晋察冀边区的战斗历程时,我们感到浓郁的生活气息扑面而来,这里有那么多鲜明的人物形象,那么多动人的故事情节,特别是有那么多富有特征性的细节。人们说:"找故事容易找细节难。"这是很有道理的。故事可以从别人那里听来,我们知道俄国作家果戈理的《钦差大臣》,故事就是听普希金讲的。但只有故事,没有富于生活气息、真实感人的细节,包括人物的性格、气质、外貌、行为、语言等方面的细节,写出来必然是干巴巴,苍白无力。《火凤凰》的绝大多数章节可以说完全达到了"气韵生动"的境界,显然,这同作者忠于生活的真实,坚持写自己信得过的生活的严肃的创作态度是分不开的。然而,这部小说毕竟是描写抗日战争和解放战争的,深入写一个点固然重要,如果与此同时,不能适当地照顾一下面,那就不免是个缺憾。《火凤凰》的显著特点之一,就是做到了点面兼顾。

小说在适当地照顾面这一点上,做得非常巧妙。例如,在延安抗大除夕之夜的联欢会上,学员们演出了自编的相声,把韩复榘不学无术的种种笑料串在一起加以讽刺,这里顺手就点出了日寇进攻山东,韩复榘不战而逃的严峻形势。我们的主人公来到晋察冀边区,欧阳行向他们介绍形势,这里顺理成章地让读者了解了中国共产党领导抗日军民开辟广阔的敌后战场,并逐步成为全国抗战的主要战场的大的形势,此类描写是情节发展的内在要求,毫无画蛇添足之弊。我们的指战员是有共产主义觉悟的,反法西斯的共同命运把他们同万里之遥的苏联战场上红军与德寇的殊死搏斗联系在一起。他们对英、美迟迟不开辟第二战场表示愤慨。在中国,国民党把重担压在八路军、新四军身上;在世界,英、美把重担压在苏联身上,这些描写不仅交代了世界反法西斯战争的形势,还刻画了指战员们宽广的胸怀。关于1942年开展的整风运动,作者也从点面兼顾上加以铺叙。经过全党整风,不要搞主观主义、教条主义,一切从实际出发,已经成为大家的思维方式,甚至在老百姓的语汇中也出现了这样的语言:如果哪个干部主观武断、强迫命令,群众就指责说"你根本就没有调查研究","你根本就不按具体情况办事"。在故事情节上,作者对根据不同的情况采取各不相同的端敌人炮楼的办法,描写得有声有色,扣人心弦。延安整风这个伟大的思想解放运动及其产生的深远影响就这样呈现在读者的面前。"1943年哪,环境大改变,白洋淀的炮楼,端去了大半边。"作者记述这首曾经广泛流传于冀中平原的歌曲,不仅是为了描绘冀中平原的形势,更是为了揭示整个敌后战场的形势。整个敌后战场,在 1942 年达到困难的巅峰,被称为"黎明前的黑暗"时期,经过敌后军民艰苦卓绝的斗争,从 1943 年下半年起,就进入根据地的恢复和再发展的阶段。关于抗战胜利后蒋介石抢摘桃子的描写,也收到了点面兼顾的很好效果。从面来说,作品如实地告诉我们,就在"八·一五"日本宣布无条件投降的当天,蒋介石发表广播演说,要国人"不念旧恶",并命令冈村宁次所统率的日军据守城市,抵抗八路军、新四军的进攻。国民党陆军总司令何应钦还命令日军,任何据点如果被非国民党军队攻占,日军应负责收回,再交给国民党军队。从点来说,小说描写了徐偏、周天虹团里有个优秀的连长,因为家庭困难,请假探家,徐偏认为天津日军投降在即,让他在受降后再回去,孰知这个连长竟在日军负隅顽抗中英勇地牺牲了。徐偏这条轻易不落泪的汉子禁不住痛哭失声,说:"不是别人,是蒋介石他把华北丢掉了;是我们,从敌人手里一点一点夺回来。我们付出多大的牺牲呀!可现在为什么他能受降,我们倒不能受降呢?"这段描写充分揭露了蒋介石国民党反共反人民的本质,预示了抗日战争转变为解放战争的历史必然性。点面兼顾避免了头绪过多的繁杂,又避免了偏于一隅的局限,从而为我们展示了抗日战争与解放战争的完整的壮丽画卷。

虚实结合。魏巍曾经说过,作家研究生活时要有最大的老实,构思作品时要有最大的"不老实"。这就是说,当作家深入到火热的斗争中去,观察、体验、研究、分析一切人,一切阶级,一切群众,一切生动的生活形式和斗争形式时,要艰苦扎实,不能浅尝辄止;而当进入创作过程和艺术加工时,又要善于提炼和概括,不能受真人真事的局限。综观《火凤凰》的创作,可以说是很好地体现了这个原则。我们从作品中的某些情节和人物身上,确实看到了作者本人及其周围的人的影子。例如,作者显然把自己的某些生活的斗争经历以至心灵的历程赋予了周天虹和晨曦,把自己的亲人的某些性格特征赋予了子弟兵的母亲李捧大娘和她的女儿邢盼儿。但是作品中的情节和人物又绝不是生活中的原型的照搬。这里经过了作者的艰苦的艺术构思,也就是典型化的过程。这样,作品中的人物,特别是其中的主要人物,性格才那么鲜明丰满,并且体现了社会生活的某些本质的方面,因而可以毫不夸张地说,在中国现代文学的人物画廊里增加了新的艺术典型。作者告诉我们,《火凤凰》"决非自传,而是写我的同时代人",这是确实的。虚实结合,根本的还是要有丰富的生活积累,因为虚构并不能"无中生有",就是说不能毫无生活依据地向壁虚构,而只能"有中生无",就是说情节和人物尽管是作者虚构的,但却是以大量的原始材料为依据的。生活积累越丰富,艺术虚构的天地就越宽,这叫"长袖善舞";反之,生活积累越贫乏,艺术虚构的天地就越窄,这叫"捉襟见肘"。我们从《火凤凰》里看到的这一幕革命战争英雄舞,舞得那么酣畅,那么动人,这归根到底是出自作者的丰富的生活积累这个"长袖"。

在虚实结合的过程中,作者不满足于严格的现实主义,还诉之于革命的理想主义,或曰革命的浪漫主义。他用马克思主义的世界观观察那一段革命历史,把对历史斗争的冷静分析、精确描绘同对革命理想的强烈追求、热情讴歌辩证地统一起来。小说中高凤岗同高红有一段对话,他对妹妹说:"你们是理想主义者,生来就爱听那些虚无缥缈的东西。一听那些革命的辞藻,什么自由呀,平等呀,劳苦大众呀,消灭剥削呀,理想的天国呀,就都陶醉了,所以你们也就拿这些东西做宣传。而我是个现实主义者。"高凤岗所谓的"现实主义"不过是讲求个人实惠的代名词,并不是我们通常讲的从实际出发的现实主义。有人说:"显然,现在的人们多了一点怀疑主义,少了一点理想主义,多了一点批判,少了一点信仰。这不是偶然的,20世纪的一大遗产正是理想主义的碰壁。"这些话同高凤岗的议论何其相似乃尔!

情景交融。魏巍是个诗人,具有诗人气质,因而他笔下产生的其他样式的文学作品,包括长篇小说,都饶有诗意。《火凤凰》正是这样。人物刻画固不待言,就是景物描写也渗透着作者的感情,达到了情景交融的境界。例如,小说中的主人公离开延安奔赴前线的场面是:"迎风飘扬的红旗,不一时就越过延河,一直向东去了。东方,太阳刚刚露头,天边腾飞一大片耀眼的红霞。他们已走出很远很远,那首上前线的歌曲还似乎随着风飘过延河隐隐地传过来。"这里,情和景完全交融在一起,深受感染的读者禁不住要为这群迎着暴风雨展翅飞翔的雏鹰祝福。指战员在行军途中所见边区的风光是:"战争的岁月,人们似乎不注意季节的变化,不知不觉已到了春末夏初,群山绿了,易水河也丰盈起来。两岸稠密的村庄,一个个全隐藏在绿森森的树荫里。小麦已长得很高了,只要一阵风吹来,那滚滚的绿波就一直荡到天边。一到晚间,月亮升起来了,河边的柳树下就传来洗衣姑娘的歌声,还不时传来几声布谷鸟的啼唱。"这浓郁的诗情画意蕴含着小说中的人物以至作者自己对晋察冀边区的挚爱深情。抗战胜利的消息传来时人们的欢腾情景是:"不知何时原野上出现了一支火把的长队,那火把一支接着一支,顷刻间成了一条长龙,向着大清河的大堤延伸过来。再向北一望,一支支的火把队也出现了。不一时,这些火把全汇集到了大清河的大堤上来了。远远望去,像一条红色的巨龙在黑的原野上奔腾着。"这是多么感人的一幕啊!八年岁月的艰苦奋战,无数先烈的流血牺牲,才赢来了这欢乐的一刻。我们读到这里,怎能不为之动容!

令人大惑不解的是,有人却张扬这么一种文学:"他们的作品倾向于平静的叙述,而不作出对自己的人物与事件的评价。""他们讨厌感情的流露,讨厌煽情,讨厌小说家的诗人气质。"应该指出,这种主张是违背艺术规律的。千百年来,众多的作家、艺术家、理论家曾经对艺术的特征和规律作过有益的探讨,尽管他们的看法纷纭复杂,各有千秋,但有一点几乎是共同的,这就是充分肯定感情在艺术中的地位和作用。列夫·托尔斯泰曾经反复强调,艺术要表现感情,要通过感情的传达来感染人。他说:"艺术起源于一个人要把自己体验过的感情传达给别人,于是在自己心里重新唤起这种感情,并用某种外在的标志表达出来。"这作为艺术的定义当然是不全面的,它忽略了艺术的源泉归根到底是人们的社会生活,也没有对思想因素在艺术创作中的作用给予应有的阐述,但是这位世界级的艺术大师强调感情,却是他丰富的创作实践的总结,在一定程度上揭示了艺术的规律,值得我们重视。科学以理服人,艺术以情动人,是乃不易之至理。再说,排斥评价和感情的主张其实也是完全虚伪的。体现这种主张的作品,其对人物和事件的评价和感情,可谓溢于言表,不过与党和人民的评价和感情大相径庭罢了。最近读到某人的《世纪之交的文学选择》,一开头就声明:"我所讲的偏重于对一些问题的理解和介绍,而不偏重价值的判断。"这时我不禁恍然大悟,那种声明排斥评价和感情的主张,其妙用原来在这里:他可以任意歪曲历史和现实,信口散布奇谈与怪论,你如果对此持有异议,提点批评,他立即反驳说:"我不过是做了一点平静的叙述,并没有作过任何价值的判断呀!请免开尊口!"这是心虚和怯懦的表现。一个正直的作家、艺术家,是不屑于隐瞒自己的观点和意图,思想和感情的。

读完魏巍的新作《火凤凰》,我们为作品的艺术成就所振奋,也为作者的高尚人品所感动。他年近耄耋,作品等身,但毫不以此为满足,总觉得对那光耀千秋的伟大时代,对哺育他成长的党和人民,还没有做出应有的反馈,常有一种负债感。他时刻注视世界的风云变幻,密切关心祖国的前途命运,拳拳之心,可鉴天日。这是多么可贵的品格啊!我们应当认真地向魏巍学习!

原载《文艺理论与批评》1997 年第 4 期

沧海横流,方显英雄本色
——论魏巍的长篇小说《火凤凰》

赵朕 芮华

天方国有神鸟名"菲尼克司"(Phoenix),满五百岁后,集香木自焚,复从死灰中更生,鲜美异常,不再死。

按,此鸟殆即中国所谓凤凰:雄为凤,雌为凰。

——郭沫若《凤凰涅槃》题注

魏巍是在抗日战争和解放战争的硝烟中成长起来的作家。战争岁月的生活经历,他感受最深,收获也最大。在《火凤凰·自序》中他说:"我必须作为幸存者将这一页惊天动地的历史记述下来,将党和人民的伟大功绩记述下来。但是建国不久,朝鲜战争发生了;为了现实斗争的需要,我不能不先写《东方》。此后,同样为了现实和政治的需要,我又写了《地球的红飘带》。以致迟至今日,在我年逾七旬之后,才来写我们那一代年轻人的事情。"魏巍的这三部长篇小说,按历史的进程,反映土地革命时期工农红军长征生活的《地球的红飘带》居首,反映抗日战争和解放战争时期晋察冀军民浴血奋战的《火凤凰》居中,反映新中国成立后抗美援朝战争的《东方》居后。这三部长篇小说虽然各有侧重,但它们却组构成"中国革命战争三部曲",展现了中国革命战争史上我党领导的几次彪炳史册的正义战争的壮丽画卷,为历史和未来谱写了英雄史诗式的人民革命战争的伟大颂歌。

50多万言的《火凤凰》虽然表现的也是革命战争题材,但它不像《地球的红飘带》那样,侧重描写老一辈无产阶级革命家领导工农红军越过一切艰难险阻,长驱两万余里,北上抗日的辉煌史诗;也不像《东方》那样,着力表现普通的劳动群众同仇敌忾,反抗侵略战争,保家卫国的英雄业绩;而是把创作的笔触投向作家那一代青年知识分子。作家在形象而深刻地表现中国共产党义无反顾地肩负起全民族团结抗战的历史壮举和热情地讴歌抗日军民在党的领导下浴血奋战的光辉业绩的同时,以生动感人的艺术描写反映出:这场光耀青史的抗日战争和解放战争像一座烈焰熊熊的大熔炉,析离出钢与渣,涤荡出金与沙。严酷的战争考验人,也锤炼人,一代青年知识分子只有在革命斗争的血与火的洗礼中,在正义与邪恶交锋的"沧海横流"中,才能把自己锻炼成为无愧于民族、无负于人民的历史强者。

《火凤凰》基于这样的思想主题的探寻,作家在总体构思上,以他长期战斗、生活过的晋察冀抗日根据地为背景,以周天虹、晨曦、高红、高凤岗的人生经历为故事主线,真实地概括了特定历史时期的时代主流和人物活动的典型环境,生动地反映了生活本身的丰富性和复杂性。小说从"卢沟桥事变"起笔,一直写到人民共和国成立,其间的政治、军事生活的重大事件,在小说里几乎都有反馈,如日寇轰炸延安、农村减租斗争、击毙日军"名将之花"阿部规秀中将、边区整风、百团大战、日寇"铁壁合围"的"大扫荡"、日本无条件投降、国民党进攻解放区、清风店大捷、北平和平解放以及开国大典,等等,或实写,或虚写,都把抗日战争和解放战争时期的大千世界和缤纷世相形象地展示给读者。这不仅真实地再现了特定时期的历史面貌,还构成了故事发展的重要线索,为人物活动提供了典型的生存环境。因为抗日战争和解放战争的历史进程,就是在这正义与邪恶的决斗中一环扣一环地发展并取得最后胜利的,小说的主人公们也是在这不断发展变化的环境中,经受考验和检验,演出一场忠贞与背叛、牺牲与杀戮的活剧的。然而,小说毕竟不是历史。《火凤凰》为突出几位青年知识分子的命运,在这个历史的大屏幕下,还依据人物性格的逻辑和生活的真实,巧妙地安排了一系列具体生动的情节,使人物形象更加丰满和充实。作家始终把人物置于矛盾冲突的交接点上,让人物接受严峻的斗争考验,从而钢与渣泾渭分明,美与丑昭然若揭,忠贞与背叛历历在目,充分显示出党领导的人民革命战争在打败凶恶敌人的过程中,既锤炼了自己的队伍,也清除了危及自身队伍的残渣余孽,为夺取人民革命的伟大胜利奠定了坚实的基础。同时,作家选择这样的构思,还旨在启迪当今的青年读者从先辈的人生际遇中思考自己的人生之路:面对与先辈不同的历史环境,面对新时代的考验,人的一生该怎样度过?该以怎样的世界观、人生观、价值观和道德观来规范自己的行为,才能把自己"锻炼成为无愧于民族、无负于人民的真正坚强的一代"。①

作家出于强烈的责任感和使命感,在《火凤凰》中刻画了众多的人物形象。除了小说的主要人物周天虹、晨曦、高红、高凤岗之外,作家还刻画了一系列栩栩如生的人物形象。作家笔下的次要人物大体有以下几种:一是对主人公周天虹的成长产生良好影响的人物。例如,在逆境中自觉地为党工作,引导他走上革命道路的欧阳行,在延安介绍他入党的队长杨光池、班长张达,考虑问题周密、知人善任的军区组织部王部长,在红一团时给他很大帮助和鼓励的连指导员左明,在东进支队与他同生死共患难的支队长徐偏等;二是在对敌斗争中给

---

① 魏巍:《火凤凰·自序》,人民文学出版社 1997 年版,第 3 页。

人民武装以极大支援与配合的老百姓。例如,带领群众同假减租斗争的刘拴柱、周秀女,冒着生死危险掩护高红的老房东李秋月,梨花湾的堡垒户李大娘和邢盼儿,忍着饥饿,带病背粮,累死于途中的民兵李柱等;三是地方革命政权的乡土干部。例如,带领群众突过敌人封锁线背粮的区武委会主任邢三,在敌人眼皮底下坚持对敌斗争的县委书记"老济公",对敌人了如指掌,善于开展游击区工作的老书记刘展等;四是敌人营垒中的恶魔和败类。例如,气焰嚣张、不可一世,丧命于黄土岭的"名将之花"阿部规秀,靠吃人苦胆壮胆的"毛驴太君"酒井武夫,穷凶极恶的日军小队长小久保,以及民族败类傅萍、贾义等。这些人物经过作家的提炼、加工、集中和概括,虽没有像主要人物那样运墨丰厚,但也显得典型、生动和有血有肉;既具有时代、民族、阶级的特征,又富于由年龄、性别、经历、教养所赋予的鲜明个性。或因如此,《火凤凰》不论是主要人物,还是次要人物,都使人过目不忘,留下很深的印象。

对于主要人物形象的塑造,作家紧紧地切住"时代对人的考验又是极为严峻的甚至是严酷的。或许正因为如此,才把他们锻炼成为无愧于民族、无负于人民的真正坚强的一代"的思想主线,①从生活真实出发,根据不同人物性格成长的历史,把对人物思想化和典型化统一在具有高度艺术真实性的描绘之中,从而把每个人物从一定起点逐步成长和发展变化的过程展示出来。应该说,作家笔下的这几个主要人物,除高红外,都存在着缺点和弱点,但其性质不同。在沧海横流,大浪淘沙的过程中,有的经受了锻炼和考验,融入时代的洪流,有的则被涤荡出局,被钉在历史的耻辱柱上。因而通过这几个主要人物形象突出了小说的思想主线,也让读者感到真实可信,感人至深。

小说主人公周天虹,是个聪明、活泼、直爽、开朗的热血青年。他17岁乡村师范毕业后,找不到工作,对冷酷的社会本来就心存憎恨,又逢卢沟桥事变,国难家危使他感到前途渺茫,走投无路。恰在此时,共产党员欧阳行在他的心田里播撒了革命的种子,帮助他奔赴延安,参加革命。在抗日军政大学他入了党,坚定了为共产主义奋斗终生的信念;可是来到晋察冀抗日根据地之后,在桃花堡战斗中却由于他这个新上任的排长缺少临战经验,兵力布置不当而战场失利,给此次战斗造成损失,他为此感到"说不出的无以名之的苦涩"。但他并没有消沉和气馁,而是虚心听取连指导员左明的意见,总结失败的教训。在山谷打伏击时他身先士卒,生擒了日本兵小林清,还缴获了歪把子机枪,继而在几次战斗中,他勇于接受战斗的考验,更虚心聆听战友的帮助,作战时沉着老练,指挥若定,较前有了很大进步。特别是他被任命为东进支队政委之后,无论是执

---

① 同上。

行"单打一"的除害工作,还是恢复抗日政权工作,抑或是"化妆袭击",他都显得"特别沉着,工作也很有路数",成为一个成熟的指挥员和政治工作者了。在周天虹成长过程中,他还经历了一次爱情的考验。高红是他在抗日军政大学的同学,爱慕至深。在高红被捕后,日寇妄图以她为钓饵,劝周天虹投降,使他面临着爱情与革命、忠贞与背叛的痛苦选择。然而,在爱情的天平上他却毫不犹豫地回击了日寇的阴谋,表现出一个革命战士视"祖国的利益高于一切"的高尚品质,从而成功地塑造出一个具有丰富的精神世界和高尚情操的英雄形象。

晨曦是个文弱腼腆、爱沉思默想的诗歌爱好者。在抗大学习期间,因醉心于写诗,生活显得散漫,活动参加得少,没能同周天虹等同学一起跨进党组织。被分配到晋察冀抗日根据地之后,他要求到前线去,可是当他明白了把革命的新文化深入到穷乡僻壤的意义之后,就愉快地接受了记者的工作,并在斗争实践中锻炼成为一个出色的诗人。不过,他也深知自己性格的弱点,要求到"火热的斗争生活里滚一滚",迫切希望到短兵相接的战场上去接受考验和锻炼。后来组织上批准了他的要求,任命他担任游击区肃宁县的县长,与新任县委书记周天虹并肩工作。他们相濡以沫,配合默契,带领游击组炸毁了滹沱河大桥,切断了日寇的交通线。他经常深入群众调查研究,发现敌占区蒲疃村党和群众基础好,就培养了一个两面政权的典型,把合法斗争与非法斗争结合起来,激发了党员和群众的斗争积极性,"在斗争的巧妙上也达到一个新的水平"。但是他"心肠很软,或者说过于善良","对穷苦人尤其同情"的性格弱点被叛徒利用,使他付出生命的代价。他的性格闪光之处,不只表现在善于开动脑筋开展对敌斗争,也不只表现在面对敌人的大义凛然和视死如归,还表现在他处理与高红和周天虹的关系上。在延安学习时,他就暗暗地爱上了高红,可是当他发现周天虹也爱着高红时,就主动放弃了爱慕的情感。他自责地写道:"自己既然爱着高红,为什么又要去干扰她的情感呢?自己既然是爱着朋友,为什么又要去损害朋友,使朋友陷于不幸呢?"这种革命者的道德情操诚为难能可贵。

高红和高凤岗是亲兄妹,出身于家有二三百亩土地,并在北平兼营商业的剥削阶级家庭。然而,他们参加革命的动机和目的却大相径庭。高红性格活泼开朗,喜欢冒险,十五六岁时读高尔基的《海燕》,就幻想自己成为冲击暴风雨的海燕。后来在北平读书,接触到许多革命书籍,阶级觉悟有很大提高。她参加了声势浩大的"一二九运动",还加入了"民先",经武汉八路军办事处协助来到延安。高凤岗原在国民党的南京军校读书,南京失守后,流浪到武汉。正当他彷徨无主时,在武汉街头邂逅高红。经妹妹的动员一起到了延安。在抗日军政大学他表现得很积极,和周天虹一起入了党。到晋察冀以后,高凤岗被分配到北线游击支队工作。因为他思想里早就有"人过留名,雁过留声"的个人名利思想,在接受了连长的职务后,"工作热情极高,立誓要踢好头三脚"。雁宿崖伏击战他指挥得当,受到支队长的表扬,再加之他在支队长面前十分恭谨,不久就被提拔为副支队长。殊不知提拔后他却一反常态,变得骄纵成性,傲慢轻狂,天低吴楚,眼空无物。支队去游击区征粮时,他拒绝支队长的意见,坚持就地住宿,结果被敌人包围,使支队损失惨重。组织上虽然给了他应有的处分,但这个令敌人闻风丧胆的支队却大伤元气。

尽管高红与他是一奶同胞,但其表现却不可同日而语。她到晋察冀后担任了专区妇救会宣传部长。她到杏花营复查减租工作时,积极启发群众的觉悟,取得了减租斗争的胜利,还动员30多名青年报名参军。她担任副县长时,带领民兵到敌占区背粮,组织民兵搞破袭战,都表现得有勇有谋,深受群众的爱戴。高红在南沙营被捕后,在敌人面前,无论是敌人的酷刑,还是叛徒的软化都未能动摇她,即使在囚车上还宣传抗日必胜的信念。这是因为马克思主义叩开了她的心扉,革命先贤擦亮了她的眼睛,她认识到私有制的罪恶和民族的耻辱,所以她抱定决心:或者"为国为民而死,为党而死",或者"继续为党工作"。这种为民族的解放事业献身的精神与高凤岗的投机革命不成,就叛变投敌的行为形成了强烈的反差。

高氏兄妹走上不同的人生道路,在对待家庭和亲人的问题上采取了截然不同的态度,亲兄妹竟成了不共戴天的仇敌。高凤岗闻讯父亲被斗,贫苦农民分了他家的土地,就带着反动军队回乡反攻倒算,杀害了18名贫农团骨干。高红作为家乡雄县县委书记,坚定地维护贫苦农民的利益,在村民大会上她宣布逮捕勾结高凤岗反攻倒算的父亲,依法治罪,将被杀害的18名贫农团骨干追认为烈士,树碑纪念。高红第二次被捕却落入高凤岗的魔掌。高凤岗对高红劝降不成,竟丧尽天良地下令杀害了妹妹。这兄妹俩的不同人生际遇充分证实了青年知识分子改造世界观的重要意义。高凤岗的堕落最根本的原因是他自私自利的个人主义的恶性膨胀,他投机革命,叛变投敌,反攻倒算,处死亲人等都衍生于此。而高红之所以表现得无私无畏,则是由于她受到革命理论的熏陶,经受严峻斗争的锻炼,树立了正确的世界观、人生观和价值观,从而走上义无反顾的追求光明前途的道路。

《火凤凰》作为一个艺术整体,其艺术架构与小说的思想主题密切配合,相得益彰,显示出老作家千锤百炼的艺术功力。

其一,"葡萄串式"的艺术结构。《火凤凰》不是旨在表现一个情节连贯、曲折动人、跌宕起伏的完整故事,而是立足于"大浪淘沙","沧海横流,方显英雄本色"的艺术构思,突出了四个青年知识分子的成长与堕落、忠贞与背叛的人生历程。鉴此,作家以抗日战争和解放战争为背景,将几个主要人物置于特定的战争环境接受锻炼与检验;但是这几个主要人物又各有其所,纵有联系和交往也不足以全面地展示其精神面貌。于是作家采用"葡萄串式"的结构手法,以周天虹的经历为主蔓,对涉及晨曦、高红、高凤岗的情节叉开支蔓予以表现,"花开两朵,各表一枝",有分有合,有主有次,但都与主蔓相连接,形成了互为影响,彼此呼应,互相对照,参差交错的艺术整体。这种艺术处理,便于人物在其特定环境中形成其典型性格,也便于以这种全方位的视角描绘抗日根据地和华北解放战争战场广大军民前赴后继、浴血奋战的壮丽图景,表现敌后人民战争的广阔画面,更便于突出小说的思想主题,使小说呈现出无与伦比的史诗价值。

其二,将人物置于严峻的环境中经受检验。狄德罗说:如果人物的处境愈棘手,愈不幸,他们的性格就愈容易决定。试想你的人物所要度过的二十四小时是他们一生中最动荡最颠沛的时刻,你就可以把他们安置在尽可能大的困境中。就是说,烈火炼真金,只有着力渲染人物和环境的冲突,才能塑造出性格鲜明的形象,才能使人受到痛苦或快乐的感染。《火凤凰》在塑造人物形象时,十分注意为人物设置严峻的环境,使其接受考验和检验。例如,周天虹首战指挥失误,营长何彪子想调开他,但他并没有气馁,反而吸取教训,提高了自己,敌人以被捕的高红诱降,他不为所动,坚定地给敌人以回击;高红在敌人的酷刑面前宁死不屈,面对父亲勾结哥哥的反攻倒算,她大义凛然地为贫苦农民伸张了正义;高凤岗在受处分后叛变投敌,为虎作伥,反攻倒算和杀害亲妹妹;晨曦被捕后临危不惧,揭露日寇的侵略阴谋和叛徒的嘴脸,他发现周天虹也爱着高红后,主动地放弃了自己的感情追求,以及李柱带病背粮,邢盼儿临危受命,等等,这些情节都构成了人物的闪光点,其性格的主要特征借此而光大发扬。

读完《火凤凰》,我以为与其说它是一部辉煌的革命史诗,毋宁说它是一部人生的教科书。因为她所塑造的主要人物,所叙述的惊心动魄的斗争,所描绘的艺术画面,所展示的历史图景,都辐射出强烈的现实意义,都昭示出人生的启迪。特别是对生活在新的历史境遇、新的社会环境中的青年人,更是难得的人生启示录。我们在充分评估其艺术贡献之余,还应不忽略老作家对青年的拳拳之心和眷眷之心。

是啊,沧海横流,方显英雄本色!

原载《文艺理论与批评》1999年第1期

评魏巍的《石油战线巡礼》

田 怡

1990年9月,年逾古稀的魏巍经河西走廊到新疆,访问了玉门、敦煌(青海的石油基地)、克拉玛依,以及正在进行大会战的塔里木等四个油田。之后,又于12月应石油文联成立之邀,访问了黄河口的胜利油田。他从西到东,在我国石油战线上作了一番巡礼,并于1990年10月25日至1991年1月25日的三个月中连续写了八篇报告文学作品。这就是:《玉门不老》《在敦煌》《访克拉玛依》《塔里木大会战》(上)《塔里木大会战》(下)《欢歌黄河口》《为了更美好的明天》《这才是青春开花处》《枝枝青莲出水来》。八篇文章从各个角度描写了为祖国的繁荣富强,忘我战斗在采油第一线的工人、干部、知识分子,盛赞了他们崇高无私的奉献精神。

50年代,魏巍的朝鲜战地系列报告文学作品家喻户晓,在千千万万人的心目中正确地塑造了革命战士的光辉形象,尤其是《谁是最可爱的人》更是深入人心,经久不衰地鼓舞着几代人,成为多少人意志理想的一部分。30多年后的今天,年过70的魏巍不辞辛劳,奔赴沙漠、大海,访问石油战士,连续发表了八篇文章,满怀激情地讴歌了工人阶级的代表人物。我们可以把《石油战线巡礼》视为《谁是最可爱的人》的姊妹篇。虽然它们产生的年代不同,描写的对象不同,但是,文章所宣扬的那种爱国主义思想与志在奉献的精神是一脉相承、同样宝贵的。魏巍为我们劳动者中的先进分子,为推动历史前进的主力,为中国人民的脊梁高唱赞歌,是其心之所向,情之所至,是深得人心的。

在这八篇文章中,作者把我们引向了生活深处,为我们展现了一片生机勃勃的大干社会主义的宏伟壮观的图画,使我们看到工人阶级和优秀的共产党人的高尚情操与献身精神。搞报告文学东奔西走,对年事已高的魏巍来说并不是没有困难。但是,他欣然地去了,而且走了那么多地方,还到了人称死亡之海的塔克拉玛干腹地,还在波涛滚滚的渤海上乘坐着那绳结提篮在吊车上飘飘摇摇地凌空飞到有一座楼房高的钻井船上去实地参观……我们兴奋地看到,作者重新拿起笔——这个他年轻时就喜爱的武器时,不仅宝刀未老,而且运用得更加纯熟自如。他不仅引着读者鸟瞰了石油战线的全景,同时为我们画出了石油战线的英雄群像,他们一个个栩栩如生地活动在读者的眼前,使人不能不为之感动。是的！这才是我们的工人阶级,这才是我们工人阶级的知识分子,这才是我们的共产党员！魏巍的文章写出了中国工人阶级对社会主义的坚定信念,写出了真正的共产党人的浩然正气。他们是中华民族的脊梁,是我们最可爱的人。

一、我们拥有这么强大的有觉悟的工人阶级足以抵御任何风浪

魏巍在石油的发祥地、铁人王进喜的故乡、铁人工作过的玉门访问了被誉为"祁连山下一口井"的64岁的老工人马武林。他退休后仍坚持去干回收落地油的工作,三年多,他凭一把铁锹两只手回收原油3680吨,比一口井的产量还多。问他为什么退休后还干,他没有什么豪言壮语,但从这位忠厚纯朴、貌似迟钝的老工人口中说出了沉甸甸的令人怦然心动、回味无穷的话:"我退了休,工资200多,孩子都有工作,钱够花了,我是看那油漂在水面上,风吹日晒跑了心疼。人老了不能有大的贡献,斤上不添两上添嘛!"他虽文化不高,但对现实问题感受并不迟钝:"工人阶级就应该有共产主义思想,四项基本原则不能丢,干社会主义是为了大家,不能光顾个人,自由化这家伙不得了,搞歪门邪道就是走下坡路,人是走下坡路容易走上坡路难。"正是因为有许多马武林这样的工人,玉门一直保持着好传统和好作风。

模型组组长李维屏带领全组工人抵制歪风邪气,把工作搞得井井有条,坚持每周一次政治学习,每月一次民主生活会开展批评与自我批评。两位曾被拘留过的青工,在他的组里进步很快,有一个还入了共青团。他用最朴实的语言,表达了工人阶级对社会主义的信念,而且提出了一些值得人深思的问题:"不管社会上吹什么风,我们工人都坚持四项基本原则,那些乱七八糟的风吹到我们这里,我就叫他吹不起来!""别的地方搞奖金挂帅,可是我知道,奖金再多,也买不来工人的心。思想改造为什么不提了?改造客观世界的同时改造自己的主观世界不对了吗?你看我这里窗玻璃、花盆擦得干干净净的,不是改变了懒惰的思想了吗?我就不懂,过去黄色小说让人随便看却不提倡学习毛主席著作!"读到这里,我们不禁要为这位工人同志的凛然正气叫好! 不禁要为魏巍同志的敏锐发现叫好! 李维屏同志不仅用通俗的语言和眼前的生动事例说明了深刻的道理,而且说出了他对一些重大问题的深刻见解。

李维屏的话,难道只是一个人的想法吗? 当然不是。我们的人民并非人人

都把钱看得那么重,拜金主义者毕竟是少数,许多人的心中仍然怀着对社会主义的坚定信念和对那些行之有效的光荣传统的留恋和尊崇。在我们的工人队伍中,在我们的干部队伍中,李维屏这样的人物并不少。大庆的徐进,这个曾在铁人手下当过工人,当过 3010 钻井队队长的平台经理,真正学到了铁人的思想,继承了大庆的传统,在塔里木会战时,打井 3000 米的进度由一个月的时间缩短到 15 天。他带领工人日夜奋战,他在想什么呢?他说:"人生能有几回搏,会战千载难逢!"他要像自己的老队长那样,争分夺秒为国家采油啊!还有那 17 岁就当钻工的张富新,现在是胜利油田公司副经理,事事身先士卒,哪里发生险情,他总是冲在前头。他曾带领工人在大风雨之夜爬上 40 多米高的井架天梯,把自己绑在井架上激战两小时,硬是将跳槽的钢绳复位,排除了一场机毁人亡的大事故;他曾在发生井漏的紧急情况下带头跳进泥浆池像当年铁人一样用身体搅拌泥浆……这位被誉为胜利油田的"小老虎"、"张铁人"的张富新的精神支柱是什么呢?那就是铁人对社会主义的坚定信念,那就是铁人的实干精神。他说:"我家穷,是党把我培养成党员、干部,没有社会主义就没有这一切嘛!""我看,搞社会主义还是要干!正如王进喜所说,不干,半点马克思主义也没有!"魏巍被这位纯朴、刚毅、苦干、实干而虎虎有生气的年轻人深深地感动了!难道我们不为有这样坚定地搞社会主义的工人和干部而欢欣鼓舞吗!?

正因为在我们的百万大军中,有许多这样苦干实干的先进人物,有无数这样坚定地拥护社会主义的人,才使石油战线逐年增产,出现了大好的形势,才使我们的共和国顶住了狂风恶浪。

二、他们才是新中国知识分子的代表

少数别有用心的、自命为"知识精英"的人,在知识分子问题上大做文章,把知识分子和社会主义制度对立起来,和人民群众对立起来,从根本上歪曲了新中国知识分子的形象,抹杀了新中国知识分子的作用。说什么中国知识分子在"五四"以后整体地沦落了。新中国成立以后,他们更是向新权威沉沦,群体性地一边倒,造成群体性的毁灭。到底事实如何,到底谁是新中国知识分子的代表,是那些摇唇鼓舌、大反社会主义、主张全盘西化的"精英",还是那些脚踏实地、勤奋钻研、大干社会主义的志士呢?!

魏巍的这组报告文学作品中描写了不少知识分子。这些新中国成立前后毕业于石油院校的大专学生,他们与工人紧密结合,在实践中锻炼成长,如今已成为石油战线的骨干力量。

塔里木大会战副总指挥、62岁的王炳诚从1951年到新疆,为祖国找油40年,曾转战克拉玛依、独山子、大庆、四川、江汉、吉林和渤海湾,一直拼搏在第一线,年过花甲之后,又返回新疆,参加塔里木大会战。还有57岁的青海石油管理局总地质师顾如松,被人称为柴达木盆地的"活字典",他由地质队员到地质队长直到总地质师,一直坚持在环境艰苦的西北地区,虽然曾有多次调离的机会,都被他一一谢绝。他同广大职工一起苦战十年,把原来年产10万吨的柴达木变成了年产百万吨的石油基地。因积劳成疾,心胜变位45度,医生认为他能在高原地区工作简直不可思议,但他不仅坚持下来了,而且准备继续在这里工作下去。他说:"在柴达木多找一些油气田,我觉得才算尽了责任,如果要我离开这里,我反而会失去精神依托。"

在《为了更美好的明天》中,我们看到了那满身朝气、胸怀大志、雄心勃勃、才智双全的胜利油田浅海经理郎宪超。这位1962年毕业的大学生,现在指挥着整个渤海湾的浅海钻井工程,已成功地打出了20口井,信心十足地要在大海里抱出"金娃娃"。交谈中,他那强烈的责任心和爱国主义情愫溢于言表。

在"一切向钱看",在资产阶级自由化思潮和某些腐败现象侵蚀着我们党的机体的时候,在一些人拜倒在洋人脚下的时候,我们在《枝枝青莲出水来》中看到了那些执着追求远大理想,努力钻研技术,坚决抵制不正之风,不弃不舍地大干社会主义的知识分子干部,清廉正直的共产党人的形象。女经理叶洪涛严然拒绝各种形式的贿赂,带领"油大嫂"们大搞副业生产;副总工程师李吉锡带病组织攻关小组,亲自动手研制成功了原来靠美国进口的电潜泵,显示了中国人的智慧和骨气。钻井工艺研究所总工程师顾心泽同志,富于创造精神,为了减轻工人的劳动强度,他带领设计组苦战在海边的木板房子里,历时两年多,成功地创造出能在水中走路的浅海钻井船,为海上的石油勘探做出了重要贡献。

魏巍在文章中写出了这些知识分子在不同岗位的不同贡献,同时写出了他们共同的思想基础与精神支柱,那就是为祖国的富强把石油搞上去,那就是社会主义的无私奉献精神。那么,这种精神又是从哪里来的呢?我想,女经理叶洪涛的话正可以说明这个问题:"毛泽东时代的教育。"

是的,这些知识分子,正是按照毛泽东同志的要求,走与工农相结合的道路,在实践中锻炼成才的。《这才是青春开花处》中,廖永远的亲身经历和成长过程再次证明了这个颠扑不破的真理。1982年毕业的大学生廖永远,在老工人王立文等人的亲切关怀与直接影响下逐步适应了艰苦环境,在实践中向工人学到了好思想,也学到了许多实际知识,使他认识到光凭一张文凭是干不好工作的。他正是在与工人的相处中坚定了在第一线干石油的决心,成为石油战线的后起之秀。

40年前,魏巍在《年轻人,让你的青春更美丽吧》一文中,就鼓励青年到火热的斗争中去开放自己青春的花朵。这篇文章与《这才是青春开花处》的思想是一致的。某些自命"知识精英"者说什么中国知识分子"整体地失落"了,在现代科学领域毫无建树与作为,这些谬论在事实面前不攻自破。像王炳诚、顾如松、李吉锡、顾心泽、郎宪超、叶洪涛、廖永远这样的知识分子在各条战线都大有人在,他们才真正实现了革命者的人生价值,他们才是新中国知识分子的代表!

三、《石油战线巡礼》发展了魏巍报告文学的特色

"报告文学的表现手段不是虚构的而是在发现中取舍剪裁。"①魏巍这组报告文学作品正是敏锐地发现了现实中的典型并进行了恰当的剪裁取舍而成的。各种人物的典型事迹全面地反映了石油战线的精神面貌与实际业绩。

这些文章以写现实为主,同时兼顾历史。在《玉门不老》一文中有一段文字叙述了新中国成立前石油工人的非人待遇与悲惨命运。与以后描写现实中工人的生活形成了鲜明的对照。文章着重写了现实中正在活动着的人物,同时,对于那些为新中国石油事业而光荣献身的具有代表性的人物也予以必要的抒写,如女地质队长杨拯陆和队员张广智以及李越人、郭健等人的牺牲,工人王光荣、工程师鲁晶因忘我劳动积劳成疾的逝世,虽然着墨不多,但感人至深。文章在历史与现实的联系与映衬中,在记叙人物功绩与事业发展中,突出了艰苦奋斗的精神。

写人物时,抓住最突出的特征,如顾如松的乐观开朗,置心脏变位于不顾,王炳诚的壮心不已,以诗言志,徐进身上的铁人作风,赵华西那"拼命三郎"的绰号和七天七夜不下井台的事迹以及女经理叶洪涛对理想信念的执着追求和反腐蚀抗浊流的浩然正气……这些人物的共同特点是无私奉献。但人物性格各具特色。其中写得最鲜活的是胜利油田浅海公司经理郎宪超。作者通过他的言谈举止、神情姿态活现了他诙谐、风趣、洒脱的性格,不仅写出了他的热情乐观和自信,同时写出了他的聪明智慧与才干,活脱脱地刻画出了一个坚定地干社会主义事业,有魄力、有雄心壮志、有责任感的领导干部的形象。

这组英雄的报告主要是表彰石油战线模范人物的先进事迹,为人民特别是为我们的青年一代提供了学习的榜样,大长了中国人民干社会主义的志气。同时,作者在赞扬先进的时候也满怀义愤地鞭挞了社会上的某些不正之风。这种

---

① 魏巍:《继承和发扬报告文学的传统》,《中流》1990年第12期。

对不良现象的挞伐,时而出自作者的议论,时而又流露于人物的言谈之中,如在《欢歌黄河口》中,作者在记叙了赵华西、张富新这些优秀干部的表现之后,情不自禁地联系现实,生发感想,对这些年来在某些单位提拔干部方面的种种弊端进行了批评。在同一篇文章中,采油场书记王作然说:"说老实话,工人们对过去有些做法有意见:报纸上工人阶级不见了,不是万元户,就是这个家那个家,好像他们都成救世主了。我们当干部的也不知对工人说啥好,是叫他们好好生产呢,还是鼓励他们去抓钱?自四中全会以后,上头的话跟我们的心碰出火花来了。我们觉得气顺了,话好说了,工作也好做了。"歌颂与针砭的自然结合更好地起到了扶正压邪的作用。

这八篇文章每篇短小精悍,剪裁得体,保持了魏巍散文明快亲切、激情荡漾的风格,字里行间充溢着催人奋进的思想力量,这种思想感情较之五十年代的散文更加深邃凝重。如果说《谁是最可爱的人》以荡荡激情赞颂了志愿军的崇高品质,报告了他们的英雄事迹,那么,《石油战线巡礼》既歌颂先进,又针砭时弊,无疑更增加了作品的思想深度。从语言方面来说,在平易朴实中更显精粹纯熟而毫无雕琢的痕迹。就每篇的结构来看,重点突出,不枝不蔓。文章的开头大多是开门见山,结尾则是形式多样,有赞美祝贺的诗咏,有欣喜热烈的抒情畅想,有锐利深刻的议论褒贬,这些都是所记内容的引发和深化。无论歌颂赞扬、针砭挞伐,都表现了作者对于祖国前途命运的关注,作者情真意切,赤子之心跃然纸上。正是这种强烈的政治热情和社会责任感叩击着读者的心扉,使魏巍的报告文学具有不同一般的魅力。

魏巍在 1990 年 11 月报告文学创作座谈会上的发言中说:"过去讲,报告文学是一支轻骑兵。应该肯定,这是一个比较准确的说法。它的装备,不是大炮,不是重炮,是一支很轻便的部队。虽然如此,但是它可以楔入敌人的纵深,迂回到敌人的后方,在最前线起到重大的作用。所以,在今天的复杂形势下,在人民特别需要它的时候,我们应该让它发挥突出的战斗作用。报告文学作家要有高度的政治敏感、责任感和热情。没有热情是搞不好文学的,当然更搞不好报告文学。固然题材是广泛的,很多题材都是可以写的,但我们要能够发现和抓住现实生活中最重大最有意义的题材,也就是说,对人民命运息息相关,为人民重视和关心的问题,要给予尽可能迅速和生动的反映。这样才能充分发挥报告文学的特性,更好地推动我们事业的发展。"[①]魏巍正是这样身体力行的。他坚持的是为最广大的人民首先是为工农兵服务的方向。

正像 30 多年前奔赴朝鲜战场访问捍卫祖国和世界和平的战士一样,魏巍

[①] 魏巍:《继承和发扬报告文学的传统》,《中流》1990 年第 12 期。

来到了又一重要的战场——石油生产第一线采访,为这些肩负祖国大梁的工人阶级呐喊助威,这实在是十分必要而又难能可贵的。

前几年资产阶级自由化思想泛滥,文艺界一些人借口反对"三突出"、"高大全",竭力反对在文学作品中塑造革命英雄人物和社会主义新人,借口反理想主义而否定现实生活中为社会主义而无私奉献的新人,因此,他们到处去寻找落后和愚昧的东西。这股风也影响了报告文学,有的人一味地去追逐历史和现实中的阴暗面,在作品中展现的是一派灰暗的色彩,腐败的景象和令人颓丧绝望的情绪。这种创作的方向是错误的,正如魏巍所说:"立场不正确,思想不对头,也可以使报告文学走上邪路,把本来是打击资产阶级的力量变成打击无产阶级的力量。"①他以八篇文章集中地反映了石油战线的情况,理直气壮地歌颂了现实生活中的新人,同时毫不含糊地宣扬社会主义文艺的功利性:"在当前的国内外形势下,我们应该以最高的责任感和最大的决心,为捍卫和建设社会主义而斗争。"②《石油战线巡礼》好似一支小部队的连续胜利出击,为后继部队的大批开进拓宽了道路,打开了局面。

魏巍,这位大时代的号手,一直坚定地屹立在自己的岗位上,他的振奋人心的号声时时在伴随着、激励着时代前进的步伐!

原载《文艺理论与批评》1991年第5期

---

① 魏巍:《继承和发扬报告文学的传统》,《中流》1990年第12期。
② 魏巍:《继承和发扬报告文学的传统》,《中流》1990年第12期。

评魏巍《话说毛泽东》

田怡　方正

在魏巍90年代的作品中,特别珍贵的是他的《话说毛泽东》。这本书是为纪念毛泽东同志诞辰100周年而作,是一本叙以大量事实的人物评论。作者以历史唯物主义的观点,以一个跟随毛泽东奋斗了半个多世纪的无产阶级战士在革命实践中的亲身体验,纵观毛泽东的一生业绩,在丰富的事实基础上,从大智、大勇、大功、大德四个方面塑造了这位时代巨人顶天立地的形象。

魏巍把毛泽东的一生业绩放在历史发展的长河中进行考察和评价,从而科学地论述了他的历史地位。毛泽东生活和奋斗开始于中华民族最黑暗、最危险的时期。无数志士仁人前仆后继,奋起抗争,以孙中山为代表的革命者虽然推翻了帝制却未能完成民主革命的任务。是毛泽东把马列主义的真理同中国实际最完美地结合起来,从而找到了一条适合中国国情的革命道路。是以毛泽东为首的中国共产党充分地发动了广大人民群众,推翻了压在中国人民头上的三座大山而建立了人民当家做主的新中国。毛泽东改天换地的奇功伟绩将光耀千秋。

魏巍正确地评价了"时势"与"英雄"的关系。"时势造英雄,一般说这话是不错的,但还要加上一句,当英雄人物的活动符合历史发展的要求时,就能够在推动历史的发展上起到卓越的作用。"当时的中国社会迫切需要的是找出一条解决中国问题的革命道路,而毛泽东正是农村包围城市独特道路的最早也是最深刻的实践家和思想家。魏巍以毛泽东独具创见的智谋韬略与革命实践,证明毛泽东就是这样在推动历史发展上起到卓越作用的伟人。

魏巍以大量无可辩驳的事实,阐明毛泽东的历史功绩和毛泽东思想的指导作用:

毛泽东农村包围城市思想的形成,使中国革命的星星之火得以燎原;

毛泽东在遵义会议上所显示的政治智慧使濒临沉没的革命航船再次扬帆起桨;

毛泽东团结斗争的辩证法以及人民战争的伟大思想使我党我军逐渐壮大,取得抗日战争与解放战争的全面胜利;

毛泽东在新中国成立后对抗美援朝以及对世界发展中国家的无私援助,体现出无产阶级革命家的伟大胆略、胸怀与远见卓识；

毛泽东发展三线建设和搞原子弹等尖端军事科学的深谋远虑的战略措施，为社会主义的发展奠定了物质基础，创造了物质保障；

毛泽东关于在社会主义国家如何进行反修防修、反对帝国主义的和平演变、防止资本主义复辟的理论，是我们发展社会主义的思想武器，是对马列主义的重大贡献。

毛泽东的智慧胆略与丰功伟绩是难以尽述的，《话说毛泽东》一书在论述时，明确地突出了他最主要的功绩。这就是毛泽东对中国社会基本矛盾的认识与掌握。"中国革命的基本问题是农民问题，而农民的基本问题是土地问题。"毛泽东始终抓住土地革命这个中国革命的关键问题，充分发动了占中国人口绝大多数的农民群众，才出现了根据地人民战争的奇观，才取得了抗日战争与解放战争的胜利。

《话说毛泽东》在论述毛泽东的大德时，突出了他对劳动人民最深沉而真挚的感情。"人民，只有人民，才是创造世界历史的动力。""群众是真正的英雄，而我们自己则往往是幼稚可笑的。"魏巍认为，这正是毛泽东的最伟大之处，也正是他不同于一切剥削阶级杰出人物的地方。这种充分相信群众的思想也在共产党人中体现得特别鲜明与自觉。也正是由于他对人民有深沉真挚的感情，充分地相信群众、依靠群众，才使他具有那种敢于斗争、敢于胜利的伟大气魄。

《话说毛泽东》不仅论述毛泽东在世时的丰功伟绩，同时论及毛泽东留给后人的无法估量的精神财富。"毛泽东思想不仅在以往的中国人民的解放事业和建设社会主义的成就中，显示了巨大的威力，证明了它是行之有效的真理，而且对今后我们民族的进一步振兴和发展，仍长期具有潜在的生命力。"毛泽东的思想产生于中国的土壤，它带有中国的特点，但又同时具有普遍性。事实上毛泽东思想已经在世界上广泛传播，并在一些国家曾经起过和正在起着积极作用。

《话说毛泽东》高度肯定了毛泽东关于在社会主义国家如何进行反修防修，反对帝国主义的和平演变，以防止资本主义复辟的理论，指出它对社会主义国家的人民是异常宝贵的理论武器。

针对"毛泽东思想过时"论，魏巍指出："毛泽东思想不仅没有过时，而且具有强大的生命力和深远意义。"正因为如此，企望资本主义复辟的人和帝国主义者都十分惧怕而起劲地反对毛泽东思想。因为他们很明白，毛泽东思想才是他们搞和平演变的最大障碍。魏巍强调："对毛泽东思想采取肯定或者否定的问题，绝不是一个人的问题，而是关系到党和国家前途和命运的问题。"魏巍希望大家认真学习、研究毛泽东思想，他说："毛泽东思想究竟是不是无价的财富，只有接触它，钻研它，认识它，才能够确定。否则就无从谈起。懂得了它是宝贵的财富,最重要的是运用,把财富埋在地下就永远不能放光。"

《话说毛泽东》体现了魏巍高度的历史使命感。为了社会主义事业的发展,为了中国革命的红旗不倒,魏巍殷切地期望我们的人民、我们的子孙后代,永远珍视毛泽东思想这无价的精神财富,这宝贵的理论武器,并以之去指导革命实践。

《话说毛泽东》饱含作者对毛泽东的深切怀念之情,通过巧妙的构思,把许多生动感人的故事同自己深刻的感悟和独特的见解结合起来,准确、清晰地概括了毛泽东的智、勇、功、德及毛泽东思想的历史意义。魏巍说,毛泽东是"21世纪继列宁之后的最伟大的马克思主义者,是立功、立德、立言的中华第一人"!在1988年毛泽东诞辰95周年之际,他针对国外一些势力一再掀起的"非毛化"的恶浪和国内一些人的反毛言行,曾有诗云:

纵有误失真英雄,改天换地建伟功。

慧眼胆略谁堪比,巍巍昆仑第一峰。

有些人抓住毛泽东同志的某些失误而无限夸大,企图全盘否定,魏巍说:"这位历史巨人,在领导社会主义革命和建设的开创事业中,也不免有这样那样的失误。但这些失误,究竟有多大,是什么性质,产生的历史条件是什么,放在历史的长河中应怎样看,都要做客观的、公正的和历史唯物主义的考察。也就是站在无产阶级和人民大众的立场,进行具体分析。""成绩中也可能包含有错误,错误中也可能包含有真理。"魏巍的这一观点具有科学的深刻性与远见性,值得人们认真思考和研究。

对于毛泽东和毛泽东思想的正确理解与评价,首先需要有正确的立场观点,同时还需要有广博的知识和强烈的使命感。《话说毛泽东》是作者站在人民大众的立场以历史唯物主义和辩证唯物主义的观点和强烈的历史使命感,在大量事实的基础上结合自己长期革命实践中的亲身经历和体验而写出的一本优秀的论著。

毛泽东是高山大海,对博大精深的毛泽东思想的研究,需要后人继续不断地深入。我们并不认为《话说毛泽东》的研究已经完美,但我们认为作者的立场、观点正确,态度严肃,研究具有理论深度,有独特见地而在某些方面有新的发现。因此,我们认为《话说毛泽东》把"毛泽东研究"向前推进了一大步。

原载《当代思潮》1995 年第 6 期

评魏巍的政论、杂文作品

曾镇南

一

对于我这一代人来说,魏巍的名字是和他的散文名作《谁是最可爱的人》紧紧地联系在一起的。我至今还清晰地记得少年时怎样按照语文老师的要求背诵这篇散文开头和结尾的那些自然段的情景,那种情感的激荡是我一生中读书所留下的最美好的最难忘的印象之一。

而这篇散文第一次在《人民日报》发表时,是被当时的总编辑邓拓作为头版头条,放在社论地位发表的。这种破例的大胆安排固然出于一位杰出报人的识力,但作品本身所特有的思想魄力、政论色彩却是这种安排的内在的根据。是的,如果作家仅仅记叙了志愿军战士的那几件感人的事迹,那几个可爱的形象,而没有驱动这些素材奔赴那个燃烧着的思想焦点,如果作家没有深情而雄辩地提出"谁是最可爱的人"这个关于社会主义社会中人的道德判断和价值估量的问题,那么这篇作品是不可能获得那么深远的典型概括意义的。

在这篇散文的结尾,作家热情地赞美志愿军的普通战士"是历史上、世界上第一流的战士,第一流的人!他们是世界上一切善良人民的优秀之花!是我们值得骄傲的祖国之花"!然后把一个问题提到了因志愿军战士的浴血战斗而享有和平生活、劳动权利的广大人民面前:

亲爱的朋友们,当你坐上早晨第一列电车走向工厂的时候,当你扛上犁耙走向田野的时候,当你喝完一杯豆浆,提着书包走向学校的时候,当你安安静静坐到办公桌前计划这一天工作的时候,当你向孩子嘴里塞着苹果的时候,当你和爱人悠闲散步的时候,朋友,你是否意识到你是在幸福之中呢?你也许很惊讶地说:"这是很平常的呀!"可是,从朝鲜归来的人,会知道你正生活在幸福中。

这种对生活在和平环境中而习焉不察的幸福感的提醒,对人们享有的幸福与普通战士的献身和吃苦的内在联系的揭示,实际上是向人们提出了个人幸福与社会公益的相关联的集体主义人生观、幸福观,是对那种隐隐约约地把所谓

"兵"们看得平凡、简单,多少有点忽视他们、鄙视他们的自私偏见的纠正。《谁是最可爱的人》的强烈的艺术效果,正是在它内在的政论锋芒引起的震动世俗偏见的力量中实现的。

写到这里,我不禁想引述一下刚刚读到的现在的论者对魏巍提出的这个问题的解释。一篇读书札记这样写道:"人的幸福感是非常相对的,比之前线战士的艰险能上班喂孩子算是幸福(见魏巍文章),而对比于文革挨整者能不挨整亦当是大幸福了。"①这似乎是漫不经心的、带点轻蔑的提及,又似乎是含有讽意的反语,倒也真实地反映出了论者的某种庸俗心态。魏巍的文章提醒普通人在与战士的对比中意识到幸福,并不是宣扬什么幸福的相对性或个人得到较好处境的庆幸感,而是请人们不妨延展一下自己的精神世界,在自己的日常生活中也想一想遥远的地方的别一些人的战斗、劳动和奉献,也关怀一下为祖国而战的可爱的战士们。罗曼·罗兰说过,文学有"将人提高"的使命。这样的提醒正是为了将人提高一点,稍稍离开一点只顾独自觅食的可怜境界。我想,这样的提醒,过去、现在、将来都是有意义的。

另外一篇散文《战士和祖国》一开篇就提出了这样一个问题:拿着劣势武器的志愿军为什么能战胜强大的敌人?"英雄们的心灵深处,到底是怀藏着一种什么奇异的东西呢?"作者终于从战士们的谈吐中、英雄业绩中找到了这种奇异的东西,那就是对新生的社会主义祖国的爱。作者生动地描写到,在前线的战士们"关怀着我们祖国广大国土上的一切。他们醉心地谈着,就好像谈着一个最亲密最心爱的人,愿意连他的头发都要谈到"。作者也深刻地窥视到一个勇敢的战士的内心,揭示了他的爱国主义感情与对中国革命的胜利、对新中国的深沉的爱是水乳交融的。"新中国,这是我们一块肉一片血换来的呀!……"从这战士的心音中,作者满怀激情地写道:"对于取得革命胜利的中国人民来说,'祖国',这不是一个普通的词儿,这是一个至亲至爱的名字、尊贵的名字、神圣的名字……是一切神圣美丽的东西的总称。"

这是一个革命战士、党员作家对爱国主义的理解。这一理解也像社会主义、集体主义的人生观一样,贯穿着魏巍的全部创作。一直到最近,魏巍还这样指出:"尔重同志在海南开会时讲过的两句话我也非常赞成。他说,我们讲的爱国主义不是文天祥、史可法的爱国主义,也不是梁启超、康有为的爱国主义,我们讲的是社会主义内容的爱国主义。"②

《年轻人,让你的青春更美丽吧!》也是魏巍带政论色彩的散文的代表作。

---

① 李书磊:《受难记吃》,《中华读书报》1995年9月20日。
② 魏巍:《让青少年们好好读一读》,《中流》1995年第3期。

这篇散文精警的开头,曾是很多青年的座右铭:"青春是美丽的。但一个人的青春可以平庸无奇;也可以放射出英雄的火光。可以因虚度而懊悔,也可以用结结实实的步子,走到辉煌壮丽的成年。"作家记叙了朝鲜战场上的青年团员戴笃伯在战火中的青春的闪光,记叙了战地医院、文工团的女青年们对英雄、对青春的理解和她们追求进步的热情,然后以诗的哲理的语言总结说:"年轻的朋友们,他们就是这样沿着和工农群众结合的道路在火热的斗争中度着青春的。这是快乐的青春,美丽的青春,英雄的青春!毛泽东时代的年轻人,谁不愿意有这样的青春呢。"作家以富有鼓动性的声音激励一代青年前进,"为做一个全心全意为中国人民和世界人民服务的英勇战士而奋发努力吧,不会有比这再光荣的了"。这种面对青年发出的战斗的青春进行曲反复地在魏巍的创作道路上演奏着。

从上面评述的三篇政论性的散文作品,我们看到的作家魏巍,是新的社会主义文学中富有创造性的思想火炬的点火人之一。他点燃的是无产阶级的关于人的价值观的火炬,是社会主义的爱国主义的火炬,是为人民献身,在战斗中成长的青春的火炬。什么样的人最可爱,什么样的感情最神圣,什么样的青春最美丽,这些问题正是刚刚从旧中国脱胎而出的新中国社会上存在的亟待回答的、最普遍、最集中的思想问题,而魏巍的散文作品,正是投向这些时代思潮的聚焦点的火花,于是便在千百万人民,尤其千百万青年的心中点燃了新的价值观、人生观、道德观的熊熊烈焰。

这火炬的光,穿越了近半个世纪的历史烟尘,至今仍是那样明亮,那样灼热。尽管它在当前的思想现实背景下,在有些人看来,似乎是已经远去的彼岸灯火,但它在当代社会思潮史和当代文学史中的独特地位却是确定了的,很难抹杀的。

二

五十年代中期到六十年代初,是魏巍文艺性政论写作的一个新的、也是非常重要的阶段。作家在这一时期所写的那些词采飞扬,富有说服力和感染力的政论,如《祝福走向生活的人们》《幸福的花为勇士而开》《夏日三题》《写你鲜红的历史》《弃燕雀之小志,慕鸿鹄而高翔》等文章,曾在青年中广为传诵,产生了很大的影响。这些文章和郭小川的《向困难进军》、贺敬之的《放声歌唱》《雷锋之歌》、郭沫若的《向地球开战》等诗篇,相互映发,此呼彼应,共同奏出了社会主义建设的瑰丽的交响乐章。这是一代新兵的出征词,是火热的青春进行曲,是崭新的共产主义人生观的宣言书。

这些在我国社会主义建设处于筚路蓝缕阶段产生的围绕着人生观问题的文艺性政论,是社会主义时代的思想文献和文学华章,值得当代文学史工作者进行认真的评述。

《祝福走向生活的人们》,是作家1955年为北京石油地质学校首届毕业生送行的讲话。这篇送别辞写得文情并茂、气盛言宜,是魏巍这类政论作品中比较精彩的佳篇。作家怀着对这些光荣的祖国母亲"最远行的儿子"的深深的祝福之情,从他们的思想实际出发,紧紧扣住他们走向生活、选择人生目标的各个阶段必将遇到的思想问题展开词锋,处处给人霍然醒豁的思想启示,让人读后血脉偾张,情感激荡,产生立即奔赴生活的行动欲望。

魏巍赞美年轻的勘探队员乐于到最艰苦的地方去,争当社会主义建设的侦察兵的选择,并把这种个人的选择和一代青年的素质风貌和祖国的命运、前途联系起来思索。他指出:"什么是革命英雄的气概?什么是战士的气质?这就是愿意做别人不愿意做的工作,愿意去别人不愿去的地方,不怕脏,不怕累,不怕苦,心甘情愿踊上危险最多、负担最重、牺牲最大的战线。如果一个国家拥有这样的青年,她就能成为最有前途、最幸福、最富庶的第一等的强国。反过来说,如果一个国家的青年变成这么一种风气:畏惧艰苦,贪图安乐,见有光可沾,就一窝蜂似地拥上去,见要吃亏,就远远避开,甚至跳到井里也想抢个干地方,那么,这样的'战士'组成的队伍,必然不堪一击,这样的国家,也是迟早要倒霉的。"这些写于四十年前的话,至今仍有震撼心灵的力量。当然,经过四十年沧桑,走过了弯弯曲曲的道路,我们今天也许可以补充说,建设"最富庶的第一等强国",首先需要探索出一条正确的道路,青年的力量也只有在正确的历史道路上才不会虚掷。但是,就一代青年的素质关乎国运这一点来说,魏巍的论说是十分有力的,而且至今并没有过时。

在谈到青年在加强思想锻炼方面要重视主观努力的作用时,魏巍指出:"'主观努力',这是什么意思呢?这就是指生活的严肃性。所谓严肃,请大家不要误会是走路要迈八字步,双手必须放在背后,说话要学什么'首长'腔调。我们不需要这些东西。我所说的严肃性,是指一个革命者强烈的是非观念。在他的心里,应该给自己制订出一部宪法,应该给自己树立起一条明朗有力的生活的律条:对的,该做的就做,不对的,不应该做的就坚决不做。"不少人犯错误,其中,"很大一部分却是由于明知不对,然而由于内心里某种不可遏止的私欲,又驱使我们干了。多么可怕的魔鬼呀"!这样的建言和剖析,难道不是至今仍是非常警策的吗?

非常感人的是,1985年春,距那次送行三十年后,当年聆听魏巍的送别讲演的那些毕业生,在北京举行了一次"争风斗雨三十年"的集会。当初的小伙子和年轻的姑娘,此时都是功绩累累的厂长、书记、教授、工程师、地质师等石油战线的骨干了。他们邀请作家参加了这次盛会。会上,有人把大庆会战的奖章送给作家。还有一个叫牟莺乔的同志,虽历经磨难,却始终珍藏着那本载有《祝福走向生活的人们》的《中国青年》。在会上她把这本经过三十年风雨,一直鼓舞着她前进的《中国青年》送给作家,使得作家不觉热泪盈眶。这真是中国当代文学史的一段佳话。对于一个为人民、为青年、为社会主义事业而写作的作家来说,还有什么比这更大的幸福吗?

《幸福的花为勇士而开》是为《中国青年》组织的一次关于人生观的大讨论而写的总结,也是一篇曾在青年中引起热烈反响的文章。这篇文章围绕着对幸福的两种对立的理解,雄辩地论证了无产阶级革命战士的集体主义的、与创造性劳动相联结的幸福观。作家指出:"幸福就是深刻理解自己工作的意义,自觉地为共产主义事业做出贡献。只有多为人民做好事,使人民得到真实的好处,才是人之一生无愧于心的最大的幸福。个人生活愿望的满足,不过是幸福这个大花篮中的一般的花朵。"在文章中,作家调动了自己对生活的观察、积累,甚至注入了自己个人的生活体验,广取事例,连类引譬,反复申论,层层剖析,笔锋所至,思想的火花灿然怒放。他不避锋芒,直剖种种诡辩、遁词,使自私的说教者一点闪回躲避的余地也没有。虽然文章结构有些松散,但读起来仍然一气贯注,令人神往。其中,对人的精神生活的一段论述给我留下了特别深的印象。

那是在批判一种流传甚广的论调时提出的思想。这种论调是:"人生在世,吃穿二字。革命还不是为了更好地穿衣、吃饭吗?"魏巍对此分析说:"即使说,它指的是集体而不是个人,这话也是不完全的。因为它没有说到,作为一个'人'的另一个重要方面,就是人的精神生活。它把'人'大大地降低了。……人,不是可以关在笼子里吃鸡蛋粉的金丝雀呀!"

作家由此展开了自己对人的精神生活的境界的极富艺术感染力的论述。他说:

人的精神生活,有极宽广的领域。政治生活、文化生活、道德、理想、斗争、创造,以及友谊、爱情等等,都是这个领域中色彩烂漫的花朵。

一个人,应该极力去开拓这个美丽的精神世界。让它丰富、宽广起来。让它发出火光和音乐一般的声音。让它像长满野花、充满香气的草原。让它像起伏万状的山岳。让它像呼啸着暴风雨的海洋。让它能容纳下这块大地,这块生育着亲爱的人民的大地!

千万不可使它荒芜。

也千万不可使它只有两个可怜的土坑:"名"、"利"的土坑。

我以为这是我读到的古往今来的哲人关于人的精神生活的种种论述和描绘中最好的一段。它是这样视野开阔、明朗绚丽、形象别致、生机盎然！它把"人"大大提高了。后面我们将会看到，这个思想也把社会主义的理想境界大大提高了。

《夏日三题》是为《中国青年》1959年组织的一次以"人生最大的快乐是什么"为题的思想讨论写的总结。文章以"生与死"、"个人与集体"、"欢乐与悲愁"三个问题展开论述，肯定了为人民利益勇于献身的英雄行为，集体永远高于个人的原则，为集体、为人民服务可以得到最大快乐等正确的思想。这篇文章给我印象最深的一点是，在展开正面论述时，作家反驳了一种来自庸人的指责，即宣传为人民利益勇于献身的人生哲学是提倡让人们去"死"。作家反驳说："不，决不！我可以说，没有任何人能比得上我们共产党人对于'生'怀着那样深沉的热爱！……我们是比一切爱美的人都爱美，比一切爱生的人都爱生的！"作者进一步指出："我们爱生，不是只爱个人的生，我们还爱集体的生，人民的生。正因为我们的热爱太执着，太深沉，所以我们甘愿以少数人的死，来换取多数人的不死，以个人的死，来换取集体的生。"

时隔三十五年，在今天，我们又听到了对"动不动叫人去英勇牺牲"的"论调"的责难。这恰恰证明，魏巍当年为无产阶级人生观、生死观所做的强有力的、是非分明的辩护是多么必要，又是多么有预见性！

《弃燕雀之小志，慕鸿鹄而高翔！》是《幸福的花为勇士而开》的续篇，写于1963年，同样是为《中国青年》组织的关于幸福问题的讨论写的总结。因为时代背景的关系，这篇总结充满的论辩的火焰，更具有思想针对性。这篇政论提出了一些很有价值的思想，例如，关于革命精神与革命事业的关系，作家指出："如果丧失了这种革命精神，就是已经拥有强大的物质力量，革命事业也是没有保障的。""不可能设想，一个革命阶级的精神状态不佳，可以获得解放；也不可能设想，一个胜利了的阶级精神状态不佳，可以巩固与发展自己的胜利。"这一思想的价值，在苏联瓦解易帜后，人们更容易掂量出来。它成了魏巍观察和分析苏东剧变的一个思想出发点。

当然，这篇文章的某些论述，也存在着局限性。例如，在论述物质生活与精神生活的关系时，作家虽然正确地指出："共产党人不仅不排斥物质生活的合理性，而且是为实现物质生活合理性而斗争的最积极、最热忱与最彻底的战士。"指出了"对人民群众物质生活的任何轻视都是错误的。一个人缺少最低限度的物质保证，这当然不是一种幸福；同时，一个人物质享受的满足，也并不能弥补他精神上的空虚"，反映了作家对物质生活与精神生活两者辩证统一关系的洞察。但是，在批评"不搞剥削的个人主义"时，作家却不适当地表达了对资本主义"自发势力"的担忧,对"经济领域中的资本主义因素以形形色色的形式繁衍滋长"的担忧。这说明作家对当时我们党在经济政策上过"左"造成的失误缺乏察觉。也许我们不应该超越历史条件去苛求作家,但指出这种认识局限是有必要的。因为这种认识局限隐隐约约地也影响到作家现在对某些社会问题的看法。

　　魏巍的这些政论作品在文学上的价值如何呢?对此,魏巍曾说:"有的作家朋友认为我把相当一部分精力用在这些地方,似乎影响了艺术的创造。我则认为我们应当学习鲁迅精神,只要作品对群众有用就是最大的安慰了。何况这些都是文学性的政论,是具有一定的艺术性的,它本身就是散文的另一种形式。"①我认为这个自评是实事求是的。事实上,很多无产阶级革命作家都钟爱文学性的政论写作。高尔基、法捷耶夫、爱伦堡都是这一文学领域的高手,鲁迅和郭沫若也写过不少优秀的文学性政论。魏巍是在中国社会主义时代承继这一战斗传统的几乎是唯一有影响的作家。

　　大家知道,魏巍年轻时是华北抗日根据地哺育出来的诗人(笔名红杨树),中年是著名的报告文学、散文作家,新时期则以长篇小说《东方》《地球的红飘带》著称。魏巍的全部创作,都贯穿着他坚定的社会主义、共产主义理想和信念,贯穿着他明朗严整的无产阶级世界观、人生观。在这个根本点上,魏巍始终以不同的艺术形式,以始终如一的坚定和热情,阐扬着、论证着、传播着真理的声音。在魏巍笔端,诗的语言也好,小说形象和画面也好,散文的境界和辞采也好,总是以思想的明澈、丰富和稳定为特色,以生活性的丰饶茂盛为凭依的。作家的战士本色,无产阶级政治家的本色,总是作为他的作品的思想根基和感情底色存在着,显示着,生发着。

　　了解了魏巍其人其文的这一根本思想特色,我们对于作家近年来投注相当的心力于政论、杂文写作,就不会感到过分讶异了。

三

　　我对魏巍言论性的作品的注意和重视,是从 1989 年初读到他的《我的回答》②一文开始的。当时,阳雨的两篇关于我国文学现状与发展趋势、方针和对策的长文《文学:失却轰动效应以后》《自由与失重》在文艺界产生了很大的反

---

① 魏巍:《我的散文》,《魏巍杂文集》,当代中国出版社 1994 年版,第 167 页。
② 魏巍:《我的回答》,《文艺理论与批评》1989 年第 1 期。

响,引起了一些议论。我当时觉得,这两篇文章,比较直率地分析了自作协第四次代表大会以来文学发展中的某些消极现象,而且有些地方把自己也摆了进去,没有一般带指导性的文章常有的那些空话、套话,读起来颇有清新之感。尽管个别论点我也有不同意见,但比起当时文艺理论界大量存在的关于文学主体性的连篇累牍的、读了令人昏昏欲睡的阐述和发挥,比起大量存在的晦涩难懂、不知所云的"新"论、怪论,阳雨的文章读起来要痛快得多也容易接受得多。所以我对这两篇文章的出现是欢迎的,也是基本赞同的。

读了魏巍的《我的回答》一文,我感到颇受震动,很受启发。和当时出现的别的对阳雨文章表示不同看法的文章不同,魏巍的文章不是在枝节问题上纠缠,而是从一些根本问题上发论。作者对阳雨的两篇文章肯定了下面三点:"第一,作者敢于面对现实的态度是好的,第二,指出文艺队伍中的一些消极现象也是好的,有积极意义,第三,作者的用意是好的。"这些我都同意。但细读全文,我发现作者在一系列根本问题上和阳雨的观点是完全相反的。尤其在对新中国成立以来社会主义文学的成就的估量上,在对文艺的功利主义的看法上,魏巍的回答和反应是非常强烈的,有点出乎我的意料之外。

阳雨在《自由与失重》中,提出了这样一种看法:"新中国成立以后,我们仍然沿袭了、强化了这样一种'革命功利'的价值观念。我们的文艺家好像是零售摊档……大家差不多都是从一个最有威信最掌握情况最高瞻远瞩的方面来批发的,货路大同,售法小异……甚至连出问题'犯错误'也常常会大同小异,走到一条道上,因为'货源'一致。就像同吃了一条江里不洁的毛蚶,便得了传染性的肝炎一样。"在初读这段话时,我觉得在这里描述的,是在我们文学中确实存在过的那种公式化、概念化现象和急功近利、与政治贴得太紧的倾向,不过,作者在以他特有的机智和幽默嘲笑这种愚蠢的现象时,引喻和用词都有点过分刻薄罢了。我当时读到很多在理论上系统贬低新中国成立后十七年社会主义文学的文章,其中的论点和措辞比起阳雨的这点讽刺来,要严厉得多也"出格"得多了。见多不怪,我并不以为阳雨的这点调侃有什么值得商榷的问题。

但魏巍的反应却是这样强烈,他引述了阳雨这段话后,说:"看到这里,我不禁冒了一身冷汗,仿佛又回到了'大批判'时代,一棍子下去,叫你永世不得翻身!我不禁要问,我们那些一向受人称道的像丁玲、赵树理、孙犁、柳青、周立波等人的作品,以及《青春之歌》《保卫延安》《红旗谱》《红岩》《林海雪原》《红日》等一系列曾引起轰动的作品,制作这些作品的小商贩都是怎样到总的货源那里去批发的呢?我可以说,如果真有这样神奇的地方,这样现成的货源,就是今天我也宁愿冒得肝炎的危险去批发一下。……阳雨同志也是作家,按道理他比别人更明白,每个作家都有他的独特的创作道路,并不是那么简单地到总的货源那里去批发的。总的货源有没有？这是没有的。如果一定要说有,那么,总的货源就是生活。总的思想是有的,那就是共产主义思想。"

我想,阳雨在使用"批发"、"零售"、"货源"、"肝炎"等比喻时,想到的未必就是魏巍指的那些优秀的前辈作家和他们那些已有定评的优秀作品。但阳雨在进行这种嘲讽性描述时,用的是逻辑学上的全称判断,也的确透露出一种对新中国成立以来社会主义文学成就视而不见的轻视态度,这也就难怪魏巍有这样强烈的反应了。

如果追溯一下魏巍对文学创作的看法,也许更有助于理解魏巍的这种激烈的反应。在《幸福的花为勇士而开》一文中,魏巍曾这样谈到自己的创作体验。他说:"创作不是照相,也不是按照一定式样、一定规格制成的千篇一律的产品,更不是任何形式的抄袭。创作如果真正可以称为创作,作家的幸福就在既艰苦又快乐的创造中。多少快乐呵,当活生生的现实和自己的生命一起血肉相连地飞出心灵的时候!特别是他的语言,燃起了人们斗争热情的时候。"一个曾经这样为社会主义事业创作过的有才华的作家,一个早就反对过文学创作中"按一定式样、一定规格制成的千篇一律的产品"的,有自己独特的创作道路的作家,对阳雨的调侃会做出这样的反应,不是有点内在的必然性吗?

两刃相击,利钝乃见;两论相斗,其理乃清。在读了魏巍对阳雨的回答后,我觉得魏巍的论点是有一定道理的。我曾经在心里想过,要是阳雨能仔细读一下魏巍的回答,平心静气听一听这不同的声音,反求诸己,那对他也是不无益处的。——但,这不过是旁观者一厢情愿地遐想罢了。

这几年,在研究中国当代文学史的过程中,我越来越感到,对新中国成立后十七年社会主义文学评价过低,是一个根本性的、似乎尚未引起文学史家严重注意的问题。在这一点上,我是赞同魏巍在《我的回答》中鲜明地提出的看法的。他说:"过去,教训是有的,急功近利的情况是存在的,有些作品艺术质量不一定很高,但只要方向对头,这个问题并不难纠正。同时,对过去的作品,应当历史地看。那种暴风骤雨的形势,那种人民生死存亡的关头,革命的文艺工作者,是要急功近利,是要以人民的利益作为艺术的前提,是要'大刀向鬼子们的头上砍去'。我们决不可以抹杀和轻蔑这些作品的价值。而且我可以大胆地说,就是在艺术性方面,也不是今天的作品都能比得上。"在另一篇文章里,魏巍简要回顾了中国革命文学的发展历程,着重指出:"新中国成立后的社会主义文学,是中国革命文学的新阶段,不过它的队伍更壮大了,内容更丰富了,成绩也更辉煌了。这就是中国革命文学壮丽的征程。中国的革命作家同一切进步的、爱国的作家,共同构建着宏丽的文学大厦。"①这些看法,在我研究中国当代文学史的过程中不断地得到了印证。

自从读了《我的回答》后,我感到,魏巍不是那种埋头于自己的创作,视野比较狭小的作家,他是一个关注国家和人民命运,关注文学事业发展的全局的,有自己独立不移的文艺思想和艺术见解的比较成熟的作家。我开始比较注意他的言论了。

1991年3月,我读到了魏巍在全国青年业余文艺创作者会议上的讲话:《走什么样的道路?做什么样的作家?》。我赞同这篇语重心长但未必能被接受的讲话,尤其赞同他提出的"做鲁迅型的作家"的要求。我认为这个问题触及对整个中国现代文学史和当代文学史的根本认识,涉及我们的文学事业的根本方向,涉及提高作家素质的根本措施,是繁荣社会主义文学的关键。在不久前写的《鲁迅的"海"》一文中,我已引述魏巍的这个要求,做了阐发,此处不赘。

1993年7月11日,我在白洋淀参加孙犁作品研讨会,亲自聆听了魏巍《向孙犁同志学习》的发言。我觉得这个发言对孙犁作品的根本特征的分析,对思想性与艺术性的辩证关系的分析,都是有深度的,全面的,准确的。比如在谈到孙犁作品的美时,他指出:"他的作品优美,有浓郁的乡土色彩和那个战斗年代的时代色彩。读他的作品,就好像置身在冀中平原,一幅一幅都是动人的风俗画,使人不禁陶醉其中。这真是一种美的享受!但是,这绝不是说他的作品缺少思想性,不,他是把他的思想性、倾向性、或者说共产党人的党性,深深地包容在优美之中了,或者说是融化在优美之中了。可以说,他是把真善美不露痕迹地融合为一了。这正是孙犁作品的高妙之处。"②这一论述,深契我心。近年来论孙犁作品,能指出他作品中的党性原则的,除了魏巍,还有刘绍棠。其实孙犁自己倒是公开申说过自己立身为文的党性原则。他在追怀共同战斗过的文友们时说:"他们都是有党性原则的,有时把这一原则,看得比生命还重要。"③研究和评述孙犁,如果讳言这一点,把他描绘成只是粹然的博雅文士,那就失之毫厘,谬以千里了。魏巍之论,可谓深知孙犁的战友之论了。

原载《文艺理论与批评》1995年第6期

---

① 魏巍:《走什么样的道路?做什么样的作家?》,《魏巍杂文集》,当代中国出版社1994年版,第173页。
② 魏巍:《向孙犁学习》,《魏巍杂文集》,百花文艺出版社1979年版,第198页。
③ 孙犁:《近代散文的后记》,《晚华集》,百花文艺出版社1979年版,第234页。

老革命者的不凡之作
——评《魏巍杂文集》

刘志洪

时代唾弃一切向社会主义事业抛"石头"的"杂文"。这样的"杂文",我们近年"领教"了不少;人民欢迎一切扶正祛邪、庄严战斗的杂文,魏巍同志的杂文就是这样的杂文。

记得鲁迅辞世前一年,即1935年3月,在一篇言论中还极热切期待并且"还更乐观于杂文的开展,日见其斑斓";他认为庄严战斗的杂文的不断问世,"第一是使中国的著作界热闹、活泼;第二是使不是东西之流缩头;第三是使'为艺术而艺术'的作品,在相形之下,立刻显出不死不活相"。(《且介亭杂文二集·徐懋庸作〈打杂集〉》)我看新近面世的《魏巍杂文集》(当代中国出版社1994年出版),就是这种庄严战斗的杂文,它是一位参加革命已经五十七个春秋的老革命者的不凡之作,它与众多的战斗杂文一起使中国思想理论界和文艺界"热闹、活泼"了,它使"不是东西之流"不得不缩头了,它使"为艺术而艺术"的作品,更不消说那些充满邪气妖氛之作,"在相形之下,立刻显出不死不活相"。

《魏巍杂文集》选录了作家1988年至1993年发表在《人民日报》《光明日报》《当代思潮》《文艺理论与批评》等报刊上的杂文、散文、文艺评论、序跋、书简、文艺随笔举凡46篇,题材广泛,内容甚丰,立意深邃,文笔佳美。集子中,像曾发表于1992年《人民日报》,讴歌伟大延安精神和共产主义理想的抒情散文《您好,延安!》;发表于1991年《人民日报》,深情赞美改革开放时代中国人民的伟大创造力、强大意志和潜力的散文《热海》;发表于《光明日报》,赞颂老一辈无产阶级革命家王震的《名将传奇有新篇》;发表于《当代思潮》,痛斥叛逃的原新华社香港分社某社长的杂文《叛徒的劝降书》;发表于《中流》杂志,赞扬爱国同胞、鞭挞反共反华小丑苏晓康之流的《真正的爱国者》等篇章,当时均在海内外激起强烈反响,鼓舞和教育了千百万读者。

近年间,魏巍同志的心情一直很不平静。他退居二线,担任北京军区政治部顾问之后,并未"赋闲",而是更忙了,不仅同林默涵同志一起主编《中流》杂志,还相继出版了五部很受欢迎的书:优秀获奖长篇小说《东方》和《地球的红飘带》,诗集《红叶集》,长篇政论《话说毛泽东》和这部《魏巍杂文集》(即便有如此可观可喜之劳绩,咱们四川有个很反"左"的"诗人",还在小报上公开指名宣判魏巍"江郎才尽"云云,令人三叹。)

魏巍同志的心情,近年为何很不平静? 读读这部《魏巍杂文集》,可窥大概。

魏巍近年,不能不为国际共运在苏联和东欧的严重挫折,感到极度痛心与忧愤! 对此,他进行了巨大而深沉的思索。正如在本集子里写于1991年的一篇文章所言:"最近一两年国内外一系列惊心动魄的事变,使我受到从来不曾有过的震动。国际共产主义运动遭受的空前挫折,不能不使我想到我国人民的命运和社会主义的未来。"还有什么比这更触目惊心的吗:"红旗被扯下了。红星被摘掉了。斧头镰刀被敲碎了。伟大的革命领袖的巨像被推倒了。国名被改变了。党名也改变了或解散了。哪怕是沾一点儿共产主义气味的东西都不能留。这真是彻头彻尾的资本主义复辟! 是十月革命以来最惊人的剧变!"魏巍以历史观察家的沉重之笔写道:"这不是战争。又是实实在在的战争。"(《梅之歌》)这是什么战争? 这就是比明枪明炮更厉害的"和平演变"与反"和平演变"的战争。苏联与东欧一些共产党政权的垮台,主要原因是什么由于"经济不景气"吗? 魏巍的回答是:"不! 决不!""试以东德为例,经过40年的建设,民主德国已跃居世界十大工业强国之列,人均国民收入6500美元,不仅在社会主义国家中属于首位而且已经超过英国……50%的住户拥有小汽车。"(《叛徒的劝降书》)再说苏联:"经过苏联人民几十年的建设,到1985年戈尔巴乔夫上台之前,已经成为世界上最强大的社会主义国家。无论在经济上和军事上(包括战略核武器),足以同美国抗衡的,不就是苏联吗? 即单以经济而论,也不像某些人说的,经济没有搞上去,而是人均收入5000美元,与我国的人均收入300美元相比不是高得多吗? 这不是举世公认的事实吗?"(《叛徒的劝降书》)魏巍的杂文,就这样很善于让铁的事实发言,驳斥论敌,说服读者。那么,一些社会主义国家导致变质的因素,究竟是什么? 魏巍回答:"因素有三个:一是帝国主义长期积极地推行和平演变战略,产生了影响;二是大国的修正主义集团向其影响的国家施加了强大的压力;三是该国内部资产阶级自由化势力兴风作浪。"(《女娲补天》)这是完全符合实际的真知灼见。从当代"犹大"戈尔巴乔夫之流那里,魏巍洞察到了:一方面帝国主义亲自搞和平演变,"但更重要的,却是借助社会主义国家内部的资产阶级自由化努力来推行演变"——"并不是从国外派来多少万人来搞和平演变,而是我们的'自己人'在推行和平演变。危害的严重性正是在这里"。(《我想到犹大》)这是非凡的政治观察与结论。赞颂呼喊"古巴决不降下自己的红旗,我们宁肯与社会主义共存亡"伟大声音与坚毅行动的卡斯特罗(《菲德尔·卡斯特罗赞》),与声援惨遭非人道迫害的世界著名反法西斯老战士昂纳克同志(《人道何在?》),都是一个中国共产党人发出的极宝贵、极感人的无产阶级国际主义之声!《想到黑人》一文,通过四个白人警察痛殴黑人青年竟被宣判无罪而引发的"洛杉矶事件",揭露了"美国当权者"以"人权卫士自居"的全部虚伪性……上述这些以国际政治风云为题材的战斗篇章,愤怒声讨共产党的败类和叛徒,无情抨击帝国主义,颂扬真正的共产党人,都写得正气凛然,犀利遒劲,卓然不凡,读来令人回肠荡气,深受启迪和激励。

魏巍近年,也不能不为国内几度恶浪翻滚的资产阶级自由化思潮及其危害和种种恶果,表示他莫大的义愤与忧虑!集子中,魏巍同志在1991年中共中央召开的文艺界知名人士元宵座谈会上的发言《元宵感言》,言简意赅,十分有分量。他在党中央、江泽民总书记等领导同志面前坦言:"我认为当前对于我们党最危险的,也就是足以威胁党的生存的,是两个东西:一个就是腐败现象,一个就是资产阶级自由化,这是党的肌体上两个孪生的毒瘤。这两个毒瘤不除掉,我们迟早要吃大亏。即使我们的经济搞上去了,也会被它们摧毁!"魏巍在党中央负责同志面前还说,现在"反对资产阶级自由化的任务还很艰巨,决不能对成绩估计过高"。"过去不少报刊散布了那么多错误的东西,对我们的青年造成了很深的毒害。你只要研究一下青年的思想,许多错误观点都可以在报刊上,甚至讲坛上找到来源。而今天要来分清是非,加以澄清,这个工作是相当艰巨的,何况还没有深入去做。从表面上,现在很平静,情况缓和多了,但能不能说已经消除了潜在的危险呢?恐怕还不能这样说,我们不能自己欺骗自己。"魏巍讲这番话已有三年半了,联系到这三年半以来,文坛某些人仍然时不时散布有害的政治情绪和政治观点,岂不说明魏巍上述观察与判断是如此入木三分吗!魏巍理直气壮地为毛泽东50年代提出的"无产阶级和资产阶级之间在意识形态方面的谁胜谁负的问题,还没有真正解决"的伟大论断,作正义的辩护。他1991年写道:"前几年自由化泛滥时期,作为我们国家指导思想的马克思主义,起初被贬为众家中的一家,以后连这一家的地位也没有了,资产阶级自由化的东西可以畅通无阻,而坚持马克思主义的作品却无法发表,这能说谁战胜谁的问题解决了吗?"(《认识真理也要时间》)魏巍一贯反对"哥们""姐们"式的宗派主义,也反对笼而统之地斥责文艺界是"窝里斗",是"永远扯不清的纠纷",他问道:"这几年,文艺界在一些问题上的斗争是很激烈的,例如我们的文艺究竟是坚持党的领导还是'无为而治',究竟是应当保持社会主义文艺的性质还是多元化?究竟是以马列主义、毛泽东思想为指导还是摒弃和打倒它?究竟是坚持'二为'方针还是回到'自我'回到'文学自身'?究竟是坚持优良的民族传统和革命传统还是全盘西化?难道这些不都是有关文艺方向的原则问题吗?"(《读鲁迅论"文人相轻"想到的》)这其中的事实力量与逻辑力量是多么强大!驳斥文坛"人物"鼓吹必须走一段资本主义道路的"补课论"(《驳"补课论"》),剖析超阶级口号"现代意识"的伪科学性或反真理性(《析"现代意识"》),批判那种攻击我国现今社会是所谓"涂了社会主义油彩的封建主义"的论调(《驳"封建论"》),抨击"宽松"、"宽容"、"宽厚"之类不问是非、"对资产阶级自由化以及其他歪风邪气、腐败现象提供了温床"的调和主义倾向(《鲁迅的昭示》),等等,都写得很有深度,闪耀着夺目的斗争火花,使论敌为之胆寒理屈,使广大读者为之拍手称快。

魏巍近年,更不能不为一心扑在黄土地上劳作和战斗的父老乡亲与同志们的伟大献身精神,而特别感奋不已!集子中,叙事散文《为张振山写碑文》,是其中最动人、最感人的篇章,读来催人泪下。张振山,魏巍50年代结识的农民大哥,河北衡水地区安平县许家庄村的党支部书记,"从敌后抗战最艰苦最残酷的1942年算起,张振山连选连任,一直当了50年的村支部书记"。他是一个"富有才干品行高洁的人",一生不图名不图利,默默无闻地甘当人民的老牛,动人事迹说不完。实行生产责任制后,村干部的报酬由记工分改成了现金,年工资从300元涨到了现在的800元,"干部人人有份,唯独张振山不再领取",尽管他"还是那样黄皮寡瘦"。这位终年76岁的农村干部是在工地上劳动时,因肝硬化病的突然恶化而倒下的。他弥留之际还向村干部交代:"我死后,粗布衣柳木材,当天死当天埋。不要坏了许庄的风气……要永远记住,集体经济什么时候也不能垮,许庄要走社会主义道路……"一位真正共产党人的光辉形象,民族"脊梁"的高大形象,巍然耸立,感人肺腑!魏巍献给革命老战友孙犁同志的佳篇《向孙犁同志学习——在孙犁创作60周年研讨会上的发言》,高度评价了这位"中国解放区文学最杰出的作家之一",在现、当代文学史上的重要地位,深刻地总结了孙犁文学成就的四个重要因素(文学根基深厚、生活根子深厚、时代的影响、特有的才华),论述了孙犁的作品"真正做到了倾向性和真实性的统一,或者说党性与真实性的统一",特别赞扬了孙犁人品与文品的高度统一,"在政治上,他不时'左'时右,忽'左'忽右,不随行就市,追逐时尚"。这些,对于中国文艺界,无疑具有极大的启示意义。"你们要走文学之路就做无产阶级文学旗帜下的士兵,要当作家就当鲁迅型的作家。"这是《走什么样的道路?做什么样的作家?——在全国青年业余文艺创作者会议上的讲话》一文的鲜明的战斗主题,是对鲁迅、郭沫若、茅盾、丁玲这样的革命作家战斗历程的概括总结和集中赞美,也是对一代文学新军最诚挚的期望和爱护。此外,集子中,像评价老、中、青作家的文艺评论与随笔,也都写得很有见地,情深意远,实事求是,如《金伞的诗》《〈石玉山随笔〉》《〈炮火中的女记者〉序》《一本表现青少年智慧的书》等,就是这样的篇章。而《关于〈地球的红飘带〉》《我的散文》《回答语文教师的提问》等篇,则是魏巍同志本人坚持以社会主义、共产主义理想与火热心肠为人为文的一份生动回顾和交代,是现当代文学史"魏巍研究"领域的第一手宝贵资料,读来均让人受益匪浅。

  很显然,这部沉甸甸的《魏巍杂文集》在当今五光十色的杂文、散文园地中是别具思想与艺术特色的,它的的确确呈现出了一种政治思想与艺术境界的高格调、高品位,是脱俗的,是不凡的。我掩卷一再思索:促成这部《魏巍杂文集》思想艺术成就的因素,诚然很多,但最根本的因素又是什么呢? 又是伟大鲁迅指明了答案:"我以为根本问题是在作者可是一个'革命人',倘是的,则无论写的是什么事件,用的是什么材料,即都是'革命文学'。从喷泉里出来的都是水,从血管里出来的都是血。"(《而已集·革命文学》)魏巍自己在这部集子中,实际上也托出来这个答案,他认为,在今天,"鲁迅更值得我们学习,鲁迅的精神更值得我们继承"。(《走什么样的道路? 做什么样的作家?》)他还说:"鲁迅精神是什么? 我看鲁迅自己讲的'横眉冷对千夫指,俯首甘为孺子牛',就是这种精神的概括。"(《鲁迅的昭示》)魏巍在集子里还十分崇敬地赞扬年逾八旬的老作家欧阳山同志近年致力杂文,《广语丝》佳作迭出,"怀对党之赤心,秉鲁迅之遗风,一扫邪气妖氛,实为可敬"。那么,"怀对党之赤心,秉鲁迅之遗风"两句,不正是《魏巍杂文集》这老革命者的不凡之作得以焰焰铸就的最根本的答案与启示吗?

1994 年 9 月 9 日于武汉留轩斋
原载《文艺理论与批评》1995 年第 1 期

不老的宝刀,难得的遗珠
——读《魏巍文集》续一、二卷

马鋆伯

最近,魏巍同志在已有的十卷文集之外,又有两卷续集问世。人们奔走相告,我赶紧拿来认真捧读一遍。如果说十卷文集是我国现当代文学史上的一座丰碑,成就斐然,魅力永存;那么,这两卷续集可以说是不老的宝刀,难得的遗珠。之所以说是不老的宝刀,是因为其中续一集《新语兹》是这位老作家步入耄耋的近十来年间写的,继承和发扬了鲁迅杂文的战斗传统;之所以说是难得的遗珠,是因为其中续二集《四行日记》是这位老作家几个时期深入生活的日记,内容弥足珍贵,以往却未示人。

堪称"感应的神经" 无愧"攻守的手足"

鲁迅在谈到杂文作者的任务时,曾经说,应当"是感应的神经,是攻守的手足"。(《且介亭杂文·序言》)如今我们通读《新语兹》,深深感到鲁迅的这个断语,用之于魏巍在新时期写的这些散文身上,真是最恰切不过的了。它们没有一篇不是针对现实生活中最迫切的问题而发,针对性强,笔锋犀利,高瞻远瞩,寓意深刻。当我们打开《新语兹》时,卷首篇映入眼帘的是一个大字标题:"变"。篇头的箴言是:"世界上万事万物都在变。可是却有各种不同的变。"文章指出,20世纪有两种性质截然相反的"变":以巴黎公社为序幕而在20世纪展开的历史变革,是将历史车轮推向前进的剧变,是人类从资本的奴役中和一切剥削制度中解放出来的剧变,这是人类进入黎明期的开始;而苏联、东欧发生的剧变,却是历史的大倒退,是资本的卷土重来,重新将工人阶级和一切劳动者抓在它的血手之中,使人民再度回到黑暗。作者提醒我们:质变是从量变开始的,是通过量变完成的,但是不能说量变的时候没有质变。我想,一切不带偏见的人都会赞同这个完全符合事实的历史总结,这个完全符合唯物辩证法的科学论断,并从中得出我们应有的结论。作者热切地希望我们伟大的祖国继续沿着前一种变革的轨道前进,一片赤子之心可昭日月。差不多与此同时,作者还写了另一篇文章《我想到犹大》，指出在后一种剧变中，共产党内的犹大起了不可忽视的作用。文章说：苏联、东欧的剧变证明，"不是从国外派多少万人来搞和平演变，而是我们的'自己人'在推行和平演变，危害的严重性正在这里"。这些年来，我们对于作者的这个提醒有了更加深切的体会，因为我们有机会见识了更多的国内的"犹大"，在过去革命战争年代，我们通常称之为"反水"现象。例如，某些入党多年的"老革命"却以"两头真"自诩，为自己的"反水"辩护。其实，所谓"两头真"，打个大不敬的比喻，只不过是原本为枯木朽株，后来涂上了一层崭新的油漆，如今油漆剥落，又露出了本来面目而已。又如，当有人要我们党"改名为中国社会民主党，参加社会党国际"时，有的"老革命"竟然声称"这些建言""特别值得重视"。这难道不是"反水"现象，不是作者所说的"犹大"吗？目睹了这些，我们是不会把作者的告诫等闲视之、置若罔闻的。我们还会自然地想起作者在五年前写的一首诗："寻章摘句老雕虫，口口声声奉马翁。一看城头旗色变，叛贼营中打先锋。"

当我们迎接21世纪到来的时候，作者发表了《在新世纪的门槛上》一文，透辟分析了苏联解体的教训，指出主要是戈尔巴乔夫之流打着社会主义的旗子，走着资本主义的路子。他们在国际问题上，对帝国主义妥协退让，实行无原则的"和平共处"；在社会主义国家内部，推行全民国家、全民党的主张，否认在一定范围内依然存在的阶级斗争，放任资产阶级思想对无产阶级的进攻；在建党思想上，篡改党的工人阶级先锋队性质，使党日渐腐化堕落，脱离人民，变成各阶级混合杂居的俱乐部和争名逐利的团体；在经济建设上，以资产阶级新自由主义代替马克思主义政治经济学，迷信否定国家宏观调控的市场经济万能论和否定公有制为主体的私有制驱动力论；在依靠谁的问题上，实际上改变了工人阶级的主人翁地位，真正依靠的是党内外的资产阶级；如此等等。与此同时，作者批评了把苏联解体归咎于所谓"苏联模式"、"斯大林模式"失败的论调，厉声责问："这不是故意颠倒黑白、张冠李戴吗？这种手法岂不是太可耻了吗？"近年来，当全盘否定世界上第一个社会主义国家的成就和经验，把戈尔巴乔夫、叶利钦之流捧上了天的奇谈怪论甚嚣尘上之时，我们不能不服膺作者对问题感受的敏锐、观察的深刻和分析的精当。

作者在《发展社会主义的先进文化》一文中，开宗明义指出，不能离开意识形态来谈文化。文章说："只有代表无产阶级意识形态的文化，代表社会主义和共产主义方向的文化，才有资格称为先进文化的代表。"在此基础上，他列举了意识形态领域的"三股逆流"和现实生活中的"两种围剿"，要我们加以警惕。"三股逆流"，一是西方腐朽文化的大量涌入，二是旧中国殖民地文化、封建文化的沉渣泛起，三是资产阶级自由化的大肆泛滥。作者说："这三种力量似乎结成了'神圣同盟',它们一起向无产阶级思想体系——先进文化展开了一次又一次的猖狂进攻。它们的总目标和总口号是消解'主流意识形态'。什么是'主流意识形态'?在我国不明明白白说的是无产阶级的意识形态吗?不明明白白指的是马克思主义和马克思主义的思想体系吗?什么叫'消解'?不就是打垮、瓦解、消灭吗?""两种围剿"一种是资产阶级通过钱权交易,用大量的糖衣炮弹围剿共产党的干部;一种是资产阶级自由化等三种反动的文化力量对"主流意识形态"的围剿。这绝非危言耸听。胡锦涛同志这些年来一再告诫我们要有忧患意识,忧患意识从何而来?我想,认清这"三股逆流"和"两种围剿",对于我们树立忧患意识是大有好处的。

作者的《谁是最可爱的人》,在我国可谓妇孺皆知,在国外也声名远扬。但是,《谁是最可恨的人〉序》,知道的人可能并不太多。作者为之作序的这本书,内容系集自报刊上公开发表的揭露党内腐败分子的丑行的报道,但却令人百思不得其解地未能公开出版,因此广大读者也就无缘与之见面。现在读到作者当时写的这篇序言,多少可以弥补这个缺憾。在这篇序言里,作者援引了他曾在1991年中央领导召开的元宵节文艺座谈会上说过的话:"腐败现象和资产阶级自由化,是党的肌体上两个孪生的毒瘤。如果说有什么足以威胁党的生存,就是这两个东西。"关于反腐败,作者提出了值得重视的建议,例如,要划清无产阶级思想与资产阶级思想的界限,坚决同资产阶级思想进行斗争;要发动群众,依靠群众,把广大群众组织到反腐败的大军中来;等等。在《序言》的末尾,作者用饱蘸感情的笔触写道:"读完这本书,反复思考,夜不成寐,特书此数语以为序。"只要不是对国家安危无动于衷的铁石心肠的人,能不为作者那颗忧国忧民之心所深深震撼吗?

今年是改革开放三十周年。党的十一届三中全会肇始的改革开放极大地改变了中国的面貌,这是有目共睹的事实。正如看待任何事物都应当既持重点论又持两点论一样,我们在充分肯定改革开放取得的伟大成就的同时,也要看到其存在的不足的方面,加以反思和改进。对此,魏巍早就发表过十分中肯的意见。他引用古人曾参的话"吾日三省吾身",说明反思在一个人的生活中占有很重要的位置。一个人是这样,一个党也是这样。这说得多么切中肯綮啊!须知,他说这个话的时候,那种诬"反思改革"为"反对改革",企图从根本上堵塞反思之路,以便变改革为"改向"的倾向,还没有从"风起于青萍之末"发展到"盛怒于土囊之口"的程度,于此可见作者目光的敏锐和犀利。

魏巍同志尽管年届耄耋,却时刻关注着世界风云和社会动态。当山西发生"黑砖窑"事件时,他立即写了《惊闻山西"黑砖窑"事件》予以回应。他深刻指出:"要彻底消除'黑砖窑',必须与反腐败结合起来,对'黑砖窑'的保护伞展开追击。"他进而强调,对于资本的原始积累要有清醒的认识:"资本家正是资本的人格化,他有自己独特的灵魂。"追逐最大、最高利润就是他的本性。毫无疑问,这个分析是深刻的,是一语中的。对于身边发生的各种事情,我们这些年龄比魏巍小得多的人,也不可能及时做出反应。而魏巍年届耄耋,却反应如此及时,如此准确,他实在堪称"感应的神经",无愧"攻守的手足"。

对真善美的赞歌　对假恶丑的檄文

作者曾经把自己的文章概括为两个方面,即火上加油和挖掘墙脚。火上加油是给社会主义的建设者增添干劲,挖掘墙脚是挖资本主义的墙脚。他说:"资产阶级老是挖我们的墙脚,一点都不消极怠工。看来我们对他们也不便放松。这样才能使我们自己人兴奋愉快,轻装前进。"通读《新语丝》,我们深切地感到,他对挖墙脚的工作确实丝毫没有放松,凡有奇谈怪论冒出,立即给以反击,那些批评文章可以说是对假恶丑的一篇篇檄文。

关于"补课论"。这是一个时期以来相当流行的一种论调,至今也未敛迹。按照这种说法,社会主义国家应当进行资本主义补课。其论据是:现在的社会主义国家都是原来经济、文化落后,资本主义尚未充分发展的国家。这些国家的社会主义革命都是不应当发生而发生的,都是不满月的"早产儿"和"畸形儿",因此重新补上资本主义这一课,作为一个必经的阶段是不可或缺的。他们根本反对我们在社会主义制度下去实现发达国家在资本主义条件下实现的国家工业化和生产的商品化、社会化、现代化。魏巍同志痛斥了这种论调,他指出:"有出息的马克思主义者,真正的无产阶级革命家,完全没有必要依据资本主义是否高度发展而束缚自己的手脚。因为革命的爆发,其因素是多方面的,生产力的发展水平不过是其中的一个因素,但绝不是唯一的因素。从俄国革命和中国革命的发生看,当时都是矛盾的集中点,主客观条件都已完全具备,包含着深刻的历史必然性。……那种把生产力发展水平襯作唯一标志的人,不承认其他因素的人,只能证明不过是庸俗的生产力论者和机械论者罢了。"

关于"告别革命"论。这种论调认为,近代以来,中国的历史都让革命搞坏了、搞糟了,不仅中国共产党领导的数十年的伟大革命是不应当进行的,连孙中山领导的辛亥革命也都是不应当进行的;如果没有这些革命,采用逐步改良的办法,中国早就富强了,现代化了。魏巍同志严词痛斥这种论调:"它不仅仅是对我们人民、对我们现代革命史的诋毁和否定,对我们成千上万先烈的生命和热血的否定,也是为了断送我们中华民族今后的生机。试想,我们中华民族从根本上消失了革命精神,我们还有什么希望呢?"作者除了写文章驳斥这种论调外,还在清华大学学生纪念五四运动八十周年座谈会上做了题为《不能告别革命》的讲演。他的讲演在阐述了"革命是不能告别的"以后,又着重讲了"你们的道路是不平坦的"。在论述这个问题时,他谈到了帝国主义同中国的矛盾依然存在,并举例说:"现在以美国为首的北约,不是正在轰炸南斯拉夫吗?轰炸已经六十多天了,现在还没有停止的样子。无端地干预一个国家内部的事务,是什么理由?这同当年八国联军的强盗行径有什么不同?如果让美帝国主义继续横行下去,炸弹有没有可能落到中国人头上,落到你们的头上,我可没有保证。"不幸而言中,过了几天,就发生了我驻南使馆遭美机轰炸的严重事件。当然,这是事有凑巧,但从历史的长河来说,这个偶然里面是否也包含着某种必然呢?

关于不问姓"社"姓"资"、姓"公"姓"私"论。这种论调是一本名为《交锋》的书提出来的。这种论调企图把我们的改革变成"改向",把改革开放引入资本主义的歧途。针对此类论调,魏巍同志指出:"《交锋》提出的口号,他们的老师严家其早在十多年以前就提出来了,他们现在不过是步他们的老师的后尘罢了。所不同的是,那一部分人跑到了国外,在国外呐喊,这一部分人留在国内,在国内响应。他们配合得多么好啊!"魏巍同志令人信服地告诉人们,在改革开放问题上,实际上存在着两种截然相反的主张:一种是坚持社会主义道路,坚持人民民主专政,坚持共产党的领导,坚持马列主义、毛泽东思想的改革开放,即作为社会主义制度自我完善的改革开放;另一种是同四项基本原则相割裂、相背离、相对立的"改革开放",这种"改革开放"的实质,就是资本主义化,就是把中国纳入西方资本主义体系。他说:"从当前这场交锋的性质来看,它不是改革与反改革的斗争,而是两种改革观的斗争,是要不要坚持改革的社会主义方向的斗争。"要哉斯言!信哉斯言!如今,当这场交锋以更大规模展开的时候,当《交锋》一书的两位作者又分别侈谈对日的"新思维"和中国的"新革命",鼓吹不问爱国卖国、不问是功是罪的时候,人们读到魏巍同志的这篇檄文会倍感亲切。须知,当年的《交锋》是受到达官贵人撑腰、坊间书肆追捧的,批评《交锋》的文章则是"吟罢低眉无写处",神州之大发不了,在这种情势下能够同《交锋》交锋是难能可贵的。

关于抗美援朝否定论。在那股几乎席卷一切的翻案风中,伟大的抗美援朝也遭到否定。翻案者说,美国政府本来是不准备同中国打一场大战的,更无意侵占中国的台湾,抗美援朝这场战争本来是不应该打的,但是却打了三年多,使"中国流了很多血,损失了很多财产"。同时也搞坏了中美关系、国际关系,使"中国二十年不得参加联合国,阻滞了中国社会和经济的进步","使中国无限期延缓了统一台湾的目标",尤其是牺牲在朝鲜的几十万中国人,他们都是在不明"真相"的情况下死去的,简直是一些冤死的鬼魂。翻案论者自称是为这些冤魂深沉地悲哀,并且要求中国人对这场战争有"新的思考"。立论之乖谬,论据之虚妄,可谓前所未有,登峰造极!魏巍同志作为这场伟大战争的亲历者,对此种论调给予了有力的回击。他怒不可遏地写道:"我在抗美援朝五十周年后看到这样的文章,感到比那位作者更加深沉的悲哀。不过我悲哀的不是烈士,而是五十年后中华民族怎么会出现这样一批说鬼话的不肖子孙!也许说他们是不肖子孙太不够了。正如有人哀叹的'汉奸情结何时了',这些人如果不是秦桧转世,也是汪精卫复生了。再不就唤他们是'洋奴'或'西崽'!"他义正词严地宣告:"在中国人民的心中,抗美援朝的历史,是庄严而神圣的,是值得中国人民骄傲的一段历史,它是不允许任何人来亵渎的。……在纪念抗美援朝五十周年的时候,我们向牺牲在朝鲜土地上的光荣的烈士们和他们的家属深深致敬!向尚健在的参加那次战争的整整一代人深深致敬!我再次说,抗美援朝的伟大胜利,是中国人民近代反帝史上辉煌的纪念碑!"读了这些情理并茂的话语,一切良知未泯的中国人都不能不为之动容。

在无情鞭挞假恶丑的同时,作者热情歌颂真善美。读者还记得,在魏巍同志的长篇小说《火凤凰》中,曾经描写了一位感人至深的青年诗人晨曦,这是以在抗日战争中英勇献身的陈辉烈士为原型的。在陈辉牺牲六十周年之际,作者又写了一篇纪念文章,一方面痛斥"告别革命"论,一方面赞颂包括陈辉在内的革命诗人。他满怀深情地说:"今天我们纪念英雄诗人陈辉,并回顾我们优良的诗歌传统,就是要找一找我们同他们之间的差距,看看我们身上到底还缺少些什么,还有什么不够的地方,然后,坚定地站在工农劳动群众一边,与他们同呼吸共命运,沿着社会主义的道路,一同战斗,一同前进!"

为了在反映抗美援朝的长篇巨著中把前方同后方联系起来,作者曾经在1953年特地到长辛店二七机车车辆厂深入生活。在那里他结识了厂长黄英夫。这是一位11岁就参加红军的"年轻的老干部",经历了从一个文化程度并不很高的红小鬼到管理现代化大企业的厂长的艰辛历程。将近半个世纪以后,作者在为一部以黄英夫为主人公的纪实文学《山花烂漫》(钱小惠著)作序时描述了他当时留下的深刻印象,并极具针对性地指出:"谁敢说我们的工农干部这也不行那也不行呢?谁敢说他们没有才能呢?他们之中,不仅出现了数不清的将军,不仅出现了许多管理国家的栋梁之材,不是也出现了管理现代化大企业的能手吗?如果说过去有人轻视知识分子的倾向不对,那么今天反过来轻视工农出身的人就更不对了。"

作者赞颂的对象不仅有中国人,还有外国人。最为突出的是他对白求恩式的国际主义战士阳早和寒春的赞颂。很多人都知道,阳早是美国的一位饲养奶牛的专家,为了支援中国人民的解放战争,他卖掉了自己的奶牛,漂洋过海,来到延安养牛。寒春本是物理学家,曾参与美国第一颗原子弹的试制。出于对腐朽的美帝国主义的绝望和对即将诞生的新中国的向往,她也来到了延安,与阳早久别重逢,喜结连理,从此开始了半个多世纪的风雨历程。作者以由衷的敬佩之情赞颂了这对"爱情与真理的结合"的伉俪对中国人民的深厚友谊,同时指出:"在他们身上,我还看到了另一种十分光彩的东西,就是几十年来他们一直保持着当年延安的作风。在这点上,我可以坦率地说,比我们许多老干部做得还好,这是十分难得十分可贵的。"作者告诉我们,这对夫妇生活极为简朴,终身不脱离劳动,不脱离群众。他们说:"出出进进看得见工人、农民,听得见机器响,住在这里心里才踏实。"他们嘴上经常挂着一句话:"要用延安精神搞四化!"这是多么感人肺腑的真善美啊!

  作者以密切关注现实的态度和极其敏锐犀利的目光,随时把生活中的真善美介绍给读者。当工人诗人王学忠在文坛上初露锋芒,魏巍同志便热情推荐。当某些人对这位诗坛新秀吹毛求疵、弃如敝屣时,魏巍同志又以关爱的态度实事求是地指出:"要知道,诗人也需要在战斗中成长,在成长中战斗,不要要求一个新战士立刻成为成熟的布尔什维克,不会凭空从天上掉下一个马雅可夫斯基来!即使就诗歌本身的成就来说,王学忠也是不平庸的。老实说,他的那些诗并不是每个诗人都能写出来的。即如短短的《国企妈妈》这样的诗,哪个写得出来?不是国企工人,不经历这样大的变动,哪里会有这样深的感情,怎么可能称'国企'为妈妈呢?"当他从长江大学的校报上看到该校学生赵传宇舍身救起在长江边上洗衣落水的七旬老妪的报道时,立即致信长江大学,信中意味深长地说:"近些年来,我们新一代的青年,正在五光十色极其复杂的社会环境中经受着前所未有的严峻考验。我看出,一些人经不起种种不正之风的诱惑和腐朽文化的蛊惑而遭受不幸;同时,我也看到,另一些青年,正在苦读马列,深入群众,正在刻苦地磨炼自己,用坚强的意志抵御着各种无孔不入的腐蚀。从后一种青年身上,我看到希望。愿他们以革命前辈为榜样,像奔腾不息的长江一般,把我们的祖国推向前进。"这位伟大作家的爱憎就是这样的鲜明和强烈!

  作者在他75岁生日时,曾经写过一首《自题》诗:"黄河岸上一少年,不觉霜雪飞鬓边。烟飘青春从不悔,雾迷关山志更坚。鲁师遗训铭心底,痴牛永俯孺子前。胸中自有青松气,尽瘁不唱夕阳残。"我们读了魏巍同志的《新语丝》,从那些对真善美的赞歌和对假恶丑的檄文中,看到的正是"横眉冷对千夫指,俯首甘为孺子牛"的精神。

弥足珍贵的史迹　战士心灵的历程

　　《魏巍文集》续二卷是《西行日记》,包括"二次赴朝日记"、"赴越日记"、"长征路寻访日记"和"石油战线巡礼"。这些日记给我们留下了作者亲身经历和实地走访的史迹,这是作者深入生活的记录。它不仅为以抗美援朝为题材的长篇小说《东方》和一组报告文学《谁是最可爱的人》,为以越南抗美战争为题材的一组报告文学《人民战争花最红》,为以红军长征为题材的长篇小说《地球的红飘带》,为以献身石油战线的青年为题材的一组散文《为青年朋友壮行》作了充分的题材和主题的准备,而且也是我们今天的读者了解那些永垂史册的不平凡的岁月和事件的难能可贵的第一手材料。

　　作者1952年的二次赴朝,历时一年,先后走访了两个军、志愿军总部、兵站、医院、炮兵、工兵、高炮阵地,访问了朝鲜人民军和朝鲜人民以及战时的平壤城。其间他曾在一个营部和连的阵地上住了一个月,有一次竟睡在距美国侵略军不过400米的地方。从日记中,我们可以看到志愿军首长陈赓和甘泗淇将军的英姿。特别是陈赓,作者告诉我们:"他像一匹没有受过拘束的骏马。说话热烈、尖刻、俏皮","他的话,总使听众大笑","但透过这一切,使人深感他的疾恶如仇和维护真理的热烈精神"。日记中更多的是可爱的战士的身影。当作者问前沿战士有什么困难时,大家都说没有,说祖国人民太好了,我们要什么给什么,捐了飞机大炮,天上飞的也有了;都说祖国太伟大了,流露出感激的心情。一个战士还说,因为光荣也就不觉得苦了,立"国际功"嘛。须知这是在面临也许一去不复返的情况下说的肺腑之言啊!战士们在讨论中讲祖国进步很快,自己感觉落后了,特别是觉得战绩不大,对不起祖国人民。作者感叹道:"这就是战士的伟大之处!他们在前线出生入死,还觉得战绩不多,贡献不大,对不起祖国人民!"有一个班长负伤后离开阵地,对副排长说,我去休养以后,你要征求全班对我有什么意见,给我记在小本上,休养回来后告诉我,我好克服。我自己天天教育战士小心,结果我自己倒被打中了,这是我的缺点。多么可爱的战士啊!在野战医院里,一方面是伤员忍受着常人难以忍受的痛苦,一方面是护士不顾臭脏给伤员端屎端尿,作者感叹道:"真是不到医院不知我军的战斗意志,不到医院不知护士工作的伟大。"

　　1965年6月,美帝国主义派飞机轰炸越南北方,越南战争升级。奉周恩来总理之命,由作家协会派出巴金和魏巍作为第一批中国作家访问越南,于是开始了作者的越南战地之行。越南人民反击美国侵略者的英雄行为给作者留下了深刻的印象。那时在整个越南北方,每天都有三四架、七八架敌机被击落。本来人们憋足了劲要在9月2日越南国庆节时击落500架,结果到8月30日已击落503架。越南北方已成为名副其实的"全民的靶场"。一个乡的三个民兵仅用三支步枪和三发子弹就打下了一架敌机。作者见到的几个面黄肌瘦的少女也毫不含糊地击落了敌机。作者在参观了她们所用的机枪后赞叹道:"今天在越南北方的土地上有多少这样的枪口在等待着敌人。他们怎能知道等待和击落他们的不过是这些担水砍柴的小姑娘呢!"作者到过一个距敌只有800米的英雄乡,敌人派来的140名特务被全部活捉。一个外国记者来到这里看见没有一个炮楼大为惊讶。作者感慨道:"他不知道这里的长城是无形的长城,而这长城正在人民心灵之上和强大的组织之中。"越南南方的指战员所处环境更为艰苦。一位少校告诉作者,在最困难时他们"走路不要路,住下不要房",行军隐蔽,脚上爬得满是蚂蟥,平均一个人要被吸去两毫升的血。但在作者了解的青山歼灭战中,不到一连人就歼灭600美国兵。这样英雄的军队、英雄的人民,正是在残酷的战斗中成长起来的。

  作者为了创作以红军长征为题材的小说,曾于1983年5至7月和1984年7至11月两次寻访长征路。第一次目睹了大渡河的险境雄姿,但后来因为崴了脚,只得中途返回。第二次翻越了三座雪山,亲历了大雪飞舞;横渡了金沙江,领略了渡江对于当年红军走向胜利的伟大意义。其间动人的故事比比皆是。例如"红军菩萨"的事迹就极为感人。其主人公是个卫生员,因给群众治病,回营时部队已转移,被反动派所害,死后群众埋葬,香火不绝,反动派将坟挖开,远近百里群众,每人携石土来又重新埋上,坟头更大了。至今群众尚去祭奠。作者在瞻仰之余无限感叹说:"这是我党我军的神圣形象。"

  魏巍同志自从1955年到北京石油地质学校给第一届毕业生送行以来,就和石油战线结上了不解之缘。石油战线是新中国成立以来一条生气勃勃的战线,以写中华民族正气歌为己任的他自然地选择了石油战线作为自己在和平建设时期的报告文学的反映对象。为此,就有了他的两次石油战线之行,西抵天山塔里木盆地,东至黄河口。在这个走访途中,许多感人事迹打动了作者。玉门的石油城,过去是一个小小老君庙油田,现已发展为18万人口的城市。作者不由得感慨系之,写了一副对联:"老传统开新花力量无穷,老母鸡下金蛋再展雄姿。"革命先烈杨虎城的女儿杨拯陆从事石油野外勘探,不幸被活活冻死,牺牲时还紧紧抱着她勘探的资料。这使作者的心灵受到强烈的震撼。在参观克拉玛依的石油公园时,他为碑林题了诗:"不是昔年战风沙,哪有今日城如花。愿君再借东风力,播送芳草到天涯。"作者还曾为塔里木油田题诗一首:"石油钢铁汉,崖战在荒原。誓夺塔里木,再上一重天。"在东海油田,浅海石油公司的经理告诉作者,空军司令张廷发曾经来这里参观,向他们恭恭敬敬地鞠了三个躬,说:"没有石油,我那些飞机就是一堆废铁。"这时经理的眼泪唰唰地流下来了,他下决心说:"我这辈子干石油干到底了。"作者为钻井平台和浅海公司分别题诗"不怕风浪高,但盼油香飘"和"踏破渤海千重浪,常怀报国一片心"。这多少反映了他内心的感受。

由于日记的特殊性,作者可以直抒胸臆,于是我们也就得以从中窥见魏巍同志这位具有崇高灵魂的革命战士的心灵历程。前面说过,他针对如今某些人把对改革的反思诬为"反对",曾经引用了古人曾参的"吾日三省吾身",强调反思的必要性。读了魏巍同志的日记,我们知道,这个反思的要求,首先是针对他自己的。

在日记里,我们不时看到这样的反省和自责:"自己有名了,人家对自己的企望大了,派专车送。自己的创作,不知是否能和这些汽油,司机的劳动,大家的企望相称。""这是很宝贵的时间,我应当抓住。这是战争,我不应当胡混。我应当不怕疲劳,不怕危险地去生活,拥抱生活。""我们文艺工作者的贡献实在太小,而我们浪费的人力有多少啊!工人、农民、司务长、炊事员、汽车司机,还有许多照顾我们的通信员,到处像花一样捧着我们,吃吃好的,用用好的,打仗时还为我们担心。我们一个人一生可以做的事情太少了。如果像鲁迅一样,他一生写出了多少作品啊,而我们竟然也称起'作家',一生究竟能写几篇有用的东西!比起劳动人民对我们的抚养,实在太不相称,实在叫人惭愧!"他还在反省的同时,不断进行自我总结,常常列出在一段时间的深入生活中,收获是哪些,缺点是哪些,然后认真加以改正。

在日记里,我们不时看到他拿自己和周围同志特别是英雄模范相比,找出差距:"这人的革命品质实在令人赞叹!自己和他比实在有些惭愧。""战士们在残酷战争面前视死如归,快快乐乐,实在是太伟大了。哪怕今天下午就死了,就离开他所亲爱的、留恋的人们,而现在他仍然是满不在乎的,快乐的。人生的意义到底是什么?是为人民光荣地英雄地生活,哪怕生活得并不长久。是灿烂的火光,而不是欲明未灭的火星。"他领悟到战士们与包括自己在内的某些文人的差别:"他们不像某些知识分子那样,懂得许多真理,却不能完全做到;而这些人懂得一点就变成了战斗力。"应当说,这个体会是真切的,深刻的。即使是战士们夸奖他,他也清醒地意识到:"人总是爱听好话呀,特别说我勇敢是让我高兴的。我懂得人家这样说我,并没有把我当作普通一兵来要求!"他常常从一些小事上毫不留情地进行自我批评。一次,在炮火紧密封锁的前沿阵地,不宜停留,需要退回,但同去的另一位同志经连喊几声也未见上来,当时怕炮打来,自己就往前走了几步。对此,他在日记中自责道:"我感到自己还是做得不够。应该更多地想到别人。"这些日记,可以毫不夸张地说,这是作家净化心灵的真实记录。

　　尤为感人的是,作者寻访长征路结束后回到北京,适逢整党的党员登记。他立即起草登记表后送党小组长审阅,接着便抄写到次日凌晨,日记中记载了登记表的结尾:"我今年已六十四岁,从十七岁参加我们的军队,至今已四十七年,入党也四十六年了。我不认为党欠了我什么,而只是觉得自己工作做得不够。我今天已无他求,只是希望我们的党好起来,我们的国家沿着社会主义道路强大起来,无论在东方、在世界,永远是共产主义的一颗亮星。至于说我个人,最重要的是在我的余年中,为党为人民再写出一点东西。……将近半个世纪以来,我是跟着我们的党战斗过来的。参加革命前,我只不过是旧社会的一般青年而已。我的觉悟,我的成名,我的一切,都是党给的,人民给的。我愿意把最后的精力和生命贡献出来,作为对自己的母亲——党和人民的一点报答吧!"读到这里,我不禁泪眼蒙眬了。这就是我们敬爱的魏巍同志,这就是名副其实的真正的人民作家!

原载《中华魂》2008 年第 7 期

独具个性的崇高诗美
—— 魏 巍 论

蔡子谔

一

根据魏巍诗作的写作时代和题材,我们可将其大体分为三个时期:即战争时期、新中国成立后的一段时期和改革开放的新时期。魏巍曾这样深情地怀念那个战争年代的诗兴勃发的时期——这,也许是我们探讨他崇高诗美的个性特征,乃至整个文学生命的锁钥:"在那战争激烈的日子里,随着和人民感情的加深,渐渐地晋察冀的群山和溪流,晋察冀的土地和人民,就渗入了我的诗的世界,或者说,我渐渐地生活在这种诗的感觉中。……我写了很多。在1941年残酷的反'扫荡'中,我几乎每一两日写诗一首,在夜行军中思索,在拂晓宿营中记下。饥饿和疲劳也似乎无干。我真实地体会到:愈是政治热情饱满的时期,也愈是生活美丽的时期,也就愈是诗的时期。"在这里,魏巍阐释了这样一个朴实的真理:当诗人和人民的感情加深乃至融为一体时,人民就成为他创作的源泉,他便生活在诗的感觉中。而这种充溢着生活美的诗美境界的形成,首先是源自一个经过战火和生死严峻考验的"战士"的自觉——一种具有悲怆氛围的崇高美感的自觉:"这是因为我眼望着死亡,/傲慢地将它跨过;/我没有动摇,/真理没有离开我。"因此,诗人作为一名战士,他在心里呼喊,"党呵,……我要跟你走到天边"。(《黎明来到白石山下》)他作为一个战士,"用血冲洗了人民的泪,/用头颅/唤来农民的土地,/人民的幸福! /……/瞄准呵/让每粒子弹都使反人民的恶魔流血"。

《魏巍诗选》第一辑至第六辑:《黄河行》《高粱长起来吧》《诗没有死》《好夫妻歌》《越过堡垒线》及《黎明风景》等,都充满着英雄的激情和胜利感。在新中国成立后的诗作中,诗人作为战士,发出了他那撞击着胸口的激情呼喊:"我愿我的歌呀,/也像你十一月七日的钟声。"(《十一月七日的钟声》)在这些令人热血沸腾的诗行中,我们不难看出,魏巍作为诗人、战士,坚定地站在人民奋然前行的行列里。

《红叶集》是魏巍在改革开放的新时期的诗作结集。在这部诗集里,他歌吟的题材更丰富广阔了。这时年逾七秩的老诗翁、老战士,有了更多的深沉而睿哲的人生思考,对社会发展的必然性也有了更深刻的揭示。作为忠诚的战士和诗人的魏巍,他最关心的仍然是祖国的前途、人民的命运。当他驮着小孙孙在林荫道上漫步,忽然觉得"我是驮着 21 世纪前进,我驮的是鲜花和希望"。但当他被石子绊了一下时,脑海中便突然"跳"出了一个问号:"难道人们说的,/世界太平,/万事如意,/一片光明?不,不,人世沧桑,风云变幻,人间事往往难以判断。"但接着诗人仍昂然放歌:"判断虽然难以判断,/但总是能够判断。/前途虽然不能乐观,/但也无须悲观。/人类总有智慧和勇敢,/能排除前进道路的艰难。"(《我驮着 21 世纪前进》)这种震撼心魄的崇高审美形态,正是魏巍诗美的独特魅力的所在。对于魏巍来说,战士的崇高诗美自觉,是诗人崇高诗美自觉的前提。

魏巍的诗人的自觉,来自于战士的自觉。一如前述,当他作为个体的战士融汇于群体的人民和战士的情感世界里时,同时也就具有了人民军队和人民群众那种艰苦卓绝、不屈不挠、踔厉风发、勇猛顽强的斗争勇气和英雄激情。这奔涌的情感湍流,冲决了束缚和禁锢诗人情感和思想的闸门,于是"我的语言也似乎自由了一些,那些不好惹的文字,也似乎变得驯服了"。这种被"诗"的节奏、声调(平仄)和韵律等形式美因素或曰艺术美法则,束缚和禁锢着的、被诗人自己痛楚地称之为"戴着镣铐"的"不好惹的文字","自由"了,"驯服"了!"诗体"也"自由"了,"驯服"了:其间有如匕首投枪一般短小精悍的街头诗,如《谁敢再来讨伐"扫荡"》《阿部中将的死》等;也有如白云一般舒卷自如的"信天游"民歌体,如《好夫妻歌》《井冈山漫游》等;有如大河奔腾、气势磅礴的抒情长卷,如《黄河行》;也有旨趣隽永、格调冷峭的长篇叙事诗,如《黎明风景》;有尖锐犀利、诙谐幽默的政治讽刺诗,如《对话》等;也有大体合律的新格律诗,如《赠朝鲜诗翁朴仁俊》《自题》《黄河吟》等。不论何种诗体,他都写得诗意盎然、韵味完足。当然,写得最多的,运用得最得心应手的是自由体新诗。显然,战士的自觉激活了诗人潜沉于生命性灵中的华茂才藻。诗人的自觉,显现出战士饱含着青春和热血的风骨神韵。两者并驾驰骛,兼容并包,相辅相成,益昭益彰,才产生出这众多的声情并茂、辞采炳焕的华章。

二

魏巍的散文或曰文艺通讯的代表作《谁是最可爱的人》,以极强烈的时代气息和英雄激情震人心魄,深受国内外读者的欢迎。周恩来在第二次文代会上指出:"我们就是要写工农兵中的优秀人物,写他们中间的理想人物。魏巍同志所写的《谁是最可爱的人》,就是对这种类型的歌颂。它感动了千百万读者,鼓舞了前方的战士。我们就是要刻画这些典型人物来推动社会前进。同时,我们的理想主义,应该是现实主义的理想主义;我们的现实主义,是理想主义的现实主义。革命的现实主义和革命的理想主义结合起来,就是社会主义现实主义。"周恩来的这段话,无疑是对魏巍的文艺通讯乃至其他文学创作的崇高的赞誉。

魏巍的文艺通讯及其散文作品,正是通过深刻地展示我们的战士——"最可爱的人"的崇高理想来展现它崇高诗美的绚烂光彩的。那些被人们广为传诵的佳句,所着力抒写的正是战士的崇高理想:"拿吃雪来说吧。我在这里吃雪,正是为了祖国的人民不吃雪……你再比如蹲防空洞吧,多憋闷得慌哩,眼看着外面好好的太阳、光光的马路不能走。可是我在这里蹲防空洞,祖国的人民就可以不蹲防空洞呀,他们就可以不慌不忙地走呀。"(《谁是最可爱的人》)也许有人会问,这里哪是"理想"或"理想主义"呀?!其实,这正是我们要深入探究的与崇高诗美密切相关的关键问题的所在。

所谓"理想",是人类特有的一种精神现象,是人们自觉认识到的奋斗和追求的目标,是基于现实发展的客观需要和对现实发展的必然趋势及其未来目标的正确认识,是对事物美好未来的科学预见、合理想象和向往。而"理想主义"则是追求理想的系统理论和主张。无产阶级最崇高的理想是共产主义。而每个人又有自己的个人理想,个人理想既不同程度地体现着社会理想的成分,同时又具有个体的特殊内容和表现形式。我们认为,魏巍文艺通讯或曰散文作品的优秀之作,无一不全面、深刻而辩证地体现了个人理想与社会理想的统一,使作品的基调一开始便定在高扬时代主旋律上,时时处处闪烁着震撼人心的革命理想的绚烂光辉。

显然,文艺通讯和散文作品是文学作品,是用形象化的生动具体的美好生活图景或曰诗情画意来表现、来达到社会理想、个人理想的融合和统一的。魏巍曾说:"假如没有充实着伟大的生活目的,那就像没有阳光照耀的花朵一样,既没有色,也没有香。"(《幸福的花为勇士而开》)他还更为明确地指出:"现在有些年轻的同志不大瞧得起理想,好像这个理想是空家伙。你们的实践本身就说明理想本身是扎扎实实的东西,不是空洞的东西。"他还说,我们的"核心还是要坚持共产主义的远大理想。因为我们的主题,我们上演的这出戏的题目,就是'中国共产主义者之歌',或者说是'中国的共产主义者创业之歌'"。(《这就是我们的哲学》)将理想喻为"花朵",目为"扎扎实实的东西",当作上演的慷慨高歌、威武雄壮的话剧,这本身便是运用革命的现实主义和革命的浪漫主义相结合的方法对"理想"的把握;便是对审美理想的把握。那么,魏巍在他的文艺通讯和散文作品中,又是怎样表现充满浓郁诗情的审美理想或曰理想的崇高诗美的呢?

其一,魏巍的文艺通讯和散文采取的是"一滴水反映太阳光辉"的"以小见大"的艺术辩证法,他所撷取的,正是最晶莹的水珠——最具典型意义的事件和人物。正如大家所熟知的那样,在写作《谁是最可爱的人》这篇通讯时,魏巍曾满怀激情地一气写了二十多个事例。但后来他只选取了松骨峰阻击战、马玉祥烈火中救朝鲜幼童和在防空洞中与战士的对话这样三个最具典型意义的情节和场景,即最为"晶莹璀璨的水珠",来反映最为绚烂美丽的理想光辉。"以小见大"还生动具体地表现在其所表现的"理想"本身,即用个人理想来体现社会理想。志愿军战士的"入党"和获得一块"朝鲜解放纪念章"的愿望这些典型事例,便是通过他们纯洁高尚的个人愿望或曰个人理想来体现崇高壮丽的社会理想:为人类解放(包括"朝鲜解放")和共产主义的实现而奋斗的壮美情怀。这便从另一种蕴涵上表现了"滴水春晖"的瑰丽而壮美的诗情。

其二,魏巍在表现充满浓郁诗情的审美境界时,不是在那里为我们描摹虚无缥缈的海市蜃楼;而是在最为平凡的战士身上,最为平常的生活里面,撷取那些最为真实最为亲切最为动人的情节和场景,来表现充满"英雄激情"和"胜利感"的理想光辉和崇高诗美。如在光光的"马路上不慌不忙地走啊。他们想骑车子也行,想走路也行,边遛达、边说话也行"。这些看来最平常最普通的期盼和愿望,如果没有那种在炮火弥天的朝鲜战场,成年累月地蹲在"狭小潮湿的防空洞"里,"吃一口炒面,就一口雪"的亲身经历,就不可能深切和真切地体验到那种似乎可以触摸得到的沁骨浃髓、暖人肺腑的深厚力量和炽热情感。"看来寻常最奇崛",正是魏巍文艺通讯和散文的崇高诗美之所在。

其三,魏巍还擅于写审美理想在平凡的战士和年轻人心田中萌发、生长、成熟,乃至获得丰稔收成的过程。娓娓道来的那些循序渐进的"过程","无限风光在险峰"的崇高诗美,正蕴涵于迈着"结结实实的步子"的攀登之中。因为这种崇高诗美是蕴涵于悄然无息的"量变"到雷霆乍起的"质变"的哲理之中,而魏巍文艺通讯和散文的强烈感染力和强大说服力也正在这里。

我们还要指出的是:魏巍独具个性的崇高诗美,一以贯之地表现在他的散文及文艺通讯之中,并因题材和体裁所存在的差异而呈现出丰富多彩的形态来。第一,他的各类题材"文艺通讯"的共同特点是:首先,都是高扬时代主旋律的作品。其次,这些作品大多是熔记叙、抒情和议论于一炉,但又多是以记叙事件或曰"缀人于事"为主的叙事散文作品。其三,这些作品无论其为叙事、抒情或议论都是高度"心灵化"(参见王尧《魏巍散文选集〈序言〉》,《魏巍散文选集》第7页)、审美化和诗化亦即崇高诗美化了的。第二,辑在"为青年朋友壮行"中的以"青春"、"理想"以及世界观、人生观、价值观为主题的议论散文同样产生了极为深远的影响——启迪、感悟、教育和引导了几代青年人。这些以《幸福的花为勇士而开》《夏日三题》和《路标》等名篇为代表的散文是魏巍在五六十年代参与《中国青年》杂志有关青年现实思想问题的讨论和为北京石油地质学校首届毕业生壮行而写的散文。这些议论散文均依据青年的思想实际,是作者以强烈的社会责任感和巨大的理论激情,娴熟地掌握和运用唯物辩证法和历史唯物主义的思想结晶。这些散文虽以议论为主,但同时仍间有被作者"心灵化"即崇高诗美化了的叙事和抒情。这也正是这些议论散文具有强烈的艺术感染力且产生深远影响的深刻原因。第三,《七月献辞》中的《寄故乡》《怀仁堂随笔》和《七月献辞》等,则是较为典型的抒情散文。但他的抒情往往不是直抒胸臆的,而是一种将澎湃诗情散文化了的叙述和描写,而且审美情感积淀深厚、心理内涵蕴含丰富。第四,魏巍的杂文大多收录在《魏巍杂文集》的《新语丝》中。《多难兴邦》《变》《我想到犹大》《菲德尔·卡斯特罗赞》《女娲补天》等,都是其中的优秀篇章。魏巍写作杂文的旨趣在《〈新语丝〉前记》的倡言中已有明示:"四中全会以来,广州欧阳公致力杂文,……公以耄耋之年,怀对党之赤心,秉鲁迅之遗风,一扫邪气妖氛,实为可敬。然岂可有南无北,有《广语丝》,而无《京语丝》乎?岂可任战士奋争于前,我辈袖手观风乎?而'京语丝'之名我不敢擅专也。因名《新语丝》以唱和之,望我各省各地宜各有自己之《语丝》也。"魏巍杂文承袭其议论散文发展而来,多数篇什,由于启迪、开导和教育的对象变成了揭露、批判和抨击的对象,故而情感更为炽烈、文思更为凝重、文笔更为老辣、斗争锋芒更为犀利。因而崇高诗美,便在它特有的"匕首、投枪"一般的雪亮锋锷中,闪射着呼啸前行、奋然抗争的战斗风采。

三

长篇小说的创作,可说是魏巍继他的《谁是最可爱的人》等文艺通讯或曰散文创作后,另一个高耸的峰巅。他的《东方》和《地球的红飘带》(下简称《红飘带》),是我国当代文学史上第一部全景式地描写抗美援朝战争和红军长征的具有史诗美学品质的鸿篇巨制。丁玲指出:"《东方》是一部史诗式的小说,它是写中国人民志愿军在抗美援朝中创造的宏伟业绩的史册,是一幅绚丽多彩的画卷,是一座雕塑了各种不同形象的英雄人物的丰碑。"聂荣臻也曾赞誉:《红飘带》是"一部史诗般的作品"。老一辈无产阶级革命家聂帅和著名作家丁玲的切中肯綮、弥足珍贵的评价和赞誉,都从"史诗"这一特殊的视角,揭示了魏巍长篇小说独具个性的崇高诗美这一鲜明美学特征。

魏巍也谈过"史诗"的艺术特色,他说,我对于所谓"史诗"这一美学范畴及其他的规定性尚未进行过充分的理论研究或者说理性思考。如果说《东方》和《红飘带》确带有一些"史诗"的特点而被誉为"史诗"的话,我个人的深切感受则是,你作为一个作家所要写的那一段历史,必须是伟大的历史,是人民群众用自己非凡的力量改变了历史的进程并创造了罕见的奇迹般的历史,是令世界震惊、令人类瞩目的历史,而这段可歌可泣、慷慨悲壮的伟大历史,必须强烈地震撼了作者的心灵,与作者梦魂萦绕、血肉相连,成为作者精神生活乃至他生命须臾不可分离的东西。这对于我们深入地认识、理解和把握魏巍史诗式长篇小说的美学特征具有重要的指导意义。

在中国共产党领导下的红军长征和抗美援朝战争,分别是中国工农红军、中国人民志愿军所创造的世界战争史上的奇迹。其本身就具有威武雄壮、震撼人心的崇高美的特殊魅力。然而,倘若这些具有崇高美的伟大历史进程,不同作为审美主体和创造主体的作家的情感世界相互交汇、相互融合乃至密不可分地凝聚在一起,也就是说,倘若缺乏坚定的共产主义信念,深沉、醇厚的生活积累,火一样炽热的情感,以"真、善、美"相统一的崇高审美范畴为核心的审美观念,青松气节、云水襟怀一般的审美趣味,云诡波谲、瑰丽多彩的艺术想象,或则"制锦为衣、聚花作障",或则"节节生奇、层层追险"的叙述方式和结构技巧等等,那么,中国工农红军和中国人民志愿军所创造的历史奇迹中所蕴含的崇高的峥嵘风骨,恐怕便很难像《东方》和《红飘带》那样,被熔铸成具有崇高审美形态的"诗美"的巍峨丰碑。伟大的历史进程或曰历史事件,作为特定的审美对象,其所包含的巨大而深刻的崇高美历史蕴含和崇高美感,能不能被作家的"感受音乐的耳朵、感受形式美的眼睛"所感受,是怎样地被感受,以及在怎样的程度上将这种感受与自己的感悟能力、认知能力、思维能力和创造能力等融合、交汇和凝聚在一起,并使之对象化、审美化或曰"诗美"化,这便是长篇小说获得独特个性、崇高诗美的"史诗"品格的契机和关键。

历史是由赓续不断的事件所组成的。作为史诗式长篇小说,容量虽大,终归有限,这便出现了文学创作中对人物与事件进行遴选、提炼和凝聚,使之达到个性与共性相统一的典型化问题。《东方》《红飘带》独具个性的崇高诗美的特征,与作者创作过程中的典型化问题是密不可分的:首先,《东方》《红飘带》中所塑造的典型,不是一般审美范畴或曰美学意义上的典型,而是具有崇高美的,像郭祥、邓军、周朴、杨雪、乔大夯以及杨大妈那样的"倔强的、叱咤风云的革命的无产者"的典型性格。如果作者没有牢固树立无产阶级世界观,掌握辩证唯物论和历史唯物论,没有纯洁、高尚的灵魂,就不会像丁玲说的那样:"魏巍是钻进了这些可尊敬的人们的灵魂里面,并且同自己的灵魂融合在一块,以无穷的感动和爱,娓娓地道出这灵魂深处所包含的一切感觉。"(丁玲《读魏巍的朝鲜通讯》)也就不会写出血肉丰满的无产阶级的典型性格来。在《东方》中,郭祥或杨雪作为"典型性格",生活在环绕着这些人物并促使他们行动的环境之中,即生活在邓军、周朴、乔大夯、杨大妈、金丝嫂、小契、来凤、金妈妈、朴贞淑、金银铁乃至陆希荣、谢福畴等组成的典型人物群体之中。这一"群体"对于其中的任何一个"典型人物"来说,是"典型环境";而每一个"典型人物"又是这一"群体"即"典型环境"的有机组成部分。《红飘带》也是如此。诚如聂帅指出的那样:"作品中出现的毛泽东、周恩来、朱德以及王稼祥、彭德怀、刘伯承、叶剑英的形象,写得很像、很活,这些都是我非常熟悉的领导和战友,差不多就是那个样子。"(聂荣臻《地球的红飘带》序)唯其如此,《东方》和《红飘带》才通过真实地再现典型环境中的典型人物,而具有现实主义的美学价值:既具有典型人物的共性,又具有典型人物的个性;既具有促使典型人物活动的典型环境,又具有典型环境中的典型人物,从而达到了历史真实与艺术真实亦即"史"的真实和"诗"的真实相统一的崇高诗美的境界。

史诗式长篇小说《东方》《红飘带》的崇高诗美,还鲜明地表现在创造主体情感的意象化上。借外在物象来状喻创造主体所要表达的或难于表达的情感,从而使情感和意蕴表达得更加含蓄、隽永,这正是中国儒家诗教的传统:"比"、"兴"。在这里,意象化了的物象"比"和"兴"成了由情感到审美情感的中介,也正是由于这种情感的意象化,使得情感审美化了。这便使得无论是作为创造主体的作者或者是作为审美主体的读者都陶然沉醉在审美的境界之中,获得巨大的艺术享受。这种情感意象化不仅美不胜收地见之于战争场面的具体描写中,而且在一般的议论文字中也俯拾即是。

史诗式长篇小说的结构艺术,不仅是使长篇小说的史诗美学特征获得外在的形式美的契机所在,同时也是史诗式长篇小说所包孕的崇高美思想意蕴得以艺术再现成为可能的关键所在。魏巍的《东方》《红飘带》在借鉴传统古典长篇小说结构艺术,用以表现史诗式长篇小说的独具个性的崇高诗美方面,有着许多新的创造,为我们提供了深刻的启迪和宝贵的借鉴。

首先,"制锦为衣、聚花作障"是魏巍结构史诗式长篇小说时的一条重要美学原则。魏巍在谈及《东方》《红飘带》的结构时说,长篇小说最忌拖沓。如写《红飘带》,按常例大抵都要从第五次反"围剿"写起,甚至有的同志还认为可以从第一次反"围剿"一直迤逦写来,似乎更能见出委婉曲折之妙。其实不然。长篇小说就是要把最好看、最精彩、最能引人入胜的东西拿给读者看。湘江一役,顷遭惨败,浮尸蔽江、碧水尽染,这样一来,便把日寇的入侵,国难日亟,蒋介石疯狂的军事"围剿",乃至王明"左"倾路线对革命带来的巨大危害,还有红军生活物资的极端匮乏和自然环境的极端恶劣,党和红军到了生死存亡的关键时刻等等诸种尖锐的对抗性矛盾推向了顶峰。《红飘带》从这里开卷才能一下子把读者抓住。所以在结构长篇时,务要痛下决心,将难于安顿之冗事繁人,尽行芟刈,才能精彩好看。显然,魏巍在《红飘带》中创造性地继承和发展了这一古典小说的结构美学原则,来表现他独具个性的崇高美。

其次,"奇峰对插、锦屏对峙"的结构艺术手法的巧妙运用,不仅增加了史诗式长篇小说于布局谋篇中的对称的形式美感和审美趣味,同时为典型环境中的典型性格的塑造提供了一种便于在对比中加以区别和凸出的有力支持。古人强调此结构法"妙"在"无独有偶,成双配对"上。魏巍在结构《东方》《红飘带》时,每每将对举之法,注入笔端:如邓军和周朴,同为团首长,则一个性急,一个心细;一个雷霆火爆,一个周到缜密;一个闻风而动,身先士卒,一个善于思考,发动群众。再如郭祥和陆希荣同为杨雪的爱恋者,一个纯洁高尚,一个卑鄙龌龊;一个工于心计,用"诱敌深入"、"严密包围"、"勇猛突击"和"一举歼灭"来"俘获"杨雪的爱情,另一个则与杨雪青梅竹马,两小无猜,最后将自己对杨雪的真挚爱情,深深地埋藏在心底来"成人之美"。由此可见,"奇峰对插、锦屏对峙"的结构艺术手法,不仅给史诗式长篇小说在篇章结构上,带来了"奇峰"、"锦屏"两相对称的巍峨耸立的崇高形式美感,同时还在差异和对比之中深刻地发掘了崇高诗美的社会历史内涵,使"奇峰"和"锦屏"蕴藏着巨大的思想内容和鲜明人物个性。

再次,"节节生奇、层层追险"的结构艺术手法的运用,不仅是在社会生活和革命斗争的客观反映,也是创造主体和接受主体的审美心理和审美趣味方面的主观需要。我们从《东方》中的《征服"死亡地带"》的(一)、(二)两章中便可窥得一斑。在这两章中,魏巍依次写了"死亡地带"的危险情势,郭祥冒死探险和郭祥带领"突击队"排除、征服"死亡地带"。就这次第展开的情节来说,便是"节节生奇、层层追险"的。就其中的每一节中的细节和层次来说,也是"节节生奇、层层追险"的。

最后,再如《东方》的第一部《山雨》,其用意正在于体现"山雨欲来风满楼"

的严峻形势,为写"抗美援朝"而先写"保家卫国",运用了"将雪见霰,将雨闻雷"的结构之法。这便增加了崇高诗美的跌宕起伏之势,对接受主体的审美感兴起了推波助澜的作用。上述这些史诗式长篇小说的结构艺术手法或曰结构美学原则,值得我们进一步地深入探讨和研究。

诚如马蓥伯所指出的那样:"雄伟和细腻,严肃和诙谐,抒情和哲理,在他作品中有机结合,并见迭出。所有这些,并没有妨碍他的作品从总体上以昂扬激越为基调,体现出一种崇高美。"(马蓥伯《真正的人类灵魂工程师——魏巍创作谈》)这正是对魏巍文学创作的整体美学风格即独具个性的崇高诗美的正确概括和把握。

原载《高校理论战线》1997年第8期

魏巍创作发展的五个阶段

田 怡

魏巍是我国当代著名的军事文学作家,已辛勤笔耕半个多世纪。他是个多面手,在诗歌、报告文学、小说、杂文等各方面都有令人难忘的佳作,有的已成为传世珍品。在不同的历史时期,他的创作有相对的侧重面。我们把魏巍的创作大致划分为五个阶段。第一阶段是1932年—1937年,这一时期,他写有小说、诗歌、散文,反映了一个爱国青年的思想情怀。就目前能见到的资料来说,我们认为这一时期的代表作是长诗《黄河行》。第二个阶段是抗日战争与解放战争时期,这是魏巍诗歌创作的丰收期,代表作为《黎明风景》。第三个阶段是新中国成立后至60年代,其创作主要为访朝、访越的报告文学及与青年谈理想与世界观的文艺性论文,代表作是《谁是最可爱的人》与《幸福的花为勇士而开》等,第四个阶段是70年代后期至80年代后期,主要成果是两篇堪称史诗性的长篇巨著,即《东方》与《地球的红飘带》。第五个阶段是80年代末到90年代初,这阶段的作品主要是直面现实的杂文(也有诗歌与报告文学),除近期发表的之外,大多收集在《这才是青春开花处》中的《顶风破浪集》与《风雨谈文录》里。

在他的创作历程中受到过来自"左"和右的批判和攻击,但他自己却一直在坚持着一条深入人民斗争生活、为广大人民群众服务、为工农兵服务的道路,不曾有过迷惑与动摇,是沿着这条大路一步一个脚印走过来的。

在左翼文学的影响下他拿起了笔

魏巍从小喜欢读书、爱好文学,在十二三岁时便开始写作。在左翼文学的影响下,参与组织文学社团并在报纸副刊上主编文学周刊。他初期的创作表现了一个进步青年对丑恶事物的抨击,对妇女命运的同情,如长篇《贞松凋翠录》和《狂飙里的游丝》。从他1935年的《炉子》中,可以看到诗人试图用阶级观点来说明穷人和富人的关系。这个观点,在1937年的长诗《黄河行》中就表现得很清楚了。

参军前的魏巍是中原诗人中的最年少者,但已崭露头角,这五年的创作活动为魏巍以后的创作打下了基础。这一时期,他在长、中篇小说、诗歌、散文方面都有过艺术实践。魏巍的这些作品,因中原多次战乱,绝大部分现已散失不存,但这阶段的创作在魏巍的创作道路上是一个不应忽视的起步,在思想与艺术方面与他以后的创作都有着渊源的联系。魏巍本人一直把这几年的写作只看作是习作阶段,主要是说,那时他还没有找到真正的创作源泉。

因为魏巍早期的作品绝大部分散失不存,所以给魏巍的研究者们带来一定困难,甚至造成一种错觉,认为魏巍的创作是从《黄河行》开始的。近年来,由于我有幸认识了魏巍早年的诗友周启祥同志,蒙他热心地给我提供了许多魏巍早年从事文学创作与组织文学社团的情况,并回忆出魏巍早年发表过的一些诗句,从而对魏巍的早期文学活动有一个概括的了解。这一时期无论是作为魏巍的习作阶段或者是他创作的准备阶段,总之,是一个不容忽视的客观存在。

走向生活　走向人民

魏巍常对青年作家们说:"生活是源泉,人民是母亲。"这是他几十年生活与创作经历的深刻体会。魏巍说:"民族的、人民的命运惊醒了我,使我在我们小司号员那样的年龄,走向了人民,走向了生活,走向了党,走向了诗。"[①]"从少年时代起我就喜欢文学并练习写作,但从这时起才真正找到了创作的源泉。"[②]

魏巍是一个军队的作家,作为战斗员、指挥员,他亲身参加了抗日战争、解放战争,在晋察冀边区的斗争生活前后达十年之久。后又参加解放大西北的行动,并作为骑兵团政委亲自指挥过剿匪的战斗。新中国成立后又于五六十年代先后赴朝鲜、越南进行战地采访。作为一个军人、作家,能有幸从30年代到60年代,一次不落地参加抗击侵略、解放祖国、抗美援朝、抗美援越四次战争是不容易的,并非人人都有这种殊荣。历次战斗生活使他的创作更扎根于人民之中。

在冀中,他与游击队员们一起攻炮楼、钻青纱帐、吃一锅饭、睡一条炕,在朝鲜,在越南,他总是到生活最艰苦、战斗最激烈的地方去采访,在生死与共的斗争中,他真正地认识了人民,认识了他们的精神品质与智慧才能,从而从心眼里热爱他们。这种感情,是那些远离劳动人民的所谓的"精英们"永远体会不到,也永远不能理解的。正是在与人民同甘苦的斗争生活中,他找到了永不枯竭的

---

① 魏巍:《黎明风景·后记》,人民文学出版社1955年版,第217页。
② 魏巍:《魏巍文集论》,河南人民出版社1984年版,第228页。

创作源泉。

魏巍在晋察冀获得诗歌的丰收绝非偶然,这片生活的热土使魏巍有了用武之地。他在文学上的才华得到了充分的发挥。波澜壮阔的斗争生活不仅使他找到了无尽的创作源泉,同时使他的思想在战火中得到锻炼,而这种认识的提高直接推动了他的创作。随着和人民感情的加深,诗的触角敏锐了,常常勃发诗的灵感,每每因写诗而忘记了饥饿和疲劳,真是诗情滚滚到了一发不可收拾的境地。

当时,晋察冀的诗歌运动搞得很活跃,这对魏巍的创作自然又是一个促进。田间、邵子南等同志可以说是当时诗歌战线的主力,孙犁也参加了诗创作,魏巍是年轻的战将。像小溪汇入了大海成为壮阔的波澜,像种子投入沃土在那里生根开花,他很快就成为晋察冀诗歌的播种人之一,并主持《诗战线》的工作,是铁流社的主要骨干,是边区文协常委、诗会执行委员。这一段生活与创作,在魏巍的人生之路与创作之路上都是一个崭新的开端,也是他诗歌创作的丰收期。他的诗是在炮火连天的土地上,对艰难奇苦与奋力抗争的见证。作为战士与诗人的魏巍,残酷的现实留给他的不是战争的恐怖、前程的悲观,而是从惊心动魄的斗争中更清楚地看到了人民的爱国热情,子弟兵的前仆后继、英勇奋战,看到祖国光明的前途。《黎明风景》就是在抗日战争最艰苦年月里形象地揭示抗战性质与前景,鼓舞根据地军民一往无前地战斗下去的力作。这是生长在战斗生活沃土中壮美的英雄之花。

在这片燃烧的土地上,在人民战争的大海中,他认识了人民,找到了无尽的创作源泉,并在这里获得了他创作上的第一个大丰收。

深入战士的心灵

五十年代初(1953年),魏巍虽已着手构思长篇《东方》,但他在五六十年代的主要成果是报告文学与文艺性论文,其中以《谁是最可爱的人》《依依惜别的深情》及《幸福的花为勇士而开》(后收入《壮行集》)在思想与艺术方面成就最高而获得广泛的赞誉,影响深远。七篇访越报告文学发表于1965年11月至1966年4月,其时,"文革"已拉开序幕,因之,这一组文章不如前两者影响深广。

战地通讯、报告文学,魏巍在抗日战争与解放战争时期就写过,如《雁宿崖战斗小景》《燕嘎子》《娘子关前》等。随着斗争生活的丰富、政治上的不断成熟,他的作品在思想艺术方面取得了新的成就,这主要表现在他对战士美好心灵的深入探索与成功揭示方面。在朝鲜,他看到我们战士的革命英雄主义精神比以往任何时候都有更高的发展。他们在炮弹呼啸和弥天烈火中奋战,剩下一个人也不后退;他们一锹一镐地打穿了三八线附近的崇山峻岭;他们在战友全部阵亡时抱起炸药包、爆破筒扑向敌人;他们用自己的胸膛堵住了敌人的机枪口;他们用自己的身体伏在铁丝网上让同志们从上面踏过去走向胜利……面对这一切,魏巍更是情不可遏,因而产生了深入探索与表现战士心灵的强烈欲望。在深入采访中,他完全被感动了,思想感情的潮水奔流不息,流向笔端。真是情动于中而形诸笔墨,所以他的那些文章才能那样深深打动读者。

　　魏巍对战士心灵的深入探索与发现,使他自然地得出一个结论:"我们的部队、我们的战士,我感到他们是'最可爱的人'。"我们的国家虽然是英雄辈出,1942年延安文艺座谈会后,革命战士的形象也经常出现在文艺作品中,然而响亮地提出"战士是最可爱的人"还是第一次。在全国解放初期,且不说南京路上那些资产阶级的老爷小姐们对"土八路"侧目而视(今天不是还有人把我们的战士叫作"傻大兵"吗),就是那些对共产党有好感的人又何尝能够真正了解我们的战士呢?在一些人看来,那些拿枪杆打仗的人不过是一些以服从命令为天职的武夫罢了,既看不出他们有什么高明的知识,又看不到他们有什么丰富细致的感情。魏巍以他对生活的独到体验,以他对战士的深刻的了解,向我们揭示了那些无产阶级士兵的高尚情怀,并赠给他们"最可爱的人"的光荣称号。这个称号沿用至今,使那些长年远离家乡和亲人、戍守边防,为保卫国家而无私奉献的军人在思想感情上得到鼓励和慰藉,这不能不说是魏巍的功劳。谁说文学与治国安邦无关,好的文学能净化人们的思想感情,催人奋进,坏的文学能使人颓唐堕落。经验与教训我们都曾经有过。

　　魏巍在50至60年代初写的那些思想杂谈,不仅显示了作者创作上多方面的才能,而且体现了作者坚定的革命人生观。那里没有空洞的说教,而是从现象到本质的娓娓亲切的谈心,是满怀真情的循循善诱。这些谈话既具哲理又富文采,在怎样树立革命的人生观和如何对待生活与工作方面,使无数青年人深受教益。有人把他的文章一直保存了数十年,伴随着自己度过坎坷不平的人生之路而意志不衰。

　　魏巍为青年们写的那些关于世界观与幸福观的文章,在读者中引起强烈的反响,使他成为青年们的良师益友,特别是与石油战线的一代又一代的青年人建立了深厚的情谊,从五十年代直到九十年代,交往不断。这种动人的现象在作家与读者的关系方面还是不多见的。

　　魏巍的为文和他的为人一样热情诚恳,从不夸夸其谈,无的放矢,无论写部队生活还是与青年谈心,他总是非常注意探索、了解他们的心灵世界,总是以自己赤诚的心去理解他们的思想情怀,总是怀着热烈的情感与殷切的期盼,他以自己的文章能给读者鼓舞为最大快事。

"多么快乐呵,当活生生的现实和自己的生命一起血肉相连地飞出心灵的时候! 特别是他的语言,燃起了人们斗争热情的时候!"①

这是魏巍的肺腑之言,我想,这也是魏巍五六十年代那些报告文学与文艺性论文所以成功的一个主要原因。

谱写英雄的史诗

魏巍创作的第四个阶段是取得重大成果的阶段,主要作品是长篇小说。1978 年与 1988 年先后出版的《东方》和《地球的红飘带》是两部堪称史诗的巨著。《东方》曾荣获第一届茅盾文学奖。魏巍从生活出发,大胆地突破了"左"的禁区,在结构布局与人物关系等多方面进行了新的探索,特别是在塑造人物方面取得了突出成就。

《东方》的问世标志着魏巍的创作进入了一个新的阶段。"如果说魏巍在写作《东方》之前,他的创作,还往往是表现一个时代生活的侧面,一个事件的发展过程,一个或几个人物的命运,那么,《东方》则是一个伟大时代的画卷,表现了整个抗美援朝战争的历史。"②《东方》动用了魏巍几十年的生活积累与艺术积累,是呕心沥血之作,像滴滴泉水汇成了江河那样,《东方》的诞生是魏巍创作发展的必然,它不但是魏巍创作的丰碑,也是中国当代文学史上的丰碑。因此,它受到广大读者与专家的好评。

丁玲说:"《东方》是一部史诗式的小说,它是写中国人民志愿军在抗美援朝战争中创造的宏伟业绩的史册,是一幅绚丽多彩的画卷,是一座雕塑了各种不同形象的英雄人物的丰碑。"③

刘白羽说:《东方》为军事文学的创作打开了崭新的局面。

1988 年出版的《地球的红飘带》是继《东方》之后的又一力作。魏巍高屋建瓴,对历史的宏观把握以及翔实的资料与艺术构思的珠联璧合,使《地球的红飘带》显示出纵观历史风云、挥洒自若的宏伟气魄。作品所采取的紧缩式结构以及对古代章回体小说的借鉴与发展,使情节紧凑、繁而不乱、简而不陋,较之《东方》更显精练纯熟。对于长征这个重大历史题材的把握与艺术表现是有相当难

---

① 魏巍:《壮行集·幸福的花为勇士而开》,河北人民出版社 1980 年版,第 29 页。
② 冉淮舟、刘绳:《魏巍创作论》,陕西人民出版社 1985 年版,第 115 页。
③ 丁玲:《我读〈东方〉》,《文艺报》1979 年第 7 期。

度的,但《地球的红飘带》终于在严峻的考验中以其别开生面的史中寓诗,诗中寓史的卓有成效的探索令人耳目一新。这一切体现了作家思想的敏锐与艺术的老练。

《东方》与《地球的红飘带》不仅在军事文学中有深广的影响,也是革命历史题材中难得的巨著,它的历史地位将会越来越为人们所认识。中国要走社会主义道路,要发展,要腾飞,要彻底摆脱、永远抵制、抗击帝国主义那软硬兼施的侵略与渗透,长征的精神、抗美援朝的精神就永远是我们汲取力量的不竭源泉。魏巍的功绩,正是在将这无价的精神财富通过艺术表现使之长存于世,使之光照后人。抚今追昔,我们会从心底更清楚地认识到它深刻的价值。难道对先辈艰难创业、无私奉献的精神,我们不应当万般珍惜吗?

"在令人眼花缭乱的声色氛围中毫不惶惑地前进"

魏巍创作的第五个阶段正值世界不平静的多事之秋,国际共产主义运动遭受大的挫折,国内思想文化战线波澜迭起。一段时间,不少老作家的文章很难发表,即使如此,魏巍还是尽可能地在一定范围内发出他的声音。他的写作活动一直没有停止,而且针对思想战线上的一些问题,尖锐地提出自己的看法。他认为"一个作家除了写大部头的作品之外及时写些短小的东西,以保持同群众的联系,是很必要的"。《地球的红飘带》完稿后,就接连不断地到各处访问,深入工农兵生活。魏巍与那些"不屑于表现自己感情世界以外的丰功伟绩"的诗人不同,也与那些声言要超然于世、远离现实、淡化政治的作家相反,他认为"生活是源泉,人民是母亲",他很乐意表现广大劳动人民的丰功伟绩,同时对于那些错误的东西,对于资产阶级自由化的逆流,勇于抵制,对国际国内的大事都作出了共产党人应有的反应。

作为一个战士作家,越是斗争激烈的时候,越是政治热情高涨的时候,越是要说,越有文章要写。因此,这一阶段(1987年后期到90年代初期)成了魏巍创作的又一个丰收期。这一时期他的作品有诗歌、杂文、报告文学,收入1991年出版的《这才是青春开花处》中的有四辑共55篇。其中写于1990年的就有26篇,这些文章喊出了正义人民的心声,广大读者很喜欢,反映读来"很过瘾"。当然也有人不高兴。

如果说50年代的朝鲜战地报告文学奠定了魏巍在中国文坛上的地位,标志着他的创作走向成熟阶段的话,那么,八九十年代的杂文与报告文学,则是在新的历史时期,在他的长篇小说取得丰硕成果之后,锦上添花的又一重大贡献。

50 年代那些报告文学诞生于反抗帝国主义侵略战争的硝烟烽火之中,是作家冒着生命危险在枪林弹雨里采写的英雄报告,八九十年代的这些文章则是在另一个没有硝烟的战场上,顶着狂风恶浪,冒着明里暗里(如匿名信)的攻击奋力喊出的正义之声。两次斗争形式不同,实质一样,前者是抗击帝国主义的武装侵略,后者是抵制它的"和平演变",都是关系着祖国命运前途与世界的共产主义运动。抗日战争以来,与拿枪和不拿枪的敌人的斗争中,魏巍是久经沙场的老战士了,既不怕敌人的枪炮与大棒,也不迷惑于他们手中的橄榄枝与胡萝卜。

当年在朝鲜,魏巍年仅三十,赴越采访时正当壮年,可谓风华正茂。现在虽已年逾古稀,但战士的精神与风采不减当年。

1985 年有一篇访问魏巍的文章,题目是《首先是战士,然后才是作家》,此言极是!这倒不仅因为魏巍曾拿着真刀真枪和敌人拼搏,主要是说魏巍以笔为武器在文化战线战斗,写作的目的是明确的,他主张革命的功利主义。有的人当了作家,但不一定是战士,而魏巍是战士作家。过去为了祖国的解放,他呕心沥血呼唤黎明;现在,为了社会主义祖国的永不变色,他顶风破浪,写文章、办杂志,扶正压邪。岂是魏巍好斗,乃是斗争客观存在,树欲静而风不止啊!诚如魏巍所言:

> 文艺战线是思想战线的一翼。它过去被称为政治的晴雨表,不是没有道理。尽管我们都希望风平浪静,坐在家里安安静静地写作,但是文艺的天地中总是充满着风风雨雨。……只要社会上还存在着不同阶级、阶层,存在着不同的政治集团,不同的意识形态,还存在着社会主义和资本主义两条道路的斗争,那么,代表着不同倾向的文艺这根敏锐的神经,它们之间的斗争就是不可避免的。例如坚持四项基本原则同坚持资产阶级自由化之间的斗争,就最尖锐地反映到思想战线上来,其中也反映到文艺战线上来。……
>
> 在当今世界上,近一两年来,国际共产主义运动遭受了从来不曾有过的重大挫折,帝国主义者的凶焰愈来愈咄咄逼人,冷静思之,我们的国家不是没有潜在的威胁。令人欣慰的是,在这浓云密布、风多浪高的严重关头,我们伟大的党依然高举马列主义毛泽东思想的旗帜,在社会主义的道路上英勇迈进,此情此景,真可以说"已是悬崖百丈冰,犹有花枝俏"了。但是我们还必须清醒地看到,反社会主义的势力是不会死心的,社会主义同资本主义两条道路的斗争,远远没有结束。①

早在《诗与时代》一文中魏巍就曾说:

---

① 魏巍:《这才是青春花开处·序》,石油工业出版社 1991 年版。

我们现在处在一个特殊的时期,有的人对社会主义产生怀疑,关心的只是个人的事情。我们的诗人应该把读者的眼光引向广阔的天地,而不要引向个人的小圈子。是关心祖国,关心人民的命运和前途,还是关心个人?是宣传集体主义,还是宣传个人主义?这是诗人要严肃考虑的。

后来,在为羽帆诗社题词中又说:

如果说18、19世纪的伟大作家和诗人是用民主主义思想照亮他们的作品的话,那么,我们该用什么思想呢?我看只有用共产主义思想才能引导人民前进。

数十年来,魏巍在文艺战线上勤奋笔耕,毫不松懈,随着岁月的推移,他更加快了工作的进程。当《地球的红飘带》出版之后,有的同志问他:《地球的红飘带》已经出版了,你那一把年纪也不小了,还不满足吗?还要写吗?

魏巍回答说:

是的,确实不满足,确实还要写。因为我自觉还有热情,还有精力,我所亲身经历的那个伟大时代——抗日战争和解放战争,那个哺育我的时代,我还没有反馈呵,我不愿意靠虚名安度晚年,我还要拿出东西来,我对自己所走的道路充满信心,我在令人眼花缭乱的声色氛围中毫不惶惑地前进。①

魏巍就是这样执着。

当他正在准备写下一部关于抗日战争的作品的时候,世界风云变幻,他立即又拿起短武器去挑迷雾、揭丑类,去为我们的脊梁、为我们的擎柱高唱赞歌。

魏巍就是这样憎爱分明。

作为一个战士作家,魏巍不仅有坚定的无产阶级立场,坚持为最广大人民,首先为工农兵服务的方向,同时在艺术上孜孜不倦地追求。他各个时期的代表性作品可以说都做到了思想性与艺术性的完美的统一。

魏巍是一个重情的人。

正是这份对人民、对同志、对革命事业的难得的真情灌注于他的作品之中而使之具有一种特殊感人的魄力。

魏巍是一个爱美的人。

诚如其所言:"我一生爱美,不论是自然之美或人生之美,都使我倾心相爱,美似乎已经沁彻了我的心魂。"②正是这种对美好事物的热爱,对美好人生的追求,使他的作品总是有一种净化人心灵的美感,具有一种催人奋进的力量。

魏巍为人诚恳热情、行廉志洁,是真正的共产党员,魏巍为文正派、鲜明、毫

---

① 魏巍:《这才是青春花开处》,石油工业出版社1991年版,第194—195页。
② 魏巍:《这才是青春花开处》,石油工业出版社1991年版,第136页。

不吞吐，是人民的好作家。

魏巍是一只黎明鸟，在沉沉的黑夜里为人民报告黎明；魏巍是伟大时代的号手，他的号音从稚嫩到雄浑，时刻伴随着、激励着人民越过艰难险阻走向那最美好的明天。

魏巍对自己所走的道路充满信心，他在令人眼花缭乱的声色氛围中毫不惶惑地前进。

原载《文艺理论与批评》1992 年第 5 期

真正的人类灵魂工程师
——魏巍创作谈（上）

马蓥伯

当我们考察一位硕果累累、影响深远的作家时，为了不致囿于一得之功、一孔之见，有必要把他放到广阔的社会背景下，置于文艺的发展进程中，经过比较分析，确定他在历史坐标轴上的方位，总结出某些带有规律性的东西。

我们看到，随着无产阶级政党所领导的人民革命的蓬勃兴起，随着马克思主义这种科学的世界观和方法论被作家、艺术家在实践中所掌握，前所未有的崭新的文艺现象便出现了，这就是以高尔基的《母亲》等作品为开端的社会主义文艺。我国"五四"以来的新文艺，特别是毛泽东《在延安文艺座谈会上的讲话》指引下的革命文艺，是世界社会主义文艺的重要组成部分。尽管前进路上出现过这样那样的曲折，但放眼历史的苍穹，毋庸置疑，还是有值得我们引以为豪的灿烂的群星。其中之一便是魏巍。

载入史册的成就

魏巍之所以在我国现当代文学史上熠熠闪光，因为他有不可磨灭的多方面的艺术成就。

（一）难得的多面手

各种文学样式和体裁，都有它的特殊的规律和擅长的性能。一般地说，十八般武器要样样精通是困难的，魏巍当然也不例外。但是，他在长篇小说、报告文学、诗歌、散文、杂文、传记乃至文艺评论等领域都有可观的建树，有些成就属于历史性的突破，这却是不可否认的。因此，说魏巍是难得的多面手，决非溢美之词。

魏巍写报告文学作品从抗日战争初期他投身人民军队起就开始了。数十年间佳作迭出。最为脍炙人口的当然是抗美援朝战争中以《谁是最可爱的人》为代表的一组作品。这些作品完美地融叙事、写人、抒情于一炉，深刻地揭示了志愿军战士高尚而丰富的内心世界，热情地歌颂了他们那种炽烈的爱国主义和国际主义精神,那种压倒一切敌人而决不被敌人所压倒的大无畏的英雄气概。它们所产生的强烈反响和伟大作用是报告文学历史上前所未有的。据一位当年志愿军政治工作者回忆,在五次战役打响之际,师首长交给他一卷《人民日报》,要他向战士宣讲,其中被画上了一个大五角星的文章正是《谁是最可爱的人》。他和他的战友们读后的感觉是:"在心里,有一种什么东西升腾起来,催促着你,推动着你,要你立刻为如此深挚、如此热烈地爱你的人民做些什么。"此文当即被转载于前线快报,迅速在战士中流传开来。"最可爱的人"这个人人心中所有、人人笔下所无的称呼一经作者喊了出来,随即风靡全国,成为对于人民战士的一种最崇高的赞誉,成为我们时代所创造的一个最有生命力的词语。

　　魏巍以他的报告文学在祖国人民和他们的子弟兵之间架设了一座心灵的桥梁。"你称得起最可爱的人吗?""你对得起最可爱的人吗?"这是当年鞭策和激励前方和后方的人们为祖国建功立业的伟大的精神动力。回想那个难忘的峥嵘岁月,有多少读者每天清晨打开报纸首先寻找有没有魏巍的朝鲜战地通讯,有多少青年男女把一篇报告文学的题目"年轻人,让你的青春更美丽吧!"写在日记本上当作自己向同龄的英雄人物看齐的座右铭,又有多少志愿军战士曾经就魏巍的报告文学提出给作者请功!《谁是最可爱的人》中描写的那位像秋天田野里一株红高粱那样淳朴可爱的青年战士马玉祥,在时隔37年之后来到魏巍家中,深情地说:"当过兵的,才能理解兵! 当年,《谁是最可爱的人》使多少志愿军流了泪……"更为感人的是这篇报告文学所描写的在松骨峰战斗中英勇牺牲的烈士之一李玉安还奇迹般地活着,在隐功埋名40载之后终于被人们发现了。他在给魏巍的信中写道:"如果说,烈士们的鲜血书写了共和国历史一页光辉篇章的话,那么,这位执笔者是您。"他称魏巍为"人民的作家"。试问,对于一个文艺工作者来说,还有比这更为高贵的褒奖吗? 还有比发生在艺术和现实之间这种生动的相互关系更令人感动的吗?

　　诗歌是魏巍运用文艺投入战斗时最早选择的武器。他的政治抒情诗形式多样,有短小精悍的街头诗,有信天游式的民歌体,也有两句一节或四句一节的新格律诗。不论哪种形式,都诗意盎然,生活气息极浓。请听《春季反扫荡诗章》中的一节:"屋外是渐渐的春雨,/屋里是红艳艳的灶火,/大嫂坐在火塘边,/周围是呓语的小河。"寥寥数语,画出了无比温暖的军民情谊。请看街头诗《回答》:"亲爱的志愿军,/要打,就要狠! 请用俘虏数字,/回答麦克阿瑟的野心。"这诗句,像浇上战士心头烈焰的酒精,像射向敌人罪恶头颅的子弹。再听诗人为党的八大而写的《写给同志也写给自己》中的两节:"不要忘山村水乡的那些母亲,/不要忘一同睡过破炕席的兄弟,/也不要忘缝缝补补的姐妹情义,/他们的烦恼和困难要多多深思……//这是我们的本色也是来历,/把它像石碑一样刻在心里！/人民,这就是共产党员的'上帝',/所有的'上帝'都比不上他那样神奇。"这些诗句是那样扣人心弦,发人深思,更像是针对现在吟咏的一样。魏巍具有诗人的气质,因而他笔下产生的其他样式的文学作品,包括长篇小说,都饶有诗意。

魏巍的散文中最引人注目的是思想杂谈。从1954年起,他曾多次应《中国青年》等刊物和报纸之邀,积极参加关于人生观、价值观的讨论。他的许多文情并茂的散文,从五六十年代的《幸福之花为勇士而开》《春天漫笔》《夏日三题》《弃燕雀之小志,慕鸿鹄而高翔》到80年代的《我们的时代需要千千万万雷锋》等,就是为此而写的。他还给青年人,特别是石油院校的学生作过多次讲演,也属这一类。这些散文纵谈生与死、个人与集体、劳动与享受、吃亏与革命、物质生活与精神生活等青年人极为关心而又认识模糊的问题,采取平等交心的态度,以真情实感阐述真知灼见,娓娓道来,使人如沐春风。魏巍把这些作品结集时取名《壮行集》,意思是为那些走向生活的青年朋友壮行,为他们献身"四化"的伟大实践壮行。这充分体现了他对青年人的深情厚谊和殷切期望。1985年4月,他曾以《祝福走向生活的人们》为之壮行的原北京石油地质学校55届毕业生,带着他们为祖国服务30年的劳绩和成就相聚于北京,其中一位当年的女青年把载有《祝福走向生活的人们》的半本纸色发黄的《中国青年》赠给魏巍留作纪念。这本旧杂志,她一直带在身边,保存了30年。这是多么感人的作家与读者的关系！它告诉我们,文艺作为"生活的教科书"能够发挥多么崇高而美好的作用！今天,当拜金主义、享乐主义、极端个人主义甚嚣尘上之时,我们多么需要魏巍这样的散文呵！

实践证明,有崇高理想的人讲理想,有坚定信念的人谈信念,才能说服人,打动人。魏巍正是这样,他的这些散文堪称情与理的完美统一,艺术与科学的完美统一,真理力量与人格力量的完美统一。黑格尔说过:"正像一句格言,从完全正确地理解了它的年轻人口中说出来时,总没有在阅历较深的成年人心中所具有的那种含义和广度,后者能够表达这句格言所包含的全部力量。"列宁在《哲学笔记》中摘引这段话时加了批注:"很好的比较(唯物主义的)。"恕我直言,现在我们有些思想政治工作之所以苍白无力,不受欢迎,就因为往往像黑格尔讲的年轻人重复格言一样,虽然也正确,但缺乏应有的含义和广度,轻飘飘,干巴巴,给人以鹦鹉学舌之感。这样怎么能产生感染力、吸引力和说服力？我曾想,如果我们的思想政治工作者都能像魏巍这样,谈自己深信不疑并身体力行的东西,谈衷心热爱并赖以生活的东西,谈感受真切和阅历较深的东西,那该多好呵！

魏巍在创作之余,还从事文学评论。由于他本身创作经验丰富,对生活非常熟悉,具有深厚的马克思主义理论修养,评论文艺现象时就切中肯綮、绝无隔靴搔痒之弊,并在某些理论问题上不乏创见。1957年他写过一篇关于"本质论"的文章,对文艺要不要反映生活本质和怎样反映生活本质作了精辟的论述。他说:"文学作品,当然不应罗列生活现象,而应该反映生活的本质,但是生活的本质不能是简单的图解,而是要通过活生生的、生活本身所有的丰富性和多样性去体现的。"这就是说,文学作品应当从特定的角度去反映社会生活的本质规律的某些方面。这些特定的方面不应是书本上的现成结论,而应是作家认识生活、研究生活的珍贵发现。本质寓于现象之中。文学作品在揭示生活的本质规律时不能排斥生活现象的形态,而应保持生活现象所固有的生动性、丰富性、多样性的特点。芟夷枝叶的人,绝得不到花果。忽视本质真实是错误的,把本质真实庸俗化也是错误的。这不仅在当时对于克服公式化概念化的倾向不失为一剂良药,对于今天那种根本拒绝典型化、"反对对生活原生态作任何更改"的倾向也是有力的针砭。魏巍对于"双百"方针也有深刻的阐述。他指出:"这个方针的要点,一是主张放,一是放出来争论。过去,这个方针长期没有执行好。不是不让放,就是放出来任其自流。我们应当防止这两种偏向,越来越全面。"这话是在80年代初说的,这些年的实践难道不正是充分证明了它的真理性吗?魏巍的文学评论扶正祛邪,激浊扬清,立论准确、深刻,行文生动、活泼,具有艺术魅力。

(二)难得的"第一个"

中国革命的胜利经过了长达数十年的艰苦卓绝的武装斗争。新中国成立之初,又和朝鲜人民一起,同不可一世的世界上头号帝国主义及其喽啰们展开了一场成功的较量。对于这些气壮山河、惊天动地的伟大斗争和英雄业绩,我们的文学艺术虽然也作过不少反映,但深度和广度不够。魏巍的不可磨灭的贡献是,他在这些重大的题材领域取得了历史性的突破。他先后创作了我国文学史上第一部全景式地描写抗美援朝战争的长篇小说《东方》和第一部全景式地描写红军长征的长篇小说《地球的红飘带》。

《东方》的显著特点是,作者不仅描绘了这场战争的全过程,包括主要的战役和战斗,而且巧妙地把统帅部和基层指战员联系起来,把志愿军和朝鲜军民联系起来,把前方和后方联系起来,把国外和国内联系起来,驾驭全局,精心结构,纵横捭阖,挥洒自如,背景广阔,气度恢宏。作者匠心独具地从主人公郭祥回乡探家展开故事,从而写出了美帝国主义发动侵朝战争在中国农村各阶级中引起的不同反响,勾画了山雨欲来风满楼的社会氛围,揭示了当年在建国伊始、困难重重、满目疮痍、百废待兴的情况下出兵朝鲜的正义性和必要性,表现了毛泽东做出这一英明决策的无与伦比的马克思主义的远见卓识和无产阶级政治家的革命胆略。小说容量极大。为了创作这部作品,魏巍动用了他全部的生活库存。他不仅三次入朝,还先后深入他本来就熟悉的冀中农村和长辛店二七机车车辆厂调查研究和挂职锻炼,以弥补生活积累之不足。许多读过小说的人都有这样的感受:这本书容纳了多少生活呵!小说人物众多,其中个性鲜明、栩栩如生的至少有20多个。人们读后不禁掩卷惊叹:这本书里有多少使人喜欢、使人景仰、使人深思、使人怀念的优秀的人呵!丁玲曾经说过:"《东方》是一部史诗式的小说,它是写中国人民志愿军在抗美援朝战争中创造的宏伟业绩的史册,是一幅绚丽多彩的画卷,是一座雕塑了各种不同形象的英雄人物的丰碑。"她甚至说:"让历史去证明吧,一百年以后,有人想要了解抗美援朝,他们还得去读《东方》。"这个评价无疑是公允的。

《地球的红飘带》描绘了人类历史上的奇迹——中国工农红军的二万五千里长征。这个伟大事件影响了中国乃至世界的历史。红军在长征中把中国人民的美好品质发挥到了前所未有的高度。他们在漫长的征途上留下了艰难跋涉的脚印和英勇抛洒的热血,有如一条鲜艳夺目的红飘带挂在我们这个星球上。为了艺术地再现这个史无前例的英雄壮举,魏巍不满足于他数十年的军旅生涯,除进行大量采访外,曾两次沿着长征路线深入考察,在此基础上经过数载结撰,终于使这一壮举在作品中得到淋漓尽致的表现。小说以红一方面军为主,从湘江战役写起,中经遵义会议、四渡赤水、飞夺泸定桥、强渡大渡河、爬雪山、与四方面军会师、过草地、巧夺腊子口,直到哈达铺整编,差不多反映了长征的全过程,规模宏大,气势磅礴。其间描写沿途战斗的激烈和残酷,自然环境的严峻和险恶,革命领袖的睿智和胆略,红军战士的忠贞和无畏,党内斗争的尖锐和复杂,敌人营垒的凶狠和倾轧,无不历历如绘,真切感人。尤其可贵的是,小说中众多的人物,包括我党我军的高层领导人和普通指战员,国民党反动派的最高统帅和地方军阀,都刻画得有血有肉,跃然纸上,给人留下深刻的印象。聂荣臻曾经写道:"读完全书,我仿佛又进行了一次长征。""作品中出现的毛泽东、周恩来、朱德,以及王稼祥、彭德怀、刘伯承、叶剑英等的形象,写得很像、很活,这些都是我非常熟悉的领导和战友,差不多就是那个样子。"他称小说是"一部史诗般的作品"。这位曾亲身经历并参与领导了长征的老一辈无产阶级革命家的评价充分说明了作品的价值。

《东方》和《地球的红飘带》的现实意义是显而易见的。在国际风云变幻中,中国人民要高举社会主义旗帜,挫败敌对势力和平演变的图谋,粉碎帝国主义可能发动的侵略,像巨人般始终屹立于世界的东方,长征的精神,抗美援朝的精神,是我们汲取力量的永不枯竭的源泉。魏巍创作这两部小说,正是紧紧把握了历史与现实相互联结的关节点,从而使历史上的人和事强烈地震撼着当代人们的心灵。

(三) 难得的"不老松"

一个作家创作的水平和魅力是由许多条件综合决定的,这里包括生活、思想、热情、艺术修养、才能以及时代因素等。有些在文学创作中曾经取得相当成就的作家,后来改行从事教学、科学研究或组织领导工作,失去了深入革命和建设第一线的机会,生活圈子渐渐缩小,尽管他们的思想水平提高了,在从事的新领域里做出了值得称道的贡献,但由于缺乏文学艺术原料的矿藏,缺乏被火热的生活所激发起的创作热情和灵感,其艺术成品不免减少,这毫不足怪,从这里绝对得不出什么"思想水平提高了,艺术水平必然要下降"之类的荒唐结论。至于有的人在晚年背弃了自己原来的理想和信念,穿上色彩斑斓的服装去取悦于时髦的错误思潮,被人们称为"当代老莱子",那自然另当别论。魏巍则正好相反,他始终坚持正确的文艺方向,创作力长盛不衰。进入古稀之年以后,他除了同林默涵一起主编被王震老将军称为"一身正气,不落俗套,以清新、犀利、泼辣的风格赢得了广大读者,包括青年读者的重视和喜爱"的《中流》杂志外,在若干文学领域继续写出了许多堪称上乘的好作品。

报告文学仍是魏巍得心应手的武器。自从1955年他到北京石油地质学校给第一届毕业生送行以来,就和石油战线结下了不解之缘。石油战线是新中国成立以来一条生气勃勃的战线,石油工业的迅速发展可以说是我们共和国发展的一个缩影。以写中华民族正气歌为己任的魏巍很自然地选择了石油战线作为他在和平建设时期的报告文学的反映对象。这位古稀老人的足迹从沙漠到海洋,几乎踏遍了我国的主要油田。他的一组以"石油战线巡礼"为总题目的报告文学,描写了西北的玉门、柴达木、克拉玛依诸油田和塔里木石油大会战,描写了东南的胜利油田和近海油田。作者以饱满的激情和崇高的敬意讴歌了我们民族的脊梁——石油工人的光辉业绩和"献了青春献终身,献了终身献儿孙"的无私的奉献精神。这组作品中,有两篇以人物为中心。《这才是青春开花处》刻画了坚持同工农相结合、在实践中成长的青年;《枝枝青莲出水来》刻画了大公无私、志行清廉的油田干部。他们的形象,是对真善美的赞颂,是对假恶丑的抨击。这组报告文学既有形象的描绘,也有抒情的政论。《枝枝青莲出水来》一篇的结尾处,作者写道:"资产阶级自由化同腐败现象是生在党的肌体上的两个孪生的毒瘤。它们正在威胁着党的生存。如果不及早割除,任其发展下去,其后果是不堪设想的。"倘若说报告文学中生动感人的形象是龙,那么,这些恰到好处的政论便是睛。综观这一组报告文学,龙画得好,睛也点得好。

近年来,魏巍继续创作了不少诗篇。这些诗有一个特点,就是渗透着一个真正的共产党员对于共产主义前途和命运的深沉思索,因为发生在苏联和东欧的剧变,教训太惨痛、太深刻了。诗人说:"我已经是70岁的人了,也经过各种各样的危险,见过各种各样的没有预料到的事变。但是,我感觉都没有像这些事情那样震动了我的心魂。"《母亲》这首诗是悼念子弟兵的母亲刘大娟的,这位老妈妈曾被称为"官大妈",意思是大家的母亲。她是《东方》中杨大妈的主要原型。在这首诗里,魏巍倾注了对"官大妈"的无限深情和忧国忧民的不尽思绪。《我驮着21世纪前进》从诗人背上驮着小孙孙生发开去,抒写了对即将到来的新世纪的展望和对道路是曲折的、前途是光明的这一真理的坚定信念。在《写在汨罗江畔》一诗中,魏巍同屈原展开了对话:"诗人哟,我虽然不敢比你的高深,/对人民我也有一颗燃烧的心。""诗人哟,你当年在江畔如痴如醉,/我今天的忧思呵也恰似洞庭湖水。""诗人哟,我决不效你投身清流,/我将同人民一起再一次战斗!"这些热得烫手的诗句,说明魏巍的胸中燃烧着共产主义理想之火,他的心还像入伍时候那样年轻。

说到魏巍近年来的创造,不能忽视他在杂文领域的成就。早在50年代,他就对杂文界的状况感到不满,指出:"因鲁迅而有名的杂文,本来是我们中国文学的特有的光荣传统,但这支锐利的武器,现在看来是已经有些生锈了。在我们的文学杂志上,杂文的阵地现在是被一种不痛不痒的文章充斥着。"近年来他自己拿起了这个武器。魏巍的杂文具有广阔的视野和高屋建瓴的角度,鲜明、犀利、尖锐、泼辣,同那些不痛不痒的文章迥异其趣,显示出它应有的战斗锋芒,真正成为感应的神经、攻守的手足。我们只要从魏巍杂文的褒贬所向,就可以看出其强烈的针对性。对于资产阶级自由化的奇谈怪论,诸如诬社会主义为封建主义,称坚持社会主义方向为得了"恐资病",以沉渣泛起冒充"观念更新",把发展资本主义看作不可或缺的"补课"之类,他义正词严地进行驳斥;对于叛卖祖国、投靠西方的动乱"精英",他毫不留情地加以嘲讽;对于中国共产党人不怕压、不受骗的硬骨头精神,他热情歌颂;对于在极其艰难的处境中仍对共产主义前途充满信心的国际共运的坚强战士,他大力赞扬……。他把在错误思潮泛滥、国际风云变幻中所写的杂文称为"顶风破浪集"、"风雨谈文录",可谓名副其实。魏巍的杂文晓畅有深意,笔下带感情,即就文风而言,也别具一格,值得提倡。

魏巍近年来的作品中还有弥足珍贵的一个方面,就是他为纪念毛泽东诞辰100周年而写的《话说毛泽东》。这本书分为大智篇、大勇篇、大功篇、大德篇,全面评价了这位历史伟人。他称颂毛泽东是"纵有误失真英雄,改天换地建伟功;慧眼胆略谁堪比,巍巍昆仑第一峰"。他所以要写这本书,是因为党内和社会上有些人把十一届六中全会通过的《关于建国以来党的若干历史问题的决议》置诸脑后,肆意诋毁马列主义、毛泽东思想,全盘否定建国以来党的历史。证诸国际上一系列事变的教训,这种倾向极其危险。魏巍自觉地担当起捍卫庄严《决议》的责任。他按照《决议》的精神,以大量的事实和优美的文笔阐明了毛泽东的历史地位和毛泽东思想的指导作用。魏巍感受很深的是毛泽东关于社会主义阶段阶级斗争还没有完全结束,还存在资本主义复辟的危险性的论断。他说:"这在当时人们还只能是半信半疑,因为当时还没有出现过这样的事例。而现在不同了,苏联、东欧等一系列社会主义国家发生的资本主义复辟,都充分说明了这一点。"确实,有些人和事,往往距离得稍远一些才能够看得更清晰;一些真理也需要经过反复的检验和比较才能够显示得更鲜明。对毛泽东和毛泽东思想的认识也是这样。从这本书里,我们可以深切体会到魏巍的时代责任感和历史洞察力。

魏巍的众多方面的文学成就和永葆青春的艺术生命是有目共睹的。但偏有那么几个"可笑不自量"的蚍蜉,对此说三道四。例如,叛逃海外的"精英"刘宾雁在接受英国广播公司采访时就胡诌说,从《谁是最可爱的人》发表以来这40多年,"魏巍究竟做了些什么?没有做什么"。他恬不知耻地吹嘘自己的"成就"和"知名度",说:"当我和魏巍这些人相比的时候,我反而很幸运。……他们的政治生命和艺术生命早就结束了。"这又一次说明,主观唯心主义必然走向唯我主义。普天之下只有"我","我"说客观世界存在就存在,"我"说客观世界不存在就不存在。至于说到刘宾雁自己,他的叛徒价值在洋大人的心目中正可悲地日益下降。他这些年来的"成就",也是多乎哉,不多也。除了炮制一些咒骂祖国的文章向洋大人请赏外,就是跑到台湾毕恭毕敬地充当"小学生",留下了一张领赏时媚态可掬的活现眼的照片。也许这可以算作"行为艺术"吧,呜呼!(未完待续)

原载《高校理论战线》1996年第2期

真正的人类灵魂工程师
—— 魏巍创作谈（下）

马蓥伯

异常鲜明的特色

魏巍半个多世纪以来的文学作品，形成了自己鲜明的特色。这既是作者本人的创作个性，也是社会主义文学最本质、最可贵的东西。

（一）伟大时代的最强音

我们读魏巍的作品，无论是长篇小说还是报告文学，无论是诗歌、散文还是传记文学，都会感到它们有如黄钟大吕，其音昂扬激越，令人心灵净化，精神振奋，意气风发。为什么会这样？细加品味，我们就会发现，震撼人心的是贯穿于其中的朝气蓬勃的革命精神，强烈的爱国主义和国际主义精神，大公无私和自我牺牲精神，压倒一切敌人和困难的乐观主义和革命英雄主义精神，如此等等。它们在魏巍的笔下，通过有血有肉、生动感人的形象得到了真实反映和充分体现。魏巍曾经把自己早年的诗作比做"小司号员的年轻的号音"。其实，扩而充之，他的整个文学活动又何尝不是在充当"司号员"？那是伟大时代的司号员！他的所有作品又何尝不是"号音"？那是伟大时代的最强音！

正如一部交响乐是由多声部组成而又有其主旋律一样，一个时代的文学由不同层次的多方面的作品构成，其中也应该有能够比较鲜明地反映这个时代的作品。我们所处的时代，是中国革命在共产党领导下历经磨难取得伟大胜利的时代，是中国人民由受人宰割的奴隶变为主宰命运的主人的时代，是中国无产阶级和劳动人民中蕴藏的无穷潜力像火山一样喷涌迸发的时代，是中国历史上翻天覆地的时代。与这个时代相适应，毫无疑问，我们文学的基调应当是昂扬激越的。这样说，决不意味着要求所有的作品都变成一个模式，不是的。某种精神产品，只要能使人们得到教育和启发，得到娱乐和美的享受，就应当受到欢迎和鼓励。弘扬主旋律，发展多样化，始终是我们努力的目标。但是，如果在我们的文学作品中感受不到时代精神，聆听不到时代的最强音，那就辜负了伟大的时代,就会愧对人民,愧对子孙后代。

我们说魏巍的创作奏响了时代的最强音,这当然不是说他的作品里只有进行曲,不是的。他反映的生活异常广阔,既有对重大事件的描绘,也有对日常生活的点染;既有对英雄人物忘我奋斗、壮怀激烈的讴歌,也有对男女间纯真爱情和自然界瑰丽景色的刻画;既有对爱国主义、集体主义、社会主义的颂扬,也有对拜金主义、享乐主义、极端个人主义的鞭挞。雄伟和细腻,严肃和恢谐,抒情和哲理,在他的作品中有机结合,并见迭出。所有这些,并没有妨碍他的作品从总体上以昂扬激越为基调,体现出一种崇高美。

值得注意的是,现在有人强调要"承认人的平庸与趋利避害",认为过去提倡的"斗争精神,牺牲精神,为了群体而无条件地抑制个人的利他精神"都不是"人文精神"而是"伪人文精神",甚至连"人是要有一点精神的"也加以批判,在文学创作上则张扬"用调侃的态度对待一切,消解崇高与卑微的区别"。这实际上是要以呕哑嘲哳的噪音取代时代的主旋律。在此类"高论"和"大作"畅行无阻之时,我们更加感到魏巍的作品奏响时代最强音的可贵。

(二) 叱咤风云的英雄谱

早在 19 世纪 40 年代,恩格斯就批评德国的小资产阶级诗人"歌颂各种各样的'小人物',然而并不歌颂倔强的、叱咤风云的和革命的无产者"。描写新的人物、新的世界,这是社会主义文学的显著特征之一。综观魏巍的作品,展现在我们面前的是众多的英雄形象,包括专用一个原型和概括若干原型,采用真实姓名和未用真实姓名的典型形象。

这里有我党早期的无产阶级革命家。魏巍在《邓中夏传》(与钱小惠合著)中细致描写了这位接受马克思主义的知识分子与工人阶级相结合的真实过程,从开始时的不熟不懂、处处碰壁,到后来成为我国工人运动的杰出领袖。传记着力刻画了他在领导震惊中外的省港工人大罢工中的革命气概、组织能力和处变不惊、化险为夷的非凡才干。在传记作者的笔下,邓中夏搏击风浪的雄姿令人崇敬,他受到错误处分后忍辱负重、矢志不渝,被捕后大义凛然、在精神上压倒敌人,乃至诀别亲人、慷慨赴死的懿行,更催人泪下。这真是一个大写的人。

这里有我党我军的卓越领导人。《地球的红飘带》写了我党我军那么多领导人,毛泽东的高瞻远瞩,朱德的坚定忠厚,周恩来的胸怀宽阔,张闻天的从善如流,留给我们的印象是深刻的。即使是着墨不多的徐特立、董必武、谢觉哉等几老的形象也个性鲜明,栩栩如生。《东方》中彭德怀的形象高大而丰满。这位奉命于危难之时,受任于仓促之际的志愿军统帅,在严峻形势下指挥若定,在胜利欢呼中冷静谨慎。他刚正不阿,对党内拍马钻营一类现象深恶痛绝;他情深似海,对英勇牺牲的烈士无限崇敬。多么可敬可爱的彭老总呵!

这里有基层的干部、战士。《地球的红飘带》中的金雨来、樱桃、杜铁锤……，《东方》中的"嘎子连长"、"老模范"、"老保姆"、"调皮骡子"……，《谁是最可爱的人》等一组报告文学中的许多有真实姓名的战斗英雄和革命烈士,他们的故事和性格人们读后是不会忘记的。特别是贯穿《东方》全书的"嘎子连长"郭祥,他的性格得到了多方面的揭示。枪打飞机,带火扑敌,纵身跳崖,制服定时炸弹等一系列的英雄行为表现了他的无私无畏、有勇有谋。他在处理恋爱问题上的沉稳持重,顾全大局,又显示出他的柔情似水和富于理智。这是一个有高度政治觉悟和丰富的内心世界的英雄人物。

这里有人民的英雄群像。给人印象最深的是《东方》中的杨大妈。她是经过风雨、见过世面的子弟兵母亲,对国内外的敌对势力有敏锐的警觉。她一心为公,敢作敢为,带领乡亲们保卫土改成果,走集体化道路,以实际行动支持抗美援朝战争。党内蜕化变质分子的栽赃陷害,闺女在朝鲜战场上的不幸牺牲,这些沉重的打击,丝毫没有压弯这位老妈妈的硬朗的腰板。她对乡亲们说:"我要是泄气了,就对不起党,对不起大家,也对不起我闺女!我就不配做她的妈妈!"这难道不是真正的中华民族的脊梁?

在要不要塑造英雄人物、社会主义新人形象的问题上,这些年来也有不少奇谈怪论。有人宣扬"躲避崇高",在指责所谓"伪人文精神"时说:"它实质上是用假想的'大写的人'的乌托邦来无视、抹杀人的欲望与需求。它无视真实的活人,却执着于所谓新型的大公无私的人。"这毫不足怪,因为在笃信"人不为己,天诛地灭"之类人生哲学的先生们看来,天底下根本不可能有大写的人,不可能有新型的大公无私的人。这就叫以小人之心度君子之腹,燕雀焉知鸿鹄之志。本来嘛,人和人之差,有时比类人猿和原人之差还远!

（三）无产阶级的人性美

魏巍说过:"我一生爱美,不论是自然之美或人生之美,都使我倾心相爱,美似乎已经沁彻了我的心魂。"这种自然之美和人生之美在他的作品中随处可见。这里需要特别指出的是那光彩夺目的无产阶级的人性美。

廖大珠（《地球的红飘带》）是个"茶壶里装汤圆,就是硬倒不出来"的人物。在飞夺泸定桥的战前会上,这位二连连长出人意料地开了头炮:"我们,我们,二连,……任务就是轮不到我们。"他列举了历次分配任务的"不公平"。人们发现,这个平时不说话的人却蛮爱动心思,一笔笔账全是记得很清楚的。他终于争到了夺桥突击队的任务,带头攀缘铁索在枪林弹雨中前进。明明面前就是死亡,却争着要去,人们也许觉得不可理解,其实,这正是那种被唤醒了的阶级地位的自觉和对旧社会决一死战的决心。这就是革命战士的心灵。

乔大夯（《东方》）是个英勇憨厚的大个子战士。他屡建奇功,团长、政委特地请他吃"山鸡宴",他却食之甚少,斯文出奇。其实,他饭量特别大,平时总是吃个半饱就说"我饱了"。同志们体贴他照顾他,他竟哭着说:"我这肚子小时候吃糠咽菜把它撑大了,给大家添了多少麻烦!今天我是一个共产党员,怎么能老沾大家的便宜呢?"在这个外形粗壮、稚拙的战士身上,跳动着一颗多么高尚、纯洁的心!

陈三(《东方》)是"小鬼班"的班长。他是那样爱他班里的战士,被人们称为"老保姆"。请看他带领小战士们把宿营的朝鲜老乡家中无人照看的苹果小心堆放好,巧妙地进行了一番纪律教育以后的情景:"小鬼们甜滋滋地入睡了。陈三从小鬼们各不相同的鼾声里,分辨着他们先后入睡的时间。等他们全部睡熟的时候,他悄悄地摸出那一小段蜡头点着,照了照小鬼们各自的睡姿,替他们把被窝一个个塞好。那些红艳艳的苹果因为堆得太高,有几个滚下来了,滚到小罗的脸蛋旁边,好像要同他红红的脸蛋比美似的。"摆在我们面前的是一幅多美的图画呵!

郭祥(《东方》)是有名的"嘎子连长"。他被打断腿后即将回国,来到为掩护朝鲜儿童而光荣牺牲的爱人杨雪的墓前,抚摸着石碑,一幕幕往事萦回脑际,热泪夺眶而出。在悲痛之中,他仿佛听见耳边叫道:"嘎子哥!别傻哭了!你又不是不懂事儿的。你自己也常说,天底下任何革命斗争都要付出相应的代价。何况我只不过做了一点琐碎的工作,洒了几点鲜血,而我的那腔热血本来就应当是交付人民的。这有什么值得悲痛,值得惋惜的呢?嘎子哥!还是赶快养好伤,顾自己的工作要紧。别的都是小事,只有为人民工作,才是一生中最重要的。"这一对青梅竹马的恋人的爱情是那么高洁,那么纯真,就像墓旁满山遍野的杜鹃花一样通体鲜红。

有人愤愤不平地说,在社会主义的中国,"与人有关的许多说法,诸如人道主义、人性论与人情味,常常被视为假仁假义的糊涂与混账,乃至视为敌方瓦解我方斗志的精神武器"。"这里有太多的革命与反革命,盟友与敌人,烈士与叛徒,却没有了抽象的人的位置。"毛泽东的名言"只有具体的人性,没有抽象的人性"被当作靶子加以批判。其实,我们从来没有否定人性、人情的存在。文学作为"人学",当然要有人情味,要表现人性美。但是,人的本质并不是单个人所固有的抽象物,在其现实性上,它是一切社会关系的总和。在阶级社会里,确实只有带着阶级性的人性,而没有什么超阶级的人性。社会生活中实际存在过而且至今还存在着的革命与反革命、盟友与敌人、烈士与叛徒的对立和差别,难道能够消解吗?跑出来为"抽象的人"争地盘的人,他所谓的人性,实质上不过是资产阶级的个人主义,因此在他看来,无产阶级的人性就不合乎人性。有人对野合、往酒里尿尿、说一些很粗野的话、做一些很粗野的动作"觉得很有趣",那是他的自由,但这岂不是把人类已经形成的文明和道德退回到原始的野蛮状态了吗?岂不是把人性还原为兽性了吗?老实说,社会主义文学恐怕比某些人物张扬的文学更有人性、人情和人道主义,不过这是无产阶级的人性、人情和革命的人道主义。无产阶级的人性绝不是青面獠牙的怪物,恰恰相反,它是极其美好的东西。谓予不信,请看魏巍的作品。

文学创作的正道

我们研究社会主义文学,不仅要研究意识形态的一般规律,还要研究文学艺术的特殊规律,更要研究社会主义文学艺术的特殊规律。魏巍的创作为社会主义文学艺术提供了丰富的、宝贵的经验,从中可以总结出一些带有规律性的东西。

(一)真实性与倾向性的统一

真实性是艺术的生命。人们不是常讲真善美吗?真善美三者中间,真是基础,不真,就谈不上善,谈不上美,很难设想,一部作品没有真实性甚至歪曲了生活,却能包含某种人生的真谛;也很难设想,一部作品不能给人以真实感,却会给人以美感。魏巍非常重视文学的真实性,他给自己订了一条鲜明的不可动摇的"法律",这就是:"无限忠于生活的真实,尽毕生之力鞠躬尽瘁地获取生活的真实。"因此,他的作品一旦展现在读者面前,浓郁的生活气息扑面而来,从细节到本质,显得那么真实可信,不由你不被吸引,不受感动。

艺术的真实归根到底来自对生活的熟悉。魏巍笔下最鲜明的人物形象,最动人的故事情节,最有特征性的细节和语言,都是从现实生活的丰富矿藏中发掘出来的。《东方》之所以写得那么成功,当然同他有戎马生涯,亲自参加过激烈的战斗分不开,更同他三次入朝分不开。特别是1952年第二次入朝,历时一年。其间他曾在一个营部和连的阵地上住了一个月,有一次竟睡在距美国侵略军不过400米的地方。他点面结合,深入战争生活的各个方面,先后访问了两个军、志愿军总部、兵站、医院、炮兵、工兵、高炮阵地,访问了朝鲜人民军和朝鲜人民以及战时的平壤城。他认为,对于生活,"贴近"还远远不够,必须深入进去,进到生活激流的深处,不仅身入,而且心入。他创作上的成就,正如他自己所说,都是"生活的恩惠"。

深入生活不可能一劳永逸。从横的方面说,社会生活的领域极其广阔,熟悉这一方面,不等于熟悉那一方面;从纵的方面说,社会生活在不断发展变化,过去熟悉,不等于现在熟悉。魏巍对战争年代冀中的生活应该说是比较熟悉的,但他在构思《东方》时,就感到对新中国成立初期冀中新的生活和新的人物不那么熟悉,写起来没有把握,于是他又一次到冀中重新体验和补充生活。与农村相比,工厂是魏巍比较生疏的领域,但要全景式地反映抗美援朝这场战争,这又不可或缺。怎么办?还是要到生活中去。《东方》第四部中"城市"一章,就取自他在长辛店二七机车车辆厂挂职锻炼期间的生活感受。魏巍说:"我坚持只有我信得过的生活我才写。"这是一个严肃的作家,一个相信社会生活是文学艺术的唯一源泉的作家的可贵的创作态度。

艺术与生活的关系充满了辩证法。魏巍在这方面有精辟的见解。他认为,文学创作只能"有中生无",却不能"无中生有"。这就是说,艺术构思需要创造性的想象,但一切可借想象的原始材料只能来自现实生活。原始材料愈丰富,大胆虚构的天地就愈宽广,想象的翅膀就愈能自由地翱翔;相反,原始材料愈贫乏,可以虚构的天地就愈狭窄,想象的翅膀就压根儿飞不起来。魏巍还认为,作家研究生活时要有最大的老实,构思作品要有最大的"不老实"。这就是说,当作家研究人、研究生活的时候,要艰苦扎实,不能浅尝辄止;而当进入艺术加工的时候,又要善于提炼和概括,不能受真人真事的局限。这些意见实属经验之谈。

在社会主义文学中,真实性和倾向性是应当而且可以统一起来的,因为无产阶级的利益同时代前进的要求和历史发展的趋势是完全一致的。恩格斯在论述理论的科学性和阶级性的关系时曾经说过:"科学愈是毫无顾忌和大公无私,它就愈加符合于工人的利益和愿望。"据此,关于艺术的真实性和倾向性的关系,我们可以这样说,艺术愈是直面人生和追求真实,它就愈加符合于工人阶级和广大劳动人民的利益和愿望。

社会主义文学的真实性是指丰富的社会生活及其本质在作品中的真实反映,社会主义文学的倾向性是指用共产主义思想照亮作品。魏巍说得好:"如果说18、19世纪的伟大作家和诗人是用民主主义思想照亮他们的作品的话,那么,我们该用什么思想呢?我看只有用共产主义思想才能引导人民前进。"应该说,用共产主义思想指导文学创作,这不是新鲜事,早在民主革命时期,我们就这么做了。党的指导思想同党在各个时期的具体任务既相联系又相区别。中国的民主革命没有共产主义思想作指导是决不能成功的,更不必说社会主义革命了。今天,社会主义制度在中国的大地上已经确立了40多年,中国人民正在从事建设社会主义的伟大事业,我们的文学理所当然地要用共产主义思想作指导。

用共产主义思想指导文学创作,绝不是在作品中进行空洞抽象的说教。魏巍作品中的鲜明的共产主义思想倾向,从来不是某种现成结论的演绎和图解,而是作者运用马克思主义的立场、观点、方法认识生活、研究生活的珍贵发现,包含着作者的真情实感和真知灼见,并通过活生生的形象水乳交融地表现出来。即使像志愿军为什么打得如此英勇这样的问题,尽管入朝之初领导机关就告诉他是由于发扬了爱国主义、国际主义和革命英雄主义精神,但他并没有满足于这个答案,而是自己深入生活,结识了众多的干部、战士,接触了许多的具体事件,答案虽然还是这个,但已经不再是人家告诉他的现成结论,而是变成了自己得出的深切体会,同自己的思想感情血肉相连,思想因素已经渗透和融化于感情因素之中。他的作品中主题思想的产生,总是在研究生活之后,而不是在研究生活之前。"创作就是发现","思想化为血肉",这是他始终坚持的信条。我们看到,魏巍对共产主义的无限忠诚,使他高瞻远瞩,见微知著,能够真实地反映生活;与此同时,他对生活的极端忠实,又使他从生活中洞察人生的真谛,能够在作品的场面和情节中自然而然地流露出共产主义的世界观、人生观、价值观。真实性和倾向性就是这样相得益彰,达到了内在的统一。

这些年来,文学的真实性和倾向性的问题被弄得混乱不堪。有人张扬这么一种文学:"他们的作品倾向于平静的叙述,而不做出对自己的人物与事件的评价。""他们取消作者对于自己的人物的道德审判的功能。""他们讨厌感情的流露,讨厌煽情,讨厌小说家的诗人气质。"看来,这旨在反对文学的倾向性是明白无疑的了。然而详察这种文学主张的代表作,却并非没有倾向性。在这些作品中,现实生活中的一切,包括亿万人民为之奋斗的神圣事业都被以调侃的态度加以漫画化,凡事都被看作一无足取,一无可为。这难道不是一种倾向,一种具有腐蚀作用的倾向吗?据说,只有彻底摒弃了倾向性,才能写出"刻骨的真实",果真如此吗?否。这些作品不仅反映不出生活本质的真实,往往连细节的真实都达不到。它们只是某种西方的哲学观点的演绎和图解,是作者以意为之的产物。这说明,在今天,共产主义的思想倾向性大有裨益于文学艺术的真实性,而形形色色的错误的思想倾向性明显有害于文学艺术的真实性。

实现社会主义文学的真实性与倾向性的统一,关键在于学习马克思主义和学习社会。有一种说法,认为文学"失却轰动效应"是社会安定、人们务实的情况下必然出现的规律性现象。魏巍不同意这种看法,他认为群众对我们的文学之所以表现出某种程度的冷淡,最根本的原因是文学疏远了人民,疏远了生活,疏远了马克思主义。因此,他提出"文艺工作者要'认母'",这个"母"就是人民。他提出"这个口号丢不得",这个口号就是思想改造。他提出要纠正一种不正之风,这个不正之风就是鄙薄学习马克思主义。这些意见有如空谷足音,堪以振聋发聩。为了达到真实性和思想性的统一,我们文艺工作者一定要下决心使自己的思想水平、生活经验和艺术修养不断地得到提高,并且通过创作实践作长期的努力。这是魏巍的创作道路告诉我们的。

（二）现实主义与理想主义的统一

1953年9月,周恩来在中国文学艺术工作者第二次代表大会上所做的政治报告中有这么一段话:"我们就是要写工农兵中的优秀人物,写他们中间的理想人物。魏巍同志所写的《谁是最可爱的人》,就是这种类型的歌颂。它感动了千百万读者,鼓舞了前方的战士。我们就是要刻画这些典型人物来推动社会前进。同时,我们的理想主义,应该是现实主义的理想主义;我们的现实主义应该是理想主义的现实主义。革命的现实主义和革命的理想主义结合起来,就是社会主义现实主义。"这段论述非常精辟,它概括了社会主义文学处理艺术与生活的关系的一个重要的美学原则,就是现实主义与理想主义的统一。这恰恰是在评论魏巍的作品时引申出来的。

根据通常的理解,现实主义着重于现实的精确描绘,按照生活的本来样子反映生活;理想主义(或曰浪漫主义)着重于理想的热情讴歌,按照生活应有的样子反映生活。在文学史上,现实主义和积极浪漫主义都出现过灿若群星的作家和千古传颂的作品。以高尔基的《母亲》等作品为开端的社会主义文学是世界文坛上一种崭新的文学现象。它的一个显著特征是把现实主义与理想主义统一起来。魏巍的创作可以说是比较鲜明地体现了这个特征。魏巍忠实于现实生活,但他不满足于单纯地再现现实,同时要求表现理想。他说:"一个国家、一个民族的人民如果失去了理想,也就没有多少希望和前途了。而我们的人民是有前途的,我们不仅要脚踏大地把握今天,还要开拓更加美好的明天。"在魏巍的作品中,伟大的理想完全体现在对丰富的社会生活的真实描绘中,体现在有血有肉、生动感人的艺术形象,特别是社会主义新人的形象中。他为我们提供了众多英雄人物的形象,社会主义新人的形象。这些形象是从现实生活中来的,散发着泥土的气息,又代表着时代前进的要求,闪耀着理想的光辉;既概括了现实生活中的新生事物和先进力量,又包含着按照生活的逻辑可能有、应该有和必然有的因素和成分。这样的形象有如光芒四射的探照灯,照亮着人们前进的道路。这是魏巍的作品最为动人的地方。人们可以赋予这种区别于历史上的现实主义和积极浪漫主义的特征以这样那样的名称,但实质是一个,就是用马克思主义的世界观观察生活,把对现实的冷静分析、精确描绘同对理想的强烈追求、热情讴歌辩证地统一起来。

现实主义与理想主义的统一,绝不是对人物的"神化"和"鬼化"。魏巍在谈到创造新的英雄人物时说过:"这里所说的英雄人物,和那种不食人间烟火的、处处高人一等的甚至连脸盘儿、身个儿都是最标准的英雄人物大异其趣。"这些话并不是在"文革"后批判"四人帮"时说的,它发表于1957年6月。后来"文革"中江青之流把先进人物"神化"的荒谬主张及其实践,恰恰从反面证明了魏巍的远见卓识。魏巍笔下的英雄形象都是人而不是神。他们有高出于一般人的觉悟、智慧、意志和勇气,但又都有七情六欲,有丰富的内心世界。即使像《东方》中郭祥这样贯穿全书的英雄人物,也曾有方法简单和不够成熟的一面,有心灵深处的矛盾和斗争,并非先知先觉,全智全能。这样才真实可信,可亲可敬。另一些人物更有明显的缺点、弱点,作者毫无讳饰地加以揭示,并令人信服地写出了他们的成长过程。如刘大顺这个苦大仇深的解放战士,在气焰嚣张的敌人面前曾一度懦弱恐慌,经过革命熔炉的淬火加钢,竟然创造了只身生擒敌军60多人的奇迹,被光荣地选为志愿军归国代表,最后在战场上勇炸敌堡,光荣牺牲。这样的人物是名副其实的英雄,感人至深,催人奋进。对先进人物不能"神化",对反面人物也不能"鬼化"。《地球的红飘带》中写了不少敌人营垒里的人物,如蒋介石、王家烈、杨森等,作者没有以给他们画个鬼脸,涂上个白鼻子为满足,而是从理想的高度洞察反面人物的灵魂,鞭辟入里地把它揭示出来,因而同样写得有血有肉,性格鲜明。这说明,革命的理想主义完全不同于庸俗的脸谱主义。

现实主义与理想主义的统一,并不是廉价的乐观主义。革命的理想使人能够把握历史发展的趋势,从曲折的道路中看到光明的前途,因而总是伴随着一种不可动摇的乐观主义,它同消极、失望的悲观主义是绝缘的。但是,它又同廉价的乐观主义风马牛不相及。早在1956年,魏巍就指出:"我们的写作中有不敢正视矛盾和冲突,隐蔽缺点和困难,以及粉饰现实的现象。这种现象是应该受到指责的。严重一些地说,我认为这种现象是缺少革命热情甚至是对人民缺少信心的一种表现。"这种现象后来愈演愈烈。"文革"中江青之流竟蛮横地不准写革命斗争的艰巨和英雄人物的牺牲,硬给扣上"渲染战争残酷,颂扬战争苦难"的帽子,可谓荒谬绝伦。魏巍创作的一个特点是,他敢于放手去写生活中的矛盾和困难,丝毫不回避斗争的长期性、复杂性、艰苦性和残酷性。《地球的红飘带》中湘江上漂浮着的那么多牺牲者的竹编斗笠和五星军帽令人惊心动魄。即使在遵义会议确立了正确路线的领导地位以后,为了冲破敌人的围追堵截,排除分裂主义的干扰,也付出了沉重的代价。如战斗英雄金雨来的牺牲就是悲壮的一幕。他眼见大批战友死于饥饿,抱病带队外出筹粮,露宿于山坳之中,月光下一群雪白羊群出现在他的幻觉里,他步履维艰地走到跟前,却发现只不过是一些白色的石头,他最后的一点力气早就使尽,永远长眠在酷似绵羊的石头旁了。《东方》中描写的是在装备悬殊的情况下同头号帝国主义作战,其英勇壮烈更是世所罕见。沧海横流,方显出英雄本色。不艰巨,就不能说很伟大。革命的英雄主义是在艰难困苦中表现出来的。写英雄人物为人民献身,决不会使我们悲观，相反，他们的高风亮节和豪情壮志会激励我们满怀信心地为崇高理想而斗争不息。

现实主义与理想主义的统一，并不是只能歌颂，不能暴露。社会主义文学不仅要善于表现一切新生事物和先进力量，而且要勇于揭露一切阻碍我们前进的东西。这就是魏巍常说的"振奋士气"、"扫清障碍"。他的创作实践充分体现了这一点。《东方》里的营长陆希荣这个人物，作者用犀利的解剖刀把他的灵魂暴露在光天化日之下。此人不乏才华，学了不少马列主义词句，也打过一些胜仗，但他内心深处的个人主义没有得到改造，到了某种时候恶性膨胀，终于走到背叛革命的地步。这个形象的塑造，对个人主义的鞭挞可谓掴掌见血，入木三分。他同那个从觉悟不高的解放战士到气壮山河的革命烈士的刘大顺恰成鲜明的对照，说明一个人哪怕起点低，只要忠诚老实，肯于改造自己，完全可以成为优秀战士；相反，虽有才能而拒绝思想改造，就会坠入不可救药的深渊。这两个形象的对比，对于人们思考世界观、人生观、价值观的问题有极大的认识意义。魏巍在谈到陆希荣这个人物的创作意图时说："《东方》既然是为未来战争作准备的，就有必要写这么个人物。"其实，即使在和平环境里，这个反面教员的警示作用又岂能低估！

同现实主义与理想主义的统一相反，近年来有一种非理想化、非英雄化的主张："他们大体上避免写大人物，而多写没有地位也没有使命的小人物。""他们反对执着，有的干脆说自己无法做到像民族英雄、革命先烈那样英勇不屈。"有人甚至喜欢引用"文学是大便"的说法，说这是"对那种装腔作势的文学，矫情的文学，救世主的文学，圣人的文学的一种抗议"，"所谓大便无非是一种淤积之物，一种需要发泄、排泄、缓冲、调整的东西"。好家伙！文学堕落到了如此程度，夫复何言！对于"文学是大便"论者来说，现实主义也好，理想主义也好，二者的结合也好，统统是"装腔作势"、"矫情"之类，这一点也不奇怪，叫作：夏虫不可以语冰。但对于社会主义文学来说，我们既需要现实主义的深化，也需要理想主义的升华，一句话，需要现实主义与理想主义的统一。

（三）时代精神与民族风格的统一

一部文学史告诉我们，世界文坛上出现的几个文学高峰都有突出的时代精神，如文艺复兴时期欧洲文学的反对封建神学，以人道与神道相对立，以人性与神性相对立；19世纪俄国文学对被压迫人民的深切同情，与人民解放运动的紧密联系等，这些都是不争的事实。社会主义时代是人类历史上空前伟大的时代，当然也应当有自己鲜明的时代精神。魏巍的作品可谓卷帙浩繁，色彩纷呈，其中贯穿了一条红线，就是爱国主义、集体主义和社会主义，这也正是这个时代的精神。

在时代精神的问题上,要澄清一种误解,就是:中国的现代化建设必然带来现代派文学。这是完全不对的。从19世纪末20世纪初开始出现的现代主义以至第二次世界大战后开始出现的后现代主义,尽管可以有一千种色调,并且随时可以创造出第一千零一种色调来争领风骚,相互否定,但都有一个共同点,就是以主观唯心主义、非理性主义、自我中心主义为基础,宣传存在本身的荒诞,人类本性的丑恶,世界末日的来临。这并不是生产力高度发展的必然产物,而是资本主义的社会危机和精神危机的曲折反映。它对于我们了解资本主义有一定的认识意义,它的某些技巧和手法也可资借鉴。但它宣传的思想观点对于正在从事社会主义建设的我国人民来说是根本不适用的,它与我们的时代精神是格格不入的。

一个民族由于物质生活和精神生活的特殊性,在长期的审美实践中形成了自己特有的审美趣味和欣赏习惯。文学作品只有体现这样的审美趣味和欣赏习惯,才能为人民群众所喜闻乐见,才能给世界文学宝库提供为本民族特有而为其他民族所无的艺术珍品。民族风格不是一成不变的,而应当随着民族生活内容的变化而发展变化。魏巍的作品具有鲜明的民族风格,它既继承了我们民族的优秀的美学传统,又广泛吸收了国外的现实主义和积极浪漫主义文学,特别是以高尔基的《母亲》等作品为开端的社会主义文学的营养。例如,在作品的结构上,既眉目清楚,有头有尾,又普遍运用倒叙、回叙、双线或多线交织发展等手法。在作品的语言上,既博采群众口语,新鲜活泼,富于表现力,又多方面学习语言,在描绘波澜壮阔的场景和错综复杂的事物时施展自如。在作品的体裁上,他努力使固有的体裁现代化,使外来的体裁民族化,如诗歌力求做到精炼、大体整齐、押韵,报告文学严格写真人真事,通过选材、提炼、开掘来实现典型化,等等。在魏巍的作品中,民族风格与时代精神是和谐一致的。

在民族风格的问题上,要反对一种倾向,就是以"反传统"为时髦,无视我们民族的优秀的美学传统,抛弃我国文艺的革命传统。在西方现代主义和后现代主义的影响下,有些作品不仅违反从千百年来人类艺术实践中总结出来的艺术规律,而且违反人们赖以进行正常的语言交往的语法规范,以至不要标点符号,不分直接引语和间接引语,任意变换时空和人称,支离破碎,扑朔迷离,杂乱晦涩,不知所云。针对这种情况,魏巍指出:"反对洋八股,树立有中国气派的新鲜活泼的文风,应当重新提到议事日程上。"他说:"经过文学家们的长期努力,尤其是经过解放区作家和群众的进一步结合,在语言的群众化上大大跨进了一步。这个意义是不能低估的。可是出人意料的是,近几年的文风,却突然扭过头去走了一个'之'字,返回去了。而且比原来的洋八股还厉害,简直看不懂。""这不能不说是文风上的大倒退。发展下去,是要贻害子孙的。"这真是慨乎言之,痛乎言之,实属切中时弊之论。

时代精神和民族风格是相辅相成的。离开了时代精神,"民族风格"有可能变成抱残守缺的国粹主义;离开了民族风格,"时代精神"也有可能流于食洋不化的教条主义。我们需要的是时代精神与民族风格的统一,标社会主义之新,立中华民族之异。

魏巍的创作之所以能达到真实性与倾向性的统一,现实主义与理想主义的统一,时代精神与民族风格的统一,归根到底是他按照毛泽东《在延安文艺座谈会上的讲话》,正确对待文学与生活、文学与人民、内容与形式、继承与创新等关系的结果。在他看来,"《讲话》是我国无产阶级文艺的战斗纲领和永不褪色的旗帜,也是培养我们革命文艺战士的乳浆"。有人说:"天若有情天亦老,文学正道是先锋。"不对。这里的"先锋"或曰"先锋主义",具有特定的含义。它是进入20世纪后西方各种现代主义和后现代主义艺术流派和文学思潮的总称。先锋派文学中荒诞、虚无、猥琐、无奈的内容和光怪陆离、无从索解的形式,同沸腾的社会生活和人民的审美需求相距何止十万八千里!它们只能供哥们儿、姐们儿在象牙塔里相互唱和罢了。欢呼"先锋艺术大获全胜",正如诅咒社会主义文艺只有"十几个人七八条枪"一样,不过是为自己壮壮胆而已。如果要讲今天文学的正道的话,我们应当理直气壮地说:文学正道是《讲话》。

在具体考察了魏巍的文学创作以后,我们自然而然地得出一个结论:他是真正的人类灵魂工程师。他满腔热忱、恭恭敬敬地奉人民为母亲,从人民生活中汲取题材、主题、情节、语言、诗情和画意,用人民创作历史的奋发精神来哺育自己,反过来,又像蜜蜂酿蜜、春蚕吐丝一样,倾注毕生的心血和精力,把最好的精神食粮贡献给人民,力求对满足人民的精神生活需求,提高人民的思想、文化、道德水平,培养社会主义新人有所帮助。有人很不赞成"人类灵魂工程师"的提法,说"社会把作家捧得愈高,作家的日子就愈难过",说作家是"人类灵魂工程师"意味着"作家的灵魂必须先消过毒,才能当人类灵魂的工程师,否则带菌操作,把别人的灵魂也弄脏了"。怪哉此论!文艺工作者和思想战线上的其他战士一样,都是教育人的。从教育者必须先受教育来说,我们当然只能是一面教,一面学,一面当先生,一面当学生。魏巍不正是这样做的吗?毫无疑问,一切对人民负责的文艺工作者都会乐于这样去做的。

魏巍今年七旬有五,但壮心不已。他深情地说:"我不愿靠虚名安度晚年,我还要拿出东西来,我对自己所走的道路充满信心,我在令人眼花缭乱的声色氛围中毫不惶惑地前进。"欣逢华诞,我们衷心地祝愿他健康长寿,企盼他有更多的好作品问世。

原载《高校理论战线》1996年第3期

谈魏巍的文艺观

田 怡

半个多世纪的革命生涯与文艺创作的丰硕成果,已经证明魏巍同志是一位忠诚的无产阶级战士。他数十年如一日,勤奋、坚定、热情奔涌、精神矍铄。无论是战争年代,还是和平时期,他都忠诚、勤恳地深入生活用自己的创作去服务于革命,服务于人民。在七八十年代,魏巍除了潜心于他的长篇小说的创作外,在创作经验的总结和文艺思想方面的建树也是突出的。特别是在文艺界资产阶级自由化思潮泛滥,有人公然否定毛泽东思想,否定毛泽东同志《在延安文艺座谈会上的讲话》的时候,他更是立场坚定,毫不含糊地重申毛泽东文艺思想的伟大意义,响亮地指出:"《讲话》仍然是我国无产阶级文艺的光荣的毫不褪色的旗帜!也仍然是哺育新一代文艺战士的乳浆。"①

一、《讲话》是无产阶级文艺毫不褪色的旗帜

毛泽东同志的《在延安文艺座谈会上的讲话》全面地总结了我国"五四"以来革命文艺运动的经验。它是长期文艺实践在理论上的科学概括和重大发展,它用马克思主义的立场、观点和方法深刻地回答和论述了我国革命文艺长期以来在实践和理论方面一系列根本性的问题,回答了往日和当时在革命文艺队伍内部一系列重大争论。《讲话》是一部马克思主义文艺理论的重要著作,它不仅在40年代给我国文学以巨大的影响,而且使我国革命文艺步入了一个崭新的历史阶段,数十年来使我国文学艺术在表现革命斗争,表现工农兵生活方面取得了前所未有的成绩,涌现了一大批优秀的作家与作品。可是在一段时间里,有人说《讲话》过时了,有的作家不屑于表现人民大众的斗争生活。

面对一些人的"过时论",魏巍针锋相对地指出《讲话》对于当前犹有重要的指导意义。他说,《讲话》"这个贯穿着马克思主义世界观的光辉著作,是我国无产阶级文艺的战斗纲领和永不褪色的旗帜,也是培养我们革命文艺战士的乳

---

① 魏巍:《魏巍文论集》,河南人民出版社,1984年版,第169页。

浆"。"当然,一切伟大的著作,随着新的情况、新的实践,都会有新的补充和发展,但是,不能偏离经过实践经验证明是正确的方向。"魏巍旗帜鲜明地重申了讲话的精髓,他从文艺的工农兵方向,文艺的社会功能,生活是文艺的唯一源泉以及作家的思想改造等几个主要方面进行了有力的论述。首先指出,关于为工农兵服务的方向问题是每一个革命作家应当解决的首要问题。"为人民服务,为社会主义服务的口号并没有任何贬低为工农兵服务的含义。因为工农兵是人民的主体,工人阶级是我国的领导阶级,他们不仅占全国人口的绝大多数,而且是推动历史前进的决定力量。"他认为,在我们的文艺作品中着重表现工农兵,把工农兵置于真正主人公的地位是无产阶级文艺的崇高职责和光荣使命。"文艺作品反映的是社会生活,我们无意排斥也不可能排斥描写各个阶级的人物,更不会排斥描写为劳动人民服务的也成为工人阶级一部分的知识分子,但是有一点很清楚:假若我们将工农兵置于无足轻重的地位,或者干脆置诸脑后,那就偏离大方向了,如果用《讲话》的精神,衡量当前的文艺情况,能说我们现在做得很够了吗?就没有偏离这个方向的表现吗?"这是几年前魏巍同志在《无产阶级文艺毫不褪色的旗帜》的讲话中所说的。如果说,那时候文艺界这种背离人民的现象还是初见端倪的话,后来几年就越演越烈了。他们声言:淡化时代,淡化政治。甚至有人更为荒谬地提出"文艺要与人民离婚"。因此,这种文学越向前走就越远离人民而滑到自我表现、自我欣赏的个人主义这个极小极小的死胡同里去了。人民对这种胡同里的死的文学抱着冷落与嘲笑的态度是必然的。当时,魏巍同志就说:"现在一些错误作品受到广大工农兵群众的责难,甚至个别作品,受到台湾国民党当局的赏识,被列为反共作品以拍摄和印行,难道不应当引起我们的警惕和深思吗?""本来,为谁写作,为谁服务的问题是作家必须首先解决的大问题,《讲话》不正是早就给我们指明了方向了吗?但是总有些人视而不见、知而不行,并一有机会就唱反调,就逆其道而行之。这是文艺界的大问题、老问题在新形势下的表现。"对于文学失去轰动效应的原因,有许多不同的看法和说法。魏巍一针见血地指出问题的本质,他指出三个方面的原因:第一,不是我们的人民群众疏远了或冷淡了我们的文学,试想我们写的不是他们最关心的问题,也不是与他们的命运和利益攸关的问题,说的也不是他们想说的话,对他们也没有什么帮助,他们为什么要关心我们的文学呢?第二,我们的文学不是距生活越来越近,而是离生活越来越远了。群众说我们胡编乱造,他们为什么要看这些胡编乱造的东西?几十年前人们就呼吁我们的文艺走出象牙之塔,现在是不是要走进象牙之塔或者黄金塔?第三,我们的文艺领导和一些评论,没有认真引导作家学习马列主义,因此,在社会急剧变化的情况下,作家因为缺乏马克思主义的修养,无力掌握急剧变化的现实。这是疏远马克思主义所带来的必然结果。①

魏巍指出这三个疏远(文学疏远人民、疏远生活、疏远马克思主义)才是造成当前文艺状况的根本原因。这些问题的产生正是一些人背离毛泽东文艺思想的结果,在这些有关文艺的重要问题上,《讲话》为我们文艺工作者指明了无限广阔的道路,使我们的思想翅膀和艺术才能获得真正自由驰骋的广阔天地。《讲话》对文艺与生活的关系所揭示的根本原理,曾经推动了广大文艺工作者同工农兵群众相结合,这是《讲话》的突出功绩。魏巍以实事求是的精辟的分析,理直气壮地捍卫被一些人轻视、歪曲、贬低甚至否定的毛泽东文艺思想的精髓。

二、只讲"解放"不讲"改造"就只有解放到资产阶级那里去

文艺界有人在解放思想的名义下,大搞自由化,重新搬出资产阶级那些早已被批判的货色,只讲思想解放不讲思想改造。应当如何正确认识和处理二者之间的关系呢?魏巍对此进行了全面的、辩证的论述,他认为我们需要继续解放思想,但也不可轻视改造思想,很需要把这两者结合起来。"一个人的头脑中,马克思主义没有钻进去,资产阶级思想没有挤出来,只讲'解放',不讲'改造',就只有解放到资产阶级那里去。其实,从正确的意义上讲,解放思想和改造思想都是为了树立无产阶级世界观,使我们的思想更加符合辩证唯物主义和历史唯物主义的思想路线,绝不是要脱离马列主义,毛泽东思想的轨道。"作为一个革命者需要在不断改造客观世界的同时改造主观世界,作为一个作家就更有其重要意义。魏巍转引了邓小平同志在四次文代大会上的祝词来进一步说明改造思想的必要性。祝词指出:"我们希望,文艺工作者中间有越来越多的同志成为名副其实的人类灵魂工程师。"要做灵魂工程师,自然"就加重了文艺工作者思想改造的必要性"。"我们的文艺作品是要影响人,教育人的,为什么我们自己能不受到教育?马克思主义是不会自动钻进我们头脑中来的,我们头脑中的非无产阶级意识,也不会自动退出和消失。"(《魏巍文集》)

看一看那几年一些人的自命不凡,忘乎所以,片面地强调思想解放,把学习马列主义、毛泽东思想与思想改造置诸脑后,因而写出那些情调低下、灰色、黄色的东西,造成了极坏的影响。这样不正是与灵魂工程师的使命背道而驰吗?因此,魏巍同志在 1980 年新春赠《沃原》的题词中说:"当前的创作,特别需要振奋人心的东西,能鼓舞革命热情的东西,来坚定人们的信念。但是要燃起别人

---

① 魏巍:《我的回答》,《文艺理论与批评》1989 年第 1 期。

心灵中熄灭了的火花就要你自己有旺盛的火种；要树立别人的信念，就要你自己有坚定的信念；要让别人看到光明和希望，就要自己看到光明和希望。"这就把作家的思想境界、革命热情与作品的思想力度和艺术魅力之间的因果关系说得十分明白。之后不久，魏巍在 1980 年 4 月《敬悼茅公》一文中又引用茅盾的话再次强调文艺工作者改造世界观的重要意义，作为灵魂工程师的文艺工作者"如果不具有无产阶级的世界观，这个灵魂工程师设计制造的产品不光是质量差，外观不美，经不起时间的考验，而且还会在社会上产生不利于社会主义革命和社会主义建设的后果"。当然，这并非是说改造好了才能写作，作为一个无产阶级文艺战士，努力学习马列主义，深入群众斗争生活，不断改造思想实在是非常必要的。

三、抽掉共产主义思想就是抽掉革命文艺的灵魂

七十年代末期，当资产阶级自由化思潮开始露头冒尖的时候，魏巍同志就曾针对指出："用共产主义思想来教育人民，这是我们无产阶级文艺的本质。""我们不能因为实行了按劳分配的社会主义原则，就不再提倡不计报酬的共产主义风格和雷锋精神了。抽掉了共产主义的思想，也就抽掉了革命文艺的灵魂。"[①]1983 年 4 月，魏巍在给羽帆诗社的题词中又再次强调了这个原则："如果说十八、十九世纪的伟大作家和诗人是用民主主义思想照亮他们的作品的话，那么，我们该用什么思想呢？我看只有用共产主义思想才能引导人民进步。"魏巍对批判教条主义、解放思想与坚持共产主义方向之间的关系与实质进行了透彻的分析。他认为对形而上学、主观主义的东西，必须一律取消、彻底粉碎，否则文艺就无从繁荣，同时，对于马列主义轨道绝对不能脱离，否则就会迷失方向。这就是魏巍一贯坚持的态度。

面对一些人以"解放思想"为盾牌，搞资产阶级自由化，妄图取消共产主义思想，抽掉无产阶级文艺的灵魂的种种做法，魏巍旗帜鲜明地强调我们要以革命化统帅现代化，保证现代化。"'四化'究竟怎么'化'法？说来说去，还是要靠党的正确的方针、路线来'化'，还是要由千百万群众来'化'。这就要提高人们的觉悟。""一个国家的人民的精神状态不好，思想境界不高，那个社会主义现代化能实现吗？革命文艺的战斗作用，恰恰就要在这里发挥出来"。[②] 所以，批判

[①] 魏巍：《魏巍文论集》，河南人民出版社 1984 年版，第 148—149 页。
[②] 魏巍：《魏巍文论集》，河南人民出版社 1984 年版，第 146 页。

资产阶级思想,清除封建思想的残余,是我们文艺工作者的重要任务。同时,他强调四项基本原则是全党团结和全国各族人民团结的共同的政治基础,当然也是文艺界团结的政治基础,解放思想必须坚持四项基本原则并以之作为判断是非的标准。这对于社会主义国家的文艺工作者来说,本来应当是不成问题的问题,但是,居然有人反对把坚持四项基本原则写进文代大会的决议,他们要无拘无束地去搞资产阶级自由化,自由自在地去挖社会主义的墙脚。

魏巍以一个无产阶级革命老战士对祖国前途的关注,对青年一代的希望,那样诚挚急切、态度明朗地呼吁文艺工作者抵制自由化逆流,为人民提供美好的精神食粮。"我们理应用文艺的武器积极参加反腐蚀斗争。糖衣炮弹绝不只是物质方面和经济方面,还有思想方面和文化方面。"[①],对于错误思潮虽不能估计过高,但必须看到它在某一些青年知识分子中还有市场,因此,他认为文艺工作者应当创作出在思想艺术方面都是高质量的作品来抵制那些宣扬错误思想的低劣作品对读者,特别是对青年读者的毒害。他说:"在当前的情况下,我们实在感到像《霓虹灯下的哨兵》那样向资产阶级思想进行有力斗争的作品太少了。我们多么需要一大批这样的作品,来击退资产阶级的进攻,来保护我们的青年。"[②]

搞自由化的人,妄图贬低、否定毛泽东同志的《在延安文艺座谈会上的讲话》这个革命文艺的纲领,同时也起劲地贬低否定在她哺育下诞生在人民生活沃土中的革命文艺及革命作家。魏巍对在几十年征程中所出现的好作品进行了充分的肯定,赞誉他们是在中国革命斗争的沃土中开放出来的英雄之花,为英雄的鲜血所浇灌又反过来鼓舞我们的英雄和人民。指出革命的文艺不容否定,革命题材的领域无限广阔,还急需进一步去开拓,而且强调掌握无产阶级世界观对于正确而深刻地反映生活的重大意义,"如果没有正确的世界观作指导,就如同在迷雾中进行,是很难正确和深刻认识生活的"。[③]

在魏巍的许多讲话和文章中都反复强调了无产阶级的革命文艺应当用共产主义思想来引导和教育人民的总原则,指出抽掉无产阶级思想就是抽掉革命文艺的灵魂。

---

① 魏巍:《魏巍文论集》,河南人民出版社,1984年版,第197页。
② 同上。
③ 魏巍:《魏巍文论集》,河南人民出版社,1984年版,第200页。

四、作家要怀着特殊的责任感来修筑我们的精神长城

在全国第四次文代大会上,对于坚持四项基本原则的问题,就公开产生了分歧,有人甚至提出:"党在五年内不要管文艺。"有人打着"思想解放、突破禁区"的口号公然与马克思主义、毛泽东思想分庭抗礼,把毛泽东思想视为限制他们思想解放的条条框框。这样一来,一些文艺工作者完全把"人类灵魂工程师"的崇高称号与职责置诸脑后,党内某些大人物主张对文艺要"少管,少介入"。因此,对文化进口的管理检查越来越松,致使宣传资产阶级形形色色"理论"的书刊长驱直入,传播资产阶级腐朽观念、生活方式的淫秽色情读物和音像制品源源不断涌来。这些东西与我国文艺界某些人的思想一拍即合,一些人在资本主义国家的"文化渗透"和中国台湾的"文化出击"面前束手就擒,或者欣然与之合作,里应外合。一时间,社会主义的文坛掀起了一股逆流,一些堕落文人的黄色、灰色的作品在腐蚀着人们的灵魂,浊浪冲击着我们的精神长城。面对这种情况,我们许多坚持马列主义,坚持毛泽东文艺思想的同志十分忧虑和焦急,有的同志写了批评文章发不出去,有的同志想创办刊物无经济来源,有的同志在艰难的条件下坚持着宣扬马列主义的阵地……

魏巍同志自 1979 年以来,在一系列的讲话和文章中都以坚定的无产阶级立场对文坛的现状问题发表了旗帜鲜明的意见。遗憾的是,这些讲话有的没能及时见诸报刊,其原因正如上面所说。后来收在了由河南人民出版社出版的《魏巍文论集》之中,魏巍道出了无数有良知、有爱国之心的广大人民群众的心声,道出了坚持无产阶级文艺路线的广大文艺战士的心声。这些爱憎分明、有理有据、论述严密的文章使我看到了一个历经考验的老共产党员、老战士、老作家对人民、对革命事业的一片忠贞。他面对思想文化界的混乱,严正地喊出:"巩固我们的精神的长城!"并以此为批评中心在 1982 年全军召开的军事题材文学创作座谈会上作了长篇发言。

魏巍从军事文学的地位和任务、当前文化思想战线上的形势谈到作家的社会责任感以及如何提高创作质量等问题。如今再回过头来读这些分析和论述,倍感珍贵而有价值。他希望我们的作家对军事文学题材热情关注,实际上也是要我们进一步关心我们社会主义祖国的安全和发展。如何使我们的祖国得到安全和发展呢?他指出:"除了加强它的物质基础之外的,就是要在亿万人民的心上筑起一道强固的不可摧毁的精神壁垒,或者说精神长城。我们的作家、艺术家,包括那些以写军事题材为主的作家、艺术家,都是构筑这座精神长城的工

人。物质基础太差,战争一旦发生,固然要吃大亏;而精神壁垒垮下来,其结果也将是很悲惨的。沉痛的历史经验告诉我们,轻视物质因素,把精神因素夸大得过分是错误的;反过来,鄙薄精神因素,认为有了物质就有了一切,也是错误的。"① 魏巍从我们革命的历史进行分析,指出我国革命之所以能由弱到强,最后取得胜利,从根本上说,是由于我们党代表了人民的利益,代表了历史前进的方向,同时也由于我们党在群众中筑起了一道不可战胜的精神壁垒,这道精神壁垒的威力,无论在战场上和刑场上,都是经过屡试不爽的考验的。

魏巍在《巩固我们的精神长城》一文中不仅正确分析了物质与精神的关系,而且实事求是地总结了历史的经验,总结了政治思想工作和革命文艺在推动革命发展中的不可磨灭的功绩。对人民、对祖国社会主义前途的高度责任感使他对资产阶级思想的泛滥猖獗不能容忍:"令人痛心的是,我们一向引以为自豪的强大的精神壁垒,到今天也蒙受了一些污染和腐蚀,出现了裂缝和漏洞,甚至不是没有被资产阶级思想攻破的地方。例如崇洋媚外这种殖民地、半殖民地病毒,这种殖民地、半殖民地耻辱的标记,本来早已为革命的浪涛所冲刷,现在不是又出现了吗!一些丧失民族自尊心自信心的事例,不是在烧灼着我们的灵魂吗!"魏巍不仅揭示了这些触目惊心的现象引人注意,而且指出其严重的发展后果:"这种状态如果继续下去,战争一旦发生,那是非常危险的!"是啊!我们能够指望那些认为"月亮也是外国的圆"的人,那些弗洛伊德的泛性论的崇拜者,那些不惜丑化中国劳动人民以求外国人喝彩的作家,那些不顾国格、人格干尽丑事的人能够在战争发生的时候,舍出命来保卫自己的国家吗?而且他们的思想言行还像腐蚀剂一样到处扩散。面对这种情况怎么办呢?魏巍急切地呼吁:"我们的作家和艺术家(以及一切思想工作者),要怀着特殊的责任感,来修筑它和加固我们的精神长城。"而且严峻指出:"我们只有修筑它和加固它的义务,而绝没有毁坏它和削弱它的权利"。②

怎样去修筑和加固我们的精神长城呢?魏巍认为首先应当认清帝国主义和其他反动派并未放弃对我国实行和平演变的毒计,"它们不但没有放弃,而且正在利用我们的弱点和当前的时机,作为一项战略任务向我们进行文化渗透和多方面的腐蚀。我们对待这种渗透和腐蚀最好的方法,就是用历史和现实的正反两方面的典型来教育我们的青年"。③ 魏巍以一个无产阶级政治工作者的眼光和革命作家的立场来分析问题,他强调了意识形态领域内斗争的严峻形势,

---

① 魏巍:《魏巍文论集》,河南人民出版社 1984 年版,第 195—196 页。
② 魏巍:《魏巍文论集》,河南人民出版社 1984 年版,第 196 页。
③ 魏巍:《魏巍文论集》,河南人民出版社 1984 年版,第 196 页。

强调了文艺工作者的地位和任务。"文艺家应当是革命的战士而不是只懂得一点艺术技巧的小手艺匠。"魏巍认为一切文艺工作者、思想工作者都是精神长城的构筑工人,肩负的使命非常重要、光荣和艰巨。因此,他们不仅要有一般的爱憎,而且要有更深的爱憎。

作家有了更深的爱憎,才能更深地观察生活,才能使作品有震撼人心的力量,不致成为一杯薄酒。魏巍在他的多次讲话中都一贯强调要以共产主义的思想来教育人民,认为"这是我们的作家,特别是党员作家不能有丝毫含糊的。不宣传集体主义、不用共产主义思想引导人民,而有意无意地兜售个人主义,就是腐蚀我们的人民、腐蚀我们的青年"。① 魏巍这些话并非什么深奥难懂的道理,是联系历史和现实的最切实际的深刻而尖锐的论述。他的讲话是对那些搞资产阶级自由化、挖社会主义墙脚者的批判,是对毛泽东思想的捍卫和联系实际的具体运用。

在那资产阶级自由化的妖风迷雾滚滚而来,一些人被吹得晕头转向的时候,一些人公开否定毛泽东文艺思想肆意贬低革命文艺的时候,一些满脑子铜锈的拜金主义者们为赚钱而大肆编造黄色读物,大搞精神污染的时候,在资本主义国家猖狂地向我们搞思想渗透、千方百计摧毁我们的精神长城、腐蚀我们的人民,特别是腐蚀我们青少年的时候,魏巍的言论,魏巍的战斗精神是何等的难能可贵!他像一个风雪哨所上的哨兵,坚定地屹立在自己的岗位上,顶风冒雪,洞察幽微,时时向战友、向人民敲响警钟。

原载《语文学刊》1991 年第 1 期

---

① 魏巍:《魏巍文论集》,河南人民出版社,1984 年版,第 197 页。

魏巍的文艺和美学思想

杨 柄

文艺写作三条

　　1961年,魏巍在广州军区直属机关文艺讲座上发表了题为《我的文艺信条》的谈话,计十个问题。头一个问题。是"做无产阶级文学旗帜下的士兵",开宗明义提出写作无非是三条:一是为什么写作,为谁写作,二是写什么,三是怎样写。他说,"这第一条是立场问题,第二条是内容问题,第三条是方法问题。当然,二、三条同样都包括立场和世界观问题,不过,我觉得,为什么写作,为谁写作毕竟是一个最根本的问题。一个人写作的出发点是什么,将影响到他的整个艺术活动。这是应该认真考虑的"。

　　这头一个问题可以说抓住了文艺的根本问题,从而也是魏巍本人的文艺思想的根本问题。接下去的九个问题是:爱憎分明,是非分明,刻苦地研究生活,熟练手中武器,集中力量打歼灭战,精兵主义。当你研究生活的时候,要有最大的老实;当你结构作品的时候,要有最大的"不老实"。不怕矛盾,熟悉几十几百个活人,写自己感动的东西,这些都是头一个问题的发挥。

　　事隔30余年以后的今天回头看去,魏巍第一次对自己的文学创作所做的这个比较全面的理论总结,不但基本观点是正确的,而且每一个问题都是正确的,并且充满了辩证法。我们通过这个《写作信条》向上溯,可以看出魏巍的文学创作道路是正确的;从这个《写作信条》到现在,他一直都是沿着这条正确的道路前进,文学创作丰富了,发展了,文艺思想也丰富了,发展了。但前后文艺思想一脉相承,构成整体,所以下面根据文艺写作三条这个总提法对整体的各个方面作一些分别的探讨。

"做无产阶级文学旗帜下的士兵"

魏巍在《写作信条》的头一条里明确提出,"为什么写作,为谁写作"是"立场和世界观"问题,"出发点"问题,"最根本"的问题"一个人写作的出发点是什么,将影响到他的整个艺术活动";对出发点的"不同的理解,就会培养出不同的作家"。如果"出发点是为了革命,就会把自己向一个革命战士的目标来培养,造就出来的是革命的战士,而不是只懂得一点艺术技巧的小手艺匠"。"如果出发点是为了艺术,也可能学会点技巧,找些材料,东凑西拼,也可能搞出点东西,但成为一个革命战士这种类型的作家是困难的"。因此魏巍认为,"我们培养自己的方向应当是无产阶级的作家和战士,是无产阶级文学旗帜下的士兵"。——魏巍提出这一正确培养方向的时候 41 岁。

魏巍 71 岁的时候,即 1991 年 3 月 5 日,在全国青年业余文艺工作者会议上发表了题为《走什么样的道路?做什么样的作家?》的讲话,对自己从前的表述作了进一步的阐发。他说:"我以为,或者说我希望,你们要走文学之路就做无产阶级文学旗帜下的士兵,要当作家就当鲁迅型的作家。也就是说,要做无产阶级事业的接班人,不要做资产阶级事业的接班人。"

魏巍的这两次表述完全符合毛泽东提出的鲁迅方向的精神。这里面无疑地包括所有"无产阶级文学旗帜下的士兵"的共同经验,但也不妨认为,主要地还是他本人或者 20 余年或者 40 余年革命文学生涯的两次总结。

魏巍分析了"一个人走上创作道路,有多种情况,其中也往往有下面两种情况"。一种是,"作者本人并不是为了要写作品,但他经历了许多事情以后,有很多感触,对社会生活形成了一种看法,思想上积压了很多东西,于是,产生了写作的冲动,不写出来就胸中不安,这就促使他进行了艺术上的表现"。另一种情况是,"本人小时候读了些文艺书,对文艺发生了兴趣,自己逐渐想从事这种活动"。魏巍认为,"处于第二种情况的人,常常容易不自觉地把艺术放在第一位",而没有把为什么写、为谁写放在第一位。他认为,一个战士,当然应该很爱自己的剑,一把明光锃亮的宝剑,确实是令人喜爱的。但是你是热爱革命斗争才热爱剑呢?还是因为爱剑才参加革命斗争呢?很明显,一个战士是因为热爱革命斗争才热爱剑,不是因为爱剑才参加革命斗争的。这也就是:"我爱艺术,我更爱真理,可以粉身碎骨,可以牺牲自己的一切。用笔来写作,只不过是一个战斗的方式之一。"魏巍在这里将战士与剑的关系,作家与笔的关系,真理与艺术的关系,都给予了完全正确的解决,从而得出了前述完全正确的结论那么,魏巍本人属于哪种情况呢？他以其一贯的谦虚态度说他自己属于第二种情况。然而他青年时代的生活实际和创作实际表明,两种情况都有,并且第二种情况程度较轻,为时甚短。不错,魏巍的确从小读书就爱好文艺,爱好写诗,还爱好豫剧,可是他创作五百行长诗《黄河行》的时候才十七岁。那是七七事变那年秋天在他的故乡郑州黄河之滨的一个小镇上用三个晚上写成的。"当我伫立在黄河之滨,"魏巍说,"面对那浩荡的黄河,远望黄河北岸,便激动得流下热泪,我的悲哀、愤怒、仇恨的感情,几乎使我的头颅爆炸了。"于是挥笔成诗,这已经是属于魏巍自己所说的第一种情况了。民族灾难与家庭灾难相交织的灾难的童年造就出这样一位文学青年——从一开始就不是为艺术而艺术。

但这一情况还只是说明根子正,不等于魏巍自己后来所总结的那样的战士和作家。从前者到后者,有一段距离,特别是有一道门槛。需要量的增长,尤其需要质的飞跃。需要从抗日战士转化成为自觉的共产主义战士。这样一个历史性的转折到来了：1938年五一劳动节那个光辉的日子,魏巍在革命圣地延安清凉山的一个窑洞里庄严宣誓入党。魏巍是在党的怀抱里、毛泽东文艺思想的乳浆的哺育下成长起来的"无产阶级文学旗帜下的士兵"、"鲁迅型的作家"。

入党后不久,魏巍奔赴晋察冀边区参加极度艰苦的抗日游击战争。他在《诗没有死》《诗,游击去吧》等作品中,矢志忠于人民,决不背叛；他要求自己"把智慧也用于战争","把战争也当成诗"；他说,即令"红杨树"倒在血里,诗也没有死,并且"真正有了生命"。他在七十岁上下的时候,在《梅之歌》《菊赋》《写在泪罗江畔》等作品中,反复赞美老共产主义战士面对着美帝国主义的和平演变战略保持晚节,坚决斗争,"只要我们的星球不会倒转,共产主义的太阳就不会下沉"！他还在《我是一个工人》这首诗中表明"我只是把我的血和生命,悄悄流进作品"。

也许,有一天,
我手里握着笔,
倒在自己的岗位上,
我也将感到愉快,
因为我没有忘记——
自己为之战斗的理想,
我永远属于工人！

半个多世纪的种种考验说明,魏巍属于组织上入了党、思想上也入了党的党员。因此他才能成长为"无产阶级文学旗帜下的士兵",成长为"鲁迅型的作家"。他首先是党员,然后才是作家。

这也说明,改造世界观的极大重要性。

在这个问题上,魏巍一直牢记他亲自聆听过的周恩来的一次报告:一个共产党员,一个革命者,在世界观上必须树立起四个鲜明的观点:第一是阶级观点;第二是革命观点;第三是群众观点;第四是辩证唯物观点。魏巍认为,"我看这四条恐怕就是共产党人世界观最完备的概括了"。我们认为,周恩来的概括是正确的,魏巍的态度也是正确的。

应该说,多数共产党员,尤其是经过数十年革命战争和党内斗争考验的老党员和老党员作家,这一世界观。及其基本观点的树立都是一致的,区别只在于,每一个党员是通过什么样的具体实践提高自己对它的认识的,是在什么样的具体情况下具体地运用它的。

以辩证唯物观点为例,魏巍认为,"唯物论和辩证法是马克思主义的世界观,也是我们共产党人的世界观。我们观察分析社会现象、制定政策、进行工作,都是依据唯物论和辩证法"。这样看无疑是正确的,但是如果停止在这里,那就不够了。魏巍不是停止在这里,而是紧接着以1942年的整风运动来作进一步的说明。因为这一"具有伟大历史意义的思想改造运动"克服了主观主义和教条主义,使唯物论和辩证法"真正成为全党占统治地位的思想方法",并普及于全党形成了一切"从实际出发"、加强调查研究的"新风气",这就是唯物辩证法世界观的胜利。魏巍自己就是整风运动的参加者,尤其使人感到亲切。这是其一。再者,魏巍这些论述不是在1942年提出来的,而是在1991年提出来的,因此他接下去说,"对照这些年的情况,就未免有些失色了"。因为,"有许多工作并不是从实际情况出发,而是从主观愿望出发,从抄袭来的某种外来模式出发";"至于形而上学,更是盛行"。魏巍回想当年周恩来号召每个党员要树立辩证唯物的观点,对党的事业的发展意义实属伟大。魏巍像这样对历史、对现状以及将两者结合起来的论述,都说明他是如何通过自己的实践体验来提高对马克思主义世界观的认识的。这是从党的工作来讲的。

再从革命者个人的思想改造来讲,魏巍坚持改造思想,为人民服务,因为"为人民服务是无产阶级的世界观"。他说,"我们的文艺作品是要影响人、教育人的,为什么我们自己能不先受到教育"?马克思主义"不会自动钻进"我们的头脑中来,我们头脑中的非无产阶级意识"也不会自动退出和消失",因此必须学习马克思主义,改造自己。"一个人的头脑中,马克思主义没有钻进来,资产阶级思想没有挤出去,只讲'解放',不讲改造,就只有解放到资产阶级那里去。其实,从正确的意义上说,解放思想与改造思想都是为了树立无产阶级的世界观,使我们的思想更加符合辩证唯物主义和历史唯物主义的思想路线,绝不是要离开马列主义、毛泽东思想的轨道。"魏巍还以平等地位向读者讲述了自己在整风运动中如何进行自我批评、受到教育的亲身感受。

以上事实说明,魏巍是通过自己亲身经历的党的发展和个人思想改造历程来加深自己对唯物辩证法世界观的认识的,既是理论性的,又是实实在在的。与此同时,魏巍还将唯物辩证法的方法论贯彻到自己的创作实践中,这方面的内容将放在以下诸节,尤其是"不怕矛盾"这一节中论述。

要做"无产阶级文学旗帜下的士兵",马克思主义世界观是非坚持不可的,不坚持是不对的。但这一世界观是任何共产党员都应该坚持的,不独党员作家为然。党员作家在坚持这一世界观的同时,还必须坚持由这一世界观所指导的马克思主义文艺理论。这一文艺理论的伟大里程碑之一则是毛泽东文艺思想,集中体现为1942年的《在延安文艺座谈会上的讲话》(以下简称《讲话》)。

《讲话》是我们党内以毛泽东为代表的马克思列宁主义路线与以王明为代表的"左"、右倾机会主义路线做斗争的产物,是整风运动的产物。它首先是整风文献即党的建设文献,它是在按照哪个阶级的面貌改造党、改造世界,即建设一个什么样的党的基础和前提下提出的党的文艺工作应该如何解决的,它是1905年列宁的《党的组织和党的文学》的伟大发展。它作为文艺理论文献,在中国文艺思想史上是空前的,它指引的中国无产阶级革命文艺的大繁荣、无产阶级革命文艺大军的大发展也是空前的。

魏巍正是这支文艺大军中的一员。他自觉地置身于这面红旗下做人与做文,不断前进。他的全部作品,全部言行都说明了这一点。在这里我们着重说明最近十余年,面对着对毛泽东文艺思想攻击魏巍所进行的坚决斗争。

对毛泽东文艺思想的攻击是对整个毛泽东的攻击的组成部分。气势汹汹,正如魏巍在《话说毛泽东》一书中揭示的,"国外一些势力一再掀起'非毛化'的恶浪,国内也有一些人'反毛'很起劲儿"——"凡是搞资产阶级自由化很厉害的,主张全盘西化的,主张走资本主义道路的,几乎没有不反对毛泽东的",他们"拼命地来贬低他否定他,辱骂他",等等。

面对着这些攻击,魏巍挺身而出,在1981年5月23日即《讲话》发表39周年的日子,发表了《无产阶级文艺毫不褪色的旗帜》一文,重申自己在十九年前即《讲话》发表二十周年的时候说过的话:"这个贯穿着马克思主义世界观的光辉著作,是我国无产阶级文艺的战斗纲领和永不褪色的旗帜,也是培养我们革命文艺战士的乳浆!"

魏巍进一步表示,"我不能因为一个伟大的马克思主义者在晚年犯有错误,就否定他过去的功绩和正确的思想,也不能把曾经哺育过我(以及我们整整一代人)成长的乳浆,说得一文不值。我更不能把引导我们在炮火中前进的旗帜抛在一旁,因为它联系千百万群众胜利的脚印。因此,现在我要说:《讲话》仍然是我国无产阶级文艺的光辉的毫不褪色的旗帜!也仍然是哺育新一代文艺战士的乳浆"!

这是 1981 年 5 月的事情,党的十一届六中全会发布了《关于建国以来党的若干历史问题的决议》,对毛泽东的功与过进行了具体的分析,指出"就他的一生来看,他对中国革命的功绩远远大于他的过失。他的功绩是第一位的,错误是第二位的"。《决议》肯定毛泽东"是伟大的马克思主义者,是伟大的无产阶级革命家、战略家和理论家",肯定"中国人民始终把毛泽东同志看作是自己敬爱的伟大的领袖和导师"。《决议》还肯定了毛泽东"阐述和发挥了马克思主义辩证法的核心——对立统一规律"以及"能动的革命的反映论"等哲学思想,肯定了《新民主主义论》和《讲话》及其他文化艺术文献,肯定了"毛泽东思想是我们党的宝贵的精神财富"。总之《决议》肯定了毛泽东的历史地位和毛泽东思想。

《决议》公布后,党员作家魏巍立即发表《在〈决议〉的鼓舞下》一文,衷心拥护《决议》,并且呼吁文艺工作者多唱几支鼓舞人民同心同德、奋发前进的歌曲。

然而另一些党员作家并不认为中央《决议》是应该尊重和遵守的,在他们的带动下反对《讲话》的声浪照样喧嚷不止。因此在《讲话》发表 50 周年前夕即 1992 年 4 月,魏巍又发表了《灯塔》。尽管他采用的是诗的形式,但是他将《讲话》的精神实质,将环绕着《讲话》而展开的两种思想斗争的实质,表述得多么清楚明白!并且,《讲话》"揭示了人类最壮阔最崇高的美学领域"这一重要论断正是由这篇《灯塔》首次提出来的。

魏巍对毛泽东文艺思想所持的一贯坚持态度,特别是在它遭到反对的时候挺身出来说话,这表明了共产主义文艺战士的坚贞;唯其如此,才有今日之魏巍。他是始终坚持自己订的写作信条而不断前进的,是做无产阶级文艺旗帜下的士兵而不断前进的。

革命战争文学是我国无产阶级革命文学的"很重要的一部分"

从全部作品的题材之主要部分而言,魏巍是一位革命战争文学家,是一位文学将军。他用多种多样的文艺形式反映了抗日战争和解放战争,反映了抗美援朝战争和援越抗美战争。他虽因年小不可能参加第二次国内战争,但他在年过花甲以后循着中国工农红军二万五千里长征的脚印,进行了大量的调查研究,写出了《地球的红飘带》,这也在相当大的程度上反映了第二次国内革命战争威武而又悲壮的关键篇章。可以说,我们党领导的几次伟大的革命战争都在魏巍的作品中得到了反映。一位作家反映革命战争如此之宽阔全面,并不多见。

这样,魏巍就在自己的作品中反映了中国新民主主义革命的特点和优点——用武装的革命反对武装的反革命,"枪杆子里面出政权";也反映了社会主义国家政权经建立以后仍然需要用枪杆子来保卫它。"没有一个人民的军队,便没有人民的一切"——过去是这样,现在仍然是这样,那么将来呢?魏巍以写作《东方》为例明确地回答说,写这部小说的目的之一便是,"为反侵略战争作准备"。只要世界上帝国主义存在一天,我们总是不能排除这种可能性的,排除是错误的。我们必须作好物质和精神的两种准备,"这是关系到我们的人民和社会主义制度能否继续生存和发展的问题"。而创作《东方》反映抗美援朝战争便是再现现实的严酷斗争,为精神准备提供条件。

魏巍对自己创作《东方》所怀抱的这种目的,是以他对整个军事题材文学的基本看法作基础的。他认为,我国的军事题材文学"是我国无产阶级革命文学的一部分","同时又是很重要的一部分,并且有自己的传统和特色"。"这是因为它同我国革命的历史特点是联系在一起的,它同几十年的革命战争是联系在一起的,它同中国无产阶级革命军队的性质和解放人民、保卫人民的英雄历史是联系在一起的。我们军事题材的文学和整个无产阶级文学一样,是忠于党、忠于人民、忠于共产主义事业的文学,是建立在爱国主义、国际主义和无产阶级集体主义思想基础上的革命英雄主义的文学,是无数革命战士的热血所灌溉的文学。"这段话将中国无产阶级革命军事文学的土壤和性质,将它在无产阶级整个革命事业和革命文学事业中的地位,讲得又正确又清楚,完全符合毛泽东在《讲话》中首次提出并阐明的文武两支军队、文武两条战线的基本精神。

魏巍这段话是1982年4月在中国作家协会和总政文化部联合召开的军事题材文学创作座谈会上讲的。他在讲了这段话以后接下去说,"我觉得,这次会议最重要的意义,是希望我们的作家对军事题材的文学热情关注,实际上也是要我们关心我们社会主义祖国的安全和发展"。因此魏巍认为,一要加强物质基础,一要"在亿万人民的心上筑起一道强固的不可摧毁的壁垒,或者说精神的长城"。他说,"我们的作家、艺术家,包括那些以写军事题材为主的作家、艺术家,都是构筑这座精神长城的工人";"我们只有修筑它和巩固它的义务,而绝没有毁坏它和削弱它的权利"。为什么要这样要求呢?因为,"我们不能认为,帝国主义和其他反动派已经放弃了对我国施行和平演变的毒计,相反,他们不但没有放弃,而且正在利用我们的弱点和当前的时机,作为一项战略任务向我们进行文化渗透和多方面的腐蚀"。"这种状态如果继续下去,战争一旦发生,那是非常危险的"!魏巍说,"我们对待这种渗透和腐蚀最好的办法,就是用历史和现实正反两方面的典型来教育我们的青年,同时对资产阶级思想展开顽强的反击。发展各种军事题材的创作就是一个重要的方面。""在当前的情况下,我们实在感到像《霓虹灯下的哨兵》那样向资产阶级思想进行有力斗争的作品太少了,我们多么需要一大批这样的作品,来击退资产阶级思想的进攻,来保护我们的青年!"

这些便是魏巍力主发展我们无产阶级革命军事文学的目的所在。为了保卫我们祖国的社会主义制度,为了反击美帝国主义的和平演变、和平腐蚀,为了击败帝国主义的武装侵略,发展这样的无产阶级革命军事文学是完全正确、十分需要的。

接下来的问题是这样的文学如何创作。魏巍提出了以写人物为中心、党性与真实性的统一等,这些将放在后面专节论述。本节只讲其中的一个问题:"我们的视野还要再放宽一点","决不要单纯从军事上着眼,只看到一个战斗,只看到一个战役,只看到一个战场"——那是"不够的"。应该怎样呢?应该"从政治上着眼,把人物的活动放在广阔的时代背景上,紧紧抓住那个时代的主要矛盾,充分描绘那个时代的社会生活","把历史和现实本身的丰富性和生动性真正描绘出来"。

以《东方》为例,魏巍并不是将视野局限于朝鲜战场,而是从"中国革命在东方的胜利"这样的历史制高点上来观察这场战争。他认为,抗美援朝战争的"重大意义""同中国革命的胜利是分不开的";"没有中国革命在东方的胜利,也就不可能有抗美援朝的胜利"。他还认为,美帝国主义发动的这场战争不但"威胁到我们新生的祖国(的)安全",也"同东方人民(的)命运攸关"。中朝人民取得了胜利,这就改变了东方面貌,所以魏巍说,"我的书名《东方》也包含着这个意思:这里是今天的东方,不是昨天的东方了,中国人民是站起来了,朝鲜人民也站起来了。他们已经显示了他们的力量,还有的是没有显示出来的潜在的力量,这个力量将是很大的"。

东方!伟大的东方!不从东方看问题,是不可能将中国革命胜利和抗美援朝战争胜利问题看清楚的。早在19世纪50年代,当中国太平天国革命蓬勃发展的时候,马克思、恩格斯就从"中国革命与欧洲革命"的关系来论述这场革命。他们认为,"如果亚洲的社会状况没有一个根本的革命,人类就不能完成自己的使命"。中国太平天国革命起来了,他们欢呼这是一个"强大的革命",是"保存中华民族的人民战争",若干年后将可看到"整个亚洲新纪元的曙光"!列宁发展了马克思、恩格斯的思想,提出了国际无产阶级解放运动与殖民地半殖民地民族解放运动相结合的伟大思想,提出了"落后的欧洲与先进的亚洲"的伟大论断。列宁领导的十月革命一声炮响,给我们送来了马克思列宁主义,毛泽东将它与中国革命的具体实践结合起来,中国革命胜利了,"整个亚洲新纪元的曙光"从赤县升起来了,国际社会主义与国际帝国主义的力量对比极大地改变了,东风压倒西风了。美帝国主义不甘心于失败，采用事军手段"遏制"共产主义，其"全球战略"的重要组成部分便是侵略朝鲜，进而侵略中国，中朝人民的铁拳又把这个罪恶的图谋击得粉碎了。"今天的东方，不是昨天的东方"了，因此魏巍写《东方》。

不只如此，魏巍还写了前方与后方这两个"战场"，而这不是一般的前方与后方的关系问题。抗美援朝战争的后方有着特殊的、重大的意义，因为1950年6月美帝国主义发动朝鲜战争的时候，中华人民共和国成立不到一年，新生的人民政权还很稚嫩。一百多万国民党残匪还没有肃清，经济上满目疮痍，百废待举。三分之二的地区土地改革没有完成，中、美军事装备悬殊。在这种情况下出国作战有没有把握，国内经济建设能不能进行。面对着这么严峻的问题，不但某些党外人士心存犹疑，就是我军的高级将领也有的持反对态度。然而党中央毛主席英明决策：打！结果如何呢？魏巍回忆说，"战争不但没有影响到建设，由正义战争激发出来的全国人民的积极性反而进一步推动了这个建设。前方后方似乎形成了两个战场，互相推进。在同时期内，还进行了镇压反革命运动和土改运动。这三个运动结合得非常好，非常成功。这一个阶段，在我的记忆中是一段很美好的回忆，激动人心的回忆。"

这样的后方不写入《东方》是不可能将"今天的东方"的意义完整地体现出来的。于是魏巍到二七机车厂的一个车间兼任党支部副书记，深入工人生活；到华北农村的基层，包括耿长锁合作社和自己过去战斗过的地方，深入了解农业合作化运动等，熟悉了大量的工农及其干部，积累了丰富的素材，加以提炼，写入了《东方》。前方与后方于是结成为一个艺术的整体，艺术地再现为一幅"今天的东方"的宏伟画图。

魏巍写《地球的红飘带》同样不是单纯从军事上着眼，不是局限于只写战役、战斗本身，而是将中国工农红军的长征放在中国革命的全局，放在中国革命从局部性到全国性的转折点上来看待和描写，写出中国革命和中国社会的基本面貌的本质。写出主要的矛盾是革命阵营与反革命阵营的矛盾，主要的矛盾方面是革命阵营，主要的斗争形式是武装斗争。在革命阵营内部又写出毛泽东路线与王明"左"倾机会主义路线的矛盾，与张国焘右倾逃跑主义的矛盾。在反革命阵营内部又写出蒋介石"中央"势力与贵州等地方军阀的矛盾以及军阀与军阀的矛盾。在1934年10月到1935年10月这特殊的一年里，中国工农红军打破蒋介石的围追堵截的宏伟壮烈之举便是帝国主义、封建主义、官僚资本主义同人民大众的矛盾之最尖锐、最突出的表现。不写这一壮举就看不出中国革命和中国社会主义在这个转折点的基本面貌。《地球的红飘带》之所以能将这一基本面貌艺术地再现出来，正是由于作者是站在革命的制高点来看待和描写它,而不是将眼光局限于军事。当然,当时的主要斗争形式是武装斗争,并且又是武装斗争中的特殊形式长征,所以战役和战斗都是非写不可的,不写是不对的。魏巍不但写了,而且写得非常精彩。但他是放在全局中来写的,不是游离于全局之外的。所以我们读这部小说的时候就好像是跟着红军将士行进。读到最后,就深深感到正如毛泽东总结长征经验的时候所说的——"长征一完结,新局面就开始";"革命的阵势,是由局部性转变到全国性";"目前是大变动的前夜"。

再者,正因为《地球的红飘带》艺术地再现了中国革命转折点上的最尖锐最突出的矛盾,所以它就体现了中国革命的国际意义。因为,在中国进行的这场革命与反革命的殊死大搏斗中,几乎所有的帝国主义都是从军火及其他物质上再加上政治上支持蒋介石的,他们是一个整体;苏联共产国际和各国革命派都是支持中国工农红军的,我们也是一个整体。中国革命进行得如何,是国际上所有的革命派所共同关注的,正如毛泽东所指出的——"世界的革命人民的眼睛都望着我们"!都望着地球上的这一条红飘带。如果小说作者单纯从军事上着眼,怎么可能写出这样的小说,怎么可能将小说叫作《地球的红飘带》呢?

"政治是不流血的战争,战争是流血的政治","从古以来没有不带政治性的战争"——毛泽东在前人的基础上进一步阐发了这一客观规律。魏巍在军事文学的意义和功能问题上,理论认识和艺术创作都是符合这一客观规律的,都是正确的。

"写自己感动的东西"

魏巍主张"写自己感动的东西",并将它列为自己的《写作信条》之一。"这一条理由很明显"他说,"自己不感动,要写出来去感动别人是不可能的。不要存在这种侥幸心理。我想'有感而发',这恐怕是文学艺术的一条规律。自己还不感动,如何去感动别人呢?"魏巍在另一个地方还强调作家要有"深入的感受",意思一样。

感动也好、感受也好,指的都是作家的思想、感情、世界观,都是主观上的东西。或问,唯物主义者为什么还要强调主观上的东西呢?我们认为,如果我们同魏巍一样坚持的唯物主义是辩证唯物主义而不是机械的唯物主义,那么,当我们循着文艺创作规律强调了作家必须通过实践取得客观上的生活素材以后,就应该继续循着这条规律,再跨进一步,强调作家主观头脑的作用。因为,生活素材不是艺术成品,从生活素材到艺术成品的转化不是生活素材自己实现的,而是通过作家的头脑和手实现的。作家的头脑就是"腊子口",这个口子非通过不可,所以作家主观上的思想、感情、世界观就非强调不可。这用马克思的哲学语言来说便是,"观念的东西不外是移入人的头脑并在人的头脑中改造过的东西而已"。

所以,我们强调作家头脑的作用就是强调你对自己准备反映的那种社会生活,对自己从中取得的那些生活素材持什么态度?打算怎样反映、怎样改造?这就要看你的头脑是什么样的头脑,你的思想感情是什么样的思想感情,你的世界观是什么样的世界观而不管你坚持的世界观是什么性质,也不管你是自觉坚持还是不自觉坚持,甚至也不管你是不是敢于公开承认它,你反正是要按照自己所坚持的世界观做出反应、进行改造的,你总是有所感的,你不遵循"有感而发"的规律,不把你的"感""发"出来是不可能的。思想、感情、世界观是世界上最难掩盖的东西,你想掩盖吗?裹纸千层无用处,开言三句现灵魂。

我们无产阶级的革命作家魏巍根本不屑于掩盖自己的世界观,并且总是正大光明、理直气壮、无比荣耀地宣布自己所坚持的世界观是马克思唯物辩证法世界观,因此,依抗美援朝战争而言,他根本不屑于掩盖自己对我们伟大的中国人民志愿军的深厚感情。他说,《谁是最可爱的人》是他"在朝鲜战场上激动的情况下从心头跳出来的"!请注意"跳出来"这个动词,这哪里是一般的"感"呢,简直是火山喷浆了!

进一步我们要问:如此深刻地感动了我们的诗人的心魄的,是中国人民志愿军的什么?魏巍告诉我们,"是他们对伟大祖国的爱,对朝鲜人民深厚的同情,和在这个思想基础上产生的革命英雄主义";他们的"英雄气魄、英雄事迹,是这样的伟大,这样的感人",因此魏巍就感动了,并且是"完全(地)感动"了。

事情还有另一面:我们的志愿军以及诗人对祖国的爱,对朝鲜人民的同情,与他们对美帝国主义的憎恨是不能分开的。这是同一种立场的两个方面,同一种思想感情的两个方面,同一种是非观念的两个方面。因此,魏巍的"写自己感动的东西"这一条,又内在地联系着"爱憎分明,是非分明"那一条。

关于后面这一条,魏巍作了范围明确、性质明确的解释:"所谓爱憎,是热爱人民,憎恨敌人;是热爱革命,憎恨反革命;是热爱新生的东西,憎恨腐朽的东西。"至于是非分明,要看"是非观念以何为指导"。他认为,"要以马列主义为指导。'是'指马列主义之是,'非'指马列主义之非"。

这就是说,魏巍的感动和感受是以正确的爱、憎、是、非作基础的。他热爱的,是本来美的事物;他憎恨的,是本来丑的事物;他是其所是,非其所非。他主观上的爱、憎、是、非与客观上的美、丑、对、错取得了完全的一致。这是完全符合马克思主义唯物史观的,完全符合马克思主义美学理论的。

马克思美学理论博大精深，它的主要内容是社会美。而在一切社会美中，居于突出显要地位的，则是革命美（以及劳动美）。

"革命是历史的火车头！"马克思用诗的语言高呼。

"革命是被压迫者和被剥削者的盛大节日！"列宁用诗的语言高呼。

"虎踞龙盘今胜昔，天翻地覆慨而慷！"毛泽东在中国社会历史从私有制到公有制的伟大转折点上用诗的语言高呼。

诸位经典作家对奴隶革命，对农民革命，对资产阶级革命，对无产阶级革命，对反抗民族压迫和民族侵略的斗争，对反抗帝国主义和殖民主义的斗争，无一不持热情歌颂的态度；而对所有这一切革命和斗争的对立面，无一不持无情暴露的态度。他们所歌颂的，是人间之至美；他们所暴露的，是人间之至丑。他们歌颂和暴露是人类美学思想史上最革命、最科学的美学思想。它的伟大里程碑之一，便是魏巍所热情地赞美的"揭示了人类最壮阔最崇高的美学领域"的毛泽东的《讲话》。

本着马克思主义美学理论的精神来看无产阶级推翻旧社会创造新乾坤的斗争，不妨做这样的表述——这是创美除丑的斗争。因此，无产阶级的文艺和美学必须是颂美与斥丑相结合，歌颂与暴露相结合。这一关系问题，毛泽东在《讲话》中给予了完全正确的解决，做出了完全正确的结论："一切危害人民群众的黑暗势力必须暴露之，一切人民群众的革命斗争必须歌颂之，这就是革命文艺家的基本任务。"魏巍的一切文艺作品和文艺活动都是在执行这一基本任务。

革命美转化为艺术美了，那么，创造这样的艺术美是为了什么呢？

"我们的文学艺术都是为人民大众的，首先是为工农兵的，为工农兵而创作，为工农兵所利用的。"

毛泽东《讲话》中的这段论述是大家非常熟悉的，因为它确定了文艺的工农兵方向。我们认为，方向的落实在于"为工农兵所利用"。而"利用"的内容则是"使人民群众惊醒起来，感奋起来，推动人民走向团结和斗争，实行改造自己的环境"。

魏巍的作品起的正是这样的作用。他并且对这个问题有理论的概括。

他在论及我国军事文学的时候说，我党我军数十年的革命斗争是我们创作的一个"重要的源泉"，我们的军事文学"有很大发展"，"出现了许多好作品"。"这是在中国革命斗争的沃土上开放出来的英雄花"。"它为英雄的热血所哺育，又反能来鼓舞和培育着我们的英雄"，即"为工农兵所利用"。

魏巍在论及森林诗人傅仇对森林、对林业工人的"深沉"的感情的时候说："正是这种感情的加深，大森林中的赤桦和云杉，云豹和野马，山月和流云，飞泉和雪浪，以及大森林中的街市、野店、树皮屋、鸟窠一般的哨所、穿着蓝色雨衣的伐木者,便都带着诱人的魅力和色彩渗入了诗人的感情世界,也就是诗的世界。这些都在诗人的眼中变得美了,活了。于是美好的诗篇便不绝地涌流而出,生活的美变成了艺术的美。然后,诗人把这种美奉献给劳动者——生活之美的创造者。诗人是感谢劳动者的,因为劳动者创造了生活之美,劳动者也感谢诗人,因为诗人把艺术之美还给了劳动者,从而美化了生活并鼓舞了他们。"即"为工农兵所利用"。

魏巍自己的创作和他的理论概括所说明的问题是相同的——

文艺创作规律:社会生活中的美转化为艺术美——再回到社会生活中去帮助群众创造新的生活美。

党的群众路线:从群众中来——进行艺术加工——到群众中去。

哲学认识路线:实践——认识——再实践,客观——主观——客观。

魏巍的"写自己感动的东西"是辩证唯物主义,不是机械的唯物主义,更谈不上是主观唯心主义。所谓的"人是主体"、"回到人的内宇宙"、"不屑于表现自我感情世界以外的丰功伟绩"之类。

"不怕矛盾"

《地球的红飘带》是一部什么样的作品?是一部四平八稳调和折中的作品吗?是一部充满"人类之爱"的作品吗?魏巍是像朱光潜那样看红白武装斗争就像"看两只公鸡打架"吗?

客观事实是再清楚不过的:"没有矛盾就没有世界",没有矛盾就没有中国革命,没有矛盾就没有红军长征,没有矛盾就没有《地球的红飘带》。红军长征既是以共产党为代表的革命阵营同以蒋介石为代表的反动阵营的矛盾和斗争,又是共产党内部以毛泽东为代表的马克思列宁主义路线同以王明为代表的"左"倾机会主义路线的矛盾和斗争,并且这是两类矛盾错综交织的斗争。《地球的红飘带》之所以创作成功,正是由于魏巍站在矛盾的革命一方、正确一方,如实地揭示矛盾,如实地反映矛盾,而不是回避矛盾,掩盖矛盾。他根据"对立统一规律是宇宙的根本规律"这一伟大的哲学思想提出了这样的要求:"一个革命的战斗的作者,他的责任,不是回避矛盾而是应当站在先进力量的一边,促使矛盾的转化。"他自己就是这样实践着的。

魏巍不同意这样的态度:"写矛盾是个危险地带",因而"不敢写"。他说:"我们要决心搞革命,搞革命文学,就不能害怕矛盾。害怕矛盾就趁早改行。其实改行,也避不开矛盾,因为生活本身就充满了矛盾。"

魏巍也反对"无冲突论"和"人为地制造虚假的矛盾",指出"这都是违背马克思主义的"。他还指出一些散文和特写作家"没有大胆地揭示生活中的矛盾和冲突,这不能不说是一个重大缺点"。

魏巍在反对"无冲突论"的同时,也反对所谓的"本质论"。在这种文艺观点看来,一个解放军战士,"他参加人民解放军这件事本身就是积极的,崇高的。经过党的教育,提高了无产阶级思想,这就是人民解放军战士的本质"。魏巍指出,"这就是所谓好和更好的简明公式。如果违背了这个公式,这就是违背了事物的本质"。于是战士的缺点也不能写了,从落后到转变也不能写了。"只承认好的人、好的方面才是生活的本质,而写到落后的、落后的方面就是歪曲了事物的本质,这就把复杂万端的生活现象作了人工的机械的分割。文艺作品当然不应该罗列生活现象,而应该反映生活的本质,但是生活的本质不能是简单的图解,而是要通过活生生的、生活本身所具有的丰富性和多样性去体现的。在我们生活里,先进的人物、先进的事物是和他的对立方面互相纠结着同时存在的,我们不能为了写文艺作品就把他们单独地抽出来给他们特意地造一座公共宿舍。"魏巍指出,这种不正确的文艺观点实际上是"把生活的真实简单化、抽象化和理想化",于是在领导和刊物的支持下,"粉饰现实,缓和冲突的情况就发生了","公式化、概念化的过程"也就"最后完成了"。"如果我们用'本质论'这样简单的方法去理解生活,去指导创作,把生活的这一面同另一面对立起来,把一个人的这一面同那一面对立起来,不走到'无冲突论'又走到哪里去呢?"

魏巍在这里论及的"无冲突论"和"本质论"都是几十年前的事情,不是今天的事情,我们之所以在这里作比较详细的引述,目的在于从中看出魏巍分析生活、分析文艺的思路和方法,特别是他揭示了这两种论点即两个极端可以相通,这是非常深刻的。今天,这两种论点见不到了而换成了别的论点,或者更准确地说是别的花样,但是,孤立地、静止地、片面地看待生活、看待文艺的形而上学方法不但存在,而且更为严重,以至猖獗,这就格外显出了坚持矛盾分析方法的重要意义。

此外,魏巍还反对将歌颂和暴露、表扬和批评"机械地对立起来",认为英雄人物的缺点不是不可以写,问题在于写的态度等,就不再转述了。

总之,魏巍认为"矛盾不是能写不能写的问题,而是立场是否站得正确的问题"。

因此,魏巍将"不怕矛盾"列入自己的《写作信条》。这里的关键是——"不怕"!那么,为什么"不怕"呢?

这就不是个人的问题,而是阶级的问题了。"无产阶级是不怕矛盾的,"魏巍说,"因为它是新生的阶级,发展的阶级,真理是在它这一边假若害怕矛盾,还干什么革命,搞什么斗争?"

魏巍自己不是成功地塑造了栩栩如生的"突破口的干部"郭祥吗? 倘若塑造者自己都不敢到突破口那里去突破,反而喊叫着"危险! 危险!"跑得远远的,能够塑造出"突破口的干部"来吗?

"力求做到党性和真实性的统一"

魏巍作为无产阶级革命作家给自己订了一条"法律",并且是一条"不可动摇的""法律",一条"鲜明的""法律"。这条"法律"的内容是什么呢? "就是无限忠实于生活的真实,尽毕生之力鞠躬尽瘁地获取生活的真实,就像我们忠实于党,忠实于人民,忠实于自己的国家一样。"

将忠实于生活的真实与忠实于党、忠实于人民、忠实于自己的国家看成一个整体,忠实于前者就是忠实于后者,忠实于后者就是忠实于前者,并且非这样实行不可,因为这是"鲜明的不可动摇的法律"——把问题像这样提出来,实属罕见。80 年代以来,由于资产阶级自由化思潮的深入持久的冲击,一部分搞文艺的人们,不要说没有像魏巍这样提问题,单说其中对待生活的态度问题,也是从根本上否认深入工农兵生活的必要性,将它当作极左的东西来反对;说得再好不过,也只是说要"贴近"生活而压根儿避免提到深入生活。在这种情况下,魏巍的这一文艺思想就显得格外的可贵。

魏巍的这一文艺思想是 1956 年 2 月在中国作家协会理事会上的发言中提出来的。自那以后,1980 年在《我是怎样写〈东方〉的》一文中,1983 年在《巩固我们的精神长城》一文中,1991 年在《废园闲话》一文中,又曾反复阐发。

魏巍的基本要求基本目标是,"力求做到党性与真实性的统一"。因为,"只强调党性,忽略作品的真实性,不但有害于艺术,也有害于党性。反之,只强调真实性,摈斥党性,也只能是摈斥无产阶级的党性,代之以资产阶级或其他阶级的党性。"因此,魏巍认为无产阶级革命作家必须坚持党性而"作家的党性绝不是由肤浅的、廉价的口号来体现的,深刻体现党性的是作品的高度的、历史的真实"。这党性不是别的,就是马克思主义唯物辩证法的世界观。"谁能掌握好这个世界观,那他才算具有最纯的党性";谁能"以彻底唯物主义的态度来认识客观世界",那他才能通过实践去获得生活的真实。由于这一世界观反映了客观世界的辩证运动,"摈弃了一切唯心观念与形而上学,所以它能更大限度地认识和掌握生活的真实,并达到党性和真实性的统一"。

魏巍不同意"人民性高于党性"这个提法。他指出这是个"糊涂观念"。因为,"人民性,是一个比较概括的词,它是包含着人民这个概念之内的多种意识形态的,而党性则是无产阶级的阶级性的集中表现。由于无产阶级所处的特殊的历史地位,它同绝大多数人民的利益是一致的。因此,党性与人民性,是完全一致的,不应说'人民性高于党性'或者说党性高于人民性。如果说党的路线或者具体政策错了,与人民的利益发生了矛盾,那就不仅是违背了人民性,而首先是违背了党性,也就是违背了辩证唯物主义与历史唯物主义,而党性和人民性是不会对立的。"

魏巍不同意"写真实"这个提法,更不同意只提"写真实""就够了"。他说:"尽管生活的真实是客观存在,但是反映在每个人的头脑里,却因为每个人的阶级立场、生活经验以及其他方面的不同,而产生各不相同的认识或者说同一个真实变成了各不相同的'真实'。"

他举例说,圆明园本来是"多么辉煌宏丽的皇家园林",却被帝国主义彻底烧掉。"如果站在中国人民的立场,这种创痛是不能忘怀的;而要以出卖祖宗的洋奴看,是会认为这是资本主义给我们带来了人类最进步的文明。"甚至还有人说什么"中国当三百年的殖民地就好了"。

他又举例说,资产阶级的人道主义在它革封建阶级的命的那个历史阶段起的是进步作用。可是在无产阶级革资产阶级的命的这个时代再进行这种抽象人道主义的说教,"那就只能起到麻醉群众阶级意识的作用"。"近年来,随着资产阶级自由化的泛滥,某些新潮'理论家'又吵吵嚷嚷地打起人道主义的旗帜,一些作家就受了害,上了当。例如有的描写解放战争的作品,对战争的性质不加区分,一律写成是违反人道的;把中国人民推翻三座大山的光荣斗争,说成是'中国人打中国人','黄种人打黄种人',是'窝里斗'。按照这种哲学,中国人要永远安于当奴隶才是合乎人道的。这不是起了阻碍人民斗争的反动作用吗?"

"因此,"魏巍指出,"用这种资产阶级的世界观指导创作,就不能正确地反映现实,而且会歪曲现实。"

也因此,魏巍反复强调只有坚持革命的、向上的、向前的、与历史前进的步伐取得完全一致的无产阶级的唯物辩证法世界观,以这样的世界观作指南进行创作,才能使艺术真实与生活真实完全相符。

但是,作家不能完全做到的情况也还是存在的。这便是魏巍所说的,"一个作家的辩证唯物主义的修养不可能都是很成熟的,客观事物的本质也往往是逐步暴露的,因而在创作中必然有一个主观与客观搏斗的过程"。但是魏巍认为党性与真实性的统一"不仅应力争达到,而且也能够达到"。"由于作家本身的无产阶级立场和力求对辩证唯物主义的掌握",达到这种统一是没有疑义的。前述"法律"的制订者自己的作品即为明证。

若干主次的对立统一

魏巍概括的文艺写作三条中,"为什么写作,为谁写作"是"立场世界观"问题,"出发点"问题,"最根本"的问题,因而是全局性问题。它贯穿于创作的全过程,制约着各个阶段、各个侧面、各个环节。它的这种地位是不可低估,更不可忽视的。但是,在充分地肯定了"为什么写作,为谁写作"的前提下,就要抓"写什么"和"怎样写"。如果"写什么"抓得不对,写得又不好,拿来为人民服务为社会主义服务,要想服务得好,那是很困难的。

以对立统一规律为核心的马克思主义唯物辩证法的世界观、方法论、认识论,也是不能截然分开的,但居于主导地位的是世界观;抓住了世界观问题就可以提挈全局,使其他问题迎刃而解。然而,如果方法不对,认识有误,要想使世界观问题的解决得以落实,同样是困难的。

"不去实践,一切都等于零","谈不上取得生活源泉"。取得生活素材以后要抓文艺创作原则,要"集中力量打歼灭战",抓作品的主题思想,塑造主要英雄人物。塑造人物形象必须是突出性格,以性格带动故事情节。"思想政治上有良好的愿望,还要有艺术上孜孜不倦的追求"。……这些都是说明主要的矛盾方面与次要的矛盾方面的关系,都是说明抓主决不等于抛次。况且,主、次双方都是会在一定的条件下互易其位置的,不是凝固不变的。

苏联初期文艺界有人提出采用"辩证法的创作方法",这当然是错误的。因为文艺创作有自己的特殊规律,不能拿辩证法去套。但是,"没有矛盾就没有世界",没有矛盾又何来文艺?无产阶级革命作家自觉地将对立统一规律作为指南,具体地运用它来解决文艺创作中的问题,这又是必要的,并且是完全必要的。魏巍从创作实践到经验总结,都是符合这一要求的。

原载《文艺理论与批评》2000年第3期

魏巍的文学精神

张器友

魏巍逝世之后，人们一直在热切地呼唤他，研究他的作品，探讨他的精神。有如此隆重的后事礼遇和广大影响，在当代已逝作家中确为少见。这一切都并非出于有意的硬性规定，而是来自人们，来自那些坚持崇高理想的共产党人、劳动大众和文化人的情感自觉和理性自觉。由此，我们真切地体会到魏巍没有死，他时刻以巨大的精神能量参与新世纪的文学创作，鼓舞、激励着人民群众的伟大历史创造。

魏巍的写作起于1935年，迄于2008年，属于现代世界历史运动求解放的中国无产阶级写作。它的价值取向及美学精神与这个时期中国无产阶级和劳动人民的历史命运、理想追求密切相关。

19世纪后期以来，世界资本主义进入垄断阶段，从国内垄断到跨国垄断，世界被置于巨大的资本网络之中，它以利润的最大化为其生产目的和基本法则，在世界范围内制造了阶级的、民族的、社会的对立。巨大的物质财富在非人性的雇佣劳动中被创造出来，人被推向"异化"的深渊。这种经济制度及其相关的政治制度，就像卡夫卡笔下的那座"城堡"一样，高高耸立于人世之上，从根本上对立于人的解放的理想要求。一百多年来的西方文化界，从尼采到德里达，从前期象征主义诗人波特莱尔到自白派诗人普拉斯、洛威尔，掀起了声势浩大的反传统、反现存秩序、反文化的现代主义——后现代主义运动，他们以"人类末日"的苦难之歌、绝望之歌、游戏之歌，张扬否定社会，也否定资本主义的非理性主义浪潮。与资本主义世界的这种主流文学相并立，在争求解放的民族民主主义运动和社会主义——共产主义运动的人们中，出现了以民族解放、人民民主和社会主义——共产主义理想为内驱力的、革命理性和激情相统一的文学运动，苏联的"社会主义现实主义"文学思潮，我国从左翼文学到社会主义建设时期的主流文学，拉丁美洲的魔幻现实主义文学思潮，都属于这一壮阔的文学类型。

魏巍属于这一新的文学类型。他是这个世界文学格局当中一名中国无产阶级文学战士（有研究者把他称为"诗战士"）。他从20世纪30年代中国共产党领导的民族解放战争中走来，接受了毛泽东思想的滋养和中国左翼文学的影响,在新中国得以茁壮成长,在世纪末经济全球化浪潮中倔强挺立。他与这一文学大潮中的杰出作家一起,与西方现代主义——后现代主义的文学精神相异趣,以新的姿态、新的精神为世界文学开辟了一块新的天地。他以社会主义——共产主义理想为历史要求,以"人的全面解放"为人性理想,用自己独特的风采丰富了中华民族和人类文学的宝库。

抗日战争和解放战争时期,置身于民族解放、人民民主和世界反法西斯战斗前沿,魏巍在漫天烽火中培育了灵感和诗情,他这时期的代表作《黎明的风景》(诗集)饱含着年轻的工人阶级士兵的青春气息,鼓荡着劳动大众争求解放的理想愿望。处在民族和人类苦难的原野,他从战争中跃动着的民族情绪,从投入战争的觉醒了的民族大众的精神风貌,从战争所显示的历史脚步,获得了坚毅、勇敢、向上的力量,诗情新鲜、明朗、乐观,充溢着辉煌的"日轮精神"。这部诗集收进了他的长篇叙事诗《黎明风景》和一批抒情短诗,其中抒情短诗浸润着年轻的魏巍对具体战斗生活的诗性体验,他用一幅幅浸泡了情感体温的战地风俗画,把具体和一般高度胶合在一起,画出了民族的形象,民族的精神,传达了对危难中的民族坚毅、镇定、乐观的精神世界的亲切感受。而长卷体叙事诗《黎明风景》则成功地抒写了革命战士献身民族解放事业的赤诚、坚毅和信心,昭示了光明在望的美好前景。比之于同时期西方资本主义世界的主流文学,人们会发现,同样生活在人类的苦难之中,西方资本主义文学世界里虽然存在着回到资产阶级革命时期寻找价值和个性的努力,但更多的是,要么以"局外人"的姿态表现出对战争的逃避,要么把"战争及其恐怖变成笑的题材",要么被告之的是"任何战争都毫无意义"。以致美国的研究者在论及第二次世界大战时的美国文学时哀伤地承认:"美国小说写作的伟大时代已经结束。"[1]而魏巍的作品,则吟唱着正义战争的礼赞,在战争的废墟中冲荡着战胜苦难的人民激情和进步人类美好人性的光辉。

新中国成立后的"17年",魏巍的代表性作品当推文艺通讯集《谁是最可爱的人》。这部作品是继夏衍《包身工》之后,我国报告文学的又一座里程碑。就魏巍的创作道路来说,它实际上是他三四十年代创作主题在新的历史环境中的展开。作品以史实、诗情和政论的融合,报告了那场神圣的反侵略战争的始末,讴歌了以中国、朝鲜为代表的站起来的东方被压迫人民、被压迫民族抗击世界资本主义强权,捍卫新生的人民政权——社会主义共和国的英雄主义精神,以及与此相连的进步人类丰富美好的情感世界。魏巍因为从民族解放和人民革

---

[1] [美]阿瑟·林克、威廉·卡顿:《1900年以来的美国史》(上),中国社会科学出版社1983年版,第358页。

命的战场走来,对人民群众中蕴藏的反强权、反侵略的历史有着真实深切的体验与理解,又因为三次深入朝鲜战场,对人民战士的精神世界有着具体的感受,以致一册《谁是最可爱的人》浓缩了那个时代由站立起来的东方民族和东方人民所代表的进步人类的精神力量和理想人格。那些经典性文本刻画了生于平凡、出以崇高的战士性格,孔武而又细腻,单纯而又丰富,切实而又远大,是那个时代人类美好精神的高标。这是觉醒了的东方民族中成长起来的新的人民文艺之花。它所昭告的是:这里有"最可爱的人","他们是世界上一切伟大人民的优秀之花";由帝国主义所集中代表的假、丑、恶是应该被清算而且是能够被清算的,而清算的过程,真、善、美也就高高地升腾起来,由于这艺术的呈现,人民的力量彰显出伟大的光芒。就如当年冰心在评价这册散文中《依依惜别的深情》时所说的,"任何高山深堑都不能阻止它的前进"。①

"新时期"以来,魏巍的代表作当推长篇小说《东方》《地球的红飘带》和《火凤凰》,这是关于中国无产阶级领导的人民军队和革命战争的三部曲,它们依然是魏巍此前创作思想和基本主题更壮阔、更丰富的发展。立足风云变幻的世界大局,魏巍深感中国近百年革命遗产的厚重,他较早地领悟到了发掘这宗遗产的现实意义。因此他的这几部大书与其说是叙历史之事、抒历史之情,毋宁说是在召唤历史精神,它们无不在历史的反顾中灌注了对民族前景和人类未来的深沉忧思与热望。《东方》通过对郭祥所在团队转战朝鲜战场的历程和郭祥家乡冀中平原凤凰堡村合作化运动的描写,将全国解放初期国内建设新生活的斗争同朝鲜战事有机组合在一起,揭示了这内外的胜利在全世界反对帝国主义和现代资本主义斗争中的重大意义,它挫败了帝国主义的东方战线,揭穿了纸老虎的画皮,又深刻地改变了世界人心的对比,高扬了民族解放和人类社会主义实践的正气。小说借觉醒了的美国俘虏兵莱特的口向世界宣告:"问题是简单明白的:所谓'共产主义的威胁',纯粹是一些坏家伙坐在后方安乐椅上胡编出来的,是虚构的,并不存在的;而真正威胁人类生存的,却是那些想攫取利润的帝国主义!"《地球的红飘带》写的是历史上的长征,其意义在于给现实中的"长征"启示路径,浇铸精神。与同时期出现的那些借写长征以"告别革命"的"迷途文学"不同,魏巍深情地、力透纸背地刻画了空前的民族灾难中,以毛泽东为代表的中国共产党人所代表的正确方向,和"天欲堕,赖以拄其间"的革命英雄主义、革命乐观主义精神,"寓意深刻,催人奋进"(聂荣臻语)。借着"红飘带"的象征,作品所要说的是:中国共产党人的长征精神属于中华民族同时也属于全人类,她是进步人类直面现实、迎接明天的火红战旗。《火凤凰》描写周天虹、晨

---

① 冰心:《〈依依惜别的深情〉读后》,《语文学习》1960 年第 3 期。

曦、高红等青年知识分子在革命战争炉火中锻炼成长,成为"浴火凤凰"的故事。作者在该书完稿之后,写诗言志:"共产大业希猛士,低谷仍可攀高峰。"他寄厚望于当代青年,希望他们像历史上的革命青年那样,坚持人类的崇高理想,在世界社会主义——共产主义运动低谷时期攀登人类精神的高峰。

魏巍正是这样紧扣着现代中国和世界的脉搏,顽强地召唤着革命历史的精魂,所以批评家马蓥伯说,他的这些作品"紧紧把握了历史与现实联结的关节点,从而使历史上的人和事强烈地震撼着当代人们的心灵"。① 进入上世纪末,他的这种精神取向在政论杂文中更坚强地突显出来。当此之时,世界格局重新编组,人民和革命在一定范围内更加被置于历史言说的边缘,而且被严重地妖魔化。这不能不让魏巍——这个献身于民族解放和人民革命的共产主义战士忧愤难已,他不能不以最大的能量反击这一逆流。他的大量政论杂文,正是从这啸动于时代深处的历史悲情中,呼出的令所有背离人民、背离革命的内外反动势力恨之入骨却又无可奈何的怒声。他把这部杂文命名为《新语丝》,顾名思义,旨在继承鲁迅杂文的革命传统,他以为这个时代仍然需要鲁迅精神。这批杂文在现代世界资本主义乱云飞渡的天空,高扬着中国共产党人和劳动大众捍卫社会主义——共产主义理想的大旗,大气凛然,激浊扬清,针砭时弊,为他的人生和创作道路画了一个遒劲的惊叹号。

二

魏巍的作品有诗歌,有报告文学,有小说,有杂文。这些作品总是诗、理融会,感情细腻而又大气磅礴,发乎现实但是目光高远,它们是情感、理性的有机熔铸,早期作品情重于理,近晚期作品理胜于情,读他的那些优秀篇章,常常在悠然神会的同时心灵久久为之震荡。

他早期的那些诗篇,总喜欢用浸泡着情感体温的战地风俗画,抒唱革命战争中的士兵之情、劳动人民之情。其诗思不局促于一事一物,总能把接受者的情绪从一个具体场景引向神圣广大的精神境界,从而获得理趣的提升。《月下短曲》写一场战斗之后的月下夜景:门前小小的水潭里盛满了星星,草丛里的虫子在月下弹琴,远处儿童团在草地上歌唱着追逐萤火,河对岸的柳树林里似乎有捣洗战士血衣的女孩子们在深情歌唱。近景,远景,实感,幻觉,有层次且又

---

① 马蓥伯:《真正的人类灵魂工程师——魏巍创作谈》,《人民作家人民爱——魏巍的故事及对他的评论》,作家出版社 2005 年版,第 110 页。

自然地融为一体,画面灵动、开阔,洋溢着青春和爱情的气息,战争被高度地诗化,月下夜景的呈现,使接受者想到了民族的新生、全民的觉醒和历史的走向,这些在诗中并不显在、又确实存在的东西令人怦然心动。《蝈蝈,你喊起他们吧》也同样写一场战斗之后的心灵感受。战士因战斗劳累,用挂满露水的刺刀割一枚红枣吃下便睡着了,树影映在他的军衣上像绣一朵花,大红枣也落在军衣上,螳螂跳到脚上,偷窥战士的梦,蝈蝈在身边唱着歌儿,在告诉战士,远处笔直的青烟那边早饭已经熟了。一幅平面的战士熟睡图,经过诗人细腻丰富的情感、想象和联想的介入,呈现出一个战地的诗性世界:民族的主体——劳动大众的子弟兵幸福地小憩在战斗间歇田园诗般的梦境里,接受者因之体会到了革命战争战胜苦难,同时也净化苦难的哲理,体悟到劳动大众是现实的主宰者,同时又安详地拥着未来。《黎明风景》是一篇长卷体叙事诗。诗歌写一个连队黎明时分的一次战斗,但目的并不在叙事,而是抒情,抒写革命战士献身革命战争的优美情感以及对美好前景的瞩望。诗歌以黎明鸟的歌唱作为抒情引线,以"我"与连长从查哨到指挥部队追击败退的敌人作为故事过程,跳跃着组合若干个战地生活片段,置抒情于叙事之中,融写实与象征为一体,由具体上升到对整个民族革命战争的总体把握,传神、简洁、蕴蓄着生动情感的语言,把力与美结合起来,造就了新鲜流动的意象,诗歌所营构的"黎明风景",是中华民族经过革命的武装斗争从黑暗走向光明的象征。

在有关抗美援朝的那些作品中,魏巍的情感投入也热烈而深邃。丁玲谈到魏巍有关朝鲜战场的报告文学时说:"魏巍是钻进了这些可尊敬的人们的灵魂里面,并且同自己的灵魂融合在一块,以无穷的感动与爱,娓娓地道出这灵魂深处所包含的一切感觉。因此,他所歌颂的人,就非常清晰,亲切地贴在人心上,使人兴起,使人上进,使人愿意把自己的思想感情提高一步,向着这些最可爱的人靠近。"[1]其实,不仅写人如此,写景、写事也都一样,魏巍把自己的全部情感融进了那一片朝鲜山水,融进了与山水共存亡的中朝人民和战士的心灵之中,以至于写人、写事、写景,都物我一体,在无穷的感动中传达了对那场战争的理解和评价。写于1953年的《这里是今天的东方》,反映战线南移后鸭绿江畔的和平景象,诗人敏锐地捕捉了江边儿童垂钓的诗意景象,并给以特写:"秋天的鸭绿江水,正在孩子们的垂钓竿下,安静地向大海里流去。"这宁静的儿童垂钓图,是对在反对帝国主义战争烈火中成长起来的历史新人的礼赞,又是对人类和平和社会主义新时代的向往。在完成于1958年的《依依惜别的深情》中,诗人捕

---

[1] 丁玲:《读魏巍的朝鲜通讯——〈谁是最可爱的人〉与〈冬天和春天〉》,《文艺报》1951年5月25日。

捉了"绣手绢"这样的细节,歌唱中朝士兵间的战友之情。志愿军战士胡明富等人准备自己动手制作手绢送给朝鲜战友,其中有这样的描写:

他们没有布,就扯了包袱皮,又找来颜料,染了几束彩线,

染的时候还放了碱,让它永远不褪色。

战场上的钢铁硬汉,居然做起绣花姑娘,又有"染线"这样的细节,还居然想到放上碱使颜色不致褪去,拼刺刀的凌厉、粗犷的心,竟致如此温柔、纤细,如果没有与战士一样的爱心,没有融情入景的细微体察,是传达不出这深切细腻的爱意和丰富神圣的战士之情的。

魏巍近晚期的那些长篇小说,依然是写物融情于物,写人融情于人,向读者传达出无穷的爱和感动。有所不同的是,这时期所面临的是一个世界性的历史变局,"混乱的激动"中,一大批人丧失了马列主义、毛泽东思想的理性,这使得他于忧愤之际,总是立足现实开掘历史,总是自觉地把澄清混乱的深沉睿思化入文本的肌理当中。他常常让故事人物或叙述者引出关于正义、自由、平等、博爱、人性、目的、工具等的议论与抒情,诗理熔铸之间贯注以世界观、历史观和人生观的理性提升。在《东方》里,作者通过两军对比、我军官兵与俘虏兵对话、英国士兵日记,把眼前的战事与战争的性质,与无产阶级的理想,与现代世界资本主义反人性及其极端利己主义人生观、价值观联系起来,深入地揭示了中朝人民反侵略战争的正义性和神圣性,使反侵略战争的图画表现出东方无产阶级深邃广大的历史意识和革命人道主义情怀。上部第九章"小试"中,我志愿军团长周仆告诉美国俘虏兵吉斯:"美国发动的是侵略朝鲜的战争。"对此吉斯不理解,他说,"对我们来说,是执行联合国的警察行动,是为了防御共产主义的威胁。麦克阿瑟一开始就对我们讲了。"并补充说:"我们有我们的生活方式,而你们却不允许我们保有自己的生活方式。"周仆反问道:"五千英里,也就是一万五千华里以外的朝鲜,怎么会威胁到你们美国的生活方式呢?"当吉斯提出自己有"选票",并且可以"在大街上骂杜鲁门",周仆道:"究竟是你的一张可怜的选票在决定美国的政策,还是华尔街的垄断资本集团在决定美国的政策?"他嘲笑说:"你可以一方面站在大街上骂杜鲁门,但是另一方面却又不敢不坐上到朝鲜来的轮船,去从事你所不愿意的战争。这就是问题的实际","这就是问题的悲剧所在。"联系一个时期某些"精英"替"进入"朝鲜的"联合国军"张目,人们便格外体会到这艺术描写的论辩色彩及其深厚的现实内涵。在《火凤凰》中,作者强调了在革命实践中改造世界观,确立社会主义——共产主义信仰,对于青年成长的重要性。其中《世界观上也有战火》《一次心灵的交战》等章节,由人物之间的思想性格冲突,自然引出所谓"我是人,不是工具"、"自私是人类的本性"、"我为人民,人民怎么不为我"等奇谈怪论,并对这类"创新型"时髦理论,给以针锋相对

的反驳,在故事的进展过程中,使这类资产阶级的腐朽思想在革命青年高尚人格和人性光辉的投射之下显得腐烂如泥。作者的思想没有与泛西化的思潮"与时俱进",他正确地把握了"新"与"旧"的辩证法,在被一些人视为"旧履"的根本问题上发掘出了匡正时弊的历史精神。可以说,魏巍在大体保持其惯有的叙事、抒情风格的同时,这时期的文本特别地隐含了论辩的锋芒,尤其见出深邃和厚重。

三

魏巍的艺术生命是长久的。从 1935 年发表作品算起,他七十余年如一日,始终保持着旺盛的创作激情和艺术生命力。从"太行红杨上甘松"到"笔绘地球飘带红",他的创作高潮迭起,人们一直叹息中国现当代作家"艺术生命短暂"的现象,在魏巍这里并不存在。他毕生的实践揭破了所谓"政治扼杀创作生命"的伪公理;更重要的是,魏巍以及与他同道的那些作家艺术家,在西方现代主义、后现代主义文学所不能抵达的精神域境开辟了一块新的美学天地。

有趣的是,当魏巍等优秀作家进行着坚毅不拔地创造的时候,我国文坛因为社会经济结构和社会关系的巨变,五六十年代在大陆中断了的现代主义文学思潮,经"文革"地下文学的滥觞,到 80 年代中期以后又以现代主义、后现代主义的混成形式席卷而来,以至于当代文学的主流走势猛烈地朝向现代主义——后现代主义倾斜。处身这股潮流中的作家不论属于哪个流派和群体,都是从新人本主义以及科学主义文化哲学思潮的一些学派,诸如存在主义、弗洛伊德主义、直觉主义和解构主义获取思想艺术资源,采取非理性主义姿态反叛现存社会秩序及其理性,质疑人的生存状态,文本渗透着浓重的迷惘、困惑、无奈情绪,不能赋以雄健伟魅之力,弥散着"世纪末"的悲哀。我们不能贱视这些作家的探索及其表现出来的审美症候。文学史告诉我们,唯心主义之于文学创作并不就表现为负面作用,它常常可以开释出诗意的人生情怀和新的审美境界,我国的道家思想,虽然属于唯心主义,但对楚辞、唐诗的繁荣,对魏晋文学的发展也都起过好的作用。至于佛家思想,在文学史上的积极意义也是人所认同。对当下新人本主义以及科学主义的"走红",也应做出冷静分析,不能笼统贬斥。不过,必须指出的是,当代文学中的这类普遍性审美症候的弥散所造成的为数不少的制品,不能给予社会、人生以建设性疗救,更不能提示未来,与民族的、大众的、社会主义的文学要求大有距离。

正是在这里,魏巍的文学精神特别值得尊重——

首先特别强调的是，魏巍始终坚持把辩证唯物论特别是历史唯物论作为研究社会、认识生活的指针。在人类哲学史上，辩证唯物论和历史唯物论，作为世界观和方法论是任何别的学派所不能比拟，难以超越的。魏巍，作为争求解放的中国无产阶级作家，理所当然地坚持运用辩证唯物论特别是历史唯物论观察生活。由此，他远离了非理性主义涡流。他总是力图从现实的革命发展中真实地、历史地和具体地描写生活，血肉饱和地创造出与劳动大众审美要求同质同构的文学形象体系。不论是早年的晋察冀诗歌还是晚近关于革命战争的三部长篇小说，无不亲切地流布着新鲜的人民气息，响动着人民声咳，一幅幅"中国作风和中国气派"的战地风俗画和战争长卷体史诗，都较为成功地歌唱了现代世界历史运动大背景上中国无产阶级和劳动人民创造历史的殊勋，以及由之显现的高尚人格和美好人性。尤其可贵的是，魏巍没有历史转型期的迷惘，也没有被"市场"物化的麻木，而对"非毛化"浊流，他始终捍卫着革命和社会主义的历史合理性，从而在实际上为"科学发展观"的传播廓清平台。

　　还应该充分肯定的是，魏巍始终坚持文艺创作的倾向性，公开承认自己为无产阶级和劳动人民写作。上世纪末，魏巍在总结当代文学发展变化的时候指出："五十年来，还是有所开拓的，有所前进的。例如题材的广泛，形式风格的多样，都有明显的进步。但有些根本性的东西也令人遗憾地丢失了。一个令人触目的现象，就是文学同人民大众的关系显得疏远了，作家同人民的现实生活和对马列主义的学习也都显得疏远了。工农兵早已在一些文艺作品中失去了主人公的地位，远远退隐了，甚至消失了，这是不能不令人忧虑的事。"①21世纪来临的时候，他在《给新世纪赠言》中还是强调："不关心人民命运，不为劳苦大众说话，文艺就没有生命。"②可见，魏巍总是把对待人民的态度当作文学活动的根本问题，坚持着"为人民大众的，首先是为工农兵的"人民文艺的方向。当然，他在谈论创作倾向的时候，是以尊重文学创作规律为前提的。他在谈论《东方》创作经验的时候就明白地告诉人们："我觉得，政治上有良好的愿望，还要有艺术上孜孜不倦的追求，我们对人民事业的忠心，不但要表现在立场的坚定中，也要表现在艺术的追求上。"③对于魏巍这类现实主义作家来说，是让倾向性从艺术的描写当中，从作品情理融合的艺术形象中体现出来的。魏巍七十余年创作道路上的那些优秀作品，无不是以具体生动的艺术形式和艺术形象给人以审美感

---

① 安徽师范大学中国诗学研究中心编：《中国诗学研究》（第4辑），人民文学出版社2005年版，第60页。
② 魏巍：《新语丝》，中国文联出版社2008年版，第110页。
③ 魏巍：《我是怎样写〈东方〉的》，《解放军文艺》1980年第10期。

动的,它们为中国老百姓所喜闻乐见,又因为沉淀着进步人类所共有的情感形式,所以又具有世界性。

当前,"普世价值观"的推崇者回避文学艺术的社会主义倾向性,他们所要求的是以复兴私有化为前提的"启蒙理性主义",并由此来建构他们"普世"的"人道伦理"。但是在私有化的社会经济条件下,人与文明的关系是一种被扭曲的、反人道的关系,它把追求利润的最大化推为最人道、最符合人性的事情,而把反对私有化、人民革命、社会主义——共产主义运动当成"反人道"、"非人性"来看待。思潮所及,一些人看到表现无产阶级和劳动人民要求翻身解放,实行武装斗争的作品,就认为"宣扬暴力"、"违反人性",是"仇恨的文学";一些"底层文学"作品则用抽象人道主义的温水润滑深刻的社会冲突,以至于严重削弱了现实主义精神。于此,魏巍从创作到理论所坚持的为无产阶级和劳动人民创作的思想原则和倾向性,犹如一束灯火,照亮了那些角落里的阴霾,具有澄清混乱的价值,它真切地告诉人们:在现代资本主义笼罩人类生活的历史境遇中,坚持文学为无产阶级和劳动人民写作的倾向性,努力反映他们的生活、命运和正义斗争,最能够充分地贯彻人道伦理,最能够充分地抵达"人的全面发展"的理想。

魏巍,一座高山,"巍乎天地之间"。他高昂着头颅,深情瞩望着人类的日出,执着而又无畏。他留下的遗产和所有历史遗产一样,都将受到中国和世界文学历史的检验,受到民族现代化和社会主义——共产主义运动历史的检验。但是可以断言,他由毛泽东思想其中包括毛泽东文艺思想、由中国革命和社会主义实践所铸造的文学精神,以及由此所显示的政治——文化人格,是任何人也回避不了,驱逐不了的。与那些灵魂苍白的"最可恨的人"相峙立,他是"最可爱的人"。

原载《高校理论战线》2009 年第 7 期

作品年表

魏巍作品年表

1935

《狂飙里的游丝》，中篇小说，1935年作，具体时间待考。
《显圣》，短篇小说，发表于《大华晨报》副刊《跋涉周刊》。1936年1—3月。
《炉子》，诗歌，发表于《大华晨报》副刊《沙漠诗风》，1936年2月24日。

1936

《重逢》，诗歌，发表于《大华晨报》副刊《沙漠诗风》，1936年3月20日。
《蝉》，诗歌，发表于《大华晨报》副刊《沙漠诗风》，1936年4月。
《卖汤的人》，诗歌，发表于《劲风》（创刊号），具体时间待考。
《忏悔》，短篇小说，发表于《大华晨报》副刊《跋涉周刊》，1936年5月6日。
《无娘的孩子》，诗歌，发表于《大华晨报》副刊《沙漠诗风》，1936年6月19日。
《赌场》，短篇小说，发表于《大华晨报》副刊《铁笛》，具体时间待考。

1937

《黄河行》，诗歌（长诗），发表于《国风日报》，1937年7月17日—24日。

1939

《滹沱河》，诗歌，发表于《抗敌副刊》，1939年2月3日。
《冲》，诗歌，发表于《抗敌副刊》，1939年2月15日。
《高粱长起来吧》，诗歌，发表于《诗战线》，1939年第3期。
《黄槐花飘落的时候》，诗歌，发表于《诗战线》，1939年第12期。
《月夜短曲》，诗歌，发表于《诗战线》，1939年8月。
《纵火者》，诗歌，发表于《诗战线》，1939年8月。
《团山战斗之夜》，散文，发表于《抗敌三日刊》，1939年8月22日。
《尚丽棒子》，散文，发表于《抗敌三日刊》，1939年8月22日。
《波浪汹涌中山东大汉就小鬼》，散文，发表于《抗敌三日刊》，1939年9月24日。
《谁敢再来讨伐"扫荡"》，诗歌，发表于《诗战线》，1939年12月。
《阿部中将的死》，诗歌，发表于《诗战线》，1939年12月。

《在煤斗店》,诗歌,发表于《诗战线》,1939年12月。
《比点灯还省事》,诗歌,发表于《诗战线》,1939年12月。
《只能抱婆娘的村长》,诗歌,发表于《诗战线》,1939年12月。
《送死队》,诗歌,发表于《诗战线》,1939年12月。
《从未收复区来的粮食》,诗歌,发表于《诗战线》,1939年12月。
《反"扫荡"胜利之歌》,诗歌,发表于《诗战线》,1939年12月。
《他是我们的同胞》,诗歌,发表于《诗战线》,1939年12月。

1940

《雁宿崖战斗小景》,报告文学,发表于《抗敌报》,1940年1月1日。
《黄土岭战斗日记》,报告文学,发表于《抗战三年来的一分区》,1940年12月。
《你能背动枪吗?》,散文,发表于《抗敌三日刊》,1940年2月12日。
《游击队部三章》,诗歌,未刊发。
《井陉煤矿暴击战中神勇的子弟兵》,报告文学,发表于《晋察冀日报》,1940年10月8日。

1941

《滹沱河南岸的一副担架》,诗歌,发表于《抗敌三日刊》,1941年1月14日。
《文化学习潮中的一朵浪花》,诗歌,发表于《抗敌三日刊》,1941年2月4日。
《愤怒和悲泣激荡着平汉线》,报告文学,发表于《晋察冀日报》,1941年2月23日。
《勇敢地走出了苦海》,散文,发表于《抗敌三日刊》,1941年4月28日。

1942

《黎明风景》,长诗,发表于《诗建设》专刊,1942年。

1944

《燕嘎子》,报告文学,发表于《晋察冀日报》,1945年1月27日。

1945

《平原雷火》《攻克独流镇》,报告文学,1945年夏作。
《塞北挽歌》,诗歌,发表于《晋察冀日报》,1946年1月25日。
《三合村》,诗歌,发表于《子弟兵日报》,1946年2月6日。

《收到棉衣》,诗歌,发表于《晋察冀日报》,1946年5月19日。

1946

《开上前线》,诗歌,发表于《晋察冀日报》,1946年8月22日。
《一个战士的赞歌》,诗歌,发表于《晋察冀日报》,1946年9月4日。

1947

《秋千歌辞》,诗歌,发表于《冀中导报》,1947年1月20日。
《娘子关前》,报告文学,发表于《晋察冀日报》,1947年4月20日。
《火线上的功臣们》,散文,发表于《晋察冀日报》,1947年5月1日。
《好兄弟歌》,诗歌,收入诗集《两年》,文化工作社,1951年。
《黄牛还家》,诗歌,收入诗集《两年》,文化工作社,1951年。
《临危不惧,奋勇跳悬崖》,散文,发表于《子弟兵报》,1947年5月29日。
《战防连大战坦克》,散文,发表于《子弟兵报》,1947年10月28日。
《战防炮手贺才先》,散文,发表于《子弟兵报》,1947年10月28日。
《英雄的防线》,诗报告,发表于《子弟兵报》,1947年11月1日。
《人民要翻身,铁路也翻身》,散文,发表于《晋察冀画报》,1947年11月3日。
《朝阳路上的快抢》,散文,发表于《晋察冀日报》,1947年12月2日。
《反包围中的反包围》,散文,发表于《晋察冀日报》,1947年12月3日。
《在突破口》,散文,发表于《晋察冀日报》,1947年12月4日。

1949

《两年》,长诗,收入诗集《两年》,文化工作社,1951年。

1950

《蝗虫》,诗歌,发表于《光明日报》,1950年12月27日。
《街头诗四首》,诗歌,发表于《人民日报》,1950年12月3日。
《街头诗三首》,诗歌,发表于《光明日报》,1951年4月16日。
《诗歌四首》(《锈》《礼品》《去吧》《你》),收入诗集《不断集》,作家出版社,1963年。
《朝鲜人》,散文,发表于《人民文学》,1951年第4期。

1951

《火与火》,散文,发表于《人民日报》,1951年3月9日。

《前线童话》，散文，发表于《光明日报》，1951年1月22日。
《汉江南岸的日日夜夜》，散文，发表于《人民日报》，1951年3月24日。
《战士和祖国》，散文，发表于《光明日报》，1951年5月17日。
《火线春节夜》，散文，发表于《解放军文艺》，1951年4月25日。
《谁是最可爱的人》，散文，发表于《人民日报》，1951年4月11日。
《冬天和春天》，散文，发表于《光明日报》，1951年5月7日。
《打击侵略者》，歌剧，发表于《解放军文艺》，1951年7月12日。
《年轻人，让你的青春更美丽吧！》散文，发表于《中国青年报》，1951年5月6日。
《深夜，哪儿来的锣鼓响？》诗歌，发表于《人民日报》，1951年5月29日。
《我怎样写〈谁是最可爱的人〉》，文论，发表于《人民日报》，1951年8月19日。
《长空怒风》，小说，发表于《解放军文艺》，1952年第6期。
《在风雪里》，散文，收入《志愿军叔叔与朝鲜小姑娘》，1951年6月作。
《今天不是昨天》，散文，发表于《人民日报》，1951年9月1日。
《〈两年〉后记》，文论，收入诗集《两年》，1951年9月15日作。
《过满洲里》，诗歌，1951年10月25日作。
《贝加尔湖》，诗歌，1951年10月27日作。
《城》，诗歌，1951年10月30日。
《给莫斯科河》，诗歌，1951年11月2日作。
《桥上》，诗歌，1951年10月2日作。
《红场夜景》，诗歌，发表于《文汇报》，1952年1月5日。
《登列宁山夜望莫斯科》，诗歌，1951年11月8日作。
《十一月七日的钟声》，诗歌，1951年11月11日作。
《波波夫夜话》，1951年11月14日作。
《快乐的集体农庄》，诗歌，1951年11月30日作。
《美丽颂》，诗歌，1951年12月6日作。
《巴库偶拾》，诗歌，发表于《旅行家》，1957年第11期。
《小河》，诗歌，发表于《旅行家》，1957年第11期。
《炊烟》，诗歌，发表于《旅行家》，1957年第11期。
《谁是最可爱的人》，人民文学出版社，1951年，收入以《谁是最可爱的人》为代表的战地通讯十篇。
《两年》，诗歌，文化工作社，1951年。

1952

《我爱苏联人》,散文,发表于《光明日报》,1952年2月10日。
《"三反"街头诗四首》,诗歌,发表于《光明日报》,1952年2月23日。
《访苏联作家别克》,散文,发表于《解放军文艺》,1952年第4期。
《挤垮它》,散文,发表于《解放军文艺》,1952年第11期。
《祝贺》,散文,发表于《抗美援朝纪念文集》,1952年9月20日作。
《前进吧,祖国》,报告文学,发表于《人民日报》,1952年12月13日。

1953

《中国的悲恸》,散文,发表于《解放军文艺》,1953年第3期。
《这里是今天的东方》,散文,发表于《人民日报》,1953年10月26日。
《走在时间的前面》,散文,发表于《人民日报》,1953年10月23日。
《打击侵略者》,歌剧,合著(与宋之的、丁毅),人民文学出版社,1953年。
《长空怒风》,中篇小说,合著(与白艾),中国青年出版社,1953年。

1954

《老烟筒》,中篇小说,发表于《解放军文艺》,1954年第5期。
《寄故乡》,散文,发表于《解放军文艺》,1954年第11期。
《迎接横渡台湾海峡的号令》,发表于《解放军文艺》,1954年第10期。
《怀仁堂随笔》,散文,发表于《中国青年报》,1954年10月9日。
《幸福的花为勇士而开》,散文,发表于《中国青年》,1954年12月1日。

1955

《纪律,阶级思想的试金石》,政论,发表于《解放军文艺》,1955年第3期。
《红色的风暴》,电影小说,合著(与钱小惠),发表于《解放军文艺》,1956年第1—3期。
《同志们,加强我们的思想战线》,政论,收入散文集《春天漫笔》,作家出版社,1959年。
《祝福走向生活的人们》,散文,发表于《中国青年》,1955年第11期。
《我骑着马》,诗歌,发表于《江汉石油报》,1983年5月20日。
《在阶级斗争中把自己武装起来》,散文,发表于《中国青年》,1955年第13期。
《做新型的知识分子》,散文,发表于《中国青年》,1955年第17期。
《开辟中国的黄金时代》,散文,发表于《解放军文艺》,1955年第9期。

《百花盛开的国家》，散文，发表于《中国青年》，1955 年第 20 期。

《创造幸福的家乡》，散文，发表于《中国青年》，1955 年第 22 期。

《黎明风景》，诗集，人民文学出版社，1955 年。

《志愿军叔叔与朝鲜小姑娘》，插图本，中国少年儿童出版社，1955 年。

1956

《关于公式化、概念化的创作倾向》，文论，收入《魏巍文论集》，河南人民出版社，1984 年。

《悼宋之的同志》，散文，发表于《解放军文艺》，1956 年第 5 期。

《寄给埃及人民》，诗歌，发表于《解放军报》，1956 年 9 月 16 日。

《我的老师》，1956 年 9 月 29 日作。

《写在风夜里》，散文，收入《春天漫笔》，作家出版社，1959 年。

《连长呵！你听我说》，诗歌，发表于《解放军战士》，1956 年 11 月 16 日。

《幸福的花儿为谁而开》，中国青年出版社，1956 年。

1957

《新琵琶行》，诗歌，收入《不断集》，作家出版社，1963 年。

《春天漫笔》，诗歌，发表于《中国青年》，1957 年第 9 期。

《本质论、错误论的文艺思想》，收入《魏巍文论集》，河南人民出版社，1984 年。

《女将军》，散文，发表于《中国妇女》，1957 年第 8 期。

《不做时代的懦夫》，散文，发表于《中国青年报》，1957 年 8 月 23 日。

《草木歌》，组诗，发表于《当代》，1982 年第 4 期。

《一个人抗拒改造会发生怎样的事》，散文，发表于《解放军文艺》，1957 年第 12 期。

《遇红星集体农庄的汽车》，诗歌，收入《不断集》，作家出版社，1963 年。

《长期地无条件地全心全意到工农群众中去》，散文，发表于《解放军文艺》，1957 年第 12 期。

1958

《红军赞》，诗歌，发表于《解放军文艺》，1958 年第 2 期。

《勇士镇守在东方》，散文，发表《解放军报》，1958 年 2 月 8 日。

《写在凯歌声里》，散文，发表于《解放军报》，1958 年 3 月 17 日。

《红领巾水库新闻》，组诗，收入《一九五八年少年儿童文学选》，少年儿童出版社，1959 年。

《细流弯弯》，诗歌，发表于《人民文学》，1958年第6期。
《火红的年月》，组诗，发表于《解放军文艺》，1959年第10期。
《愤怒的城》，诗歌，发表于《中国青年》，1958年第15期。
《对话》，诗歌，发表于《人民日报》，1958年8月1日。
《给士兵》，诗歌，发表于《解放军报》，1958年7月29日。
《战士诗》，发表于《文艺报》，1958年7月12日。
《北京纪事》，诗歌，收入《不断集》，作家出版社，1963年。
《唱支山歌寄故乡》，诗歌，收入《不断集》，作家出版社，1963年。
《斥杜勒斯》，散文，收入《春天漫笔》，作家出版社，1959年。
《要学老革命》，散文，收入《春天漫笔》，作家出版社，1959年。
《赠朝鲜诗翁林仁俊》，诗歌，1958年10月作。
《依依惜别的深情》，发表于《人民日报》，1958年11月14日。

1959

《〈春天漫笔〉后记》，收入《春天漫笔》，作家出版社，1959年。
《向西藏平叛部队致敬》，发表于《人民日报》，1959年5月1日。
《夏日三题》，散文，发表于《中国青年》，1959年15期。
《我们的力量所在》，散文，发表于《人民文学》，1959年第10期。
《秋叶拾零》，收入《不断集》，作家出版社，1963年。
《写你鲜红的历史》，散文，收入《壮行集》，河北人民出版社，1980年。
《晋察冀诗抄》，诗歌，中国青年出版社，1959年。
《谁是最可爱的人》（第三版），报告文学，人民文学出版社，1959年。
《春天漫笔》，杂文集，作家出版社，1959年。

1960

《迎春辞》，散文，发表于《战友报》，1960年1月27日。
《向英勇的南朝鲜人民致敬》，散文，发表于《解放军报》，1960年5月1日。
《橄榄树》，组诗，发表于《人民文学》，1961年第7—8期。
《死水与巨澜》，散文，发表于《中国青年》，1960年第4期。
《赶海》，诗歌，发表于《诗刊》，1961年第1期。
《赠北戴河疗养院》，诗歌，发表于《诗刊》，1961年第1期。
《江水流不尽》，短篇小说，发表于《解放军文艺》，1962年第10期。
《答朴翁》，诗歌，1960年冬作。

1961

《七月献词》,发表于《上海文学》,1961年第7期。

《我的写作信条》,收入《魏巍文论集》,河南人民出版社,1984年。

1962

《井冈山漫游》,诗歌,发表于《人民日报》,1962年8月6日。

《生活在深些,站得再高些》,文论,发表于《解放军文艺》,1962年第5期。

《反动派的逻辑与中国人民的性格》,散文,1962年7月初作。

《我们的心永远连在一起》,散文,发表于《人民日报》,1962年10月25日。

《北京—哈瓦那》,诗歌,收入《不断集》,作家出版社,1963年。

1963

《赞歌》,诗歌,1963年3月19日作。

《路标》,散文,发表于《人民文学》,1963年第4期。

《弃燕雀之小志,慕鸿鹄而高翔》,散文,发表于《中国青年》,1963年第20—21期。

《布谷鸟》,诗歌,确切时间不详。

《邓中夏传》,传记,人民出版社,1981年。

1964

《傅仇〈伐木声声〉集前赘语》,发表于《四川文学》,1964年第9期。

1965

《飞机也怕民兵》,散文,发表于《人民日报》,1965年12月25日。

《一家贫农》,散文,发表于《红旗》,1966年第2期。

《阮氏芳定》,发表于《解放军文艺》,1966年第2期。

《你有一双最明亮的精神眼睛》,散文,发表于《人民日报》,1966年1月31日。

1966

《英雄村》,散文,发表于《解放军文艺》,1966年第3期。

《战斗的城》,散文,发表于《人民日报》,1966年2月26日。

《蓝江边上的小镇》,散文,发表于《收获》,1966年第2期。

《广平的夜》,散文,1966年4月4日作。

1973

《草原纪事》,发表于《人民文学》,1976年第1期。
《谁是最可爱的人》第四版,人民文学出版社,1973年。

1976

《悼念敬爱的周总理》,诗歌,1976年1月作。
《写在悲痛的日子》,诗歌,1876年2月16日作。
《沉痛悼念毛主席》,诗歌,发表于《人民文学》,1976年第5期。
《在欢乐的鼓声中行进》,散文,发表于《解放军报》,1976年10月31日。
《新的长征》,诗歌,发表于《诗刊》,1976年第12期。

1977

《东方》第一部《山雨》,小说,发表于《人民文学》,1977年第12期。

1978

《东方》中的一章《琴声》,小说,发表于《宁夏文艺》,1978年第5期。
《大家都来写点散文》,散文,发表于《上海文艺》,1978年第6期。
《风雨路上》,散文,收入《风雨路上》,1978年6月30日作。
《东方》中的《火光》,小说,发表于《河北文艺》,1878年第7—9期。
《东方》中的《征服死亡地带》,小说,发表于《解放军文艺》,1978年第8期。
《东方》中的《风雪》,小说,发表于《鸭绿江》,1978年第9期。
《东方》,小说,人民文学出版社,1978年。
《谁是最可爱的人》第五版,人民文学出版社,1978年。

1979

《牢记周总理遗教》,散文,发表于《解放军报》,1979年2月22日。
《为共产主义理想而斗争》,收《壮行集》,河北人民出版社,1980年。
《文学和生活的路》,文论,收入《魏巍文论集》,河南人民出版社,1984年。
《壮行集》后记,散文,1979年11月1日作。
《解放思想,团结向前》,散文,发表于《解放军文艺》,1979年第12期。

1980

《在洪流中》,散文,发表于《莲池》,1980年第2期。
《郭小川〈革命风云录〉序》,发表于《文艺报》(月刊),1980年第3期。

《我们的时代需要千千万万个雷锋》,散文,发表于《文汇报》,1980 年 4 月 10 日。

《题赠〈沃原〉》,散文,发表于《沃原》,1980 年第 1 期。

《邓中夏传》中的《怒浪》,传记,发表于《长城》,1980 年第 1 期。

《邓中夏传》中的十一、十二章,传记,发表于《时代的报告》,1980 年第 2 期。

《我是怎样写〈东方〉的》,文论,发表于《解放军文艺》,1980 年第 10 期。

《王石祥〈骆驼草〉序》,散文,发表于《解放军文艺》,1980 年第 3 期。

《邓中夏传》第五章《新阵地》,传记,发表于《梁园》,1980 年第 2 期。

《壮行集》,散文,河北人民出版社,1980 年。

1981

《当我接到〈周恩来选集〉》,散文,发表于《人民日报》,1981 年 1 月 28 日。

《敬悼茅公》,散文,发表于《解放军文艺》,1981 年第 5 期。

《无产阶级毫不褪色的旗帜》,文论,发表于《解放军报》,1981 年 6 月 6 日。

《在〈决议〉的鼓舞下》,散文,发表于《解放军报》,1981 年 8 月 6 日。

《〈将军与孤女〉序》,散文,发表于《时代的报告》,1981 年第 8 期。

《从文艺批评说到如何理解双百方针》,文论,发表于《解放军报》,1981 年 8 月 26 日。

《涣散软弱的原因何在》,文论,1981 年 8 月 23 日作。

《一面捡来的镜子》,散文,发表于《昆仑》,1982 年第 1 期。

1982

《谈谈报告文学》,散文,发表于《时代的报告》,1982 年第 6 期。

《曼晴的诗》,评论,发表于《河北日报》,1982 年 4 月 22 日。

《怀念瞿世俊同志》,散文,收入《怀人集》,文化艺术出版社,1987 年。

《诗与时代》,散文,发表于《诗刊》,1982 年第 5 期。

《巩固我们的精神长城》,散文,发表于《文学报》,1982 年 4 月 29 日。

《希望你们毫不褪色于前一代青年》,散文,1982 年 6 月作。

《致"郭小川诗歌学术讨论会"的贺信》,发表于《国风》,1982 年 7 月 25 日作。

《魏巍散文集》,河北人民出版社,1982 年。

《聂荣臻回忆录》,解放军出版社,1982 年。

1983

《明星穿过岁月的风尘》,散文,发表于《光明日报》,1987 年 4 月 2 日。

《关于〈我的老师〉》,散文,发表于《教学通讯》,1983年第5期。

《题赠羽帆诗社》,散文,发表于《羽帆诗社》,1983年第1期。

《生活的恩惠》,散文,发表于《新闻记者》,1983年第4期。

《赠诗羽帆》,诗歌,发表于《羽帆诗社》,1983年第2期。

《班门弄斧杂谈》,散文,发表于《高教战线》,1983年第9期。

《和石油战士谈心》,散文,收入《怀人集》,文化艺术出版社,1987年。

《〈而今百龄正童年〉序》,散文,发表于《随笔》,1983年第2期。

《在批评与自我批评中前进》,散文,发表于《解放军报》,1983年12月2日。

《怀念与思考》,散文,收入《怀人集》,文化艺术出版社,1987年。

1984

《再寄故乡》,诗歌,《河南广播电视报》,1984年2月3日。

《这是一块好园地》,散文,发表于《解放军文艺》,1984年第4期。

《继承传统,开拓未来》,散文,发表于《光明日报》,1984年8月9日。

《〈东方〉后记》,散文,发表于《昆仑》,1984年第4期。

《关于〈路标〉》,散文,发表于《郑州晚报》,1984年6月14日。

《我所认识的丁玲》,散文,收入《怀人集》,文化艺术出版社,1987年。

《那边,延河上空有一颗星》,散文,收入《怀人集》,文化艺术出版社,1987年。

《瑶池在人间》,散文,发表于《青年散文家》,1988年第3期。

《晋察冀诗抄》第二版,中国青年出版社,1984年。

《魏巍文论集》,河南人民出版社,1984年。

1985

《〈徐明诗选〉序》,散文,收入《怀人集》,文化艺术出版社,1987年。

《自题》,古诗,发表于《天津日报》,1985年4月25日。

《黄河吟》,古诗,发表于《郑州晚报》,1985年4月12日。

《明天曲》,散文,收入《怀人集》,文化艺术出版社,1987年。

《〈家园集〉序》,散文,发表于《河南日报》,1985年8月22日。

《抗日战争在中华民族发展史上的地位》,散文,收入《怀人集》,文化艺术出版社,1987年。

《悼田间》,诗歌,发表于《文汇报》,1985年9月24日。

《青春的诗篇》,散文,发表于《解放军报》,1985年10月30日。

《才子·战士·学者》,散文,收入《怀人集》,文化艺术出版社,1987年。

《惜花词》,诗歌,发表于《诗刊》,1991年6月号。

《王炜〈生命之歌〉序》，散文，发表于《天津日报》，1985年12月9日。
《祝聂帅八十六寿诞》，诗歌，收入《红叶集·人生篇》，1985年12月作。
《魏巍诗选》，解放军文艺出版社，1985年。

1986

《醒来吧，丁玲》，散文，收入《怀人集》，文化艺术出版社，1987年。
《长篇叙事诗的重要成就》，评论，发表于《诗刊》，1986年7月号。
《祝石油战线双丰收》，散文，发表于《中国石油报》，1986年8月3日。
《两只百灵死了》，诗歌，后发表于《诗刊》，1991年第6期。
《布谷鸟又叫了》，诗歌，后发表于《诗刊》，1991年第6期。
《小沙果压弯了腰》，诗歌，后发表于《诗刊》，1991年第6期。
《这棵石榴树》，诗歌，后发表于《诗刊》，1991年第6期。
《中国人的和平宣言》，散文，发表于《光明日报》，1986年8月17日。
《那是一个很冷很冷的冬季》，诗歌，后发表于《诗刊》，1993年第9期。
《家园集》，诗歌选集，安徽文艺出版社，1986年。

1987

《谈谈中国解放区文学》，散文，发表于《延安文艺研究》，1987年第1期。
《缅怀革命作家丁玲战斗的一生》，散文，发表于《光明日报》，1987年3月6日。
《〈讲话〉的命运与中国文艺的命运》，文论，发表于《文艺理论与研究》，1987年第3期。
《地球的红飘带》中的章节（六十七），发表于《当代》，1987年第6期。
《五访朝鲜》，散文，发表于《光明日报》，1987年7月30日。
《长征途中的毛泽东与贺子珍》，小说，发表于《文学故事报》，1987年12月24日。
《五线谱》，诗歌，后入《红叶集·花鸟篇》，1987年6月9日作。
《共产党员的崇高形象》，散文，发表于《光明日报》，1987年5月20日。
《难忘的风范》，散文，收入《这才是青春开花处》，石油工业出版社，1991年。
《红星，战马》，诗歌，收入《红叶集·人生篇》，东北大学出版社，1993年。
《怀人集》，散文，文化艺术出版社，1987年。

1988

《我被装进了盒子》，诗歌，发表于《天津日报·文艺》，1988年第47期。
《画家与乞丐》，诗歌，发表于《天津日报·文艺》，1988年第47期。

《街头》,诗歌,发表于《天津日报·文艺》,1988年第47期。
《一座城》,诗歌,发表于《天津日报·文艺》,1988年第47期。
《教堂愈大愈小》,诗歌,后发表于《诗刊》,1988年第2期。
《威尼斯》,诗歌,发表于《诗刊》,1988年第2期。
《赠罗马》,诗歌,后发表于《诗刊》,1988年第2期。
《安娜》,诗歌,发表于《天津日报·文艺》,1988年第47期。
《向》,诗歌,发表于《天津日报·文艺》,1988年第47期。
《秋叶》,诗歌,发表于《天津日报·文艺》,1988年第47期。
《女画家》,诗歌,发表于《天津日报·文艺》,1988年第47期。
《翡冷翠的少女》,诗歌,发表于《天津日报·文艺》,1988年第47期。
《布鲁诺》,诗歌,发表于《天津日报·文艺》,1988年第47期。
《从范建军事件谈起》,杂文,收入《这才是青春花开处·顶风破浪集》,石油工业出版社,1991年。
《到底谁疏远了谁?》,散文,收入《这才是青春开花处·风雨谈文录》,石油工业出版社,1991年。
《题"刘伯承告别人间"》,诗歌,1988年4月1日作。
《四老颂》,诗歌,收入《红叶集·人生篇》,1993年。
《序〈一个红军战士的歌〉》,散文,发表于《当代文坛》,1989年第1期。
《又是一篇〈背影〉》,散文,发表于《文汇月刊》,1988年8月10日。
《要更加热爱我们的战士》,散文,发表于《河南日报》,1988年7月27日。
《难忘那位无名作家》,散文,发表于《河南日报》,1988年7月27日。
《哀伤的森林》,诗歌,收入《红叶集·花鸟篇》,1993年。
《山桃》,诗歌,后发表于《诗刊》,1991年第6期。
《邻家的玉兰花》,诗歌,发表于《诗刊》,1991年。
《我的苹果树快要死了》,诗歌,收入《红叶集·花鸟篇》,东北大学出版社,1993年。
《我驭着二十一世纪前进》,诗歌,发表于《人民文学》,1992年第4期。
《记一位蒙古族作家》,发表于《人民日报》,1988年7月1日作。
《读〈西路军女战士蒙难记〉》,散文,发表于《求是》,1988年第14期。
《值得一读的一本好书》,散文,发表于《光明日报》,1988年7月31日。
《在乌苏里江中航行》,诗歌,收入《红叶集·黑土地》,东北大学出版社,1993年。
《白桦林》,诗歌,收入《红叶集·黑土地》,东北大学出版社,1993年。
《题"拓荒牛"》,诗歌,收入《红叶集·黑土地》,东北大学出版社,1993年。
《普阳农场印象》,诗歌,收入《红叶集·黑土地》,东北大学出版社,1993年。

《呜呼哀哉,装神弄鬼的"女神"!》杂文,发表于《光明日报》,1990年6月5日。

《最珍贵的东西》,散文,发表于《光明日报》,1990年11月29日。

《祝〈毛泽东诗词鉴赏〉问世》,散文,1990年12月作。

《瑰玮绝特滕王阁》,散文,发表于《光明日报》,1990年6月21日。

《处女地》,散文,1990年7月18日重抄旧作。

《四十年后的相遇》,散文,发表于《人民日报》,1990年8月6日。

《他还活着》,散文,收入《这才是青春开花处·东西南北行》,石油工业出版社,1991年。

《南戴河纪事》,散文,发表于《人民日报》,1990年9月7日。

《日出》,散文,发表于《人民文学》,1990年第10期。

《再上一重天》,散文,收入《这才是青春开花处·石油战线巡礼》,石油工业出版社,1991年。

《玉门不老》,散文,发表于《人民日报》,1990年11月12日。

《在敦煌》,散文,发表于《光明日报》,1990年11月14日。

《访克拉玛依》,散文,发表于《光明日报》,1990年11月15日。

《塔里木大会战》,散文,发表于《光明日报》,1990年11月19日—20日。

《战地黄花分外香》,评论,收入《毛主席诗词鉴赏》,河北人民出版社,1990年。

《期望于文艺工作者》,文论,发表于《人民日报》,1990年3月13日。

《森林的韵律》,散文,发表于《文艺报》,1990年12月25日。

《继承和发扬报告文学的传统》,散文,发表于《中流》,1990年第12期。

《贺艾青八十一岁寿》,诗歌,收入《红叶集·人生篇》,东北大学出版社,1993年。

《怀念戎冠秀》,诗歌,收入《红叶集·人生篇》,东北大学出版社,1993年。

《菊赋》,诗歌,发表于《光明日报》,1990年12月9日。

1991

《欢歌黄河口》,散文,发表于《光明日报》,1991年1月7日。

《这才是青春开花处》,散文,发表于《光明日报》,1991年1月14日。

《为了更美好的明天》,报告文学,发表于《光明日报》,1991年1月17日。

《枝枝青莲出水来》,散文,发表于《光明日报》,1991年1月31日。

《一部真实生动的回忆录》,评论,发表于《人民日报》,1991年2月21日。

《元宵有感》,杂文,1991年2月28日作。

《〈新语丝〉前记》,杂文,收入《魏巍杂文集》,当代中国出版社,1994年。

《真正的爱国者》,散文,发表于《中流》,1991年第8期。

《变》,杂文,发表于《光明日报》,1991年9月14日。

《梅之歌》,诗歌,收入《魏巍杂文集》,当代中国出版社,1994年。

《读鲁迅论"文人相轻"想到的》,杂文,收入《新语丝》,中国文联出版社,2008年。

《驳"补课论"》,杂文,发表于《光明日报》,1991年9月28日。

《一个朴素的真理》,杂文,发表于《光明日报》,1991年11月16日。

《析"观念更新"》,杂文,发表于《光明日报》,1991年10月19日。

《析"现代意识"》,杂文,发表于《光明日报》,1991年10月26日。

《读苏轼〈教战守〉文有感》,杂文,发表于《光明日报》,1991年11月26日。

《驳"封建论"》,杂文,发表于《光明日报》,1991年9月23日。

《鲁迅的昭示》,杂文,发表于《中流》,1991年第10期。

《谈谈文风》,发表于《高校理论战线》,1992年第1期。

《为张振山写碑文》,散文,发表于《光明日报》,1991年8月2日。

《重上白石山》,散文,发表于《人民日报》,1991年9月10日。

《走什么样的道路？做什么样的作家？》文论,发表于《中流》,1991年第5期。

《废园闲话》,文论,发表于《文艺理论与批评》,1991年第4期。

《〈炮火中的女记者〉序》,后发表于《文艺报》,1993年12月25日。

《战士自有战士的爱情》,散文,发表于《人民日报》,1991年7月22日。

《战斗者的品质》,文论,发表于《文艺理论与批评》,1991年第5期。

《坚韧地战斗下去》,文论,发表于《文艺理论与批评》,1991年第5期。

《这才是青春开花处》,石油工业出版社,1991年。

《魏巍散文选》,人民文学出版社,1991年。

1992

《认识真理需要时间》,杂文,发表于《中流》,1992年第1期。

《我想到犹大》,杂文,发表于《中流》,1992年第1期。

《菲德尔·卡斯特罗赞》,散文,发表于《当代》,1992年第1期。

《热海》,散文,发表于《人民日报》,1992年1月3日。

《女娲补天》,杂文,发表于《中流》,1992年第2期。

《无产阶级革命家宝贵的品格》,杂文,发表于《当代思潮》,1992年第2期。

《灯塔》,诗歌,发表于《中流》,1992年第5期。

《想到黑人》,杂文,发表于《当代思潮》,1992年第3期。

《不要再迷信了》,杂文,发表于《当代思潮》,1992年第3期。

《叛徒的劝降书》,杂文,发表于《当代思潮》,1992年第4期。
《人道何在?》,杂文,发表于《当代思潮》,1992年第5期。
《名将传奇有新篇》,散文,发表于《中流》,1992年第11期。
《你好,延安》,散文,收入《魏巍杂文集》,当代中国出版社,1994年。
《黄河,母亲的河》,散文,收入《魏巍杂文集》,当代中国出版社,1994年。
《看家乡戏》,散文,发表于《河南戏剧》,1992年第5期。
《母亲》,诗歌,发表于《诗刊》,1992年第8期。
《一本表现青少年智慧的书》,评论,收入《魏巍杂文集·废园闲话》,当代中国出版社,1994年。

1993

《痛悼无产阶级英雄王震同志》,诗歌,发表于《中流》,1993年第4期。
《金伞的诗》,评论,发表于《诗刊》,1993年第8期。
《哀悼石玉山同志》,散文,发表于《中流》,1993年第8期。
《向孙犁同志学习》,散文,发表于《文艺理论与批评》,1993年第5期。
《回答语文老师的提问》,散文,收入《魏巍杂文集·废园闲话》,当代中国出版社,1994年。
《大德篇》,发表于《当代思潮》,1993年第5期。
《我们期待着》,散文,发表于《中流》,1993年第1期。
《话说毛泽东》,中央文献出版社,1993年。
《红叶集》,诗歌选,中国文联出版社,1993年。

1994

《燎原的天火》,文论,发表于《文艺理论与批评》,1994年第3期。
《高天,我少年时的朋友》,散文,发表于《文艺报》,1994年9月18日。
《聂荣臻传》,传记,当代中国出版社,1994年。

1995

《痛悼志洪》,散文,发表于《中流》,1995年第1期。
《让青少年们好好读一读》,发表于《中流》,1995年第3期。
《中华儿女何惧风雪狂》,散文,发表于《光明日报》,1995年10月26日。

1996

《衷心的祝贺》,散文,发表于《中流》,1996年第5期。
《帝国主义的本性是不可改变的》,杂文,发表于《中流》,1996年第6期。

《革命军人的人生价值》,散文,发表于《中流》,1996 年第 9 期。

《痛哉,贤人逝矣》,散文,发表于《中流》,1996 年第 10 期。

《夜梦》,诗歌,发表于《诗刊》,1996 年第 1 期。

《悼端木蕻良》,散文,发表于《中流》,1996 年第 12 期。

《送别艾青》,诗歌,发表于《人民日报》,1996 年 5 月 24 日。

《评〈崇高美的历史再现〉》,论文,发表于《文艺理论与批评》,1996 年第 4 期。

1997

《从〈生命甘泉的追寻者〉谈到报告文学》,发表于《中流》,1997 年第 1 期。

《在坚实的基础上团结起来》,论文,发表于《文艺理论与批评》,1997 年第 1 期。

《为李玉安送行》,散文,发表于《中流》,1997 年第 4 期。

《郭光和他的〈潜龙吟〉》,评论,发表于《文艺报》,1997 年 5 月 15 日。

《火凤凰》,小说,人民文学出版社,1997 年。

1998

《坚持初衷,继续战斗》,发表于《中流》,1998 年第 5 期。

《悼李蕤》,散文,发表于《中流》,1998 年第 6 期。

《访南街》,诗歌,发表于《中流》,1998 年第 7 期。

《南街归来》,报告文学,发表于《中流》,1998 年第 10 期。

《致驻港部队》,散文,发表于《当代思潮》,1998 年第 5 期。

1999

《悼念冰心老人》,散文,发表于《人民日报》,1999 年 3 月 23 日。

《邓中夏在五四运动中》,散文,发表于《中流》,1999 年 5 月号。

《由解放区文学所想到的》,文论,发表于《文艺理论与批评》,1999 年第 5 期。

《魏巍文集》,广东教育出版社,1999 年。

2000

《新世纪赠言》,文论,发表于《文艺理论与批评》,2000 年第 1 期。

《在新世纪的门槛上》,散文,发表于《当代思潮》,2000 年第 1 期。

《寻求真理》,杂文,发表于《真理的追求》,2000 年第 6 期。

《我怎样成为这样一个作家的》,散文,发表于《文艺理论与批评》,2000 年第

4期。

《革命浪漫主义的抒情诗》,评论,发表于《文艺理论与批评》,2000年第5期。

《谁是最可恨的人》,杂文,发表于《中共石家庄市委党校学报》,2000年第11期。

《由〈谁是最可恨的人〉想起的……》,杂文,发表于《天津市工会管理干部学院学报》,2000年第2期。

《我写〈谁是最可爱的人〉》,散文,发表于《瞭望新闻周刊》,2000年第42期。

《韩笑与诗》,评论,发表于《光明日报》,2000年12月14日。

《〈谁是最可恨的人〉序》,杂文,发表于《中国煤炭报》,2000年12月11日。

《读〈韩笑诗文集〉》,散文,发表于《解放军报》,2000年12月17日。

《辉煌的纪念碑》,散文,发表于《人民日报》,2000年10月28日。

2001

《〈谁是最可爱的人〉写作经过及体会》,散文,发表于《军事记者》,2001年第4期。

《谈谈〈我的老师〉》,散文,发表于《语文教学与研究》,2001年第6期。

《写给同志也写给自己》,散文,发表于《诗刊》,2001年第6期。

《关于张晓云和她的诗》,评论,发表于《时代潮》,2001年第18期。

2002

《谁来追踪草明?》,发表于《文艺理论与批评》,2002年第4期。

2004

《我们的女兵菡子》,评论,发表于《文艺理论与批评》,2004年第6期。

《追怀杨成武将军》,散文,发表于《老人天地》,2004年第8期。

《阳春白雪的故事——赞白求恩式的国际主义战士阳早和寒春》,散文,发表于《中华魂》,2004年第8期。

《不可淡忘的历史经验》,杂文,发表于《中华魂》,2004年第10期。

《全国丁玲学术研讨会贺信》,散文,发表于《丁玲纪念文集》,2004年8月。

2005

《伟大的抗日战争 革命的英雄诗人》,散文,发表于《中华魂》,2005年第6期。

《为伊甸园而歌》,评论,发表于《诗刊》,2005年第15期。

《他永远是战士》,散文,发表于《中国艺术报》,2005 年 9 月 9 日。

2006

《期待更多的王学忠出现》,评论,发表于《中华魂》,2006 年第 9 期。
《让诗关心人民命运》,散文,发表于《中华诗词》,2006 年第 4 期。
《寻访长征路》,散文,发表于《中华魂》,2006 年第 10 期。
《致大江健三郎的信》,散文,发表于《中华魂》,2006 年第 11 期。

2007

《〈送 84 位烈士回家〉序》,散文,发表于《山西文学》,2007 年第 5 期。
《共产主义理想是我们前进的风帆》,杂文,发表于《中华魂》,2007 年第 7 期。
《纪念〈讲话〉,学习鲁迅》,文论,发表于《文艺理论与批评》,2007 年第 4 期。
《谈山西"黑砖窑"事件》,杂文,发表于《中华魂》,2007 年第 9 期。

2008

《巴山儒将魏传统》,散文,发表于《神州》,2008 年第 4 期。
《我的起跑线》,散文,发表于《党史文苑》,2008 年第 19 期。
《你好,延安》,散文,发表于《文化月刊》,2008 年第 8 期。
《四行日记》,中国文联出版社,2008 年。
《新语丝》,中国文联出版社,2008 年。

2009

《魏巍散文》,人民文学出版社,2009 年。

研究资料索引

魏巍研究资料索引

丁玲:《读魏巍的朝鲜通讯——〈谁是最可爱的人〉与〈冬天和春天〉》,《文艺报》1951年5月25日。

瑞云:《写作要追求问题的本质——读魏巍〈我怎样写《谁是最可爱的人》〉一点体会》,《人民日报》1951年9月8日。

张立云:《一篇鼓舞我们勇敢前进的小说》,《中国青年》1952年第13期。

周恩来:《第二次文代会报告摘录》,1953年。

吴调公:《关于〈谁是最可爱的人〉》,选自《魏巍的朝鲜通讯》,四联出版社,1954年。

邹明:《读魏巍的诗集〈黎明风景〉》,《天津日报》1955年11月3日。

张立云:《红旗初飘的时候》,《中国青年》1957年第3期。

华东师大中文分析小组:《〈幸福的花为勇士而开〉分析》,《语文教学》1958年11月。

冰心:《〈依依惜别的深情〉读后》,《语文学习》1960年第3期。

俞元桂:《读〈依依惜别的深情〉》,选自《作品分析丛谈》,福建人民教育出版社,1960年。

胡咏琪:《美丽青春的热情赞歌》,《语文》1960年第1期。

丁翰:《行动的规范 前进的动力》,《语言文学》1960年第2期。

吉悌:《战斗热情最可贵——漫谈魏巍同志抗美援朝时期的散文》,《解放军文艺》1960年第8期。

杨杨:《井冈山漫游》,《诗刊》1961年第6期。

刘岚山:《抄诗杂志》,《诗刊》1961年第6期。

华旭文:《论魏巍报告文学的思想与艺术》,《扬州师专学报》1962年第16期。

张立云:《江水不尽流》,《解放军文艺》1963年第2期。

阎纲:《重读〈橄榄树〉》,《文汇报》1963年3月13日。

曾华鹏、潘旭澜:《报告文学与时代精神》,《上海文学》1963年第6期。

赵恒昌:《时代气息撼人心》,《辽宁文艺》1978年第3期。

郑家驹:《〈路标〉浅析》,《教学与研究》1978年2月。

刘剑青:《东方革命人民的历史画卷》,《文艺报》1978年第6期。

王春元:《浅谈〈东方英雄〉的个性化》,《文艺报》1978年第6期。

陆柱国:《东方巨人的颂歌》,《文艺报》1978年第6期。

胡德培:《读魏巍的长篇新著〈东方〉》,《文汇报》1979年1月25日。

钟汉:《心潮起伏话〈东方〉》,《解放军文艺》1979年第3期。

朱磐、思忖:《浅谈〈东方〉的艺术成就》,《人民日报》1979年4月30日。

刘锡诚:《郭祥性格谈》,《北京日报》1979年5月24日。

丁玲:《我读〈东方〉》,《文艺报》1979年7月。

广西师范学院中文系编:《中国当代文学研究资料——魏巍专集》,广西师范学院中文系,1979年。

胡德培:《有缺点,但又十分可爱的英雄人物》,《哈尔滨文艺》1980年第3期。

艾青:《中国新诗六十年》,《文艺研究》1980年第5期。

佘树森:《魏巍的〈谁是最可爱的人〉》,选自《当代文学概观》,北京大学出版社,1980年。

姚代亮:《〈谁是最可爱的人〉分析》,选自《中国当代文学作品选讲》,广西人民出版社,1980年。

冯刚等编:《中国当代文学史初稿》,人民文学出版社,1981年。

杨世昌:《评〈东方〉中的嘎子性格》,《中州学刊》1981年第1期。

张炯:《彩笔豪情谱英雄》,《名作欣赏》1981年第2期。

王淑秧:《论〈东方〉的英雄形象塑造》,《辽宁大学学报》1982年第5期。

田怡:《论魏巍的创作》,《语文学刊》1982年第5期。

宋邦贤:《魏巍研究文集》,解放军文艺社,1982年。

田怡:《论魏巍的创作道路》,《内蒙古师范大学学报》1983年第2期。

徐金山:《论魏巍军事报告文学的艺术特色》,《荆州师专学报》1983年第3期。

周启祥:《魏巍生平与创作年谱简编》,《河南师大学报》1984年第2期。

魏巍:《魏巍文论集》,河南人民出版社,1984年。

田怡:《谈魏巍的〈东方〉》,《语文学刊》1985年第1期。

胡世宗:《大时代的"司号员"——魏巍印象》,《当代作家评论》1985年第4期。

徐其超:《壮美理想的壮美描写》,《西南民族大学学报》1986年第1期。

王炜:《〈魏巍诗选〉读后记》,《天津师大学报》1986年第3期。

张学新:《晋察冀文艺运动大事记》,《新文学史料》1986年第2、4期。

田怡:《从〈黄河行〉看少年魏巍》,《语文学刊》1987年第2期。

田怡:《读魏巍的新作〈地球的红飘带〉》,《语文学刊》1987年第6期。

《史和诗的结合——座谈〈地球的红飘带〉》,《文艺理论与批评》1988年第1期。

田怡:《读魏巍两部长篇小说的思考》,《语文学刊》1988年第6期。

沈太慧:《壮丽的红飘带——读魏巍的新作〈地球的红飘带〉》,《语文学刊》1988年第6期。

田怡:《生活与文学之路——魏巍的青少年时代》,《语文学刊》1989年第1期。

石玉山:《魏巍谈克服写作概念化问题》,《新闻爱好者》1989年第4期。

徐念奎:《诗意联翩　情思绵绵——魏巍〈依依惜别的深情〉的语言特色》,《当代修辞学》1989年第4期。

田怡:《生活与文学之路——魏巍的冀中情》,《语文学刊》1990年第1期。

黄花瘦:《魏巍著作的别集、选集与合集编目叙录》,《驻马店师专学报》1990年第2期。

田怡:《谈魏巍的文艺观》,《语文学刊》1991年第1期。

李善修:《高大丰满,亲切感人——试论〈地球的红飘带〉中的毛泽东形象》,《河南大学学报》1991年第2期。

李善修:《现实主义艺术的光辉成就——读魏巍的〈地球的红飘带〉》,《驻马店师专学报》1991年第3期。

伊云:《为石油工作者塑像——读魏巍的〈石油战线巡礼〉》,《文艺理论与批评》1991年第3期。

周启祥:《魏巍早期的文化活动》,《语文学刊》1991年第4期。

田怡:《评魏巍的〈石油战线巡礼〉》,《文艺理论与批评》1991年第5期。

钟霖:《秋日访魏巍》,《学习与研究》1991年第10期。

周启祥:《魏巍少年时代的文学活动及其他》,《语文学刊》1992年第1期。

田怡:《魏巍创作发展的五个阶段》,《文艺理论与批评》1992年第5期。

李善修:《个性鲜明　形象逼真——〈地球的红飘带〉人物谈》,《南京社会科学》1992年第6期。

刘兰松:《真实　真挚　真情——读魏巍同志〈母亲〉有感》,《文艺理论与批评》1993年第5期。

苗蔚林:《〈谁是最可爱的人〉的美学意蕴刍议》,《连云港教育学院学报》1994年第2期。

方东:《悲歌慷慨唱黎明——读魏巍的早期长诗〈黎明风景〉》,《文艺理论与批评》1994年第2期。

丁传陶:《他还在不停地写着——记老作家魏巍》,《长寿》1994年第11期。

刘志洪:《老革命者的不凡之作——评〈魏巍杂文选〉》,《文艺理论与批评》1995年第1期。

李善修:《伟大的精神 崇高的人格——浅谈〈地球的红飘带〉中的周恩来形象》,《南都学刊》1995年第2期。

黄文新:《雪山草地见真情——读魏巍〈地球的红飘带〉》,《徐特立研究》1995年第4期。

李善修:《恢宏的巨著 革命的史诗——评魏巍〈地球的红飘带〉》,《河南师范大学学报》1995年第6期。

田怡、方正:《评魏巍〈话说毛泽东〉》,《当代思潮》1995年第6期。

曾镇南:《评魏巍的政论、杂文作品》,《文艺理论与批评》1995年第6期。

马蓥伯:《魏巍创作谈》,《文学评论》1995年第6期。

马蓥伯:《真正的人类灵魂工程师——魏巍创作谈(上)》,《高校理论战线》1996年第2期。

马蓥伯:《真正的人类灵魂工程师——魏巍创作谈(下)》,《高校理论战线》1996年第3期。

彭源重:《魏巍桂北访红记》,《广西党史》1996年第5期。

张之伟:《血肉交织 情深旨远——谈魏巍〈依依惜别的深情〉的修辞艺术》,《修辞学习》1996年第6期。

宋邦贤:《魏巍诗歌创作初探》,《冀东学刊》1997年第2期。

蔡子谔:《独具个性的崇高诗美——读〈魏巍诗选〉〈红叶集〉》,《文艺理论与批评》1997年第3期。

王维国:《论魏巍的夜歌》,《岱宗学刊》1997年第3期。

马蓥伯:《魏巍的新作〈火凤凰〉》,《文艺理论与批评》1997年第4期。

蔡子谔:《论魏巍文学创作独具个性的崇高诗美》,《冀东学刊》1997年第4期。

蔡子谔:《独具个性的崇高诗美》,《高校理论战线》1997年第8期。

沙思:《最后的分界——读魏巍新著〈火凤凰〉》,《高校理论战线》1997年第10期。

杨文闯、仇秀芳:《魏巍和他的老师蔡芸芝》,《中学语文教学参考》1997年第11期。

江锡铨:《把战争当成诗——读魏巍的〈蝈蝈,你喊起他们吧〉》,《名作欣赏》1998年第4期。

赵朕、芮华:《沧海横流,方显英雄本色——论魏巍的长篇小说〈火凤凰〉》,

《文艺理论与批评》1999年第1期。

田怡:《永不褪色的红杨树》,《语文学刊》2000年第1期。

杨柄:《魏巍的文艺和美学思想》,《文艺理论与批评》2000年第3期。

闻信:《写英雄抒壮志誉满中华》,《文艺理论与批评》2000年第4期。

龚举善:《20世纪中国报告文学的三次浪潮》,《文艺理论与批评》2000年第2期。

丁宁:《诗情豪迈的共产主义老战士》,《文艺理论与批评》2000年第4期。

田怡:《魏巍简论》,《高校理论战线》2000年第11期。

杨柄、田怡、方东:《魏巍评传》,当代中国出版社,2000年。

田怡:《喜读〈魏巍文集〉》,《光明日报》2001年5月16日。

张东升:《由〈谁是最可爱的人〉引发的故事》,《家庭生活指南》2002年第2期。

孙荪:《文学豫军论》,《河南大学学报》2002年第4期。

明红:《草木有荣歇　此节无凋零——魏巍纪事》,《文史春秋》2003年第4期。

明红:《访军事文学家魏巍》,《文史月刊》2003年第6期。

马立新:《红色理性与革命战争文学》,博士学位论文,山东师范大学,2004年。

高伟杰:《魏巍和英雄的后代》,《老人天地》2005年第2期。

林凌:《论20世纪中国军事文学的美学特征》,《南京政治学院学报》2005年第4期。

王海珍:《魏巍——最可爱的老人》,《中华儿女》(海外版)2005年第8期。

枝叶:《大时代的歌者——记军事文学家魏巍》,《党员干部之友》2005年第10期。

枝叶:《魏巍夫妇也是"最可爱的人"》,《老年人》2006年第1期。

明红:《魏巍和他"最可爱的人"》,《党史纵览》2006年第2期。

梁志群:《革命浴火重生,历史如实再现——评魏巍的〈地球的红飘带〉》,《广播电视大学学报》2006年第3期。

明红:《大时代的歌——记军事文学家魏巍》,《党史文苑》2006年第4期。

张器友:《长征和长征题材的文学创作》,《文艺理论与批评》2006年第6期。

胡玉伟:《"历史"的规约与文学的重构——中国解放区文学研究(1942—1949)》,博士学位论文,东北师范大学,2006年。

刘金东:《解放区前期诗歌研究(1936—1942)》,博士学位论文,首都师范大学,2006年。

常彬：《抗美援朝文学叙事中的政治和人性》，《文学评论》2007年第2期。
凌寒：《魏巍夫妇：一对"最可爱的人"》，《老年教育》2007年第3期。
王萍：《当代河南文学的发展流变》，《中州学刊》2007年第3期。
崔普权：《健康可爱的老人——记著名作家魏巍》，《心理与健康》2007年第6期。
明红：《魏巍和刘秋华的故事》，《炎黄纵横》2007年第9期。
李宗刚：《抗美援朝战争文学中的英雄叙事分析》，《商丘师范学院学报》2007年第11期。
聂晓甫：《魏巍和书中人物的真情故事》，《中华儿女》2008年第2期。
马鋆伯：《不老的宝刀 难得的遗珠——读〈魏巍文集〉续一、二卷》，《中华魂》2008年第7期。
褚之：《魏巍和〈谁是最可爱的人〉》，《下一代》2008年第9期。
海中有龙：《魏巍晚年的几次愤怒》，《大江周刊》2008年第9期。
冉茂金：《文艺界依依别魏巍》，《中国艺术报》2008年8月28日。
李成杰：《魏巍为我的书作序》，《文史春秋》2008年第10期。
咏慷：《记忆中的魏巍》，《纵横》2008年第11期。
沈宝祥：《魏巍和胡耀邦》，《同舟共进》2008年第11期。
齐荣晋：《魏巍：高山红杨战士》，《党史文汇》2008年第12期。
赵倡文等：《魏巍和狼牙山五壮士的不解情缘》，《老年人》2008年第12期。
郑伯农：《说不尽的魏巍》，《中国职工教育》2008年第10期。
参军：《魏巍的爱与人生》，《新天地》2008年第10期。
韩福东：《逝者魏巍》，《时代教育》2008年第17期。
张扬：《与魏巍相关的一点往事》，《同舟共进》2008年第11期。
王建柱：《魏巍：高山大海的胸怀》，《先锋队》2008年第23期。
蒋庆：《作家魏巍去世 他曾告诉世界谁是最可爱的人》，《中学语文》2008年第26期。
徐庆全：《魏巍一篇文章和一本杂志的遗产》，《中国新闻周刊》2008年第33期。
李唯同：《永远不说再见》，《文艺理论与批评》2008年第6期。
宋博霖：《魏巍从洪洞走进革命队伍》，《山西老年》2009年第1期。
李新志：《魏巍二三事》，《中华魂》2009年第1期。
陈辉：《他告诉世界谁是最可爱的人》，《党史博览》2009年第2期。
赵倡文：《魏巍于狼牙山五壮士同在》，《党史文汇》2009年第3期。
尹均生：《新中国扬我军威第一人——魏巍及其报告文学》，《广播电视大学学报》2009 年第 3 期。

席扬:《文学经典的"生成"语境和"指认"困境——以"十七年"散文的文学史叙述变迁为例》,《文史哲》2009 年第 3 期。

常彬:《抗美援朝文学中的域外风情叙事》,《文学评论》2009 年第 4 期。

李建军:《重读〈谁是最可爱的人〉》,《文学自由谈》2009 年第 5 期。

刘仁:《铁人精神气壮山河——著名作家魏巍谈铁人与铁人精神》,《大庆社会科学》2009 年第 6 期。

张器友:《魏巍的文学精神》,《高校理论战线》2009 年第 7 期。

宏剑:《军旅作家魏巍的爱情人生》,《人民文摘》2009 年第 10 期。

宁宇:《〈晋察冀日报〉报告文学研究》,硕士学位论文,福建师范大学,2009 年。

姜艳秀:《论魏巍抗美援朝作品中的朝鲜形象》,硕士学位论文,延边大学,2009 年。

张瑗:《短篇报告文学经典重读》,《广播电视大学学报》2010 年第 1 期。

薛立永、文勇:《和魏巍寻找"最可爱的人"》,《晚晴》2010 年第 2 期。

薛立永、文勇:《我陪魏巍在朝鲜展现寻找〈最可爱的人〉》,《党史纵横》2010 年第 4 期。

王世峰:《茅盾文学奖"主旋律"意识研究》,硕士学位论文,中国海洋大学,2010 年。

叶介甫:《最可爱的人魏巍》,《中华魂》2011 年第 1 期。

钱小惠:《红旗更高擎——深切怀念魏巍同志》,《新文学史料》2011 年第 3 期。

廖四平、李丽文:《魏巍〈东方〉综论》,《渤海大学学报》2011 年第 6 期。

张绍利:《论"十七年"的朝鲜战地文学》,硕士学位论文,河北师范大学,2011 年。

闫丽娜:《抗美援朝文学研究》,硕士学位论文,河北大学,2011 年。

钱小惠:《我和魏巍创作〈红色的风暴〉的经过》,《工会博览》2012 年第 1 期。

孙俊杰:《茅盾文学奖获奖作品中的儒家文化表现》,博士学位论文,山东大学,2012 年。

姚康康:《"组织写作"与当代文学的"一体化"进程》,硕士学位论文,西北师范大学,2012 年。

薛玉琪:《抗美援朝文学英雄叙事研究》,硕士学位论文,河北大学,2012 年。

丛鑫:《抗战文化生态视域下的晋察冀诗歌》,《齐鲁学刊》2013 年第 1 期。

刘云:《抗美援朝文学的历史功绩》,《军事历史研究》2013 年第 3 期。

姚康康:《魏巍〈谁是最可爱的人〉的经典化道路》,《钟山风雨》2014 年第 5 期。

熊坤静:《通讯名篇〈谁是最可爱的人〉创作的前前后后》,《党史博采》2014 年第 9 期。

熊坤静:《魏巍和他的〈谁是最可爱的人〉》,《红岩春秋》2014 年第 10 期。

颜水生:《论十七年时期散文的时间叙事》,《中南大学学报》2014 年第 6 期。

熊坤静:《魏巍三赴朝鲜写〈东方〉》,《党史文苑》2014 年第 19 期。

张东旭:《河南长篇小说(1949—1999)研究》,博士学位论文,河南大学,2014 年。

北乔:《魏巍:源于生活激情的真诚叙事》,《文艺报》2015 年 5 月 22 日。

张自春:《魏巍的"抗美援朝文学"创作》,《文艺报》2015 年 5 月 22 日。

孙谦:《魏巍作品经典型的生成》,《文艺报》2015 年 5 月 22 日。

李均:《永远的红杨树》,《文艺报》2015 年 5 月 22 日。